Der Autor

 Wilfried Schubarth hat eine Professur für »Erziehungs- und Sozialisationstheorie« im Bereich Bildungswissenschaften der Universität Potsdam. Seine Arbeits- und Forschungsschwerpunkte sind die Jugend-, Schul- und Bildungsforschung, vor allem Gewalt und (Rechts)Extremismus, Werte- und Demokratiebildung, Lehrkräftebildung, Prävention und Intervention sowie Hochschulforschung. Er ist Mitherausgeber der Reihe Brennpunkt Schule.

Wilfried Schubarth

Gewalt und Mobbing an Schulen

Möglichkeiten der Prävention und Intervention

4. Auflage

Verlag W. Kohlhammer

4. Auflage 2020

Alle Rechte vorbehalten
© W. Kohlhammer GmbH, Stuttgart
Gesamtherstellung: W. Kohlhammer GmbH, Stuttgart

Print:
ISBN 978-3-17-039146-8

E-Book-Formate:
pdf: ISBN 978-3-17-039147-5
epub: ISBN 978-3-17-039148-2
mobi: ISBN 978-3-17-039149-9

Inhaltsverzeichnis

Vorwort

Die Würde des Menschen ist unantastbar. Dieses im Grundgesetz verbriefte Grundrecht gilt auch für die Institution Schule und zwar für Schüler[1] *und* Lehrer. Gleichwohl weiß jeder aus eigener Erfahrung, wie schwer es ist, diesem Recht Geltung zu verschaffen – auch und gerade in der Schule. Neben eigenen Erfahrungen stammt das meiste, was wir über die Schule zu wissen glauben, aus den Medien. Und diese sind beim Thema »Jugend und Gewalt« wahrlich nicht zimperlich, versprechen doch groß aufgemachte Berichte über extreme Gewaltvorfälle, z. B. Amokläufe, erhöhte Aufmerksamkeit und ökonomischen Gewinn. Sich über die Situation an Schulen selbst ein realistisches Bild zu machen, ist deshalb praktisch unmöglich. So bleiben die Fragen, die solche Medienberichte provozieren, weitgehend offen: Wie sicher sind unsere Schulen? Wie viel Gewalt, wie viel Mobbing gibt es an Schulen? Hat die Gewalt zugenommen? Haben wir bald amerikanische Verhältnisse? Was sind Ursachen für Gewalt und Mobbing? Und vor allem: Was kann gegen Gewalt und Mobbing getan werden? Welche Präventionsansätze gibt es und welche haben sich besonders bewährt?

Antworten auf all die Fragen gibt die schulbezogene Gewalt- und Mobbingforschung, die insbesondere seit den 1990er Jahren ihre Forschungsaktivitäten intensiviert hat. Diese haben ein differenziertes Bild von der Situation an Schulen gezeichnet und Folgerungen für die Prävention und Intervention abgeleitet. Zugleich wurden in den letzten Jahren zahlreiche Präventions- und Interventionsprogramme gegen Gewalt bzw. gegen Mobbing entwickelt und erprobt, so dass sich die Ausgangsbedingungen für die Präventionsarbeit, zumindest in dieser Hinsicht, verbessert haben.

Das vorliegende Buch vereint beide Aspekte: Zum einen wird eine kompakte Übersicht über die Hauptergebnisse der schulbezogenen Gewalt- und Mobbingforschung gegeben (Teil I) und zum anderen werden wichtige Konzepte sowie Programme zur Prävention und Intervention von Gewalt bzw. Mobbing dargestellt und bewertet (Teil II). Ein kurzer Ausblick auf Perspektiven der Gewaltprävention rundet das Buch ab (Teil III). Durch die Verknüpfung von Forschungsergebnissen und Präventionsmöglichkeiten versteht sich das Buch als Einführung und Grundlegung zum Thema »Gewalt und Mobbing an Schulen« und ist für alle an der Thematik Interessierten geeignet, z. B. Lehrer, Studieren-

---

1 Zugunsten einer lesefreundlichen Darstellung wird in der Regel die neutrale bzw. männliche Form verwendet. Diese gilt für alle Geschlechtsformen (weiblich, männlich, divers).

de, Sozialpädagogen, Erzieher, Forscher, Fortbilder, Vertreter von Schulbehörden usw.

Das vorliegende Buch knüpft an mein Buch »Gewaltprävention in Schule und Jugendhilfe« (2000) an und wurde in großen Teilen überarbeitet und ergänzt. So wurden z. B. neue Themen wie Mobbing, Cyberbullying, Happy Slapping oder Amokläufe, die in den letzten Jahren das Spektrum der Gewalt an Schulen erweitert haben, aufgenommen. Außerdem erfolgt eine systematische Darstellung, Bewertung und Einordnung der in den letzten Jahren sehr zahlreich gewordenen Präventions- und Interventionsprogramme. Auf diese Weise versucht der Band, eine Brücke von der Analyse zur (Präventions-)Praxis zu schlagen.

Bedanken möchte ich mich bei Herrn Dr. Klaus-Peter Burkarth für das Publikationsangebot und für die umsichtige Betreuung des Bandes, bei Frau Elisabeth Krüger für das aufwändige Korrekturlesen und insbesondere bei meiner Frau Gisela für die allseitige Unterstützung. Möge das Buch Anregungen geben für die weitere Zivilisierung und Humanisierung der Schule.

Potsdam, im Herbst 2009   Wilfried Schubarth

Vorwort zur 3., aktualisierten Auflage

Seit dem Erscheinen der 2. Auflage (2013) sind einige Jahre vergangen. Jahre, in denen sich in der bundesdeutschen Gesellschaft – wie auch in anderen Teilen der Welt – tiefgreifende Veränderungen vollzogen haben. Vor allem die »Flüchtlingskrise« und der Rechtspopulismus haben das gesellschaftliche Klima verändert und soziale wie kulturelle Konflikte offengelegt. Fremdenhass, Misstrauen gegenüber dem »Establishment«, neue und alte Feindbilder sind allenthalben spürbar, ebenso eine Verrohung der Sprache oder ein respektloser Umgang miteinander. Dahinter verbergen sich oft persönliche Probleme, auch Ängste, rationale wie irrationale. Ängste vor Veränderungen, vor Statusverlust, Wertepluralismus oder Globalisierung. Neue Kommunikationsformen, die Sozialen Medien, haben mit ihren »Echokammern« und »Filterblasen« großen Anteil an diesen Veränderungen und die Struktur der öffentlichen Meinungsbildung ins Wanken gebracht. Cybermobbing und Hate Speech als beinahe alltägliche Begleiterscheinungen sind neue Herausforderungen. »Die Würde des Menschen ist unantastbar« – dieses Grundrecht gewinnt angesichts solcher Herausforderungen weiter an Bedeutung.

Die skizzierten Veränderungen sind an der Schule nicht spurlos vorbeigegangen, zumal sich die Institution Schule in den letzten Jahren selbst mit vielfältigen Herausforderungen konfrontiert sah: Inklusion, Integration von Flüchtlingen, Unterrichtsausfall, Lehrkräftemangel, teilweise hoher Krankenstand, Quereinsteiger, Sanierungsbedarf usw. sind nur einige Stichworte. Hinzu kommen neue inhaltliche Anforderungen wie digitale bzw. Medienbildung, Sprachbildung, Gesundheits-, Ernährungs-, Demokratie- oder Wertebildung. Eine der größten Herausforderungen ist dabei eine veränderte, heterogene Elternschaft, mit denen Schulleitungen und Lehrkräfte zu kooperieren haben. Etliche Schulen, vor allem in sozialen Brennpunkten, fühlen sich von all dem überfordert wie zahlreiche »Brandbriefe« oder andere Überlastungsanzeigen belegen.

Die vorliegende dritte Auflage greift diese vielfältigen Veränderungen in Gesellschaft und Schule auf. Diese dienen als Folie, auf der die Gewaltdebatte der letzten Jahre nachgezeichnet wird. Deshalb ist der neuen Auflage ein Abschnitt zur aktuellen Entwicklung von Gewalt und Mobbing vorangestellt. Dabei geht es vor allem um Fragen wie: Haben Gewalt und Mobbing, einschließlich Gewalt gegen Lehrkräfte, zugenommen? Welche Rolle spielen Cybermobbing und Hate Speech? Und: Welche neueren Erkenntnisse gibt es zur Intervention und Prävention?

Mit diesen Fragen und Themen soll der Gewaltdebatte der letzten Jahre Rechnung getragen werden. Zugleich wird damit die bisherige Debatte um weitere Facetten ergänzt. Unsere Annahme dabei ist, dass ein verändertes gesellschaftliches Klima und vermehrte schulische Aufgaben wie Inklusion, Integration usw. auch neue Anforderungen stellen, insbesondere an das Schulklima und an eine gewaltfreie Kommunikation unter bzw. zwischen Schülern, Lehrkräften und Eltern, was – bei ungünstigen Voraussetzungen – zu einer höheren Gewaltbelastung an Schulen führen kann. Eine der Konsequenzen wäre deshalb, mehr in Bildung und Schule zu investieren und Schulen besser personell und sachgerecht auszustatten. Ansonsten werden Gewalt und Mobbing auch in Zukunft ein Dauerthema bleiben. Das heißt aber auch, dass alle Lehrkräfte grundlegende Kompetenzen beim Umgang mit Gewalt und Mobbing erwerben sollten – am besten schon in der Ausbildung. Der vorliegende Band will dazu einen Beitrag leisten.

Das Erscheinen der dritten Auflage gibt mir zugleich die Gelegenheit, mich bei Herrn Dr. Klaus-Peter Burkarth für die langjährige, kontinuierliche Zusammenarbeit herzlich zu bedanken.

Potsdam, im Januar 2019   Wilfried Schubarth

Wie sich Gewalt und Mobbing in den letzten Jahren entwickelt haben und welche Gegenstrategien nötig sind

Wie im Vorwort zur dritten Auflage kurz beschrieben, haben sich in den letzten Jahren in der Schule wie in der Gesellschaft insgesamt vielfältige Wandlungsprozesse vollzogen: Inklusion und Integration, aber auch Lehrkräftemangel sind nur die bekanntesten Stichworte. Brandbriefe und andere Überlastungsanzeigen sind die Folge. So ist es nicht verwunderlich, dass die Annahme, dass Gewalt und Mobbing an Schulen zugenommen haben, weit verbreitet ist. Das ist jedoch zunächst eine »gefühlte Gewaltzunahme«, die auch von den Medien stark beeinflusst wird.

Für eine Versachlichung der Debatte ist es notwendig, aktuelle Studien zu befragen, soweit diese vorhanden sind. Im Folgenden soll deshalb der aktuelle Forschungsstand zu zentralen Aspekten der Debatte um Gewalt und Mobbing zusammenfassend dargestellt werden. Dabei soll vor allem auf folgende drei Fragen eingegangen werden:

a) Haben Gewalt und Mobbing, einschließlich Gewalt gegen Lehrkräfte, in den letzten Jahren zugenommen?
b) Welche Rolle spielen Cybermobbing und Hate Speech?
c) Welche neueren Erkenntnisse gibt es zur Intervention und Prävention von Gewalt und Mobbing an Schulen?

Mit diesen Aspekten soll die Gewaltdebatte der letzten Jahre aufgegriffen und mittels wissenschaftlicher Erkenntnisse möglichst versachlicht werden. Wir beginnen mit der Frage nach dem Ausmaß und der Entwicklung von Gewalt und Mobbing in den letzten Jahren.

a) Haben Gewalt und Mobbing, einschließlich Gewalt gegen Lehrkräfte, in den letzten Jahren zugenommen?

Unsere *Leitthese* ist, dass ein verändertes gesellschaftliches Klima, eine heterogene Schüler- und Elternschaft und vermehrte schulische Aufgaben wie Inklusion, Integration usw. auch höhere Anforderungen an Schule und Lehrkräfte stellen, insbesondere an das Schulklima und an eine gewaltfreie Kommunikation unter bzw. zwischen Schülern, Lehrkräften und Eltern, was – bei ungünstigen Voraussetzungen – zu einer höheren Gewaltbelastung an Schulen führen kann.

Zunächst ist nach wie vor festzuhalten, dass *Gewalt und Mobbing an Schulen zum Schulalltag* gehören und deshalb nicht verharmlost werden dürfen. Laut aktueller *PISA-Studie* ist fast jeder sechste 15-Jährige in Deutschland regelmäßig Opfer von körperlichen oder seelischen Attacken durch Mitschüler. Fast jeder zehnte 15-Jährige beklagt, regelmäßig Ziel von Spott und Lästereien zu sein. Jeweils 2 % der Befragten geben an, in der Schule herumgeschubst und geschlagen oder bedroht worden zu sein. Jungen sind häufiger Mobbing-Opfer als Mädchen. Letztere sind aber stärker von Ausgrenzung und bösen Gerüchten betroffen (vgl. OECD 2017). Die internationale HBSC-Studie »Health Behaviour in School-aged Children« (11- bis 15-Jährige) kommt zu ähnlichen Ergebnissen. Danach sind jeweils ca. 9 % der Schüler mehrmals im Monat Opfer bzw. Täter von Mobbing. Im Vergleich zu anderen Ländern liegt Deutschland im unteren Mittelfeld, d. h. deutsche Schulen sind im Vergleich etwas weniger mit Gewalt und Mobbing belastet (HBSC-Deutschland 2015; OECD 2017).

Erfahrungen von Gewalt und Mobbing von Kindern (6 bis 11 Jahre) hat die *World Vision Kinderstudie 2018* ermittelt. Ähnlich wie bei der PISA-Studie gibt jedes fünfte Kind an, selbst Erfahrungen mit Ausgrenzung zu haben oder gemobbt zu werden. Dabei gibt es kaum Unterschiede zwischen Jungen und Mädchen. 6- bis 7-Jährige werden eher gemobbt als ältere Kinder. Kinder aus der unteren sozialen Herkunftsschicht sind davon deutlich mehr betroffen als andere Kinder. Meist findet Ausgrenzung in der Schule statt (16 %), deutlich seltener im Freundeskreis (2 %) oder anderswo (draußen oder in der Familie: 1 %). Ca. 1 % der befragten Kinder berichtet über entsprechende Erfahrungen im Internet (World Vision Kinderstudie 2018).

Gewaltrückgang bis 2014, Trendwende seit 2015/2016?

Bei der Frage nach der *Entwicklung von Gewalt und Mobbing* ist – entsprechend der Studienlage – die Situation zweigeteilt. Bis etwa zum Jahre 2014 lassen die wenigen Vergleichsstudien eher auf eine Gewaltabnahme schließen. Seit 2015/16 ändert sich das Bild: Seitdem gibt es vermehrt Anzeichen für eine Zunahme von Gewalt, wenngleich die Datenlage nicht einheitlich ist.

So verweist unsere eigene Replikationsstudie von 2014 im Vergleich mit unserer Studie von 1996 insgesamt auf einen leichten Rückgang von Gewalt an Schulen bis zum Jahre 2014. Dieser leichte Rückgang bezieht sich größtenteils auf die Täteranteile. Zugenommen hat dagegen der Anteil der Opfer psychischer Gewalt, während der Anteil der Opfer von verbaler Gewalt konstant geblieben ist (Bilz/Schubarth/Dudziak u. a. 2017). Ähnliche Trends wurden auch durch die HBSC-Studien im Zeitraum von 2002 bis 2014 ermittelt. Danach gab es bis 2010 eine deutliche Gewaltabnahme, die sich dann bis 2014 leicht fortsetzte (Melzer/Schubarth 2016).

Dieser rückläufige Trend für Schulen steht auch im Einklang mit weiteren Befunden (vgl. z. B. Pfeiffer/Beier/Kliem 2018): So ermittelte das *Kriminologische Forschungsinstitut Niedersachsen* (KFN) unter Neuntklässlern im Bundesland Niedersachsen von 1998 zu 2015 einen Rückgang des Anteils Jugendlicher, die angaben, eine Körperverletzung begangen zu haben, von 18 auf 5 % und bei Raubtaten einen Rückgang von 5 auf 0,4 %, wobei sich der Rückgang auf Schüler beiderlei Geschlechts, unterschiedlicher Schulformen und unterschiedlicher ethnischer Herkunft bezog. Auch die *Statistik der Unfallversicherung* verweist bis zum Jahre 2015 auf einen deutlichen Rückgang der Raufunfälle und zwar von 15 (pro 1000 Schülerinnen und Schüler) im Jahre 1999 auf neun Raufunfälle im Jahre 2015. Und schließlich registrierte auch die Polizeiliche Kriminalstatistik (PKZ) zwischen 2007 und 2015 eine Halbierung der Tatverdächtigungsbelastungszahl (TVZ) im Bereich der Gewaltkriminalität bei 14- bis unter 18-Jährige und zwar von 1.266 auf 628 pro 1.000.000 Personen einer Altersgruppe.

Während somit bis etwa zum Jahre 2014 eine tendenzielle Abnahme von Gewalt an Schulen nachweisbar ist, scheinen die *Jahre 2015/16 eine Trendwende* darzustellen. Seitdem mehren sich die Anzeichen, dass Gewalt und Mobbing an Schulen zunehmen. Dafür sprechen folgende Befunde, wobei sich aufgrund der schwierigen Befundlage kein klares Gesamtbild ergibt.

Die von den *Landeskriminalämtern zum »Tatort Schule«* erhobenen Statistiken für 2017 haben folgende Ergebnisse und Trends erbracht: Aus den Lagebildern zum »Tatort Schule« im Jahre 2018 geht hervor, dass die Kriminalität an Schulen in zehn Bundesländern zugenommen hat. Die Steigerungsraten reichen von drei Prozent in Nordrhein-Westfalen, 14 % in Baden-Württemberg und Schleswig-Holstein, 32 % in Niedersachsen bis zu 114 % im Saarland. Während die Schulkriminalität bis 2013 zurückgegangen war, ist jetzt in zehn Bundesländern eine Trendwende zu beobachten. Besonders deutlich fällt diese Trendwende bei körperlicher und verbaler Gewalt aus. Hier registrierten alle Bundesländer ab 2013 einen Gewaltanstieg, am deutlichsten bei schweren Körperverletzungen: 10 % in Nordrhein-Westfalen, 19 % in Bayern, 21 % in Hessen, 24 % in Rheinland-Pfalz, 39 % in Sachsen-Anhalt, 40 % in Brandenburg, 41 % in Baden-Württemberg, 60 % in Mecklenburg-Vorpommern und 69 % in Berlin. Ein weiteres Indiz für die Klimaverschlechterung an vielen Schulen sei die Zunahme von Bedrohungen, die zwischen 2013 und 2017 z. B. in Baden-Württemberg um 20 %, in Brandenburg um 30 % und in Berlin um über 50 % gestiegen sei (Welt am Sonntag 22.07.2018).

Die *Arbeitsstelle Jugendgewaltprävention beim Berliner Senat* verweist in ihrem Bericht von 2017 auf folgende Befunde (Lüter/Schroer-Hippel/Bergert/ Glock 2017): Erstmals seit dem Jahre 2010 sind an Berliner Schulen im Jahre 2016 deutlich mehr schulische Gewaltvorfälle polizeilich registriert worden, wobei sich das Ausmaß zwischen den Stadtbezirken stark unterscheidet. Auch beim Notfallmeldesystem der Berliner Bildungsverwaltung ist in den Jahren 2015 und 2016 ein deutlicher (noch stärkerer als in der Polizeistatistik) Anstieg von Gewaltvorfällen an Schulen registriert worden, insbesondere bei Beleidigungen, Drohungen und Tätlichkeiten. Neben den Grundschulen werden seit 2015 auch wieder vermehrt Gewaltvorfälle aus den Integrierten Sekundarschulen gemeldet. Im Zehnjahresvergleich ist der Anteil nicht deutscher Tatverdächtiger für polizeilich registrierte Schulgewalt von 2010 bis 2014 kontinuierlich gesunken, 2015 und 2016 jedoch leicht auf 23 % angestiegen.

Diese schulbezogenen Statistiken passen auch zu Entwicklungstrends bei Jugendgewalt insgesamt. Im *Gutachten von Pfeiffer, Baier und Kliem (2018)* wird festgestellt, dass es im Jahre 2016 zu einem merklichen Anstieg der Jugendgewalt gekommen sei. Die Tatverdächtigenbelastungszahl bei 14- bis unter 18-Jährigen habe sich auf 705,6 und damit um 12,3 % erhöht. Dieser Anstieg sei primär bei nichtdeutschen Tatverdächtigen zu beobachten, womit die Bedeutung der Integration von Migrantinnen und Migranten im Allgemeinen und von Flüchtlingen im Besonderen unterstrichen werde. Darüber hinaus verweist das Gutachten auf Probleme des politischen Extremismus: Etwa jeder fünfte deutsche Jugendliche sei ausländerfeindlich eingestellt. Etwa jeder 14. Jugendliche habe linksextreme Orientierungen und jeder neunte muslimische Jugendliche islamisch fundamentalistische Einstellungen.

Im Gegensatz dazu können einige Studien jedoch keinen generellen Gewaltanstieg an Schulen bestätigen. So kommt die *Studie »Jugend in Brandenburg 2017«*, die sich auf Trendanalysen seit Mitte der 1990er Jahre beziehen kann, zu folgenden Aussagen (Institut für angewandte Familien-, Kindheits- und Jugendforschung 2018): Der Anteil der Jugendlichen, die sich oft oder manchmal an Schlägereien beteiligen, ist leicht gesunken (1996: 13,0 %; 1999: 8,9 %; 2001: 8,3 %; 2005: 10,4 %; 2010: 10,9 %; 2017: 8,1 %). Jungen beteiligen sich nach wie vor häufiger an Schlägereien (2017: 12,0 %) als Mädchen (2017: 4,0 %). Dieser rückläufige Trend gilt auch für Gewalterfahrung außerhalb der Schule. Allerdings ist auch ein geringer Anstieg beim Anteil derer zu verzeichnen, die oft geschlagen wurden (2010: 0,9 %; 2017: 1,2 %). Umgekehrt ist der Anteil der brandenburgischen Jugendlichen, die sich nie an gewalttätigen Aktionen beteiligen, angestiegen (1996: 52,0 %; 1999: 59,5 %; 2001: 65,0 %; 2005: 59,8 %; 2010: 61,2 %; 2017: 68,5 %) und erreicht den höchsten Wert in der Zeitreihe seit 1996. Allerdings stellt die Studie einen klaren Anstieg von Rechtsextremismus und Fremdenfeindlichkeit unter Brandenburger Jugendlichen fest (Institut für angewandte Familien-, Kindheits- und Jugendforschung 2018).

Auch im *Gutachten für den 23. Deutschen Präventionstag 2018* (Baier 2018) wird für das Bundesland Niedersachsen von 2013 bis 2015 auf einen Rückgang der Schülergewalt verwiesen, sowohl bei der Gesamt-Opferrate als auch bei Sachbeschädigung und verbalen Aggressionen. Ähnliches gilt für das Begehen von Körperverletzungen mit Waffen, inklusive Messer. Jedoch wird von 2013 zu 2015 ein Anstieg des Anteils von Jugendlichen festgestellt, die Messer bei sich führen (männlich: von 27 % auf 29 %; weiblich: von 6 % auf 7 %), was problematisch sei.

Mehr Gewalt gegen Lehrkräfte?

In letzter Zeit ist durch vermehrte Medienberichte auch die Gewalt gegen Lehrkräfte in den Fokus gerückt. Dies hat zu dem weitverbreiteten Eindruck geführt, dass Lehrkräfte zunehmend Opfer von Schülergewalt seien. Empirische Studien können diesen Eindruck meist nicht bestätigen. So hat unsere *eigene*

Replikationsstudie (Bilz/Schubarth/Dudziak u. a. 2017) bis zum Jahr 2014 eine rückläufige Entwicklung ermittelt. So sank der Anteil der Schüler, die eine Lehrkraft absichtlich geschlagen haben, von 2,1 % (1996) auf 0,6 % (2014), bei Drohungen von 3,6 % auf 1,1 % und bei Sachbeschädigungen von 4,5 % auf 2,6 %.

Bei einer *Lehrkräftebefragung an Berliner Schulen* wurden höhere Opfer-Anteile unter Lehrkräften ermittelt (Baier/Bergmann 2016). Insbesondere verbale Angriffe auf Lehrkräfte gehören offenbar zum Schulalltag: So gab jede zweite Lehrkraft an, dass sie beschimpft wurde. Die Erfahrung, lächerlich gemacht zu werden, machte jede fünfte Lehrkraft. Jede sechste bis siebte Lehrkraft gab an, von einem Schüler mit Gewalt bedroht worden zu sein. Körperlich angegriffen wurden weniger als ein Prozent der Lehrkräfte.

In den *niedersachsenweiten Schülerbefragungen 2013 und 2015* (Bergmann u. a. 2017) wurden Lehrkräfte gebeten, über ihre Opfererfahrungen im letzten Schulhalbjahr zu berichten. Dabei berichten 3,1 % (2013) bzw. 4,3 % (2015), dass ihnen Gewalt angedroht wurde. Körperliche Angriffe durch Schüler wurden 2013 von keiner der befragten Lehrkräfte berichtet, 2015 von 0,4 %. Auch außerhalb der Schule sind körperliche Übergriffe oder Bedrohung seitens der Schüler eher sehr selten. Im Vergleich der Jahre 2013 und 2015 zeigen sich z. T. leichte Anstiege.

Der *Verband Bildung und Erziehung* hat in den Jahren 2017 und 2018 zwei Umfragen unter Lehrkräften bzw. Schulleitungen zum Thema »Gewalt gegen Lehrkräfte« durchführen lassen (VBE 2017 und 2018). Danach sei Gewalt gegen Lehrkräfte kein Einzelfall. Sechs von 100 Lehrern sind demnach schon einmal körperlich von ihren Schülern angegriffen worden. Noch größer sei die Zahl der Lehrkräfte, die psychische Gewalt erleben mussten. Fast ein Viertel berichtete demnach über eigene Erfahrungen mit Bedrohungen, Beleidigungen, Beschimpfungen oder Mobbing – nicht nur durch Schüler, sondern häufig auch von Eltern. Seltener genannt wurden Kollegen und die Schulleitung als Quelle solcher Angriffe. Zwei Prozent der Lehrkräfte gaben an, an ihrer Schule schon einmal Ziel von Cybermobbing gewesen zu sein. Trotz der verbreiteten Erfahrung, vor allem mit psychischer Gewalt, sei das Thema dennoch ein Tabu. Mehr als die Hälfte hatten ausgesagt, dass sie darüber im Kollegen- oder Freundeskreis nicht sprechen könnten. Bei psychischen Angriffen durch Schüler hatten über 80 % der betroffenen Lehrer den Vorfall gemeldet. Kamen die Attacken von Eltern, hielten nur 65 % der Lehrkräfte eine offizielle Meldung für erfolgsversprechend (VBE 2017). Rund 60 % sind der Überzeugung, dass die Gewalt an Schulen zugenommen habe, für 36 % ist sie unverändert und 4 % sehen eine Gewaltabnahme.

Die *Schulleitungsbefragung 2018* ermittelte ähnliche Ergebnisse: So habe es in den vergangenen fünf Jahren fast an jeder zweiten Schule in Deutschland Gewalttaten gegen Lehrkräfte gegeben – und zwar nicht nur durch Schüler, sondern auch durch Eltern. Am häufigsten berichteten die Schulleiter über verbale Bedrohungen, Beschimpfungen und Mobbing. Von körperlichen Angriffen auf Pädagogen berichteten 26 % der Schulleiter. Jede fünfte Schule erlebte Cybermobbing gegen Lehrer über das Internet. 39 % der befragten Schulleiter halten

Gewalt gegen Lehrkräfte noch immer für ein Tabuthema (VBE 2018). Gewaltattacken gegen Lehrkräfte seien jedoch keine Einzelfälle und dürften deshalb nicht länger tabuisiert werden.

Resümierend lässt sich konstatieren, dass »Schule und Gewalt« seit einiger Zeit wieder stärker in der Öffentlichkeit thematisiert wird. Medienberichte suggerieren einen Gewaltanstieg, auch gegen Lehrkräfte, was in der Öffentlichkeit zu einem »gefühlten Gewaltanstieg« geführt hat. Die vorliegenden empirischen Studien zeichnen ein eher differenziertes Bild. Auf der Basis der berichteten Studien lässt sich – bei aller Differenzierung der Befundlage – festhalten, dass nach Jahren einer rückläufigen Entwicklung von Gewalt (möglicherweise mit Ausnahme der psychischen Gewalt) seit 2015/16 offenbar eine Trendwende eingetreten ist und Gewalt und Mobbing anscheinend wieder zugenommen haben. Das gilt insbesondere auch für Grundschulen. Dabei ist auch das Thema »Gewalt gegen Lehrkräfte« in den Fokus gerückt. Als tiefere Ursachen können gesellschaftliche und schulische Entwicklungen angenommen werden. Generell gilt weiterhin, dass Gewalt und Mobbing weder verharmlost noch dramatisiert werden sollten. Die Befunde signalisieren zugleich einen deutlichen Handlungs- und Forschungsbedarf.

b)   Welche Rolle spielen Cybermobbing und Hate Speech?

Wenn man über Gewalt an Schulen spricht, kommt man an der gewachsenen Bedeutung der Sozialen Medien nicht vorbei. Kinder und Jugendliche wachsen heute ganz selbstverständlich mit den Neuen Medien auf, sind somit »Digital Natives«. Die Digitalisierung der Kindheit schreitet immer weiter voran. Bereits die Hälfte der Neunjährigen besitzt ein Handy, mit 13 Jahren sind es über 90 %. Besonders Whats App ist den Kindern sehr wichtig (Kinder-Medien-Studie 2018). Die neuen Medien bringen viele Chancen, aber auch neue Risiken mit sich.

Laut *JIM-Studie von 2017* bestätigt jeder fünfte Jugendliche (12–19 Jahre), dass über ihn schon einmal falsche oder beleidigende Inhalte im Netz oder über das Handy verbreitet wurden. 8 % wurden im Internet schon einmal fertig gemacht, Jungen wie Mädchen gleichermaßen. 11 % der 6–13-Jährigen habe nach der *KIM-Studie 2016* im Internet schon Dinge gesehen, die ihrer Meinung nach nicht für Kinder geeignet waren.

Eine Studie des *»Bündnisses gegen Cybermobbing« (2017)* ergab, dass 13 % der Schülerinnen und Schüler bereits von Cybermobbing betroffen waren, vor allem durch Beschimpfungen und Beleidigungen. Ca. 13 % waren auch Täter von Cybermobbing-Attacken, wobei Täter- und Opferrollen zum Teil fließend sind. Die parallele Elternstudie erbrachte, dass 11 % der Kinder bereits Opfer von Cybermobbing waren. In der Lehrerstudie gaben über die Hälfte der Lehrkräfte an, schon Fälle von Cybermobbing bei ihren Schülern erlebt zu haben. Die Studie ermittelte zugleich, dass nur eine Minderheit der Schulen systematisch präventive Maßnahmen durchführt.

Zu ähnlichen Befunden kommen auch andere Studien. So berichteten in einer repräsentativen Befragung von Porsch und Pieschl (2014) 6 % der Jugendlichen von Opfer-, 7,5 % von Täter- und 1,2 % sowohl von Täter- auch als von Opfererfahrungen. Eine repräsentative EU Kids Online-Erhebung in 25 europäischen Ländern ermittelte 6 % Opfer und 3 % Täter (Livingstone et al. 2011). Dabei zeigte sich, dass deutlich mehr Heranwachsende offline gemobbt werden als online (traditionelles offline-Mobbing: 19 % Opfer und 12 % Täter).

Wie die Studien zeigen, ist Cybermobbing (auch Cyberbullying) unter Jugendlichen recht verbreitet. Cybermobbing kann dabei als ein aggressives Verhaltensmuster verstanden werden, bei dem eine einzelne Person oder eine Gruppe elektronische Medien verwendet, um eine schwächere Person oder Gruppe wiederholt und mit voller Absicht zu schädigen (Wachs u. a. 2016). Vier Formen sind hierbei zu unterscheiden: a) Belästigungen: Versenden von anstößigen, beleidigenden, verletzenden und bedrohenden Textnachrichten, Bild- oder Videobotschaften an das Opfer, b) Verunglimpfungen: Verbreitung von Textnachrichten, Ton- oder Videomaterial mit dem Ziel, die sozialen Beziehungen und das Ansehen des Opfers zu zerstören, c) Verrat: Veröffentlichung und Verbreitung von intimen Informationen über das Opfer und d) Ausschluss: Ausgrenzen, Herausekeln oder Verstoßen aus Online-Gemeinschaften und Online-Gruppen.

Bei der Frage, ob Cybermobbing zugenommen habe, gibt es unterschiedliche Befunde. Eine in den Jahren 2013 und 2015 durchgeführte, niedersachsenweit repräsentative Schülerbefragung ermittelte einen Anstieg des Anteils Jugendlicher mit Opfererfahrungen um ca. ein Sechstel (Bergmann u. a. 2017). Bei der Studie des »Bündnisses gegen Cybermobbing« (2017) verweisen die Eltern im Vergleich von 2013 und 2017 auf einen leichten Anstieg der Opfererfahrungen von 7 % auf 11 %, während die Schülerschaft einen leichten Rückgang von 17 % auf 13 % berichtete.

Wie sollte mit Cybermobbing umgegangen werden?

Mittlerweile gibt es zahlreiche Konzepte, Programme und Ratgeber zum Umgang mit Cybermobbing. Für den konkreten Umgang mit Cybermobbing wird Kindern und Jugendlichen vor allem Folgendes empfohlen (vgl. Wachs/Schubarth 2017): Das Risiko, Opfer von Cybermobbing zu werden, kann verringert werden, indem man nicht zu viel über sich selbst online verrät. Vorsicht ist zudem bei dem Umgang mit Zugangsdaten ratsam. Passwörter sollten nicht mit anderen Personen geteilt werden und regelmäßig verändert werden. Online-Streitigkeiten sollten möglichst vermieden werden. Durch die Verwendung elektronischer Medien kann es leicht zu Missverständnissen kommen. Wird man von einem Cybermobber belästigt, sollte man diese Person gezielt sperren. Opfer sollten sich nicht selbst die Schuld für Attacken geben und Gleichaltrige und Erwachsene um Hilfe bitten. Auf keinen Fall sollten verletzende Bilder oder Videos selbst geteilt werden. Man sollte sich selbst fragen, ob man gerne hätte, dass solche Informationen, Bilder oder Videos über einen selbst verbreitet werden. Wenn man sich nicht traut, direkt in das Geschehen einzugreifen, sollte man auf das Opfer zugehen und Hilfsbereitschaft signalisieren. Sich zu verbünden und den Täter zurück zu mobben, ist nicht empfehlenswert. Meistens führen Rachehandlungen zu einer weiteren Eskalation des Konflikts. In jedem Fall sollten Cybermobbing-Vorfälle dokumentiert werden. Dies kann mithilfe von Screenshots und dem Speichern von u. a. E-Mails, SMS, Posts, Bildern und Informationen geschehen. Bei gravierenden Fällen von Belästigungen, Verunglimpfungen und groben Persönlichkeitsrechtsverletzungen sollte die Polizei informiert werden.

Eltern, Lehrkräften und Erziehern wird Folgendes empfohlen: Damit sich Opfer von Cybermobbing den Erwachsenen anvertrauen, bedarf es regelmäßig Gespräche über die Online-Aktivitäten von Kindern. Wenn sich die Betroffenen hilfesuchend an Erwachsene wenden, sollte auf Schuldzuweisungen verzichtet und Verständnis gezeigt werden. Das Opfer sollte aktiv in den Lösungsprozess einbezogen werden. Ein Verbot, elektronische Medien zu nutzen, ist nicht ratsam, denn gerade die Angst vor einem Nutzungsverbot veranlasst viele Opfer, nicht mit Erwachsenen zu sprechen. Erwachsene können aber den Betroffenen helfen, die Übergriffe zu dokumentieren (z. B. Anfertigen von Screenshots, Speichern von Nachrichten) und ggf. diese Informationen an die Schule weiterleiten, denn oft kennen sich Täter und Opfer aus der Schule.

Sucht man nach speziellen *Programmen gegen Cybermobbing*, sind insbesondere die Programme »Surf Fair« und »Medienhelden« zu empfehlen, die kurz vorgestellt werden sollen.

Das *Programm »Surf-Fair«* (Pieschl/Porsch 2012) ist ein Trainings- und Präventionsprogramm gegen Cybermobbing für die Klassen 5 bis 7 und deren Lehrkräfte. Das Hauptziel besteht in der Vermittlung von Medienkompetenz und Medienkritik. Das modular aufgebaute Programm enthält 17 Übungsbausteine unter Einbeziehung aller Rollen (Täter, Opfer, Verstärker usw.). Die Übungen umfassen jeweils ein bis zwei Doppelstunden. Das Programm kann im Fachunterricht, in Projektwochen oder Arbeitsgemeinschaften, aber auch außerhalb der Schule eingesetzt werden. Es kann auch für jüngere und ältere Schüler adaptiert werden. Das Methodenspektrum ist breit, z. B. Filme, Videos (»Anchored-Instruction«), Brainstorming, Rollenspiele, Gedankenspiele, Erarbeiten von Klassenregeln usw. Bisherige Evaluationen konnten positive Effekte bei Motivationen, Einstellungen und Verhalten nachweisen.

Auch das *Programm »Medienhelden«* (Schultze-Krumbholz u. a. 2012), gefördert vom Weißen Ring, ist ein Präventionsprogramm gegen Cybermobbing, das vor allem die Medienkompetenz fördern will. Konkret geht es um das Erkennen von Konflikten, das Vermeiden von Missverständnissen und das Erlernen von Handlungsalternativen. Das Programm richtet sich an ältere Schüler (Klassen 7 bis 10) und kann sowohl im Schulunterricht als auch an einem Projekttag durch Lehrkräfte oder externe Multiplikatoren durchgeführt werden. Es ist auch für »Risikoschüler«, z. B. Schüler mit negativen Peerbeziehungen oder mangelnder Empathie, geeignet. Das Curriculum umfasst 15–17 Schritte (jeweils 45–90 Minuten) in acht Modulen über einen Zeitraum von ca. zehn Wochen. Der Medienhelden-Projekttag hat vier Themenblöcke (jeweils 90 Minuten). Die Palette der eingesetzten Methoden ist sehr breit, z. B. Information und Aufklärung, Fragebogenerhebungen, Filmvorführungen, Brainstorming, (Klein-)

Gruppenarbeiten und Plenumsdiskussionen, Arbeiten im Stuhlkreis, Aufstellen von Klassenregeln, Mindmap, Meinungslinie, Identifikationskreis, Postererstellung, Reflexion, Feedback, Hausaufgaben, Rollenspiele, Arbeiten mit Standbildern, Peer-to-Peer-Tutouring, Peer-to-Parent-Ansatz, Übungen im Medienraum (»learning by doing«), Elternabend usw. Positive Wirkungen des Programms konnten nachgewiesen werden.

Darüber hinaus gibt es viele Vereine und Initiativen gegen Cybermobbing. Neben dem Bündnis gegen Cybermobbing, s. https://www.buendnis-gegen-cyber mobbing.de/, soll abschließend auf die von der EU geförderte Initiative »Klicksafe« verwiesen werden, s. https://www.klicksafe.de/. Die *Initiative »Klicksafe«* bietet vielfältige Informationen für Schüler, Lehrkräfte und Eltern rund um das Thema »Internet«, u. a. zahlreiche kostenlose Unterrichtsmaterialien und Broschüren sowie Ratschläge zu vielen Themen, z. B. »Knowhow für junge User«, »Was tun bei Cybermobbing« oder zum sicheren Umgang mit dem Internet (Wie sollte ein sicheres Passwort aussehen?). Daneben gibt es Verweise zu anderen Initiativen und Ansprechpartnern.

Hate Speech – eine neue Herausforderung auch für Schule?

In jüngster Zeit scheint das friedliche Zusammenleben durch neue Formen von Hass, Hetze und Diskriminierung in den Sozialen Netzwerken zunehmend bedroht. Die Auseinandersetzung mit Hate Speech ist zu einer gesellschafts- und bildungspolitischen Herausforderung geworden, der sich auch die Institution Schule nicht entziehen kann. Fast jeder Jugendlicher hat schon Erfahrungen mit Hass im Netz gemacht. Zwar ist Hass gegen bestimmte Gruppen, z. B. wegen ihrer Herkunft, Hautfarbe oder sexuellen Orientierung, keineswegs neu. Dieser Hass hat aber offenbar als alltägliche Erscheinung eine neue Dimension angenommen. Die Institution Schule mit ihrem Bildungs- und Erziehungsauftrag ist dabei in doppelter Hinsicht gefordert: Zum einen ist Hate Speech kein reines Onlinephänomen, sondern kann auch das schulische Zusammenleben beeinträchtigen. Zum anderen ist Schule als demokratiebildende Instanz dafür prädestiniert, Hate Speech durch die Vermittlung entsprechender Kompetenzen entgegenzuwirken. Allerdings liegen über Hate Speech im Kontext Schule bisher kaum Erkenntnisse vor.

Unter Hate Speech verstehen wir eine kommunikative Ausdrucksform in der Öffentlichkeit mit Botschaftscharakter (z. B. Schrift, Sprache, Videos), die absichtlich Ausgrenzung, Verachtung und Abwertung bestimmter Bevölkerungsgruppen fördert, rechtfertigt oder verbreitet und durch die diese in diskriminierender Weise in ihrer Würde verletzt, herabgesetzt oder gedemütigt werden (Wachs/Bilz/Schubarth 2018). Erste Untersuchungen lassen darauf schließen, dass Hate Speech gerade unter Jugendlichen relativ weit verbreitet ist und in den letzten Jahren zugenommen hat. So ermittelte eine Studie des Landesinstituts für Medien Nordrhein-Westfalen (LfM), dass 54 % der 14- bis 24-Jährigen häufig bis sehr häufig Hate Speech beobachtet haben (LfM 2016). Ein Jahr später waren dies bereits 59 % der gleichen Altersgruppe (LfM 2017). Auch internationale Studien bestätigen die große Relevanz von Hate Speech (Hawdon/Oksanen/ Räsänen 2017).

Mittlerweile gibt es zahlreiche Initiativen, die Hilfe und Unterstützung beim Umgang mit Hate Speech geben. So wird u. a. empfohlen, Gegenrede (Counter Speech) zu praktizieren, z. B. richtig zu diskutieren und zu argumentieren, nachzufragen oder zu entlarven, aber auch zu ironisieren oder Memes (sich schnell verbreitende Bilder, Videos u. ä.) gegen Hate Speech einzusetzen. Zudem ist der Selbstschutz sehr wichtig, z. B. sicherer Datenschutz, Beleidigungen nicht persönlich nehmen und sich nicht rechtfertigen. Weiterführende Links: www.amadeu-antonio-stiftung.de; www.no-hate-speech.de; www.nohatespeechmovement.de; http://www.bpb.de/252396/was-ist-hate-speech; https://www.klicksafe.de/service/aktuelles/news/detail/hate-speech-im-internet/.

c) Welche neueren Erkenntnisse gibt es zur Intervention und Prävention von Gewalt und Mobbing an Schulen?

Wie aus den bisherigen Darlegungen zu erkennen ist, sind die Anforderungen an die Prävention und Intervention von Gewalt und Mobbing in den letzten Jahren weiter gewachsen. Eine heterogene Schülerschaft, Inklusion, Integration und die Neuen Medien stellen Schulen vor neue Herausforderungen. Viele Schulen haben sich mit neuen Ansätzen, Programmen und Projekten, z. B. auch gegen Cybermobbing und Diskriminierung, schon darauf eingestellt. Dazu gehört auch eine verstärkte Arbeit zur schulischen Wertebildung (vgl. Schubarth/Gruhne/Zylla 2017).

Fortbildungsbedarf zur Intervention bei Gewalt- und Mobbingfällen

Ungeachtet der Bemühungen von Schulen besteht bei Prävention bzw. Intervention von Gewalt und Mobbing ein deutlicher Handlungsbedarf. Darauf macht auch unsere eigene Studie zu Interventionskompetenzen bei Lehrkräften aufmerksam (vgl. ausführlich Bilz/Schubarth/Dudziak u. a. 2017). Bisher konnte man nur mutmaßen, wie Lehrkräfte in konkreten Gewalt- oder Mobbingfällen reagieren – nun liegen empirische Befunde vor: Gestützt auf eine repräsentative Lehrer- und Schülerbefragung zeigt unsere Studie, dass die Mehrheit der Lehrkräfte bei Gewalt und Mobbing nicht wegschaut, sondern sich um eine Beendigung des Gewalt- oder Mobbingfalls bemüht. Damit wird die Mehrheit der Lehrerschaft ihrem Erziehungsauftrag gerecht, dass Gewalt und Mobbing an Schulen nicht geduldet werden dürfen. Sowohl die Lehrer- als auch die Schülerschaft gibt mehrheitlich an, dass in Gewalt- und Mobbingfällen interveniert wird. Erwartungsgemäß fallen die Selbstauskünfte der Lehrkräfte günstiger und die Beobachtungen der Schülerschaft kritischer aus. Nur eine kleine Minderheit der Lehrkräfte (2 %) gibt an, bei dem letzten, selbst erlebten Gewalt- bzw. Mobbingfall nicht interveniert zu haben. Die große Mehrheit, d. h. rund drei Viertel der Lehrkräfte, berichtet, in der entsprechenden Situation interveniert zu haben. Weitere 21 % haben die Situation zunächst beobachtet und ggf. erst später interveniert.

Im Vergleich zur Lehrersicht sieht die Schülerschaft das Lehrerhandeln bei Gewalt und Mobbing deutlich kritischer: Eines der auffälligsten Ergebnisse ist der Befund, dass rund 30 % der Schülerinnen und Schüler berichten, dass die Lehrkräfte von dem von ihnen berichteten Fall nichts erfahren haben. Dass Lehrkräfte nicht alles erfahren, ist nicht unerwartet; dass aber immerhin jeder dritte bis vierte Gewalt- bzw. Mobbingfall ihnen nicht zu Ohren kommt, weist auf einen erheblichen Handlungsbedarf hin. Mehr noch: Jede zehnte Lehrkraft hat – aus Schülersicht – nichts unternommen und das Geschehen nicht weiter beachtet. Bei fünf Prozent der Fälle wurde der Mobbingfall sogar bagatellisiert. Weitere 14 % gaben an, dass die Lehrkräfte die Situation nur beobachtet haben. Umgekehrt haben in ca. 70 % der geschilderten realen Gewalt- oder Mobbingsituationen, von denen eine Lehrkraft erfahren hat, die Lehrkräfte auch interveniert.

Welche Hintergründe es dafür gibt, dass Lehrkräfte von Gewalt- und Mobbingfällen nichts erfahren und dass ein kleinerer Teil der Lehrkräfte bei Gewalt und Mobbing nicht eingreift, kann nur vermutet werden. Anzunehmen ist, dass das Klassen- und Schulklima, insbesondere die Lehrer-Schüler-Beziehung, aber auch der Professionalisierungsgrad der Lehrkräfte wie des gesamten Lehrerkollegiums, einschließlich der Schulleitung, wichtige Einflussgrößen darstellen.

Welche Interventionsstrategien sind erfolgreich?

Unsere Studie (Bilz/Schubarth/Dudziak u.a. 2017) liefert auch Antworten auf die Frage, wie und mit welchem Erfolg Lehrkräfte in Gewalt- und Mobbingsituationen agieren. Die mit Abstand häufigste Interventionsform ist das Gespräch mit den beteiligten Schülerinnen und Schülern. Mit deutlichem Abstand folgen kleinere Interventionen wie Gesten oder Mimiken, Maßnahmen auf Klassenebene oder Disziplinierungsmaßnahmen. Dagegen sind Kooperationen mit anderen Personen, emotionale Unterstützung oder langfristige Maßnahmen auf Klassen- bzw. Schulebene eher selten. Diese Befunde sind im pädagogischen Kontext ambivalent zu sehen: Einerseits sind Gespräche immer ein probates pädagogisches Mittel, Konflikte zu regeln; andererseits lässt die geringe Orientierung an kooperativen Ansätzen auf fehlendes kollegiales Zusammenwirken und folglich auf eine ungenügende Reichweite der Maßnahmen schließen.

Probleme aufgrund einer mangelnden pädagogischen Professionalität beim Umgang mit Gewalt und Mobbing werden auch bei einem Vergleich von Lehrer- und Schülerperspektive deutlich. So berichten Schülerinnen und Schüler – im Vergleich zu Lehrkräften – deutlich häufiger davon, dass bei Gewalt- bzw. Mobbingfällen autoritär-strafend eingegriffen wird, also z.B. mit Drohungen, Sanktionen und Disziplinierungen. Mehr als jeder vierte Schüler berichtet von solchen autoritär-strafenden Interventionen; bei den Lehrkräften ist dies nur etwa jede sechste Lehrkraft. Fremd- und Selbstbild gehen bei der Art der Inventionen offenbar ein Stück weit auseinander – Anlass genug, sich über unterschiedliche Wahrnehmungen auszutauschen.

Der relativ hohe Anteil autoritär-strafender Maßnahmen ist zum Teil problematisch; autoritär-strafende Maßnahmen sind beim Umgang mit Gewalt und Mobbing meist nicht zielführend. Aus Sicht der Schülerinnen und Schüler gelingt es Lehrkräften mit unterstützend-kooperativen Interventionen (z. B. Kollegen hinzuziehen, Peer-Mediation, die gesamte Klasse einbeziehen) deutlich häufiger, das Mobbinggeschehen zu beenden als mit unterstützend-individuellen Interventionen (z. B. Gespräche mit den unmittelbar Beteiligten) und auch mit autoritär-strafenden Mitteln. Will man Gewalt und Mobbing nachhaltiger begegnen, müssten somit unterstützend-kooperative Interventionen aus- und im Gegenzug autoritär-strafende Maßnahmen abgebaut werden. Hier können Fortbildung und Schulentwicklungsprozesse ansetzen.

Bei der Bewertung des Interventionserfolges ergeben sich weitere Differenzierungen, z. B. nach dem Status im Mobbinggeschehen. So bewertet die Gruppe der Unbeteiligten den Erfolg am höchsten, gefolgt von den Mobbingopfern und den Mobbingtätern. Der harte Kern, die Gruppe der Täter-Opfer, die sowohl Täter- als auch Opfererfahrungen machen, bewertet den Erfolg am niedrigsten. Hier bedarf es weiterer Überlegungen, wie mit dem harten Kern umgegangen werden kann. Offenbar ist diese Gruppe mit den bisherigen Strategien nur schwer zu erreichen.

Welche Interventionskompetenzen brauchen Lehrkräfte?

In unserer Studie (vgl. Bilz/Schubarth/Dudziak u. a. 2017) konnten vor allem drei Kompetenzen als Prädiktoren für eine erfolgreiche Lehrerintervention identifiziert werden: erstens die Breite des Gewaltverständnisses, d. h. welche Phänomene im subjektiven Verständnis der Lehrkräfte als »Gewalt« angesehen werden, zweitens die Diagnosekompetenz der Lehrkräfte hinsichtlich des Opfer- bzw. Täter-Status ihrer Schüler und drittens die Empathiefähigkeit der Lehrkräfte.

Beim Gewaltverständnis zeigt sich, dass Lehrkräfte vor allem dann intervenieren, wenn ihr Verständnis von Gewalt breit ist, sie z. B. auch soziale Ausgrenzung und Hänseleien als Gewaltphänomene ansehen. Lehrkräfte, deren Gewaltverständnis enger ist und sich z. B. auf körperliche Gewalt beschränkt, greifen auch seltener bei Mobbing ein. Das Gewaltverständnis der Lehrkräfte hat Folgen für die Schulklassen: In den Klassen von Lehrkräften mit einem breiten Gewaltverständnis gibt es deutlich mehr Mädchen und Jungen, die bei einer Mobbingsituation intervenieren würden als in Klassen von Lehrkräften mit einem engen Gewaltverständnis.

Hinsichtlich der Diagnosekompetenzen von Lehrkräften lässt sich Folgendes feststellen: Fragt man Lehrkräfte konkret, welche Schülerinnen und Schüler in ihren Klassen Täter oder Opfer sind, fällt ihnen die Identifikation der Beteiligten recht schwer – und zwar für beide Gruppen gleichermaßen. Dass ihnen die Identifizierung aber bei den besonders leistungsstarken und den leistungsschwachen Lernenden besser gelingt, ist ein Indiz dafür, dass sie die Schüler vor allem unter Leistungsgesichtspunkten wahrnehmen. Die geringe Genauigkeit des Lehrerurteils lässt die Arbeit an den entsprechenden Diagnosekompetenzen notwendig erscheinen.

Weiterhin ist die Fähigkeit zur Perspektivübernahme eine wichtige Ressource für den kompetenten Umgang mit Schülermobbing. So verfolgen empathische Lehrkräfte mit ihren Interventionen in Mobbingsituationen langfristigere Ziele und erreichen diese auch eher als weniger empathische Lehrkräfte. Darüber hinaus ist das Wissen über Gewalt bzw. Mobbing von Bedeutung. So geht ein Fortbildungsbesuch mit einem erlebten Wissenszuwachs und einer erhöhten subjektiven Kompetenzeinschätzung einher. Die Bedeutung von Fortbildungsbesuchen wird auch durch den Befund untermauert, dass Lehrkräfte, die eine Fortbildung zu Gewalt bzw. Mobbing besucht haben, fast doppelt so häufig in Mobbingsituationen intervenieren als Lehrkräfte, die keine Fortbildung besucht haben. Neben dem Wissen hat auch die Selbstwirksamkeit Einfluss auf die Lehrerintervention. Lehrkräfte mit einer hohen Selbstwirksamkeit, also höherem Zutrauen in die eigenen Handlungsmöglichkeiten, intervenieren häufiger und zielen mit ihren Interventionen zudem häufiger auf langfristige Veränderungen ab, wie beispielsweise die Verbesserung des Klassenklimas.

Resümierend ist festzustellen, dass das Gros der Lehrkräfte bei Gewalt und Mobbing interveniert. Diese erfreuliche Nachricht ist jedoch mit der Forderung zu verbinden, Lehrkräfte für Mobbing stärker zu sensibilisieren und nachhaltige Interventionsstrategien, vor allem kooperativer Art, zu fördern. Da die Überzeugungen und das Vorbild der Lehrkräfte einen Einfluss auf das Schülerhandeln haben, sollten auch Lehrerüberzeugungen und das Interventionshandeln in den Fokus der Prävention rücken. Darüber hinaus verweist der Befund, dass ein beachtlicher Teil der Mobbingfälle nicht zu den Lehrkräften gelangt, auf die Notwendigkeit, stärker an einer vertrauensvollen Lehrer-Schüler-Beziehung zu arbeiten. Ein gutes Schul- und Klassenklima und ein ganzheitliches Verständnis der Schülerpersönlichkeit sind dafür wichtige Voraussetzungen. Intervention und Prävention von Gewalt bzw. Mobbing bleiben somit auch künftig zentrale Aufgaben von Schulen. Eine nachhaltige Anti-Gewaltstrategie bedarf dabei der engen Verknüpfung von Prävention bzw. Intervention mit Schulentwicklungsprozessen. Die Politik ist aufgerufen, dafür die erforderlichen Rahmenbedingungen zu schaffen.

Literatur

Baier, D. (2018): Gutachten für den 23. Deutschen Präventionstag 11./12.06.2018, Dresden. In: Kerner, H.J./Marks, E. (Hrsg.): Internetdokumentation des Deutschen Präventionstages. Hannover 2017, www.praeventionstag.de/dokumentation.cms/4094.

Baier, D./Bergmann, M. (2016): Gewalt an Schulen – Daten und Fakten. Schulmanagement Handbuch 160, S. 6–25.

Bergmann, M./Baier, D./Rehbein, F./Mößle, T. (2017): Jugendliche in Niedersachsen. Ergebnisse des Niedersachsensurveys 2013 und 2015. (KFN-Forschungsberichte, 131). Hannover: KFN.

Bilz, L./Schubarth, W./Dudziak, I./Fischer, S./Niproschke, S./Ulbricht, J. (2017): Gewalt und Mobbing an Schulen. Wie sich Gewalt und Mobbing entwickelt haben, wie Lehrer intervenieren und welche Kompetenzen sie brauchen. Bad Heilbrunn.

Bündnis gegen Cybermobbing (2017): Cyberlife II. Spannungsfeld zwischen Faszination und Gefahr. Cybermobbing bei Schülerinnen und Schülern. Karlsruhe.

Hawdon, J./Oksanen, A./Räsänen, P. (2017): Exposure to online hate in four nations: A cross-national considerati-on. Deviant behavior, 38(3), 254–266.

HBSC Deutschland (2015): HBSC-Studienverbund Deutschland. (2015). Studie Health Behaviour in School-aged Children – Faktenblatt »Mobbing unter Kindern und Jugendlichen«.

Institut für angewandte Familien-, Kindheits- und Jugendforschung (2018): Jugend in Brandenburg 2017. Link: https://mbjs.brandenburg.de/media_fast/6288/122-18_anhang_studie_jugend_in_brandenburg_2017-kurzfassung.pdf (Zugriff: 28.08.2018).

JIM-Studie (2017): Jugend, Information, (Multi-)Media. Medienpädagogischer Forschungsverbund Südwest. Stuttgart.

KIM-Studie (2016): Kindheit, Internet, Medien. Medienpädagogischer Forschungsverbund Südwest. Stuttgart.

Kinder-Medien-Studie (2018): https://www.kinder-medien-studie.de/?page_id=367 (Zugriff: 18.08.2018).

LfM (2016): Ethik im Netz. Hate Speech. Forsa Studie im Auftrag der Landesanstalt für Medien Nordrhein-Westfalen.

LfM (2017): Ergebnisbericht Forsa Studie im Auftrag der Landesanstalt für Medien Nordrhein-Westfalen.

Livingstone, S./ Haddon, L./Görzig, A./Olafsson, K. (2011): EU Kid online report, 9/ 2011. http://www.lse.ac.uk/media%40lse/research/EUKidsOnline/EU%20Kids%20II%20(2009-11)/EUKidsOnlineIIReports/Final%20report.pdf (Zugriff: 18.08.2018).

Lüter, A./Schroer-Hippel, M./Bergert, M./Glock, B. (2017): Berliner Monitoring Jugendgewaltdelinquenz. Vierter Bericht 2017. Berlin.

Melzer, W./Schubarth, W. (2016): Gewalt in der Schule und die Gesundheit von Schülerinnen und Schülern. In: Bundesgesundheitsblatt 1/2016, S. 66–72.

OECD (2017): PISA 2015 Results (Volume III): Students' Well-Being. Paris.

Pfeiffer, Ch./Beier, D./Kliem, S. (2018): Zur Entwicklung der Gewalt in Deutschland. https://www.bmfsfj.de/blob/121228/411549637983e561bd471293be37d326/zentrale-befunde-des-gutachtens-zur-entwicklung-der-gewalt-in-deutschland–data.pdf (Zugriff: 18.08.2018)

Pieschl, S./Porsch, T. (2012): Schluss mit Cybermobbing! Das Trainings- und Präventionsprogramm »Surf-Fair«. Weinheim.

Porsch, T./Pieschl, St. (2014): Cybermobbing unter deutschen Schülerinnen und Schülern: Eine repräsentative Studie zu Prävalenz, Folgen und Risikofaktoren. Diskurs Kindheits- und Jugendforschung, 9 (1), S. 7–22.

Schubarth, W./Gruhne, Ch./Zylla, B. (2017): Werte machen Schule. Lernen für eine offene Gesellschaft. Stuttgart.

Schultze-Krumbholz, A./Zagorscak, P./Siebenbrock, A./Scheithauer, H. (2012): Medienhelden: Unterrichtsmanual zur Förderung von Medienkompetenz und Prävention von Cybermobbing. München.

VBE (2017): Das Tabu brechen. Gewalt gegen Lehrkräfte. Verband Bildung und Erziehung. Berlin.

VBE (2018): Gewalt gegen Lehrkräfte aus Sicht der Schulleiterinnen und Schulleiter. Verband Bildung und Erziehung. Berlin.

Wachs, S./Hesse, M./Scheithauer, H./Schubarth, W. (2016): Mobbing an Schulen: Erkennen – Handeln – Vorbeugen. Stuttgart.

Wachs, S./Bilz, L./Schubarth, W. (2018): Hate Speech als Schulproblem? (unv. Manuskript)

Wachs, S./Schubarth, W. (2016): Cyber-Mobbing – Eine neue Form von Gewalt. In: Zeitschrift für Museum und Bildung 80-81/2016, S. 121–135.

World Vision Deutschland e. V. (Hrsg.) (2018): Kinder in Deutschland 2018. Weinheim.

Teil I   Gewalt und Mobbing an Schulen

1   Von Amokläufern und Voyeuren: Zur öffentlichen Debatte um »Schule und Gewalt«

Gewalt von Jugendlichen erregt seit jeher öffentliche Aufmerksamkeit. In der Geschichte der Bundesrepublik waren es im 20. Jahrhundert vor allem die Halbstarkenkrawalle der 50er Jahre, die Studentenunruhen der 60er und 70er Jahre sowie die Aktionen der Autonomen in den 80er Jahren, die im Blickpunkt der Öffentlichkeit standen. Mit der Wiedervereinigung Deutschlands und den Debatten um »rechtsradikale Gewalt« sowie um »Gewalt an Schulen« in den 90er Jahren wurde »Jugend und Gewalt« endgültig zu einem Dauerthema in einer zunehmend vom Medien dominierten Gesellschaft. Problematische Folgen dabei sind, dass Jugendliche mitunter pauschal als »gewaltbereit« oder als »Sicherheitsrisiko« etikettiert werden und die Kriminalitätsfurcht, die »gefühlte Kriminalität«, in der Bevölkerung ansteigt. So verwundert es nicht, dass in der öffentlichen Wahrnehmung die Annahme vorherrscht, dass die »Jugendgewalt« ständig zunimmt und die Täter immer jünger und immer brutaler werden. Dass dem – zumindest in dem angenommenen Ausmaß – nicht so ist, wird in Kapitel I, 5 gezeigt werden.

Besonders groß ist die öffentliche Aufmerksamkeit, wenn es sich um *spektakuläre Gewaltvorfälle*, z.B. Amokläufe, handelt. Tagelang berichten dann die Medien über solche »Medienereignisse«. Die Täter sind auf allen Kanälen präsent. Jedes noch so intime Detail wird ausführlich beschrieben. Es wird spekuliert und gemutmaßt, mitunter auf Kosten der Seriosität. Besonders gerne werden Gefühle der Opfer, möglichst hautnah, eingefangen. Emotionsgeladene O-Töne und O-Bilder gehören zum Standardrepertoire der Berichterstattung. Das garantiert Aufmerksamkeit bei den Empfängern. Sofort werden auch Fragen nach den Ursachen und Folgerungen aufgeworfen. Experten und Praktiker kommen zu Wort und die Politiker debattieren – meist kontrovers – über Konsequenzen, z.B. über Verbote von Computerspielen oder über das Waffenrecht. Das geht so einige Tage oder Wochen lang, bis das Interesse wieder erloschen ist oder ein neues »Medienereignis« an die Stelle des alten getreten ist.

Sicherlich ist richtig, dass die Öffentlichkeit über solche Gewaltereignisse informiert werden muss und dass das Bedürfnis, ausführlich zu berichten, auch aus der tiefen Betroffenheit resultiert. Gleichwohl rechtfertigen Nachrichtenwert und Informationsgehalt keineswegs die Flut an Bildern und die enorme mediale Skandalisierung. Doch warum kommt es immer wieder zu solchen Medienzyklen? Die Frage ist leicht zu beantworten, gehen doch die Journalisten – wohl zu Recht – davon aus, dass eine solche Art der Berichterstattung den Interessen und Bedürfnissen der Rezipienten am ehesten entspricht und damit die Aufmerksamkeit, also auch die »Quote«, gesichert ist. In diesem Sinne sind wir wohl alle Voyeure und befördern damit den Medienhype um »Schule und Gewalt«. Die Folgen sind schwerwiegend: Die Täter werden (ob gewollt oder nicht) heroisiert und die Opfer z. T. entwürdigt und bloßgestellt. Durch die unreflektierte und dauerhafte mediale Präsenz werden Nachahmungs- und Nachfolgetaten wahrscheinlicher.[2] Die mediale Skandalisierung von schweren Gewalttaten wird damit selbst zu einem Risikofaktor und fördert die Perpetuierung solcher Taten.

Die öffentliche Debatte um schwere Gewalt- oder auch Mobbingfälle, wie z. B. einen Amoklauf, kann als typisch für den Umgang mit dem Thema »Schule und Gewalt« oder »Jugend und Gewalt« angesehen werden. Deshalb soll im Folgenden der *Diskurszyklus »Jugend und Gewalt«* in der Öffentlichkeit etwas näher beleuchtet werden: Am Anfang steht zunächst eine erste Thematisierung (▶ Abb. 1), z. B. Berichte über Gewaltvorfälle. Das Medieninteresse steigt an, es häufen sich solche Berichte. Die Art und Weise der Berichterstattung suggeriert, dass es sich um völlig neuartige Phänomene handelt. Das Deutungsmuster »wachsende Jugendgewalt« wird zur herrschenden Meinung und erhält den Status der öffentlichen Anerkennung.[3] Ein Problemmuster soll Eindeutigkeit herstellen und sowohl die Verursacher als auch Lösungswege benennen. Das Problemmuster »*Jugendgewalt*« weist eindeutig auf etwas moralisch, politisch und rechtlich Verwerfliches hin, das zu bekämpfen ist. Gerade weil sich der Gewaltbegriff in den letzten Jahren ausgeweitet hat, eignet er sich gut als Kampfbegriff; denn wenn etwas mit »Gewalt« bezeichnet wird, gerät der »Gewaltausübende« schnell unter Rechtfertigungszwang. Ein wichtiges Feld zur Durchsetzung und Absicherung von Problemdeutungen sind dabei Diskursstrategien, wie z. B. Dramatisieren, Moralisieren und die Reproduktion von Mythen. Durch Dramatisieren werden Emotionen erzeugt und zugleich die Problemwahrnehmungen normiert; durch die Reproduktion von Mythen werden

---

2 So gab es z. B. nach dem Amoklauf in Winnenden (Baden-Württemberg) im Jahre 2009 bundesweit hunderte Drohungen und »Trittbrettfahrer«, in Nordrhein-Westfalen allein über 500.

3 Das Strickmuster der medialen Berichterstattung ist dabei recht einfach: Man nehme zuerst eine reißerische Schlagzeile, z. B. »Die Monsterkids«, »Die Gewalt explodiert«, »Mobbende Klassentyrannen« oder »Horror-Schule«, schildere dann ein, zwei Fallbeispiele und behaupte, das sei inzwischen Alltag. Dabei bediene man sich eines »Steigerungsdiskurses«, z. B. »zunehmend«, »immer mehr«, »immer jünger«, »immer schlimmer«, »dramatisch« oder »explosionsartig«. Zitate von Experten erhöhen die Aussagekraft. Bei der Darstellung von Gewalt konzentriere man sich auf die körperliche Gewalt (diese ist in der Regel unstrittig) sowie auf eine Zweiteilung von Täter und Opfer. Hinsichtlich der Ursachen von Gewalt favorisiere man möglichst einfache Erklärungen und klare Schuldzuweisungen. Der Berichtstil ist ganz auf Emotionalisierung und Dramatisierung ausgerichtet.

diese abgesichert. Meist konkurrieren hegemoniale und alternative Deutungen bzw. Gegendiskurse miteinander.

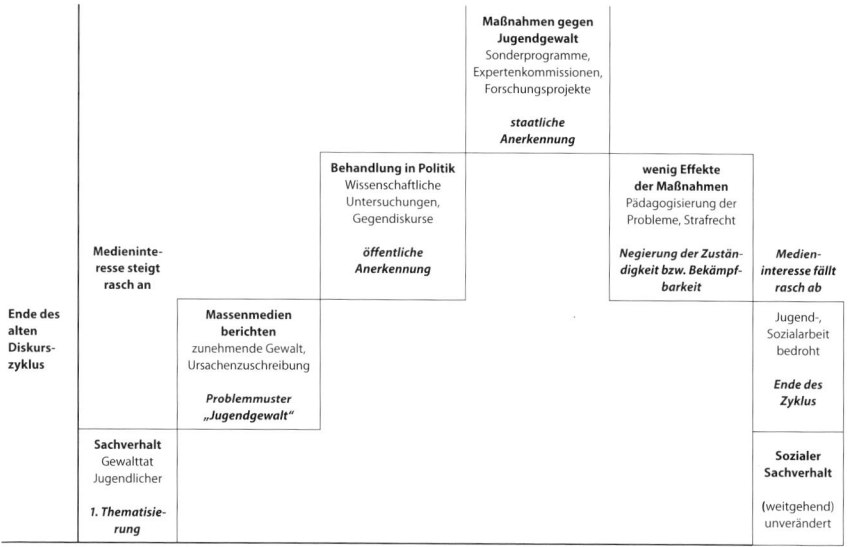

Abb. 1: Diskurszyklus »Jugend und Gewalt« in der Öffentlichkeit

Durch die öffentliche Thematisierung von »Jugendgewalt« geraten die Politiker schnell unter Handlungszwang. Um Handlungsfähigkeit zu demonstrieren, werden u. a. Maßnahmeprogramme beschlossen, Expertenkommissionen einberufen und Studien in Auftrag gegeben. Damit wird signalisiert, dass der Staat das Problem erkannt hat und etwas dagegen unternimmt. Welche staatlichen Ressourcen (z. B. Geld, Information oder Recht) eingesetzt werden, ist vor allem vom politischen Kalkül abhängig. Legt man das nutzentheoretische Wahlmodell der Stimmenmaximierung zugrunde, ist offensichtlich, dass Jugendliche als potenzielle Adressaten von Politik angesichts ihres niedrigen und abnehmenden Anteils an der (Wahl-)Bevölkerung keine guten Karten haben. Häufig erfolgen deshalb seitens der Politik eher symbolische Handlungen (z. B. Debatte Strafrecht oder Waffenrecht). Dabei geht es primär um symbolische Wirkungen, d. h. es soll der Anschein von Entschlossenheit erweckt werden bei gleichzeitigem Verzicht auf eine effektive Problembekämpfung. Irgendwann ist das Problem »Jugendgewalt« – vorerst zumindest – genug strapaziert worden, das Interesse der Öffentlichkeit erlahmt. Die zusätzlichen Mittel für die Bildungs- und Erziehungsarbeit sind wieder bedroht. Ob die Gewalt infolge der Gewaltdebatte weniger geworden ist oder ob seitdem mehr gegen Gewalt getan wird – darüber gibt der Diskurszyklus keine Auskunft. Das Abklingen der Diskussion kann nicht mit einem Abflauen der Gewalt gleichgesetzt werden.

Es wird deutlich, welche große Rolle die Medien bei der öffentlichen Thematisierung des Problemmusters »Jugend und Gewalt« spielen. Medien nehmen auf Grund ihrer Transfer- und Selektionsfunktion eine Problemfokussierung vor, denn öffentliche Aufmerksamkeit ist ein äußerst knappes Gut, um das konkurriert wird (vgl. Schetsche 1996). Nach der Eigenlogik der Medien ist es für sie gewinnbringender, über Themen mit einem hohen Publizitätswert, z. B. »Jugendgewalt«, zu berichten als beispielsweise über Erfolge in der Gewaltprävention. Aufgrund der einseitigen Berichterstattung haben die Rezipienten praktisch keine Chance, sich ein realistisches Bild über »Jugendgewalt« zu machen. Über die Mechanismen der Medien bei der Berichterstattung aufzuklären und eine kritische Diskursanalyse zu betreiben, bleibt deshalb Aufgabe einer kritischen Sozialforschung und eines kritischen Journalismus.

2 Prävention von Gewalt – eine Aufgabe von Schule?

Gewalt und Mobbing bekämpfen? Wozu ist die Schule eigentlich da? Diese Fragen mögen manchem vielleicht in den Sinn kommen, wenn der Schule immer neue Aufgaben aufgebürdet werden. Und vielleicht haben manche auch gleich die »passenden« Gegenargumente parat:

- »Gegen Gewalt und Mobbing ist die Schule machtlos!«
- »Schule kann das Elternhaus nicht ersetzen!«
- »Wir sind doch keine Sozialarbeiter oder Therapeuten!«
- »Das geht sowieso nicht!«

Mit solchen oder ähnlichen Argumenten wird jedoch jede Möglichkeit der Veränderung schnell blockiert. Gegen solche pauschalen Meinungen hilft nur eines: den Realitätsgehalt dieser (Vor-)Urteile prüfen und sich mit den Problemen beschäftigen. Eine Überprüfung der vorgebrachten Argumente ergibt meist ein differenzierteres Bild. Zudem verändert sich bei der Beschäftigung mit der Thematik auch die eigene Wahrnehmung und eröffnet neue Handlungsperspektiven. So ist die Schule den Problemen von Gewalt und Mobbing nicht hilflos ausgeliefert, sondern kann z. B. durch die Erarbeitung von Verhaltensregeln oder durch Projekte der Streitschlichtung gezielt an der Verbesserung des sozialen Schulklimas arbeiten.

Erziehungsdefizite, die aus dem Elternhaus resultieren, lassen sich durch Schule freilich nicht völlig beheben. Dennoch wirkt Schule immer auch in erzieherischer Hinsicht auf die Schüler ein und prägt deren Persönlichkeitsentwicklung mit, ob durch die angewandten Lernformen und Unterrichtsmethoden oder die Leistungsbewertung, ob durch den Erziehungsstil, das Klassen- und Schulklima, das Lehrer-Schüler- oder das Schüler-Schüler-Verhältnis. Die häufig geführte Kontroverse, wer denn nun für die »Schulfähigkeit« der Kinder in erster Linie zuständig sei, die Eltern oder die Lehrer, läuft ins Leere, weil sich die Schule ihre Schüler in der Regel nicht aussuchen kann und sich auf die so »veränderten« Kinder und Jugendlichen einzustellen hat.

Dabei ist – wie die Kindheits- und Jugendforschung belegen (vgl. z. B. Hurrelmann/Grundmann/Walper 2008) – zu berücksichtigen, dass sich das Aufwachsen junger Menschen in den letzten Jahren bzw. Jahrzehnten stark verändert hat: Die Familien, z. B. die familiären Formen des Zusammenlebens und die Erziehungsstile, haben sich gewandelt, sind vielfältiger, z. T. aber auch brüchiger geworden. Zwar ist die Familie nach wie vor der zentrale Ort des Aufwachsens für die meisten jungen Menschen, ihr Einfluss ist allerdings im Schwinden begriffen. Zudem fühlt sich ein Teil der Eltern, z. B. aufgrund sozialer Problemlagen, überfordert und kommt mit der Erziehung nicht klar. Doch nicht nur die Bindungskraft der Familie lässt nach, auch andere traditionelle Institutionen wie Nachbarschaft, Gemeinde, Kirche etc. haben an Einfluss verloren. Demgegenüber haben die Beziehungen zu den Gleichaltrigen und vor allem die Medien sowie die neuen Informations- und Kommunikationstechniken für die Heranwachsenden an Bedeutung gewonnen. Doch auch die Bildungs- und Erziehungsinstitutionen, insbesondere die Schule, steht vor neuen Herausforderungen: Einerseits ist die Bedeutung schulischer Bildung für den beruflichen Lebensweg von Kindern und Jugendlichen angewachsen, andererseits fällt es vielen Schülern schwer, die schulischen Anforderungen zu meistern; ein zu großer Teil wird von der Schule nicht mehr erreicht. Und die Kinder und Jugendlichen selbst müssen mit den veränderten Bedingungen, z. B. in einer »individualisierten Risikogesellschaft« mit ihren Chancen, aber auch Risiken, zurechtkommen. Das Erwachsenwerden wird heute selbst zu einem schwierigen Projekt, denn es stellt höhere Anforderungen an die eigene Lebensgestaltung. Eine gelingende Identitätsarbeit setzt insbesondere vermehrt Kompetenzen der Lebensbewältigung voraus, wozu vor allem soziale Kompetenzen, z. B. Kommunikations- und Problemlösefähigkeiten, gehören. Hier kann Schule ihren unverwechselbaren Beitrag leisten. Und hier besteht ein deutlicher Nachholbedarf: Die Förderung sozialer Kompetenzen wird an deutschen Schulen – trotz vieler guter Beispiele – vor allem aufgrund ihrer Struktur als zeitlich eng organisierte Halbtagsschule mit geringen Spielräumen für ein soziales Miteinander der Schüler noch immer vernachlässigt.

Dennoch ist das »Kerngeschäft« von Schule nach wie vor das Unterrichten, nicht die Sozialarbeit oder die Therapie, obwohl an vielen Schulen eine große sozialerzieherische Arbeit geleistet wird – nicht neben dem Unterricht, sondern vor allem im Unterricht selbst. Die sozialen Lernprozesse bei Schülern sind dabei genauso hoch zu schätzen wie die Lernergebnisse in den Fächern. Beides lässt sich ohnehin nicht trennen, denn Wissensvermittlung und Erziehung bilden eine dialektische Einheit. Darüber hinaus sollte Schule keine Hemmungen haben, die Kooperationsangebote anderer Institutionen, die ebenfalls für die Entwicklung von Kindern und Jugendlichen Verantwortung tragen, anzunehmen und zwar rechtzeitig und nicht erst dann, »wenn das Kind schon in den Brunnen gefallen ist«. Gute Ansätze der Kooperation gibt es z. B. mit der Jugendhilfe, der Polizei oder im kommunalen Kontext.

»*Gewalt und Mobbing an Schulen*« ist schon seit geraumer Zeit auch ein Thema für Schulen. Insbesondere seit der Gewaltdebatte in den 1990er Jahren wurden seitens der Schulen verstärkte Anstrengungen unternommen, Gewalt zurückzudrängen und präventiv zu wirken. Viele Schulen haben seitdem entsprechende Fortbildungsveranstaltungen und Projekte durchgeführt. Die Erfahrungen besagen, dass solche Veranstaltungen, wenn sie nur tageweise, punktuell stattfinden, zwar informativ sein können, dass es aber einer Beschäftigung mit der Thematik über einen längeren Zeitraum bedarf, wenn Ergebnisse spürbar werden sollen. Fortschritte sind besonders dann zu erwarten, wenn von der konkreten Situation vor Ort ausgegangen wird und möglichst problemorientiert oder fallbezogen gearbeitet wird. Konkrete Zuständigkeiten und Verantwortlichkeiten sorgen für eine breitere Unterstützung sowie für mehr Kontinuität und Zielgerichtetheit des Vorhabens. Im Rahmen eines Präventionsvorhabens erweist es sich als hilfreich – ähnlich wie bei der Erarbeitung eines Verhaltenskodex oder eines Wertekanons – das pädagogische Selbstverständnis im Kollegium zu klären: Was ist uns wichtig? Wozu wollen wir unsere Absolventen befähigen? Welche Funktionen und Aufgaben hat die Schule? (vgl. auch die Programme und die Handlungsanleitung in Teil II).

Welche gesellschaftlichen Funktionen hat eigentlich die Schule?

In der Erziehungswissenschaft, insbesondere der Schultheorie, herrscht Konsens darüber, dass die Institution Schule verschiedene, z. T. sich widerstrebende gesellschaftliche Funktionen hat (vgl. z. B. Tillmann 2003, Fend 2006). Sie soll Wissen und Fertigkeiten vermitteln, angefangen von der Beherrschung grundlegender Symbolsysteme wie Sprache und Schrift bis zum Erwerb spezifischer Berufsqualifikationen, d. h. alles, was erforderlich ist, um am gesellschaftlichen Leben teilzuhaben. Dies wird als *Qualifizierungsfunktion* bezeichnet. Darauf zielen Lehrpläne und fachliches Lernen. Schule soll aber – und das ist mitunter nicht so klar – auch auslesen und die Schüler auf unterschiedliche berufliche und Lebensperspektiven vorbereiten. Dies ist die sogenannte *Selektionsfunktion* oder Allokationsfunktion (Zuweisungsfunktion). Darauf zielen Zensuren, Zeugnisse und unterschiedliche Schulabschlüsse. Schule soll außerdem zur Reproduktion von Werten und Normen und zur Stabilisierung des politischen Systems beitragen, was als *Integrations- oder Sozialisationsfunktion* bezeichnet wird. Letztere bleibt häufig im Verborgenen, weshalb auch vom »heimlichen Lehrplan« gesprochen wird. Zu weiteren bedeutsamen Funktionen gehört die Funktion der Kulturüberlieferung, d. h. die Tradierung der Kultur, und die Funktion der Bereitstellung von Gleichaltrigen-Gruppen. Letztere ist deshalb auch zunehmend von Bedeutung, da angesichts des Rückgangs der Schülerzahl die Schule zunehmend derjenige Lebensraum ist, der allen Kindern Gruppen von Gleichaltrigen und damit peer-bezogene Möglichkeiten der sozialen Entwicklung bereitstellt.

Die unterschiedlichen Funktionen auszubalancieren, ist eine Aufgabe, die jede Schule und jeder Lehrer selbst leisten muss. Die Einsicht in die funktionalen Zusammenhänge kann dabei helfen, das Spannungsverhältnis in der schulischen Arbeit besser auszuhalten und pädagogische Entscheidungen zu reflektieren. Zugleich wird die große Verantwortung der Institution Schule vor Augen geführt – schließlich ist sie mit ihren über 10 Millionen Schülern und ca. 750 000 Lehrern nicht nur die größte öffentliche Institution, sondern hat auch – wie gezeigt – gesellschaftlich sehr bedeutsame Funktionen zu erfüllen.

Für die pädagogische Selbstverständigung im Kollegium heißt dies, den verschiedenen Funktionen Rechnung zu tragen und ein ausgewogenes Verhältnis zwischen ihnen zu finden. Eine einseitige Orientierung an der Qualifikationsfunktion und eine Vernachlässigung der Integrations- und Sozialisationsfunktion wäre kontraproduktiv und würde z. B. Gewalt begünstigen. Die Notwendigkeit einer *schulischen Präventionsarbeit als Bestandteil der sozialen Leistungsfähigkeit einer Schule* ist somit durch die Schul- und Bildungstheorie gut begründet. Dies findet seinen Niederschlag auch in dem Bildungs- und Erziehungsauftrag der Schule, bei dem es um die Einheit von Fach-, Methoden- und Sozialkompetenzen, also um die Verbindung von Allgemeinbildung und Sozialverhalten geht.

Die Verbindung von kognitiven und sozialen Lernzielen wird übrigens – wie die empirische Schulforschung zeigt – auch von den Schülern und Eltern als nützlich angesehen. Viele wünschen sich sogar ein *stärkeres soziales Profil* an ihrer Schule. Das hat nichts mit »Kuschelpädagogik« zu tun, sondern mit den Bedürfnissen junger Menschen, die in einer sich individualisierenden Umwelt nach sozial befriedigenden Kontakten und verlässlichen Beziehungen suchen. Schülerbefragungen zeigen, dass für Schüler die Schule vor allem ein Ort ist, an dem sie ihre Freunde treffen können. Schule ist aus Schülersicht ein *sozial-kommunikativer Ort*. Während die Unterrichtsschule eher als »lästig« empfunden wird, weil sie meist mit Reglementierungen und Kontrollen daherkommt, ist die *Schule ein attraktiver sozialer Erfahrungsraum*, z. B. zum Kontakteknüpfen oder für gemeinsame Unternehmungen, zum Spaß haben oder zum Ausprobieren und Experimentieren. Die »Zwangsanstalt Schule« wird abgelehnt, die soziale Seite der Schule hingegen sehr geschätzt. Daran gilt es im Schulalltag stärker anzuknüpfen, z. B. durch die bewusste Gestaltung eines aktiven und abwechslungsreichen Schullebens. Die Wünsche der Schülerschaft stehen weitgehend im Einklang mit denen der Elternschaft. Auch die Eltern favorisieren eine Schule, die neben der Vermittlung von Allgemeinbildung soziales Lernen ermöglicht und zum sozialen Miteinander befähigt.

Resümierend lässt sich festhalten, dass schulische Gewaltprävention eine zunehmende Notwendigkeit darstellt, weil die Probleme in diesem Bereich nicht zu leugnen sind, weil soziales Lernen – auf Grund der veränderten Kindheit – an Bedeutung gewinnt, weil die Schule dadurch ihrem Erziehungsauftrag besser Rechnung trägt, weil sich dabei das Kollegium als Team weiterentwickelt und weil Vorbeugen prinzipiell besser ist als Heilen.

3   Gewaltbegriff und Gewaltverständnis

Sowohl in der Wissenschaft als auch im Alltagsverständnis gibt es keine einheitliche Auffassung von »Gewalt«. Dies erschwert zugleich die Erforschung dessen, was unter »Gewalt« erfasst werden soll. Hinzu kommt, dass der Gewaltbegriff mit anderen inhaltlich ähnlichen Begriffen konkurriert, z. B. Aggressivität, Aggression, Mobbing, Bullying, Vandalismus, Amoklauf, Devianz, Delinquenz, Kriminalität, Störungen des Sozialverhaltens, Persönlichkeitsstörungen usw. Allein in der Psychologie existieren mehr als 200 unterschiedliche Definitionen aggressiven Verhaltens (vgl. Scheithauer/Hayer 2007). Dennoch besteht aus *psychologischer Perspektive* weitgehend Konsens darüber, dass sich *Aggression* auf spezifische, zielgerichtete Verhaltensweisen zur Schädigung anderer Personen bezieht, wobei neben der Beschädigung von Personen auch die Sachbeschädigung (Vandalismus) und die Autoaggression mit einbezogen werden (ebd., S. 16 f.).[4] Unter *Aggressivität* versteht man die erhöhte Neigung zu aggressivem Verhalten. Zu berücksichtigen ist, dass die Bewertung aggressiven Verhaltens auch vom Kontext abhängig ist. So ist Aggressivität beim Sport (z. B. Fußball, Boxen) nicht nur legitim, sondern ausdrücklich erwünscht und selbst in zwischenmenschlichen Beziehungen ist der Übergang vom sozial verträglichen Verhalten zur aggressiven Durchsetzung fließend. Letztere wird mitunter sogar positiv konnotiert und gesellschaftlich honoriert. So verweisen z. B. Karriere- und Managementberater auf die positive Aggression als notwendige Voraussetzung für Führungskraft und Durchsetzungsstärke.

Auch für den *Gewaltbegriff* ist die absichtsvolle Schädigung von Menschen durch Menschen zentral, wobei diese in physischer oder psychischer (verbal oder nonverbal) Form erfolgen kann. Daneben wird aus *soziologischer Perspektive* auch auf Gewalt zur Bezeichnung öffentlicher Macht zur Durchsetzung von Ordnungsvorstellungen hingewiesen. Im Englischen wird deshalb auch zwischen staatlicher Gewalt (power), verletzender Gewalt (violence) und körperlicher Stärke/Gewalt (force) differenziert (vgl. Hurrelmann/Bründel 2007, Wahl/Hees 2009). Obwohl in der wissenschaftlichen Tradition *Gewalt* – als eine extreme Aggressionsform – eine Teilmenge von Aggression darstellt, werden Aggression und Gewalt zunehmend synonym verwandt. Mehr noch: In der öffentlichen Debatte um Schule verdrängt der Gewaltbegriff wegen seiner Anschaulichkeit und scheinbaren Eindeutigkeit den Begriff der Aggression. Der Gewaltbegriff wird dabei unterschiedlich weit gefasst: Während sich ein enger Gewaltbegriff auf die zielgerichtete, direkte physische Schädigung beschränkt, schließt ein weiter gefasster Gewaltbegriff auch die psychische Gewalt ein. Eine nächste Stufe der Erweiterung des Gewaltbegriffs betrifft staatliche Gewaltformen wie die »institutionelle« oder »strukturelle

---

4   Im Unterschied dazu ist aus biologischer Sicht »Aggression« die in der Evolution entwickelte Durchsetzungsfähigkeit von Tieren und Menschen, die sich in unterschiedlicher Stärke von der Drohung bis zur Verletzung und Tötung von Artgenossen ausdrückt (vgl. Wahl/Hees 2009).

Gewalt«[5], die allerdings empirisch schwer zu erfassen sind und deshalb meist nur als verursachende Bedingungen für Gewalt herangezogen werden. Eine Ausweitung des Gewaltbegriffs macht ihn zu einer »catch all«-Kategorie und für die Wissenschaft schwer handhabbar.

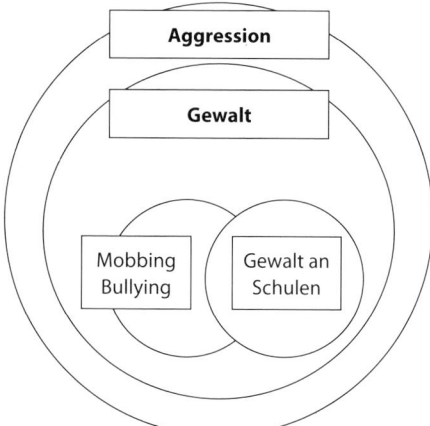

Abb. 2: Einordnung der Begriffe Aggression, Gewalt, Mobbing und Bullying (vgl. auch Scheithauer u. a. 2003, S. 19)

In letzter Zeit sind spezifische Phänomene schulischer Aggression und Gewalt unter der Bezeichnung *Mobbing* bzw. *Bullying* ins Blickfeld der (fach-)öffentlichen Debatte gerückt, was eine weitere Begriffsbestimmung erforderlich macht (▶ Abb. 2). Mobbing und Bullying werden mittlerweile meist synonym verwendet. Mobbing (»to mob« = fertigmachen, anpöbeln) – aus dem schwedischen Sprachraum (mobbning) kommend und in Deutschland zunächst für das permanente, zielgerichtete Belästigen am Arbeitsplatz verwendet – wird nach Olweus (1995, S. 22, vgl. auch Dambach 2002, Jannan 2015) wie folgt definiert: Ein Schüler ist Gewalt ausgesetzt oder wird gemobbt, wenn er wiederholt und über eine längere Zeit den negativen Handlungen eines oder mehrerer anderer Schüler ausgesetzt ist. *Mobbing* ist demnach eine spezifische Gewalt- bzw. Aggressionsform mit folgenden Merkmalen:

- zielgerichtete Schädigungshandlung: verbal (z. B. Drohen, Hänseln, Spotten, Beschimpfen), körperlich (Schlagen, Treten, Stoßen, Kneifen usw.), nonverbal (z. B. Gestik, aus Gruppe ausschließen, Ignorieren)
- Häufigkeit und Dauer: wiederholt und über eine längere Zeit
- Ungleichgewicht der Kräfte: Der Schüler ist alleine nicht in der Lage, aus der Mobbingsituation herauszukommen.

---

5 Unter »struktureller Gewalt« wird im Anschluss an Galtung (1975) jegliche Beeinträchtigung der Persönlichkeitsentwicklung, z. B. durch Armut, verstanden.

Die gleichen Merkmale gelten im Prinzip auch für den in der internationalen Debatte verbreiteten Begriff *Bullying*, so dass es gerechtfertigt erscheint, beide Begriffe als Synonyme zu verwenden. Die Kontroverse, ob es sich bei Bullying um Angriffe von Einzelpersonen (Bully = brutaler Kerl) und bei Mobbing um Gruppenangriffe (Mob = Pöbel, Gruppe) handelt oder ob sich Mobbing eher auf nichtkörperliche Angriffe bezieht, ist u. E. eher sekundär. Mobbing und Bullying weisen große Überschneidungen zum Aggressions- und Gewaltbegriff auf. Mobbing und Bullying sind immer auch Aggressions- und Gewalthandlungen, aber nicht jede Aggressions- und Gewalthandlung ist auch Mobbing oder Bullying (▶ Abb. 2). Durch die zunehmende Einbeziehung der neuen Medien, z. B. Internet, Handy, nimmt das Mobbing neue Dimensionen an. Von Mobbing sind solche Verhaltensweisen abzugrenzen wie Tobspiele (z. B. Kräftemessen in spielerischer Art), Necken (freundschaftlich gemeinte Interaktionen) oder (geringfügige) Belästigungen (vgl. Scheithauer u. a.2003, Oswald 2008).

Wo fängt Gewalt an?

Wo Gewalt beginnt – darüber gehen die Meinungen auseinander. Für manche ist eine Hänselei schon »Gewalt« oder »Mobbing«, für andere beginnt »Gewalt« erst bei Raufereien und für wieder andere fängt »Gewalt« gar erst bei Verletzungen oder Sachbeschädigungen an. Untersuchungen zufolge haben Kinder und Jugendliche im Vergleich mit Erwachsenen ein eher enges *Gewaltverständnis*, das oft nur Formen physischer Gewalt einschließt. So meinen viele Jugendliche, dass nur bei einer sichtbaren körperlichen Schädigung des Opfers von »Gewalt« die Rede sein kann, z. B. »wenn Blut fließt«. Der Gewaltbegriff von Kindern und Jugendlichen ist jedoch nicht einheitlich. Massive gewaltförmige Handlungen, z. B. körperliche Angriffe, Erpressungen und Vandalismus, werden durchgängig als »Gewalt« anerkannt. Dagegen werden psychische und verbale Gewalt oder Handgreiflichkeiten eher als normale Umgangsformen oder als »Spaßkampf« angesehen. Auch Mobbingphänomene werden häufig nicht als »Gewalt« wahrgenommen, insbesondere nicht von Jungen. Mädchen sind Gewalt gegenüber sensibler eingestellt, ebenso Gymnasiasten im Vergleich zu Nichtgymnasiasten (vgl. z. B. Melzer/Schubarth/Ehninger 2004).

Welche Formen von Gewalt gibt es an Schulen?

An Schulen sind sehr vielfältige Formen von Gewalt anzutreffen, sowohl sehr verschiedene individuelle als auch unterschiedliche institutionelle Gewaltformen (▶ Tab. 1).

Wie Tabelle 1 zeigt, kann man die Gewaltformen im schulischen Kontext nach individueller und institutioneller Gewalt klassifizieren. Zur individuellen Gewalt zählen die *physische* Gewalt (Schädigung und Verletzung eines anderen durch körperliche Kraft) und *psychische* Gewalt (Schädigung und Verletzung eines anderen durch Abwertung und Ablehnung, durch Vorenthalten von Zuwendung und Vertrauen, durch seelisches Quälen und emotionales Erpressen).

Tab. 1: Klassifikation von Gewalt im schulischen Kontext (vgl. auch Hurrelmann/Bründel 2007, S. 16 ff.)

Formen der Gewalt	Beispiele
Individuelle Gewalt	
physische Gewalt	körperliche Angriffe, Schlagen, Treten
psychische Gewalt	Abwertung, Abwendung, Ablehnung, Entmutigung, emotionales Erpressen
• verbal	Beschimpfung, Beleidigung, Hänseln
• nonverbal	Gesten, Mimiken, Blicke
• indirekt	jemanden schlecht machen, Gerüchte streuen, ausgrenzen, ignorieren, andere anstiften usw.
Neue psychische Gewaltformen	Cyberbullying, Happy Slapping
Vandalismus	Zerstörung von Schuleigentum
schwere Gewalt	Amoklauf
fremdenfeindliche Gewalt	Gewalt gegen bestimmte Herkunftsgruppen
geschlechterfeindliche Gewalt	Diskriminierung des anderen Geschlechts
sexuelle Gewalt	erzwungener intimer Körperkontakt
Institutionelle Gewalt	
legitime »Ordnungsgewalt«	Verfügungsmacht der Lehrkräfte zur Erfüllung der gesellschaftlichen Funktionen der Schule, vorgegebene Schüler- und Lehrerrolle, Struktur schulischer Kommunikation, Leistungsprinzip
illegitime »strukturelle Gewalt«	Beeinträchtigung der Selbstentfaltung und Selbstbestimmung der Schüler
kollektive »politische« Gewalt	Kritik ungerechter Machtverhältnisse, Schülerproteste zur Veränderung von Schule, z. B. gegen ungerechte Bewertungspraktiken

Unterformen der psychischen Gewalt sind die *verbale* Gewalt (Schädigung und Verletzung eines anderen durch beleidigende, erniedrigende und entwürdigende Worte), die *nonverbale* Gewalt (Schädigung und Verletzung eines anderen durch Gesten, Mimiken, Blicke u. ä.) und die *indirekte psychische* Gewalt (Schädigung und Verletzung eines anderen durch Gerüchte, Schlechtmachen, Ignorieren u. ä.). In letzter Zeit sind durch moderne Kommunikationsmedien wie Handys, E-Mails und Chatforen neue Formen psychischer Gewalt dazugekommen, z. B. Cyberbullying (Bullying auf elektronischem Weg) und »Happy Slapping« (»Fröhliches Zuschlagen«) bzw. »Handy Slapping« (Filmen und Verbreiten von Gewaltakten mit dem Handy).

Zur individuellen Gewalt zählen auch die *vandalistische* Gewalt (Form der physischen Beschädigung und Zerstörung von Gegenständen), daneben solche

Formen wie die *fremdenfeindliche* oder *rassistische* Gewalt sowie Formen von *sexueller bzw. geschlechterfeindlicher* Gewalt. Seit einiger Zeit, insbesondere seit den Amokläufen in Erfurt (2002), Emsdetten (2006), Winnenden und Ansbach (2009), muss man auch noch eine neue schwere Form schulischer Gewalt in Rechnung stellen: die *Amokläufe*, in den USA als »School Shootings« bezeichnet.

Die *institutionelle* Gewalt kann in drei Formen unterteilt werden: die legitime »Ordnungsgewalt« (Verfügungsmacht der Lehrkräfte zur Erfüllung der gesellschaftlichen Funktionen der Schule, vorgegebene Schüler- und Lehrerrolle, asymmetrische Struktur schulischer Kommunikation u. ä.), die illegitime »strukturelle« Gewalt (Beeinträchtigung der Selbstentfaltung und Selbstbestimmung der Schüler) und die kollektive »politische« Gewalt (Kritik ungerechter Machtverhältnisse, Schülerproteste zur Veränderung von Schule) (vgl. Hurrelmann/Bründel 2007).

Darüber hinaus kann man schulische Gewaltphänomene auch nach den *Akteursgruppen* unterscheiden, z. B. Gewalt unter Schülern, Gewalt zwischen Schülern und Lehrern, einschließlich der Gewalt von Lehrern gegenüber Schülern, oder auch Gewalt unter Lehrern.

Im Zusammenhang mit der Debatte um »Schule und Gewalt« sind – darüber hinaus – noch folgende Punkte als Grundprämissen zu beachten:

- Gewalt an Schulen ist nicht nur ein deutsches Phänomen. Ganz offensichtlich gibt es in allen modernen Gesellschaften eine Reihe übergreifender Entwicklungen, die eine stärkere gesellschaftliche Auseinandersetzung mit der Gewaltproblematik notwendig machen.
- Gewalt unter Schülern ist kein historisch neuartiges Phänomen. Eine Dramatisierung heutiger Gewaltphänomene würde die Gewalt zu früheren Zeiten verharmlosen. Zudem kann davon ausgegangen werden, dass auch die Wahrnehmung von Gewalt gewissen Veränderungen unterliegt und heute eine höhere Sensibilität für Gewalt verbreitet ist.
- Gewalt ist nicht ein Problem von Kindern und Jugendlichen, sondern ein gesamtgesellschaftlich zu verantwortendes Problem. In diesem Sinne ist Gewalt eine »soziale Krankheit«, ein Signal für ungelöste soziale Probleme und Konflikte.
- Unabhängig von der öffentlichen Debatte, die häufig ein verzerrtes, dramatisierendes Bild von der Situation an Schulen zeichnet, ist Gewalt an Schulen ein ernstzunehmendes soziales Problem, das nicht verharmlost werden darf. Kinder und Jugendliche sind davon sowohl als Täter als auch als Opfer in besonderem Maße betroffen.

Als Folgerungen für die Diskussion um den Gewaltbegriff lässt sich für die Prävention ableiten, dass an der jeweiligen Schule zunächst zu klären ist, worüber, d. h. über welche Gewaltphänomene, man spricht und über welches Gewaltverständnis man selbst verfügt. Dazu kann auch eine Bestandsaufnahme an der jeweiligen Schule beitragen, z. B. mittels Gruppendiskussionen oder Fragebogenerhebung. Aufbauend auf dieser Bestandsaufnahme lassen sich dann die konkreten Maßnahmen zur Gewaltprävention planen und durchführen.

4 Theoretische Erklärungsmodelle für Aggression bzw. Gewalt und Folgerungen für die Prävention

»Grau, teurer Freund, ist alle Theorie« – heißt es in Goethes »Faust« und viele Lehrer wünschen sich für die Prävention ganz konkrete Hinweise. Um die geeignete Präventionsstrategie herauszufinden und um deren Wirkungen realistisch abschätzen zu können, bedarf es aber entsprechender Hintergrundinformationen. So kommt es nicht selten vor, dass die Wirkungen von Präventionsansätzen falsch eingeschätzt werden. Die Beschäftigung mit theoretischen und empirischen Erkenntnissen der Gewaltforschung ist notwendig und sinnvoll, weil sie das Verständnis für Prävention und Intervention erhöht. Wie sagte doch der bekannte Sozialpsychologe Kurt Lewin: »Nichts ist praktischer als eine gute Theorie.«

Im Folgenden wird eine Übersicht über theoretische Erklärungsmodelle für Aggression und Gewalt gegeben und nach Konsequenzen für die Gewaltprävention gefragt. Die in der Fachliteratur vorfindbaren Modelle sind meist disziplinär ausgerichtet. Dabei dominieren Theorien aus der Aggressionspsychologie (vgl. z. B. Heinemann 1996, Kleiter 1997, Nolting 1997, Essau/Conradt 2004, Scheithauer/Hayer 2007). Daneben gibt es soziologische, einschließlich kriminalsoziologische Erklärungsmodelle (vgl. z. B. Böhnisch 1993, Holtappels 1997/2009, Lamnek 1983, 1994, Kerscher 1985, 2008). Mitunter werden psychologische und soziologische Modelle kombiniert (vgl. z. B. Hurrelmann/Bründel 2007). Während die psychologischen Erklärungsmodelle die psychischen Dispositionen und die inneren Vorgänge einer Person, ihre Bedürfnisse und Gefühle betonen, stehen bei den soziologischen Theorien die sozialen Bedingungen und das gesellschaftliche Umfeld im Mittelpunkt. Die disziplinären Zugänge spiegeln sich auch in unterschiedlichen Begriffssystemen wider: Leitbegriff in der psychologischen Tradition ist »Aggression«, in der soziologischen Tradition »abweichendes Verhalten«. In der Soziologie und der Erziehungswissenschaft hat sich in letzter Zeit der Gewaltbegriff zunehmend durchgesetzt.

Unsere folgende Darstellung differenziert zwischen *psychologischen* und *soziologischen* sowie *integrativen* Erklärungsmodellen, wobei die Auswahl und Darstellung unter dem Gesichtspunkt erfolgt, welche Relevanz die jeweilige Theorie für die Gewaltprävention hat.

4.1 Psychologische Theorien

In der Aggressionsforschung gibt es eine Reihe von Theorien zur Erklärung von Aggressionen beim Menschen. Die Modelle beziehen sehr unterschiedliche Faktoren ein, die von biologischen Merkmalen über psychische und familiale Faktoren bis hin zu gesellschaftlichen Bedingungen reichen. Die verschiedenen Erklärungsfaktoren schließen sich dabei nicht aus, ergänzen sich vielmehr. Traditionelle Auffassungen gehen davon aus, dass Aggressionen auf aggressiven »Energien« oder »Impulsen« bzw. aggressiven Gefühlen oder Bedürfnissen beruhen. Das heißt: Jemand ist gewalttätig, weil er Aggressionen in sich hat. Woher diese stammen, wird dabei unterschiedlich erklärt. Sie können spontan im menschlichen Organismus (Triebtheorie) bzw. reaktiv durch Frustration (Frustrationstheorie) entstehen.[6]

Aggression als Folge eines Triebes

Die Grundannahme der *Trieb- und Instinkttheorien* lautet (vgl. Nolting 1993): Im Organismus gibt es eine angeborene Quelle, die fortwährend aggressive Impulse produziert. Diese Impulse müssen sich im Verhalten ausdrücken können, sonst führen sie zu seelischen Störungen. Die bekanntesten Vertreter dieser Theorie sind Sigmund Freud (orthodoxe Psychoanalyse) und Konrad Lorenz (vergleichende Verhaltensforschung). Während der Trieb bei Freud letztlich auf Selbstvernichtung gerichtet ist (»Todestrieb«) und nur durch den »Sexualtrieb« nach außen gelenkt wird, ist er bei Lorenz ein spezifischer, gegen die Artgenossen gerichteter Kampftrieb. Für die Verhaltensforschung (Ethologie) ist Aggressivität eine angeborene, biologisch verankerte Verhaltensdisposition, die eine wichtige Funktion sowohl für die Arterhaltung als auch innerhalb der eigenen Art hat. So wurde in Tierversuchen nachgewiesen, dass durch bestimmte Reize instinktives aggressives Verhalten hervorgerufen wird. Bleiben diese Reize längere Zeit aus, kommt es zu einem »Aggressionsstau« und zu spontanem aggressivem Verhalten.

Bei aggressiven Verhaltensweisen gegenüber anderen Arten, z. B. beim Kampf um Nahrung, beim Beutemachen u. ä., sei die arterhaltende Funktion des Aggressionstriebes offenkundig. Doch auch innerhalb der eigenen Art habe Aggression bestimmte Funktionen: So würden sich Artgenossen durch Aggression abstoßen, wodurch sich jeder seinen Lebensraum suchen müsse. Zudem diene Aggression – nach dem Darwinschen Selektionsprinzip – auch der Auslese der stärksten Vertreter für die Fortpflanzung sowie der Herstellung der Rangordnung in der Gemeinschaft. Nach Lorenz stand am Anfang der menschlichen Kultur das Ritual. Dieses hatte die Aufgabe, menschliche Aggression im Zaume zu halten bzw. in andere Bahnen zu lenken. Die Menschheit müsse deshalb ständig darauf bedacht sein, neue Hemmungsmechanismen zu schaffen (z. B. Anbieten von Ritualisierungen, Sport, Sublimierungen, kulturell wertvoller Konkurrenzkampf, etwa im Beruf usw.).

Wenngleich die Triebtheorien, z. B. als Alltagstheorien, sehr populär sind, geben empirische Untersuchungen praktisch keine Belege für die Annahme eines Selbstaufladungsvorganges. Vielmehr würden die großen individuellen Unterschiede zwischen den Menschen der Annahme eines spontanen Aggressionsbedürfnisses als allgemeines Menschheitserbe widersprechen. Außerdem zeige

---

6 Vgl. z. B. Nolting 1993, 1997, Bründel/Hurrelmann 1994, Hornberg/Lindau-Bank/ Zimmermann 1994, Heinemann 1996, Essau/Conradt 2004, Hurrelmann/Bründel 2007, Scheithauer/ Hayer 2007. Dabei interessiert vor allem die Genese destruktiver Aggression. Auf die positiven Seiten von Aggression (z. B. Aggression als Ausdruck von Selbstbehauptung) kann hier nicht eingegangen werden

sich, dass die aus dem »Dampfkesselmodell« abgeleiteten Vorschläge für ein »Kanalisieren« oder »Abreagieren« über bestimmte »Ventile« nicht automatisch zur Aggressionsverminderung führen. Die Tatsache der Aggressionsreduktion auch ohne vorgegebene »Ventile« würde ebenfalls einer »Triebentladung« widersprechen. Zudem würden Triebtheorien die Vielfalt möglicher Ursachen für Aggression ignorieren.

Dennoch werden die Triebtheorien in jüngster Zeit zunehmend differenziert bewertet werden. Zumindest einige Elemente dieser Theorien haben gerade für die kindliche und jugendliche Aggressivität eine gewisse Erklärungskraft. Entsprechende Gegenstrategien lassen sich daraus ableiten: Emotionale Spannungszustände, Aktivitäts- und Bewegungsbedürfnisse, Abenteuerdrang und Risikobereitschaft als Bestandteile der kindlichen und jugendlichen Natur verlangen nach Befriedigung, was in der pädagogischen Arbeit, z. B. in Form von gemeinsamem Sport und Spiel in Spiel- und Erlebnisräumen, berücksichtigt werden sollte. Jugendliches Tobe- und Probierverhalten gerade unter Jungen erscheint so in einem anderen Licht. Damit die Grenze des Spielerischen nicht überschritten wird, bedarf es jedoch bestimmter Spielregeln, Gewohnheiten und Rituale. Die Triebtheorien erweisen sich somit als durchaus anregend für die Entwicklung von Präventions- und Interventionsansätzen.

Aggression als Reaktion auf Frustration

Die *Frustrationstheorie* als eine der Emotionstheorien geht von folgender Annahme aus: Aggressives Verhalten beruht auf aggressiven Impulsen, die durch Frustrationen entstehen. Ursprünglich wurde darunter die Störung einer zielgerichteten Tätigkeit verstanden, später wurde der Begriff auf alle aversiven, unangenehmen Ereignisse (Angriffe, Belästigungen, Entbehrungen) ausgedehnt. Anders als bei der Triebtheorie entsteht das Aggressionsbedürfnis nicht von selbst, sondern reaktiv. Wenn es allerdings einmal entstanden ist, so muss es dann in irgendeiner Form zum Ausdruck kommen. Die Annahme, dass Aggression immer eine Folge von Frustration sei und Frustration immer zu einer Form von Aggression führe, wurde aufgrund fehlender Belege schon bald modifiziert. Frustration erzeuge Anreize für verschiedene Verhaltensweisen – einer dieser Reize führe zur Aggression. Frustration erhöhe also die Wahrscheinlichkeit von Aggression.

Als konsensfähig gilt heute, dass ein frustrierendes Erlebnis außer Aggression auch konstruktive Reaktionen oder Ausweichen, Resignation, Selbstbetäubung (z. B. durch Alkohol) u. ä. nach sich ziehen kann und dass eine aggressive Reaktion nur unter bestimmten Bedingungen wahrscheinlich ist, z. B. wenn das Ereignis als »ärgerlich« bewertet wird, wenn die Person dies als Verhaltensgewohnheit gelernt hat oder wenn sie keine Aggressionshemmung empfindet. Frustrationen führen also nicht immer und nicht automatisch zu Aggressionen. Umgekehrt ist nicht jede Aggression auf Frustration zurückzuführen (z. B. bei Kriegshandlungen, Raubmord, Erpressung).

Aggressionen von Kindern und Jugendlichen können demzufolge als eine zielgerichtete Antwort auf eine vermeintliche Provokation, der eine subjektiv wahrgenommene Kränkung, Beleidigung, Demütigung oder irgendein Ärger vorausgegangen ist, aufgefasst werden. Was dann aber meist folge, ist eine reine Affekthandlung, die oftmals in keinem Verhältnis zum Anlass stehe. Zu empfehlen ist deshalb die Einübung eines überlegteren, »reflexiven« und weniger spontanen Verhaltensstils, z. B. mittels Trainingsprogrammen. Auch autogenes Training oder andere Entspannungsverfahren sind gute Möglichkeiten, aufbrausendes und unbeherrschtes Reagieren zu beeinflussen. Die Frustrations-Aggressions-Theorie eignet sich auch zur Erklärung der sogenannten »verschobenen« Aggression, d. h. der Umleitung der Aggression vom eigentlichen Frustrator hin zu einem anderen (in der Regel schwächeren) Aggressionsobjekt. Dies geschehe vor allem dann, wenn die Aggression gegenüber dem Frustrator, z. B. einem dominanten Lehrer, negative Sanktionen erwarten lässt. Solche Ketten verschobener Aggressionen gibt es recht häufig im Schulalltag.

Aus der Frustrationstheorie ergeben sich zwei pädagogische Handlungsansätze: Zum einen sollten Lehrer die individuelle Frustrationsschwelle der Schüler beachten. Gerade bei niedriger Schwelle sind Aussagen rational zu begründen, so dass starke gefühlsmäßige Beeinträchtigungen der Schüler verhindert werden (z. B. keine herabwürdigende Leistungseinschätzung). Zum anderen können Schüler durch Verbalisierung von Konflikten und Begründung von Bewertungen den adäquaten Umgang mit frustrierenden Situationen üben. Auch die Reduzierung von Frustrationen im persönlichen Bereich z. B. durch einfühlsameren Umgang mit anderen Menschen oder auf gesellschaftlicher Ebene durch gerechtere Lebensbedingungen sind wichtige Ansatzpunkte. Da Frustrationen aber im gewissen Grade unvermeidlich seien, ist es zugleich wichtig, mit ihnen anders umzugehen, sie z. B. gelassener zu bewerten, konstruktive Lösungen zu suchen oder Ärgergefühle mitzuteilen statt auszuagieren.

Aggression als Folge von Lernprozessen

Die *Lerntheorien* gehen davon aus, dass es zur Erklärung aggressiven Verhaltens nicht (wie von den Trieb- und Frustrationstheorien angenommen) eines spezifischen Faktors bedarf, sondern dass Aggressionen, wie andere soziale Verhaltensweisen, auf Lernvorgängen beruhen. Unter Lernen werden dabei Veränderungen personaler Dispositionen (Wissen, Einstellungen, Fertigkeiten usw.) aufgrund von Erfahrungen subsumiert. Für das Thema »Aggression« sind vor allem folgende Typen des Lernens von Relevanz: Lernen am Modell, Lernen am Erfolg bzw. Misserfolg und kognitives Lernen (vgl. Nolting 1997).

Lernen am Modell: Man lernt, indem man andere beobachtet. Das geschieht durch Speicherprozesse im Gehirn oder durch Nachahmung. So haben Bandura u. a. in einem Experiment Kindern ein aggressives Modell in Form eines aggressiven Erwachsenen gezeigt. Nahm man den Kindern anschließend das Spielzeug weg, zeigten diese Kinder mehr Aggressionen als Kinder einer Gruppe, denen vorher kein aggressives Modell demonstriert wurde. Die Frage, wer wen wann nachahmt, ist eingehend untersucht worden: Die Nachahmung hängt vom Modell, vom Beobachter, von deren Beziehung untereinander und der Situation ab.

Die Wahrscheinlichkeit, dass Verhalten nachgeahmt wird, steigt dann, wenn das Modell erfolgreich ist, wenn es Macht ausstrahlt, wenn die Handlung als moralisch gerechtfertigt dargestellt wird, wenn die Beziehung zwischen Beobachter und Modell positiv ist und wenn die Beobachter vorher frustriert worden waren (vgl. Frustrationstheorie). Die wichtigsten Vorbilder sind in der Regel die eigenen Eltern oder Personen aus dem Freundes- und Bekanntenkreis. Daneben haben in den letzten Jahren auch Modelle, die über die Massenmedien vermittelt werden, stark an Einfluss gewonnen.

Lernen am Erfolg bzw. Misserfolg: Hier lernt die Person aus den Konsequenzen ihres Tuns. Während beim Lernen am Modell neuartige Verhaltensweisen kennen gelernt werden, »lehren« die Erfolge die neuen Verhaltensmodelle anzuwenden, zumindest in »Erfolg versprechenden« Situationen. So konnte nachgewiesen werden, dass Aggressionen bei Kindern zunehmen, wenn diese für ihre Aggression gelobt werden. Gelegentliche Erfolge wirken dabei sogar verstärkender als ständige Bekräftigung. Es gilt das Prinzip der intermittierenden Verstärkung, wonach Rückfälle und Misserfolge sich nicht als gravierend erweisen, wenn das Verhalten wenigstens ab und zu erfolgreich ist. Dies hat Konsequenzen für die Einschätzung der Wirkung von Kontroll- und Strafmaßnahmen. Dass aggressives Verhalten gelernt und beibehalten wird, erklärt die Theorie mit den positiven Folgen für den Aggressor. Dabei sind Durchsetzung und Gewinn, Beachtung und Anerkennung, Stimulierung, positive Selbstbewertung, Spannungsreduktion sowie Abwehr und Selbstschutz wichtige Aggressionserfolge, die die Wahrscheinlichkeit eines wiederholten aggressiven Verhaltens erhöhen. Bleibt aggressives Verhalten dagegen erfolglos oder hat es negative Konsequenzen, so sinkt die Wahrscheinlichkeit einer Wiederholung.

Kognitives Lernen: Damit ist Lernen im Sinne von Wissensbildung gemeint. Gelernt werden aggressionsrelevante Begriffe, Denkweisen, Handlungsmuster und Methoden, z. B. Begriffe wie »Freund«, »Feind«, »Notwehr«, »Ehre« oder Methoden der Überlistung, des Waffengebrauchs oder solche Denkmuster wie »Strafe muss sein«, »Auf einen groben Klotz gehört ein grober Keil« usw. Diese Kenntnisse und Überzeugungen beeinflussen sowohl die Wahrnehmung und Interpretation von Dingen als auch die entsprechenden Handlungsmuster. So beeinflussen Unterstellungen bzw. Zuschreibungsprozesse die Entstehung von Ärger und Aggression entscheidend. Zur Selbstrechtfertigung wenden Angreifer Techniken der Rationalisierung an, um ihr Gewissen zu beruhigen. Aggressionen werden vor allem dann leicht ausagiert, wenn die Personenwürde des Opfers herabgesetzt wird. Die Erwartung von Vergeltung verringert hingegen das aggressive Verhalten.

Für das Thema »Aggression und Gewalt unter Schülern« sind die Lerntheorien von großer Relevanz. So gibt es in der Schule ein vielfältiges Modellangebot für aggressives Verhalten. Solche Modelle bieten sowohl die Schüler untereinander als auch Lehrer. Schüler sind für andere Schüler die besten Lernmodelle. Wenn z. B. Schüler erleben, dass Störenfriede von den Lehrern oder von anderen Schülern mehr beachtet werden, dann könnte das für sie ein anstrebenswertes Modell sein. Schon in unteren Klassen rufen z. B. manche Kinder sexuell gefärbte Schimpfwörter in die Klasse. Je öfter sie dies erfolgreich tun, desto mehr festigt sich ihr Verhalten und wird zur Gewohnheit. Gleiches gilt für aggressive und gewalttätige Handlungen, zu denen Kinder und Jugendliche durch das Schweigen der Erwachsenen regelrecht ermuntert werden. Die Angst und Furcht, die von Aggression und Gewalt ausgehen, geben den Gewaltausübenden ein Gefühl der Stärke und signalisieren ihnen, dass sie so weitermachen können, ohne dass jemand einschreitet. Am »*Modell Lehrer*« wird auch gelernt, wenn dieser z. B. einen undisziplinierten Schüler verbal verletzt, ungerecht behandelt und damit ein Modell vorlebt, dass sich Aggression lohnt oder dort sogar normal ist, wo es Schwächere trifft, denn gegenüber einem Vorgesetzten würde sich der Lehrer wahrscheinlich nicht so verhalten. Pädagogisch relevant ist auch die Tatsache, dass Lob mehr bewirkt als Strafe und dass Strafe manchmal sogar eine »negative Bekräftigung« darstellen kann, wenn z. B. durch sie Beachtung und Anerkennung gewonnen wird. Strafen und Sanktionen müssen deshalb maßvoll, gut dosiert, wohlüberlegt und zeitlich genau bedacht sein. Außerdem sollten Strafen nicht isoliert, sondern im Zusammenhang mit anderen Maßnahmen (z. B. Wiedergutmachungsleistungen, Erläuterungen, positives Modellverhalten) eingesetzt werden.

Die Botschaft der Lerntheorien lautet, dass aggressives Verhalten vor allem ein sozial erlerntes Phänomen ist. Folglich können durch entsprechende Lernerfahrungen auch alternative, nicht-aggressive, prosoziale Denk- und Verhaltensweisen erlernt werden, indem z. B. vorgemacht und erläutert wird, wie man mit Konflikten gewaltfrei umgeht. Erlernt werden können auch das Mitteilen eigener Gefühle und Wünsche, das Führen konstruktiver Konfliktgespräche, kooperatives Verhalten, Problemlösungstechniken, gewaltlose Widerstandsformen usw. Daneben geht es darum, andere Deutungs- und Bewertungsmuster zu erlernen, Misserfolge oder Provokationen nicht überzubewerten, den Wert von Besitz, Macht usw. nicht zu verabsolutieren, aggressive Vorbilder kritisch zu sehen, die Wahrnehmung von Personen als einseitig »schuldig« zu überprüfen. Da auch das »Ausleben« von Aggressionen aggressionsfördernd sein kann, ist es besser, bei starken Ärger-Effekten diese – statt zu »entladen« – zu verändern, vor allem durch kognitive Neubewertung oder angenehme Tätigkeiten (z. B. Sport, Kultur) oder sie in alternativen Verhaltensformen auszudrücken.

Aggression – entwicklungspsychologisch bedingt

Entwicklungspsychologische Erklärungsmodelle zeigen auf, welche kognitiven und psychosozialen Entwicklungsbesonderheiten beim Erwerb prosozialen Verhaltens eine Rolle spielen. Unter prosozialem Verhalten werden verschiedene Formen der Hilfeleistungen zugunsten anderer Menschen verstanden. Wegweisend in dieser Hinsicht sind die *Konzepte zur moralisch-kognitiven Entwicklung* von Piaget und Kohlberg. Während sich bei Piaget das moralische Urteil bei Kindern und Jugendlichen vor allem in der Dimension »Heteronomie-Autonomie« entwickelt, geht es bei dem Stufenmodell der moralischen Entwicklung (Kohlberg) um den Erwerb von Autonomie im Umgang mit Normen und Konventionen (vgl. Piaget 1954, Kohlberg 1976, Krieger 1995, Hetzer u. a. 1995).

Entwicklungspsychologische Konzepte geben Auskunft darüber, inwieweit Jugendliche die soziale Dimension einer Handlung erkennen können und sich zur Aufrechterhaltung ihrer Ich-Identität für prosoziales Handeln entscheiden. Dabei kommt der *Bereitschaft und Fähigkeit zur sozialen Perspektivenübernahme* eine Schlüsselposition zu. Darunter ist die Fähigkeit zu verstehen, den Standpunkt des anderen im Verhältnis zum eigenen Standpunkt zu verstehen. Prosoziales Lernen kann durch Schule und Elternhaus gefördert werden. Als günstig erweist sich ein emotional zugewandtes Erziehungsverhalten, bei dem das Kind oder der Jugendliche erfährt, dass seine eigenen Emotionen und die anderer Menschen akzeptiert werden. So werden Sensibilität für die Gefühle anderer entwickelt und eigene empathische Reaktionen reflektiert. Aber auch die Vermittlung moralischer Standards und Normen kann hilfreich sein. Positiv auf die Prosozialität wirken auch vernünftiges Argumentieren, Belohnung erwünschter Verhaltensweisen, das Lernen am Modell und die Teilnahme an prosozialen Aktivitäten. Empirische Untersuchungen belegen, dass prosoziale Kompetenzen durch schulische Interaktionen gefördert werden können, z. B. beim kooperativen Lernen oder im Gruppenunterricht. Gleiches gilt für Unterrichtsdiskussionen zu Entscheidungskonflikten (soziale Dilemmata), wodurch Schüler Notsituationen anderer besser erkennen und die Folgen für die Betroffenen differenzierter bewerten (vgl. Bilsky 1989).

Entwicklungspsychologische Ansätze verdeutlichen, dass die Entstehung aggressiver Verhaltensweisen eingebettet ist in den gesamten Entwicklungs- und Identitätsbildungsprozess, insbesondere in den Zusammenhang mit der kognitiven, moralischen und psychosozialen Entwicklung. Sie zeigen auch, welch sensiblen Prozess die Kindheits- und Jugendphase darstellt und welche Hilfe- und Unterstützungsleistungen Kinder und Jugendliche hierbei benötigen. Insbesondere wird augenfällig, wie wichtig in dieser Phase der Erwerb sozialer und kognitiver Kompetenzen ist, z. B. die Einsicht in die Notwendigkeit von Regeln, die Entwicklung eigener autonomer Moralvorstellungen, die Akzeptanz und Artikulation der eigenen Gefühle, die Herausbildung von Fähigkeiten zur Selbstreflexion, zur sozialen Perspektivenübernahme, zur gewaltlosen Konfliktlösung usw. Kinder und Jugendliche können dies alles nicht allein erwerben, sondern brauchen dazu Erwachsene, die sich mit ihnen auseinandersetzen, sie fördern, ihnen aber auch Grenzen setzen und sie an notwendige Regeln gewöhnen. Auf diese Weise kann ein reflektierter und sozial verantwortlicher Umgang mit den eigenen Aggressionen erlernt werden, wobei dieser Lernprozess schon sehr früh einsetzt.[7]

---

7   Neben Piaget und Kohlberg haben vor allem Erikson (1966) und Havighurst (1972) wichtige Erkenntnisse zur Persönlichkeitsentwicklung im Kindes- und Jugendalter beigesteuert. Nach Erikson drückt sich der psychosoziale Konflikt im Jugendalter darin aus, dass mit der Pubertät und den damit verbundenen biologischen, sozialen und psychischen Veränderungen das bisherige Selbstbild ins Wanken gerät. Der Jugendliche muss sein Selbstkonzept und seine soziale Identität neu bearbeiten. Misslingt die Auseinandersetzung mit dieser psychosozialen Krise, kommt es zur Rollendiffusion, z. B. Verunsicherung, einseitige Werte, ideologischer Radikalität oder Flucht in eine irreale Welt. Havighurst plädiert deshalb dafür, die gesellschaftlichen Anforderungen richtig zu dosieren, um Kinder und Jugendliche nicht zu überfordern.

Auch im Hinblick auf *Präventionsansätze* erweist sich die entwicklungspsychologische Perspektive als fruchtbar. Unterschiedliche Aggressionsformen und Aggressionsmotive – auch zwischen Jungen und Mädchen – werden zutage gefördert (z. B. Rangkämpfe, »Spaßkämpfe«). Zugleich eignen sich entwicklungspsychologische Aspekte gut für die Erarbeitung von prosozialen Lernprogrammen. Im Vordergrund stehen dabei der Aufbau von Aggressionshemmungen und die Förderung prosozialen Verhaltens. Als Erfolg versprechend erweist sich auch die Methode der Konfrontation, bei der unterschiedliche Sichtweisen gefördert und die Besonderheiten und Einschränkungen der eigenen Perspektive deutlich werden.

Aggression als Ausdruck kognitiver Prozesse

Kornadt (1982) hat eine *kognitive Motivationstheorie* der Aggression entwickelt, dessen Ausgangspunkt die Überlegung ist, dass bisherige Aggressionsmodelle vor allem lerntheoretisch, nicht aber motivationstheoretisch fundiert sind. Motive als relativ überdauernde generalisierte und stabile Dispositionen kennzeichnen einen angestrebten Zielzustand. Gleichzeitig stellen sie Inhaltsklassen von Erwartungen dar, die die Funktion von kognitiv strukturierten Bezugssystemen haben (sogenannte Soll-Werte). Die verschiedenen Motive sind nach dieser kognitiven Theorie erlernt; in ihnen sind situative Hinweisreize und Affekte eng verknüpft. Aggression erfolgt auf der Basis eines spezifischen Aggressionsmotivs. Die aggressive Handlung als eine Folge der Interaktion von »Person« und »Situation« wird wie folgt beschrieben: Aktivierung, spezifische Zielgerichtetheit des Handelns, Aufrechterhaltung und Beendigung des Handelns. Kornadt unterscheidet in seinem Modell verschiedene Formen von Aggressionen (vgl. Kleiter 1997, S. 609 ff.):

Feindselige/ärgerliche Aggression als Reaktion: Der erste Schritt einer Aggressionshandlung ist die Aktivierung des Aggressionsmotivs. Durch die Wahrnehmung einer frustrierenden Situation wird Ärger aktiviert. Für feindselige Aggressionen stellt die Frustration den Hauptauslöser dar (z. B. körperliche oder psychische Angriffe). Bei der Einschätzung der Situation (Attribuierung) ist entscheidend, ob der ausgelöste Ärger willkürlich, böswillig oder unvermeidbar verursacht wurde. Der nächste Schritt ist dann die Aggression als Soll-Wert oder als Weg zur Beseitigung der Ärgerquelle, dann folgen die Zielkonkretisierung, der Handlungsentwurf und -entschluss. Die Handlung führt schließlich zu Effekten, die beurteilt werden. Bei der Zielerreichung (z. B. bei Genugtuung, Abklingen des Ärgers, Spaß an der Wut oder am Statusverlust des anderen) wird das aktivierte Motivationssystem wieder deaktiviert, »Katharsis« tritt ein – im gegenteiligen Fall werden in einer Rückkopplung die vorangegangenen Stationen überprüft, andernfalls ist die Handlung beendet.

Lustvolle Aggression: Bei dieser Aggressionsform ist das Motiv der Spaß, den die Erreichung eines aggressiven Ziels verspricht. Im Unterschied zur ärgerlichen Aggression liegt keine frustrierende Situation vor. Die Aggressionshandlung wird aufgrund von »gelernten« Hinweisreizen, die Spaß und Lust durch Aggression verheißen, ausgelöst.

Spontane Aggression: Von »spontaner« Aggression wird gesprochen, wenn keine vorangehende Provokation oder Frustration feststellbar ist. Verantwortlich sind hier aber auch nicht die Triebe, vielmehr verweist die kognitive Motivationspsychologie auf ein generalisiertes Ziel- bzw. Motivsystem, das den Menschen zu aufsuchenden Verhaltensweisen verleitet. Bei solchen Suchhandlungen findet er »erwartungsbegründete Gelegenheiten«, die den Hinweisreizen bei der lustvollen Aggression entsprechen.

Dabei unterscheidet Kornadt zwei Arten von Aggressionshemmung: zum einen eine Hemmung, die auf einer situationsbedingten Antizipation negativer Effekte beruht (»extrinsischer Konflikt«), und zum anderen eine Hemmung, die auf einem relativ situationsunabhängigen und überdauernden negativen Anreiz basiert (»intrinsischer Konflikt«). Wenn nun eine Situation als ärgerlich wahrgenommen wird, dann erfolgt eine Aktivierung von Aggressionsangst oder von negativen Erwartungsemotionen (z. B. Scham, Schuld, Reue). Kognitive Bewertungsprozesse der Kontrolle schließen sich an (z. B. Vergleich der Ziele mit dem eigenen Wertesystem), einschließlich dem Abwägen von Eintrittswahrscheinlichkeiten möglicher ungünstiger Folgen. Es kann auch nach alternativen Handlungsmöglichkeiten gesucht oder eine kognitive Neustrukturierung und Neubewertung der Situation vorgenommen werden.

Eine weitere, weit verbreitete Kognitionstheorie zur Erklärung von Aggression ist die *Theorie der sozialen Informationsverarbeitung* nach Crick und Dodge (1994), die der von Kornadt ähnelt. Auch bei diesem Erklärungsmodell wird die Entstehung von Aggression als ein kognitiver Prozess beschrieben: Zuerst versuchen die Kinder bzw. Jugendliche das Ereignis, z. B. einen Konflikt, zu dekodieren. Als nächstes interpretieren sie das Ereignis im Kontext ihrer Erfahrungen und der Informationen, die sie aus der Umwelt erhalten haben. Danach suchen sie nach einer möglichen Reaktion auf das Ereignis, bewerten dabei die Angemessenheit der verschiedenen Reaktionsmöglichkeiten und setzen schließlich die Entscheidung in die Tat um.

Zentral dabei ist das Konzept der *Neigung zu feindseligen Attributionen*. Demnach tendieren aggressive Kinder dazu, anderen häufig feindliche Absichten und Motive zu unterstellen, insbesondere, wenn es sich um uneindeutige Situationen handelt. Hinzu kommt, dass die Überzeugung von der Legitimität von Aggression und Gewalt eine verstärkte Aufmerksamkeit gegenüber feindseligen Auslösereizen zur Folge hat. Damit verbunden sind Ansichten, dass Aggression Anerkennung verschafft und dass die Opfer es verdienen, aggressiv behandelt zu werden (vgl. Crick/ Dodge 1994, Essau/Conradt 2004, Scheithauer/ Hayer 2007).

Kognitionstheorien geben Aufschluss über den Prozess der Entstehung und des Ablaufs von Aggressionshandlungen sowie über die Rolle kognitiver und motivationaler Faktoren. Die Unterscheidung verschiedener Aggressionsformen ist für die Ursachenfindung sowie den Umgang mit Aggression von großer Bedeutung. So ist z. B. mit Blick auf den pädagogischen Umgang zu klären, um welche Art von Aggression es sich in einer konkreten Situation handelt. Bei der Rekonstruktion des Ablaufs von Aggressionshandlungen werden zugleich die dahinter liegenden Motive und Ziele transparenter. Genaues Hinsehen sowie ein sachliches und analytisches Vorgehen sind gefragt, um in einer Konfliktsituation angemessen zu reagieren. Darüber hinaus gibt insbesondere die soziale Informationsverarbeitungstheorie wichtige Hinweise für den Erwerb prosozialer Kompetenzen, gerade bei aggressiven Kindern. Dabei geht es darum, verzerrte Interpretationen und Wahrnehmungen von sozialen Interaktionen z. B. mit Rollenspielen und der Auseinandersetzung mit Wahrnehmungs- und Deutungsmustern bewusst zu machen und alternative Handlungsmöglichkeiten zu erlernen. Viele Präventions- und Interventionsansätze haben deshalb Kognitionstheorien als Grundlage.

Aggression als Folge eines bedrohten Selbst

Psychoanalytisch orientierte Theorien beziehen sich auf einen – vor allem von Sigmund Freud Anfang des 20. Jahrhunderts entwickelten – psychodynamischen Ansatz, bei dem der Prozess der Subjektwerdung als »erinnerte psychische Realität« im Mittelpunkt steht. Dieser Prozess hängt eng mit der frühkindlichen Sozialisation zusammen, insbesondere mit den Eltern-Kind-Beziehungen und den darin verwobenen Erwartungen, Bedürfnissen, Affekten, Vorstellungen und Impulsen. Freuds originärer theoretischer Ansatz ist für das Verstehen unbewusster Zusammenhänge, auch hinsichtlich aggressiven Verhaltens, ebenso von Bedeutung wie für praktische psychotherapeutische Interventionen.

Aggression wird – nach psychoanalytischen Theorien – als *Ausdruck komplizierter Störungen der gesamten Persönlichkeit* gedeutet, wobei diese Störungen auf schwere Traumatisierungen vor allem in der Kindheit zurückgeführt werden. Hierzugehören z. B. Erfahrungen von Gewalt, Beziehungsabbrüche, Demütigungen oder sonstige materielle bzw. seelische Not. Aggression ist schon bei Freud nicht nur ein biologischer Trieb, sondern auch ein Zeichen geschwächter Ich-Strukturen.[8] Das »Ich« bildet sich vor allem aufgrund von Lernvorgängen und Enttäuschungen heraus. Ein Übermaß an Enttäuschungen kann zu einem schwachen »Ich« oder »Über-Ich« führen. Der Bezug zur Frustrations-Aggressionstheorie, aber auch zu Lerntheorien ist hier evident. Zum Aufbau des »Ich« und »Über-Ich« trägt noch eine weitere psychische Instanz bei – das sogenannte »Selbst«. Als das Selbst wird der psychische Niederschlag bezeichnet, den Interaktionen im Individuum finden.

---

8   Das »Ich« ist neben dem »Es« und dem »Über-Ich« eine der psychischen »Instanzen« in Freuds Modell. Im Gegensatz zur »Es-Instanz«, in der das Lustprinzip herrscht, d. h. die Triebe nach sofortiger Entladung drängen, herrscht im »Ich« das Realitätsprinzip. Das »Ich« hat die Aufgabe, durch Wachstum, Reifung, Erfahrung und Lernen schrittweise Funktionen der Wahrnehmung, des Bewusstseins, des Gedächtnisses, des Denkens, des Sprechens und der motorischen Kontrolle zu übernehmen und zwischen dem Individuum und der Außenwelt zu vermitteln. Im »Über-Ich« – als weiterer Instanz – sind die gesellschaftlichen Traditionen, Wertvorstellungen, Normen, Regeln usw. enthalten, d. h. die moralischen Forderungen der Gesellschaft, die die Basis für die Auseinandersetzungen zwischen den Impulsen aus dem »Es«, dem »Ich« und dem »Über-Ich«, z. B. bei Schuldgefühlen, bilden (vgl. Heinemann 1996 und Bründel/Hurrelmann 1994).

Für die Bildung eines positiven Selbst, welches Voraussetzung für ein starkes Ich darstellt, ist das Überwiegen positiver Erfahrungen gegenüber Enttäuschungen, Frustrationen und Kränkungen notwendig. Ein Übermaß an Kränkungen führt zu Wut, Neid und Angst vor Vergeltung. Archaische Abwehrmechanismen wie Spaltung, Verleugnung, Omnipotenzvorstellungen und projektive Identifizierung verhindern eine realistische Wahrnehmung der Personen und der Umwelt sowie die Kontrolle aggressiver Impulse und führen zu einem Circulus vitiosus von Angst und Gewalt (vgl. Heinemann 1996, S. 27 f.). Aggression wird somit als ein hilfloser Versuch gedeutet, Gefühle der Angst und Bedrohung unter Kontrolle zu bringen. Aggression ist in diesem Sinne ein psychisches Notsignal. Es macht deutlich, dass Kinder und Jugendliche mehr Aufmerksamkeit, mehr Zuwendung und mehr Bestätigung erhalten wollen, aber nicht wissen, wie sie diese erreichen können. Aggression zum Zwecke der Angstbindung und Angstreduktion ist aber insofern ein untauglicher Kompensationsversuch, da sie nur zu weiterer Aggression führt und eine Gewaltspirale hervorbringt. Es kommt darauf an, die hinter der Aggression verborgenen Ängste zu erkennen und diese auf andere Weise zu mindern.

Für die Entstehung von Aggression und Gewalt unter Schülern hat der psychoanalytisch orientierte Ansatz große Erklärungskraft. Kinder und Jugendliche, die ihre Gefühle von Wut und Enttäuschung möglicherweise nicht gegen ihre Eltern richten können, agieren diese vor allem in der Öffentlichkeit (z. B. in der Schule) aus. In den Aggressionen an Schulen kommen also auch frühere, in der Familie erlittene Enttäuschungserfahrungen und Selbstwertverletzungen zum Ausdruck, da die Aggressionen im Elternhaus nicht bearbeitet bzw. nicht mitsozialisiert wurden. Die in der Schule geäußerte Gewalt ist dann auch ein Versuch, unbewusste Ängste und narzisstische Wut zu bewältigen und so das bedrohte Selbst zu stabilisieren. Doch nicht nur Verletzungen und Kränkungen im Bereich der Familie führen zur Gewalt. Solche selbstwertverletzenden Erfahrungen machen Kinder und Jugendliche häufig auch in der Schule.

Insbesondere Kinder, denen es schwerfällt, den Anforderungen der Institution Schule gerecht zu werden, haben kaum Möglichkeiten, durch die Schule Anerkennung und Selbstbestätigung zu erfahren. Sie geraten dann leicht in Gefahr, sich auf andere Weise die nötige Aufmerksamkeit und Zuwendung zu holen. Selbstwertfindung sowie Streben nach Anerkennung und Geltung sind zentrale Bedürfnisse im Kindes- und Jugendalter, deren Befriedigung besonders im Rahmen der schulischen Sozialisation gefährdet ist. Als Konsequenz ergibt sich daraus, Kinder und Jugendliche ernst zu nehmen, sie anzunehmen, wie sie sind, und zu versuchen, ihre »Not« zu verstehen. Nicht wahrgenommene (abgespaltene) Aggressionen sollten spürbar und damit verbundene Phantasien bewusst gemacht und zur Sprache gebracht werden. Auf diese Weise können Kinder und Jugendliche erfahren, dass Aggressionen nicht nur destruktiv sein müssen, sondern dass sie konstruktiv in Beziehungen eingebracht werden können, denn: je weniger Angst und Selbstunsicherheit, desto weniger Gewalt.

Trotz mancher Kritikpunkte an psychoanalytischen Theorien (z. B. mangelnde empirische Überprüfung, Orientierung an konventioneller Familienstruktur, Überbetonung der frühen Kindheit) besteht an der erkenntnistheoretischen Bedeutung psychoanalytischer Sichtweisen kaum Zweifel. Mittels dieses Ansatzes ist das Auftreten von Gewalt sowohl bei Selbstbewussten als auch bei weniger Selbstbewussten erklärbar: Im Falle der Selbstbewussten wird es gesehen als Folge eines ungebrochenen Dominanz- und Stärkewillens oder aber das Selbstbewusstsein wird zur Schau gestellt, um Ängste und Unsicherheit zu verbergen. Im Falle der weniger Selbstbewussten kommt es nach dem fehlgeschlagenen Kampf um Anerkennung zum Ausagieren der Ohnmachts- und Hilflosigkeitsgefühle.

Die Kernthese, dass *mangelndes Selbstwerterleben* zu Aggression und Gewalt führt, ist für eine entsprechende schulische Präventionsarbeit überaus produktiv, z. B. hinsichtlich der Gestaltung der Lehrer-Schüler-Beziehungen (Selbstwertverletzungen vermeiden, Umgang mit Misserfolgen, Anerkennungsbeziehungen schaffen usw.), der Entwicklung eines guten Sozialklimas (über Ängste und Probleme reden können, Vertrauen herstellen usw.), der Thematisierung des Umgangs mit Aggressionen (Aggressionen ansprechen, destruktive in konstruktive Aggressionen umlenken usw.), des persönlichen Gesprächs mit den Schülern (einfühlsame Zuwendung, vertiefende Gespräche usw.). Zentral ist dabei die Entwicklung von Kompetenzen bei der Gestaltung sozial befriedigender Interaktionsbeziehungen. Dazu gehört auch, dass Kinder und Jugendliche Möglichkeiten haben, mit ihren eigenen aggressiven Impulsen zu experimentieren, ohne Verlustängste erleiden zu müssen.

Gewalt als Folge verweigerter schulischer Anerkennung

Anknüpfend an die Psychoanalyse schlägt Helsper in seinem schulbezogenen psychoanalytischen Erklärungsmodell vor, die »Normalität der Gewalt« als ein Symptom für eine tieferliegende »soziale Pathologie« zu akzeptieren (vgl. Helsper 1995, S. 113). Seine These ist, dass misslingende Anerkennungsbeziehungen zu Selbstkrisen und ggf. zu Gewalt führen. Eine große Rolle spiele dabei der frühkindliche Prozess der Anerkennung, bei dem die Grundlage für gegenseitige Achtung gelegt werde. Hass, Gewalt, Wut seien Mittel zur Sicherung eines desintegrierten, unsicheren Selbst, weil dadurch grundlegende Ängste sowie Leere und Missachtung ausgelöscht seien, nach dem Motto: »Wenn ich nicht hasse, dann bin ich niemand. Ich will aber nicht niemand sein.« Die affektive Anerkennung in den intimisierten Familienbeziehungen wird sozial konstituiert, denn die elterlichen Selbstobjekte sind ihrerseits in soziale Anerkennungsverhältnisse verstrickt. Desintegrationsprozesse, Verlust von Sozialmilieus und Arbeitspositionen beeinträchtigen das elterliche Selbst und damit auch die Möglichkeiten gelingender Anerkennungsbeziehungen im familialen Binnenraum. Soziale Desintegrationsprozesse setzen die Integrität des Erwachsenenselbst unter Druck und eröffnen eine desintegrative Tendenz, deren Konsequenz allerdings je nach sozialem Ort, sozialer Familienbiographie, Stützungsressourcen sehr unterschiedlich sein kann. Wenn Selbstwert und Selbstachtung erst durch Anerkennung des Selbst durch andere entstehen können, dann bedeutet die strukturelle Verzerrung sozialer Anerkennungsverhältnisse eine Bedrohung der physischen und psychischen Integrität, woraus negative und (selbst-)destruktive Gefühle resultieren.

In dem Maße, wie das Kind zunehmend außerhalb der familialen Intimbeziehungen in sozialen Institutionen interagiert, werden die sozialen, nicht auf Intimität beruhenden Anerkennungsverhältnisse für die Individuation wichtiger. Bei der Transformation familial-intimer Anerkennungsverhältnisse in soziale, auf Distanz und rollenförmigen Beziehungen beruhende Anerkennungsverhältnisse spielt *Schule* eine zentrale Rolle. Helspers These ist, dass Schule die psychische Integrität der Heranwachsenden nicht genügend unterstützt bzw. gar gefährdet, indem sie individualisiert, aber nicht genügend individuiert und auf der Grundlage einer Anerkennung von Differenzen zu wenig posttraditionale Gemeinsamkeiten generiert (vgl. Helsper 1995, S. 143). Schule verstärke implizit eine individualisierende Wertschätzungshierarchie, mit den daraus folgenden Selbstwertverletzungen und damit einhergehenden Gefühlen von Scham und Sozialangst. Zudem fördere sie einerseits Individualisierung und eine moderne Identitätsbildung. Andererseits erschwere sie eine stabile Identitätsentwicklung, da sie die Bereitstellung institutioneller Bewältigungsressourcen für die damit einhergehenden individualisierten Risiken, Krisen und Belastungen vernachlässige. Dieser strukturelle Widerspruch spiegele sich auch im alltäglichen Lehrerhandeln wider: So droht z. B. eine identitätsstützende Haltung seitens des Lehrers immer wieder inkonsistent zu werden, da er aufgrund der institutionellen Rahmenbedingungen wie Leistungsbewertungsvorgaben, Klassengröße u. a. die Schüler immer wieder enttäuschen muss oder für den einzelnen nicht genügend verfügbar ist. Wenn sich der Lehrer einzelnen Schülern stärker zuwendet, kann es z. B. auch zu einer Kollision mit der geforderten universalistischen Orientierung des Lehrers und zu Konflikten hinsichtlich der geforderten Gleichbehandlung kommen. Außerdem ist eine identitätsstützende Arbeit in erster Linie Beziehungsarbeit, also mit vielen Emotionen und mit großem Zeitaufwand verbunden, die so im Schulalltag kaum geleistet werden kann.

Die Deutung von Gewalt als einen »Rettungsversuch des Selbst gegenüber Anerkennungsverweigerungen infolge gescheiterter schulischer Anerkennungsverhältnisse« impliziert die Forderung, dass dem »Sozialen« innerhalb und im Umfeld von Schule weitaus größere Beachtung zu schenken ist. Ins Blickfeld rücken insbesondere die *Anerkennungsverhältnisse in der Schule*. Identitäts-, Selbstwertprozesse und die Gestaltung positiver Interaktionsbeziehungen gebühren in der Schule große Aufmerksamkeit. Die Lehrer sollten Interesse am Selbst des Schülers zeigen, Schüler stärker in Entscheidungsprozesse einbeziehen und deren Willensbildung entwickeln. Dies gilt insbesondere für benachteiligte Schüler.

Aggression als Folge physiologischer Bedingungen

In der Aggressionsforschung spielen in jüngerer Zeit auch wieder Erklärungsansätze eine Rolle, die physiologische oder allgemein biologische Faktoren zum Ausgangspunkt nehmen (vgl. z. B. Nissen 1995). Bei den *biologischen Er-*

klärungsmodellen kann zwischen soziobiologischen Ansätzen (Mensch als Produkt der Evolution, angeborener Aggressionstrieb) und neurobiologischen Modellen (Einflüsse von Gehirn, Hormonen, Genen usw.) unterschieden werden. Gemeinsam ist diesen Ansätzen, dass sie innere Vorgänge bzw. Zustände im Organismus als Ursachenfaktor für Aggression annehmen. Als solche Einflussfaktoren werden z. B. angenommen: hirnorganische oder hormonelle Einflüsse (männliche Sexualhormone seien aggressionsfördernd, weibliche dagegen aggressionshemmend), Neurotransmitter (Adrenalin wirke aggressionshemmend, Noradrenalin dagegen aggressionsfördernd), Blutzucker (ein geringerer Blutzuckerspiegel fördere Nervosität und Aggression), genetische Mutationen (Männer mit überschüssigem Y-Chromosom seien oft auffälliger), »psychoaktive Substanzen« wie Alkohol, Kokain, Amphetamine, Hallozinogene würden aggressionshemmende Gehirnstrukturen deaktivieren (vgl. Heckhausen 1989, S. 312 ff.).

Für den Psychologen Euler ist es – nach der Durchsicht zahlreicher, meist im angelsächsischen Raum durchgeführter Studien zum Einfluss von Hormonen – unzweifelhaft, dass pränatale Hormone sowohl kindliches Spielverhalten als auch Aggressionsbereitschaft erheblich mitbestimmen. Für eine gewisse Erblichkeit von individuellen Unterschieden der Aggressivität würden u. a. die vielen Zwillings- und Adoptionsstudien sprechen. Verhaltensgenetische Einflüsse dürften deshalb nicht unterschätzt werden. Dabei gehe es nicht um die Suche nach einem »Aggressions-Gen«, sondern um Gen-Emergenz. Heritabilitätsstudien ergäben u. a., dass individuelle Unterschiede in der Aggressionsneigung kaum auf familienspezifische, sondern auf personenspezifische Erfahrungsunterschiede zurückzuführen seien (vgl. Euler 1997).[9] Euler warnt vor einer Überschätzung der Familienumgebung. So könne z. B. der Zusammenhang zwischen familiärer Erziehung und späterer Aggression nicht nur lerntheoretisch, sondern auch aufgrund genetischer Bedingungen erklärt werden. Er plädiert dafür, biologische Grundlagen, einschließlich verhaltensgenetischer und evolutionstheoretischer Bedingungen, bei der Erklärung von Aggression und Gewalt angemessen zu berücksichtigen. Auch Heckhausen hält die Einbeziehung biologischer Perspektiven für notwendig, um Aggression aus ihrer evolutionsbiologischen Herkunft heraus angemessener verstehen zu können (vgl. Heckhausen 1989, S. 315).

Die Einschätzung physiologischer Ansätze zur Erklärung von Aggression und Gewalt fällt nicht leicht, insbesondere dann nicht, wenn man die pädagogischen Folgerungen bedenkt. Offenkundig ist, dass biologische Faktoren für die Aggressionsentstehung nicht ausgeblendet werden dürfen. Auffällig ist aber auch, dass der Einfluss solcher Faktoren sehr umstritten ist und dass dazu unterschiedliche Befunde bzw. Interpretationen vorliegen. *Für die Entwicklung*

---

9 Allerdings kritisiert Heckhausen an diesen Studien, dass es problematisch sei, Kriminalität als Anzeichen von Aggressivität zu werten. Entgegen populären Vorstellungen ließen sich auch keine gesicherten Beziehungen zwischen Chromosomensatzfehlern und Aggression herstellen. Auch ein zusätzliches Y-Chromosom bei Männern wurde nur in Einzelfällen bei straffällig gewordenen Personen gefunden, wobei unklar sei, wie häufig eine solche Veränderung in der Normalbevölkerung vorkomme (vgl. Heckhausen 1989, S. 315).

von pädagogischen Konzepten gegen Aggression und Gewalt sind biologische Ansätze kaum geeignet. Mehr noch: Sie können sogar zu antipädagogischen und inhumanen Zwecken missbraucht werden. So können biologische Theorien leicht zur Legitimation von Gewalt, für die Anwendung drastischer Strafen oder für die Begründung von Genmanipulationen herangezogen werden. Mögliche, pädagogisch nicht angemessene Konsequenzen könnten auch verstärkte Etikettierungs- und Stigmatisierungsprozesse, die Forcierung von Negativkarrieren oder gar die Aussonderung und Isolierung von Kindern und Jugendlichen sein. Sowohl der Sinn pädagogischen Handelns als auch die Annahme der Lern- und Entwicklungsfähigkeit eines jeden Menschen könnte dadurch stark in Frage gestellt werden. Eine Überbetonung oder gar ein Missbrauch biologischer Erklärungsansätze hätte für die Pädagogik und für die humane Gestaltung einer Gesellschaft verhängnisvolle Konsequenzen.

4.2 Soziologische Theorien

Soziologisch orientierte Ansätze suchen die Ursachen für Gewalt weniger in den individuellen, sondern eher in den gesellschaftlichen, insbesondere sozial (strukturell)en Bedingungen und wollen dabei »soziale Regelmäßigkeiten« aufzeigen.[10] Da Gewalthandeln als eine Form abweichenden Verhaltens angesehen wird, lassen sich auch die Theorien abweichenden Verhaltens auf Gewalt beziehen. Zu den am meisten verbreiteten soziologischen Theorien abweichenden Verhaltens gehören die Anomietheorie, die Subkulturtheorie, die Theorien des differenziellen Lernens, die Etikettierungstheorien und die Modernisierungstheorien.[11]

Anomietheorie

Anomie ist vom griechischen Wort Nomos (Gesetz oder Regel) abgeleitet und bedeutet im soziologischen Verständnis Normlosigkeit. Anomie, vom Soziologen Emile Durkheim um 1900 eingeführt, ist ein Zustand der sozialen Desintegration, der durch den Abbau sozial befriedigender solidarischer Kontakte infolge der wachsenden Arbeitsteilung entsteht (vgl. Kerscher 1985). Die Anerkennung sozialer Regeln und Zwänge, die Achtung der moralischen Autorität der Gesellschaft sind – nach Durkheim – für die Kanalisierung menschlicher Bedürfnisse notwendig. Diese Sicherheit der Normgeltung geht aber bei instabilen Verhältnissen verloren, so dass der Zustand der Anomie eintritt. Das Fehlen gemeinsamer Verbindlichkeiten und normativer Regulierungen, die starke Individualisierung der Gesellschaftsmitglieder sowie die Diskrepanzen zwischen dem Anspruchsniveau der Menschen und den nur begrenzt zur Verfügung stehenden Gütern führt zu abweichendem Verhalten (vgl. Lamnek 1983).

---

10 Die Übergänge zwischen Soziologie und Psychologie sind mitunter fließend.
11 Vgl. z. B. Lamnek 1983, 1994, Kerscher 1985, 2008, Bründel/Hurrelmann 1994, Hurrelmann/Bründel 2007 und Holtappels 1997/2009.

Die Anomietheorie Durkheims wurde von Robert Merton (1968) weiterentwickelt, der zwischen »kultureller« und »gesellschaftlicher« Struktur unterscheidet. Unter kultureller Struktur werden dabei die kulturell definierten Ziele und die legitimen Mittel zur Erreichung dieser Ziele verstanden, unter gesellschaftlicher Struktur die reale Chancenstruktur, z. B. die schichtbedingte beschränkte Verwirklichungschance. Entsprechend der Ideologie der Chancengleichheit ist Reichtum als kulturell definiertes Ziel für alle Gesellschaftsmitglieder prinzipiell erreichbar. Aber die tatsächliche Sozialstruktur beschränkt für die unterprivilegierten Schichten den Zugang zu den legitimen Mitteln, um diese Ziele zu erreichen, woraus ein Druck zu deviantem Verhalten entsteht. Dieser ist umso größer, je mehr die gesellschaftlich definierten Ziele und die individuell vorhandenen Mittel auseinanderklaffen. Nach Merton kann das Anpassungsverhalten an anomische Zustände unterschiedlich ausfallen, z. B. Konformität, Ritualismus (beides keine devianten Verhaltensweisen), Eskapismus (Rückzug, Flucht, Apathie), Rebellion und Innovation (z. B. Diebstahl, Raub, Betrug).

Die Anomietheorie als ein übergreifender, makrotheoretischer Ansatz hat große Erklärungskraft für die Entstehung abweichenden Verhaltens unter Kindern und Jugendlichen. Demnach kommt es dann zu Gewalt, wenn junge Menschen keine anderen, alternativen Chancen sehen, die in der Gesellschaft vorherrschenden Ziele (Wohlstand, Erfolg, Anerkennung) zu erreichen. Die Anomietheorie weist darauf hin, dass das Gewaltpotenzial insbesondere bei den Jugendlichen ansteigen kann, die sich schon früh als Verlierer empfinden. Wenn Jugendliche eine solche anomische Situation erleben, d. h. wenn sie tagtäglich erfahren, wie wichtig Erfolg, Geld und Prestige in dieser Gesellschaft sind, und sie sich gleichzeitig von dem Erreichen dieser Ziele gesellschaftlich ausgeschlossen fühlen, wird Gewalt wahrscheinlich. Auf die »strukturelle Gewalt« einer Gesellschaft (Galtung 1975) reagieren Jugendliche ihrerseits gewalttätig, um auf diesem Wege Erfolg und Anerkennung zu erreichen.

Die Anomietheorie begreift somit abweichendes Verhalten als individuelle Reaktion auf sozialstrukturelle Bedingungen, als Anpassung der Gesellschaftsmitglieder an die widersprüchlichen kulturellen und sozialen Verhältnisse der Gesellschaft. Die Ursachen für Gewalt sind demnach weniger beim Schüler selbst, sondern eher in seinen Lebensumständen zu suchen. Gewalt ist in diesem Sinne eine Kompensationsreaktion auf die anomischen Zustände auch in der Schule. Der Verweis auf das Bestehen sozialer Ungleichheiten und auf daraus resultierende Frustrationen, Benachteiligungsgefühle und Kränkungen macht die Anomietheorie anschlussfähig an die Frustrations-Aggressionstheorie und an psychoanalytische Theorien. Die Konsequenzen für die Gewaltprävention sind doppelter Natur: Zum einen sollten anomische Situationen vermindert werden, d. h. soziale Ungleichheiten durch eine gerechtere Gestaltung der Chancenstruktur abgebaut werden. Zum anderen sollte im Einzelfall durch erzieherisches Begleiten, durch Hilfen bzw. Fördermaßnahmen das konkrete Konfliktpotenzial verringert werden. Für die Schule heißt das, möglichst gleiche Bildungschancen für alle zu gewährleisten, Schule als eine »gerechte Gemeinschaft« zu organisieren und ein solches Sozialklima zu schaffen, bei dem alle mitbestimmen (können) und Leistungsversagen und -ängste minimiert werden.

Darüber hinaus lässt sich auch die Notwendigkeit klarer, transparenter Normen und Regeln des Zusammenlebens ableiten, an die sich alle Mitglieder einer Gruppe oder Gemeinschaft (z. B. einer Klasse oder einer Schule) halten sollten.

Subkulturtheorien

Grundlegende Annahmen der Anomietheorie gehen auch in die Subkulturtheorie ein, die hauptsächlich die Gruppendelinquenz erklären will. Subkultur bezeichnet die Ausdifferenzierung von Untersystemen kultureller Normen, die zwar partiell, aber nicht völlig vom System gesamtgesellschaftlicher Normen abweichen. Subkulturen übernehmen einige Normen der dominanten Kultur, unterscheiden sich jedoch in anderen Werten und Normen von dieser (Gegen-)Kultur. Divergierende Normen sind Ausdruck einer differenzierten Gesellschaft und entstehen als Anpassungsprozesse an unterschiedliche soziale Bedingungen. Gesamtgesellschaftlich als abweichend definierte Verhaltensweisen können so subkulturell durchaus konform sein (vgl. Lamnek 1983). Nach der Subkulturtheorie, die auf Studien jugendlicher Gangs durch die Chicagoer Schule zurückgeht, stellt die Gegenkultur eine Reaktion auf Versagens- und Frustrationserlebnisse dar, wobei sich tatsächliche Benachteiligungen und Minderwertigkeitsgefühle verbinden können. Die Subkultur vermittelt also Erfolgs- und Anerkennungserlebnisse, die die Gesellschaft den Jugendlichen vorenthält. Die Subkulturtheorie galt lange Zeit als *der* Schlüssel zum Verständnis abweichenden Verhaltens. Sie stellt ein Konzept dar, das einerseits makrotheoretisch angelegt ist, indem auf sozialstrukturelle Bedingungen verwiesen wird, das aber andererseits auch mikrosoziologisch-sozialpsychologisch orientiert ist, weil abweichendes Verhalten als Anpassung an divergente Verhaltenserwartungen verstanden wird. Der Erklärungswert liegt vor allem darin, dass Verhaltensweisen als konform und abweichend zugleich gelten können, je nachdem, welche Perspektive man einnimmt.

Wenn abweichendes Verhalten als Anpassung an widersprüchliche Anforderungen seitens der Gesamt- und der Subkultur verstanden wird, so könnte in einem personenbezogenen Präventionsansatz versucht werden, den Einzelnen aus der devianten Subkultur herauszulösen. Mitunter ist es allerdings auch sinnvoll, subkulturelles (nicht-deviantes) Zusammenleben zu fördern. Darüber hinaus wird die Notwendigkeit einer gerechten Chancenstruktur evident. Daneben geht es auch um sozial befriedigende Beziehungen in Schule, Familie oder Freizeitbereich. Hervorzuheben sind hierbei die positiven Wirkungen von Schülerfreundschaften. Pädagogisch relevant ist auch die aus der Subkulturtheorie abgeleitete Differenzierung der Betrachtungsweisen abweichenden Verhaltens: Das, was dem Außenstehenden als Abweichung erscheint, kann aus der Innensicht konform sein. Diese Differenzierung spielt gerade in der gewaltpräventiven, cliquenorientierten Jugendarbeit eine große Rolle.

Theorien des differenziellen Lernens

Die Theorien des differenziellen Lernens basieren auf den allgemeinen Lerntheorien. Ähnlich wie bei den allgemeinen Lerntheorien wird davon ausgegangen, dass abweichendes wie konformes Verhalten erlernt wird. Der Begriff »differenziell« weist auf die Unterscheidung zwischen als konform und abweichend definierten Verhaltensweisen hin. Gelernt wird im Rahmen der Sozialisation, wobei unter Lernen alle Interaktionen mit anderen Gesellschaftsmitgliedern verstanden werden. Da abweichendes Verhalten in jeder Gesellschaft auftritt, hat jedes Gesellschaftsmitglied mehr oder weniger die Möglichkeit, sich an konformen wie auch abweichenden Verhaltensnormen zu orientieren (vgl. Lamnek 1983, S. 186 f.).

Der bekannteste Ansatz unter den (mikro)soziologischen Lerntheorien ist die *Theorie der differenziellen Assoziation.* Diese, wie die Subkulturtheorie aus der Chicagoer Schule hervorgegangen, wurde Ende der 1930er Jahre von E. H. Sutherland formuliert. Danach existieren in einer Gesellschaft sowohl normkonforme als auch kriminelle Gruppenkulturen. Kriminelles Verhalten wird dann erlernt, wenn im Laufe des Sozialisationsprozesses Einstellungen bzw. Kontakte, die Gesetzesverletzungen begünstigen, gegenüber Einstellungen bzw. Kontakten, die Gesetzesverletzungen negativ bewerten, überwiegen. Das Lernen von abweichenden Verhaltensmustern bezieht sich auch auf Techniken und die Motive bzw. die Begründungen des Verhaltens (vgl. Kerscher 1985, S. 42, Lamnek 1983, S. 188 ff.).

Nach der *Neutralisierungsthese* von Sykes und Matza verfügen die Delinquenten über Neutralisierungstechniken, die es ermöglichen, das herrschende normative System anzuerkennen und Normverletzungen dennoch in Kauf zu nehmen. Insbesondere verringern sie die empfundenen kognitiven Dissonanzen und schützen den Täter vor Selbstvorwürfen oder Kritik anderer. Diese erlernten Techniken sind Vorbedingungen für abweichendes Verhalten, z. B. Ablehnung der Verantwortung, Verneinung des Unrechts, Ablehnung des Opfers. Die Neutralisierungstechniken – im psychoanalytischen Sinne Rationalisierungen – sind eine Ergänzung des subkulturellen und lerntheoretischen Ansatzes. Sie erklären, dass wegen gesamtgesellschaftlicher Normen Gewissensbisse oder Schuldgefühle auftreten können, die einer Kompensation bedürfen (vgl. Lamnek 1983, S. 212 ff.).

Soziologisch orientierte Lerntheorien können erklären, dass Gewalt nicht einfach aus dem »Nichts« entsteht, sondern in einem längeren Prozess der Sozialisation, der vor allem durch Lernvorgänge begleitet wird. Eine entscheidende Rolle kommt dabei den Bezugspersonen (z. B. Eltern, Freunden, Lehrern) zu, mit denen sich die Jugendlichen identifizieren. Da sich viele Jugendliche heute vor allem an der Gleichaltrigengruppe orientieren, wird deutlich, welch großen Einfluss die Peergroup auf das Verhalten Jugendlicher hat. Für die Schule ergibt sich daraus die Notwendigkeit einer engen Zusammenarbeit mit außerschulischen Einrichtungen der Jugendhilfe bzw. Jugendarbeit sowie mit den Eltern.

Etikettierungstheorien

Bei den bisher dargestellten soziologischen Theorien galt es als unproblematisch, das Merkmal »abweichend«, »delinquent« oder »kriminell« zu verwenden. Doch gerade diese Problematik ist der Ausgangspunkt für den *Etikettierungsansatz (labeling approach)*. Der Etikettierungsansatz beschäftigt sich mit der sozialdeterminierten Normsetzung: Jene, die Macht haben, können ihre Normen durchsetzen. Die Normsetzung allein konstituiert allerdings noch nicht abweichendes Verhalten. Erst durch die Anwendung von Normen wird Verhalten zu konformem oder zu abweichendem Verhalten. Diese werden selektiv vorgenommen, da die Normsetzung wie auch die Normanwendung durch das sozialstrukturelle Machtgefälle determiniert sind. Durch die selektive Normanwendung werden Zuschreibungsprozesse initiiert, die den Verhaltensspielraum der gelabelten Individuen reduzieren. In Ermangelung ausreichend konformer Verhaltensmöglichkeiten wird der Ausweg in den als abweichend definierten Verhaltensweisen gesucht; das »Labeln« führt also zu sekundär abweichendem Verhalten. Dadurch bilden sich abweichende Selbstdefinitionen heraus (vgl. Lamnek 1983, S. 218).

Zentral für den Etikettierungsansatz ist die Unterscheidung zwischen *primärer* und *sekundärer* Devianz: Während sich die primäre Devianz auf die verschiedenen Ursachen für abweichendes Verhalten bezieht, beruht die sekundäre Devianz allein auf der Reaktion und Rollenzuschreibung seitens der sozialen Umwelt. Diese Reaktionen und Etikettierungen führen zu einem eingeengten Handlungsspielraum, zu einer Einschränkung des »Symbol- und Aktionsfeldes«, was Konsequenzen für die soziale Rolle und das Selbstkonzept der betreffenden Person hat: Auf primäre Devianz folgen Strafen, weitere Abweichungen, härtere Strafen usw. usf., bis sich abweichendes Verhalten stabilisiert und die abweichende Rolle akzeptiert wird. Große Bedeutung kommt dabei den »Kontrollagenturen« zu. Ihr Wirken führt dazu, dass sie Devianz nicht nur nicht vermindern, sondern diese erst schaffen bzw. stabilisieren.

Der Etikettierungsansatz ist für die Erklärung von Aggression und Gewalt unter Kindern und Jugendlichen von besonderer Bedeutung, weil er zum einen die Prozesshaftigkeit der Gewaltgenese abbildet, und zum anderen, weil er Gewalt nicht nur durch primäre Ursachen, sondern auf sekundärer Ebene über Interaktionshandelnde und interaktionelle Reaktionsformen erklärt (vgl. Holtappels 1997). Wer in der Schule negativ auffällt, ist von »Devianzzuweisungen« bedroht. Diese Typisierungen sind mit Statuszuschreibungen verbunden, die sich mit der Zeit verfestigen und zu Stigmatisierungen führen können. Am Ende des Prozesses verhält sich der etikettierte Schüler so abweichend, wie es seine Umwelt erwartet. Das Fremdbild über den Abweichenden wird zum Selbstbild. Umgekehrt können aber auch »abgestempelte Kinder« aus ihrem »sozialen Käfig« herausgeführt werden, indem z. B. die Mitschüler angehalten werden, nicht über vermeintlich negative, sondern über positive Verhaltensweisen des betreffenden Kindes zu berichten. Dadurch wird auch dem betreffenden Kind Gelegenheit gegeben, ein anderes Verhalten zu zeigen.

Devianz als soziales Handeln

Der *handlungstheoretische Ansatz* geht davon aus, dass Menschen mit ihrem Handeln einen Sinn verbinden, wobei unter Sinn der subjektiv gemeinte Sinn zu verstehen ist (vgl. Weber 1984). Nach diesem Verständnis sind auch Abweichung und Konformität als zwei Seiten eines Handelns zu betrachten. Deviante Handlungen sind demnach spezifische Formen sozialen Handelns innerhalb eines Kontinuums, das sich von individuell abweichenden Verhaltensweisen bis hin zur organisierten Kriminalität zieht. Abweichendes Verhalten ist nicht automatisch Kriminalität – dazu bedarf es der Anwendung der Strafrechtsnormen.

In seinem handlungstheoretischen Ansatz versucht Haferkamp, das normative Paradigma und das interpretative Paradigma miteinander zu verbinden, um einen Zusammenhang zwischen der Beschreibung kriminellen Verhaltens, der Erfassung sozialstruktureller Bedingungen, der Aufdeckung von Kriminalisierungsprozessen und der Analyse sozialstruktureller Bedingungen der Kriminalisierung herzustellen. Seine Kernthese lautet, dass Menschen ihre Mangellage durch den Aufbau materieller und bewusster, auf die Handelnden selbst bezogener sozialer Handlungen so verarbeiten, dass sie ihre Existenz dauerhaft gewährleisten können (vgl. Lamnek 1983, S. 87). Im Kontext abweichenden Verhaltens, vor allem hinsichtlich der Normsetzung und Normanwendung, spielen – nach Haferkamp – Macht und Herrschaft eine entscheidende Rolle. Dies gilt nicht nur für die Festlegung von Normen, sondern auch für die Kriminalisierung. Kriminalisierung und Entkriminalisierung sind wirksame Instrumente im Konflikt sozialer Gruppen. Letztlich nähmen dadurch die Kriminalisierenden das Verhalten Kriminalisierter verzerrt wahr (vgl. Lamnek 1994, S. 114 f.). Die Interessenbedingtheit und Adressatenbestimmtheit von Normen werden deutlich. Aufgrund der Differenzierungen des sozialen Systems sind Produktion, Definition und Interpretation von Normen ungleich verteilt. Dadurch entstehen In- und Outgroups mit unterschiedlichen Verhaltenserwartungen. Die Handlungen einzelner Gruppen können von Dritten aufgrund von Macht- und Herrschaftsverhältnissen als abweichend definiert und sanktioniert werden. In der Normsetzung und Sanktionierung sind somit Macht(erhaltungs)strategien erkennbar.[12]

Aus dem handlungstheoretischen Ansatz kann gefolgert werden, dass abweichendes Verhalten als subjektiv sinnhaftes Handeln zu verstehen ist. Aggression bzw. Gewalt ist demnach soziales Handeln, um Mangellagen zu verarbeiten. Gewalt ist deshalb nur im sozialen Kontext und als Interaktionsprodukt denkbar. Durch die Verknüpfung devianztheoretischer und interaktionistischer Ansätze wird der Prozess der Entstehung und Stabilisierung von Devianz deutlicher. Fragen der Normsetzung und Normanwendung gehen dabei ebenso ein wie Aspekte von Kriminalisierung und Entkriminalisierung, welche jeweils sozialstrukturell determiniert sind und der Herrschaftssicherung dienen.

---

12 In diesem Zusammenhang sei auf den materialistisch-interaktionistischen Ansatz von Smaus verwiesen, die den Etikettierungsansatz mit einer sozialstrukturellen Komponente auf der Basis einer materialistischen Gesellschaftstheorie verbunden hat (vgl. Smaus 1986).

Bezogen auf Schule heißt das, dass mit Schritten sozialer Kontrolle (z. B. Sanktionen) sehr sensibel umgegangen werden sollte. Auch an Schulen herrscht eine ungleiche Machtverteilung. Die Schülerschaft hat nur begrenzte Möglichkeiten, in Normsetzungs- und Definitionsprozesse einzugreifen. Daraus folgt, dass die Beteiligungsmöglichkeiten von Schülern, vor allem bei Entscheidungsprozessen, die die Schüler betreffen, z. B. zu Fragen der Normen, Regeln und Sanktionen, zu stärken und demokratische Prozesse an Schulen zu befördern sind. Lehrer sollten ihre Machtposition reflektieren. Als günstig erweist sich in dieser Hinsicht die Entwicklung eines partnerschaftlichen Sozialklimas. Zugleich können in einem demokratischen Aushandlungsprozess die unterschiedlichen Erwartungshaltungen transparent gemacht und nach gemeinsamen Lösungen gesucht werden. Sozialstrukturell benachteiligte Kinder und Jugendliche unterliegen eher der Etikettierung und Stigmatisierung als andere, was Konsequenzen für pädagogisches Handeln haben sollte, z. B. hinsichtlich der Vermeidung von Etikettierungen und der Bereitstellung von Förderangeboten für benachteiligte Kinder.

Delinquenz als Folge mangelnder Selbstkontrolle

Gottfredson/Hirschi (1990) gehen bei ihrem *Konzept der Selbstkontrolle* von einem Menschenbild aus, wonach menschliches Handeln stets von Kalkulation bestimmt ist. Die Frage, warum sich ein Mensch für eine bestimmte Handlung entscheidet, wird lern- bzw. verhaltenstheoretisch beantwortet: Der Akteur wählt jene Handlung, die die größte Belohnung verspricht. Je schneller eine Handlung Belohnung verspricht, desto erstrebenswerter wird sie (z. B. Risiko, Aufregung, Kick). Anknüpfend an Kontroll- und Bindungstheorien[13] sehen Gottfredson und Hirschi den Kriminellen in Übereinstimmung mit dem Wesen der kriminellen Handlung. Danach ist der Täter nicht die »Bestie«, sondern jemand, der eine geringe Kontrolle über seine individuellen Bedürfnisse hat, was sich in seinem Verhalten ausdrückt.

Selbstkontrolle kommt in der Fähigkeit zum Ausdruck, auf unmittelbare aufwandslose Befriedigung verzichten zu können, wenn sie mit einer gewissen Verzögerung auch negative Effekte mit sich bringt. Kriminelles Verhalten ist demzufolge *ein* Indikator für mangelnde Selbstkontrolle. Mangelnde Selbstkontrolle führt dabei nicht automatisch zur Kriminalität. Die Entstehung von Selbstkontrolle wird aus dem Zusammenspiel von angeborenen Neigungen und Erziehung erklärt. Da angeborene mangelnde Selbstkontrolle durch Erziehung tendenziell kompensiert werden könne, liege die Hauptursache in der Sozialisation, wobei der Familie wesentliche Bedeutung zukomme. Für eine »angemessene« (im Sinne einer die Selbstkontrolle fördernden) Erziehung werden drei Bedingungen als notwendig erachtet: erstens die Beaufsichtigung des kindlichen Verhaltens (ver-

---

13 Vgl. Hirschis Kontroll- bzw. Bindungstheorie (Hirschi 1969), die vom Zusammenhang zwischen dem Grad der Einbindung des Individuums in die Gesellschaft und der Normenkonformität bzw. -abweichung ausgeht.

bunden mit elterlichem Bemühen um das Wohlergehen der Kinder), zweitens das Vermögen, deviantes Verhalten bei seinem Auftreten erkennen zu können (Bedeutung der Vorbildrolle der Eltern), und drittens ein effektives Bestrafen von derartigem Verhalten (weder zu hart noch zu weich). Disziplinverstöße können als Ausdruck mangelnder Selbstkontrolle und damit als ein möglicher Indikator für kriminelles Verhalten gedeutet werden. Neben der Familie gehöre auch die Schule zu den Sozialisationsinstanzen, die die Selbstkontrolle fördern könnten: »The school restrains conduct in several ways: it requires young people to be at a certain place at a certain time; it requires them to do things when they are not under its direct surveillance; and it requires young people to be quiet, physically inactive and attentive often for long periods of time« (Gottfredson/ Hirschi 1990, S. 162). Ein Schüler mit wenig Selbstkontrolle wird diese Belastung nicht auf sich nehmen wollen, da ihm spontane Befriedigung wichtiger ist als die verzögerte Belohnung. Dies kommt in seinen Zensuren und Absenzen zum Ausdruck. Während das Anomiekonzept davon ausgeht, dass der Schüler unter seinen schlechten Leistungen leidet, meint das Selbstkontrollkonzept, dass ihm diese gleichgültig sind. Während der Etikettierungsansatz besagt, dass der Schüler etikettiert wird, geht das Selbstkontrollkonzept davon aus, dass dies zurecht geschieht, da es ihm an Selbstkontrolle fehlt und er diese nur in einem so aufgeba ten Erziehungs- und Sanktionssystem entwickeln kann (Lamnek 1994, S. 159).

Insbesondere die »Ablehnung von Schule« (z. B. die schlechten Schulleistungen, die Geringschätzung der Lehrer) sei ein Prognosefaktor für kriminelle Handlungen. Als Hauptweg, etwas zu verändern und der Kriminalität wirkungsvoll zu begegnen, sehen Gottfredson und Hirschi die Herausbildung von Selbstkontrolle an. Voraussetzung dafür sei, dass kindliches Verhalten beaufsichtigt wird, dass deviantes Verhalten als solches erkannt und »effektiv« bestraft wird. Insbesondere die Schule sollte die Selbstkontrolle fördern, indem dort die Vorteile aufgeschobener Belohnungen gelernt und internalisiert werden. Schule wird damit zu einer wichtigen Instanz der Einübung sozialen Verhaltens und der Entwicklung von Selbstkontrolle (z. B. Normen akzeptieren lernen, Regeln einhalten, auf spontane Bedürfnisbefriedigung verzichten, auf spätere Belohnungen orientieren, Folgewirkungen bei Handlungen bedenken usw.). Da Selbstkontrolle schon frühzeitig erworben wird, kommt neben der Familie auch den Vorschuleinrichtungen große Bedeutung zu.[14]

Gewalt als Folge von Modernisierung und Individualisierung

Die wohl verbreitetsten Erklärungsmodelle für Gewalt (ähnlich für Rechtsextremismus, Drogenmissbrauch usw.) sind die *Modernisierungs- und Individualisierungstheorien*. Den Rahmen dieses makrosozialen Ansatzes bilden die Ar-

---

14 Das Selbstkontrollkonzept ist wegen seines ätiologisch-individualistischen Charakters und der tendenziellen Schuldzuweisung an die Familie und die Schule kritisiert worden (vgl. z. B. Böhnisch 1998).

beiten von Ulrich Beck zur »Risikogesellschaft« (vgl. z. B. Beck 1986), in denen soziale Wandlungsprozesse der Moderne sowie deren Auswirkungen auf das Individuum beschrieben werden (z. B. Herauslösung aus bisherigen Sozialformen, Verlust traditioneller Sicherheiten, neue Formen der sozialen Einbindung). Bezogen auf Gewalt und Rechtsextremismus ist der Individualisierungsansatz vor allem durch den Soziologen Wilhelm Heitmeyer bekannt geworden (vgl. Heitmeyer u. a. 1995).

Ausgangspunkt ist der Begriff der *Desintegration* als ein Ausdruck der Ambivalenzen der Individualisierungsprozesse. Desintegrationsaspekte sind auf sozialstruktureller Ebene (z. B. Ungleichheitsphänomene), auf institutioneller Ebene (z. B. die Folgen abnehmender Partizipation), auf sozialer Ebene (z. B. die fehlende emotionale Unterstützung) und auf der personalen Ebene (z. B. Wertediffusion als Folge inkonsistenter Erziehung) relevant. Desintegration hat zwei Subkategorien: zum einen die Desorientierung als kulturelle Dimension (z. B. Auflösung des Wertekonsenses infolge von Pluralisierungsprozessen, Beziehungsprobleme infolge von Konkurrenzdruck und Zwang zur Einzigartigkeit) und zum anderen Desorganisation als strukturelle Dimension (z. B. isolierte und anonymisierte Lebensformen infolge von Differenzierungsprozessen).

Jugendliche geraten – entsprechend diesem Erklärungsmodell – in eine *Individualisierungsfalle,* deren Folgen sozialstrukturelle und individuell-emotionale sowie marginalisierende und abstiegsbedrohende Desintegrationsprozesse sind. Durch die Individualisierungsschübe erfährt die anomieträchtige Struktur-Kultur-Diskrepanz eine Verschärfung, Ausgrenzungen werden verstärkt (z. B. Randgruppen), Aufspaltungen vertieft (z. B. »Zwei-Drittel-Gesellschaft«) und soziale Zusammenhänge aufgelöst. Heitmeyer konstatiert eine brisante, inkonsistente Entwicklung, da Individualisierung Entscheidungsfreiräume ermöglicht, die Konkurrenz- und Verwertungslogik des Kapitalismus aber zunehmend ein utilitaristisch-kalkulatives Verhalten erzwingt. Konkurrenz wird so zum Motor der Desintegration und der Auflösung des Sozialen. Die Medien und die Werbeindustrie hätten daran großen Anteil, da sie die Kultur zum Träger und zur Ideologie des kapitalistischen Wachstumsprozesses machten.

Heitmeyer stellt seinen makrotheoretischen Ansatz in den Kontext der Sozialisation Jugendlicher und untersucht am Beispiel der familiären und Peer-Sozialisation Desintegrationspotenziale bzw. -erfahrungen sowie entsprechende Verarbeitungsformen. Im *Sozialisationsfeld Familie* sind es vor allem solche Desintegrationspotenziale, wie die zunehmende Instabilität von Familien, Defizite in den Beziehungsqualitäten, instrumentalistische Umgangsweisen, inkonsistentes Elternverhalten oder die Zerstückelung der sozialen Zeit. Die soziale Integration in die *Gleichaltrigengruppe* ist dadurch bedroht, dass unter Konkurrenzdruck nicht das Gemeinsame, sondern die Besonderheit der eigenen Leistung herausgestellt werden muss. Die Ambivalenzen von Individualisierungsprozessen können zu Verunsicherungen führen. Sie können aber auch durch Anpassungsprozesse u. ä. »ausbalanciert« werden. Verunsicherungen können im emotionalen Bereich auftreten (z. B. Unsicherheitsgefühle, Zukunftsangst, niedriges Selbstwertgefühl); sie können sich jedoch auch in Handlungsunsicherheit (z. B. Orientierungs-, Entscheidungs- und Wirksamkeitsprobleme) ausdrücken. Vom Zusammenwirken »äußerer« Faktoren und »innerer« Verarbeitungsmuster hängt ab, welche Formen die Verunsicherung annimmt: stimulierend, paralysierend (Passivität, Unauffälligkeit, Anpassung u. ä.) oder überwältigend (hilflose Handlungen).

Vor diesem Hintergrund wird die These vertreten, dass der rasante und asynchrone Wandel von Kultur und Struktur dazu beiträgt, dass Desintegrations- und Verunsicherungspotenziale zunehmen, die Gewalt zu einer wichtigen Option der Bearbeitung solcher Problemlagen werden lässt. Dort, wo sich das Soziale auflöst, müssen die Folgen des eigenen Handelns für andere nicht mehr sonderlich berücksichtigt werden, vielmehr greift dort Gleichgültigkeit um sich und die Gewaltoptionen steigen. Bei den Verarbeitungsmustern von Unsicherheiten spielen auch geschlechtsspezifische Aspekte eine Rolle: Während sich bei Mädchen eher autoaggressive Formen finden lassen, verbergen Jungen ihre Angst hinter einem »Cool-Sein«, setzen eher auf Gruppenintegration und/oder auf machiavellistische Bearbeitungsweisen. Mit Gewalt ist für die Gewaltausübenden ein subjektiver Sinn verbunden, weil jedes Individuum nach Legitimation für sein Handeln sucht. Gewalt kann dabei unterschiedliche Motive haben: *Expressive* Gewalt tritt auf, wenn die Einzigartigkeit demonstriert und das Individuum wahrgenommen werden will. Gewalt schafft dann erhöhte Aufmerksamkeit. *Instrumentelle* Gewalt zielt auf Anschluss, Sicherung von Positionen und Aufstieg. *Regressive* Gewalt ist die Gewalt, die an nationalen und ethnischen Kategorien ausgerichtet ist.

Die *Attraktivität von Gewalt* ist darin begründet, dass sie in unklaren und unübersichtlichen Situationen Eindeutigkeit schafft, dass sie (zumindest zeitweise) das Gefühl der Ohnmacht überwindet und Kontrolle wieder herstellt, dass sie Fremdwahrnehmung garantiert, die mit anderen Mitteln nicht mehr herstellbar war, dass sie (zumindest kurzfristig) partielle Solidarität im Gruppenzusammenhang schafft und dass sie die Rückgewinnung von körperlicher Sinnlichkeit für Jugendliche aus spezifischen Milieus (auch als Gegenerfahrung zu defizitären rationalen und sprachlich vermittelten Kompetenzen) gewährleistet. Die Attraktivität von Gewalt nimmt noch zu, wenn Gewalt im bisherigen Sozialisationsverlauf als ein effektives Handlungsmodell erfahren wurde. Neben dem familiären und dem Gruppenkontext wird auch der diskursive Zusammenhang hervorgehoben, wenn z. B. in öffentlichen Debatten definiert wird, was als Gewalt zu gelten hat und welches Handeln mit spezifischen Legitimationen ausgestattet wird, die Anreizfunktion für die Aktions-Reaktionsspirale haben.

Als Auswirkungen von Individualisierung im schulischen Bereich werden vor allem die zunehmende Verschulung von Jugend und die Verschärfung der schulischen Konkurrenz gesehen. Wer nicht mithalten kann, wird schnell zum »strukturellen Verlierer der Wettbewerbsgesellschaft«. Diese sind in Bezug auf Gewalthandeln besonders gefährdet: Je unsicherer die Lebensbedingungen bzw. Lebensperspektiven und je weniger verlässlich die sozialen Beziehungen sind, desto größer wird die Wahrscheinlichkeit, dass darauf mit Gewalt reagiert wird. Dennoch hat die Schule selbst verschiedene Möglichkeiten, *Desintegrationspotenziale abzubauen bzw. ihnen entgegenzuwirken.* Dies kann geschehen, indem Kindern und Jugendlichen in Problemsituationen Hilfe und Orientierung gegeben wird, indem sie stärker in den Unterrichtsprozess und das Schulleben einbezogen werden, indem Gegenerfahrungen, solidarische Erfahrungen anstelle von Vereinzelungs- und Konkurrenzerfahrungen ermöglicht werden. Zur notwendigen verstärkten sozialen Orientierung der Schule gehört auch deren Öffnung für die Lebenswelt Jugendlicher und für das kommunale Umfeld.

Gewalt als Folge der anomischen Struktur von Schule

Der Soziologe und Sozialpädagoge Lothar Böhnisch hat einen *schulbezogenen anomietheoretischen Ansatz* entwickelt, der struktur-funktionalistische und interaktionistische Perspektiven zu verbinden versucht (Böhnisch 1993). Seine These ist, dass Gewalthandeln von Kindern und Jugendlichen als »Anpassungsverhalten« an die anomische Struktur der Schule zu verstehen sei. Den Ausgangspunkt bildet die Anomietheorie von Merton, nach der sich Individuen, um handlungsfähig zu bleiben, an die Diskrepanzen zwischen der Sozialstruktur und den gesellschaftlichen Erwartungsstrukturen auf unterschiedliche Weise – von Konformität bis abweichendem Verhalten – anpassen.

Anomische Tendenzen in der Institution Schule resultieren nach Böhnisch vor allem aus der traditionellen widersprüchlichen gesellschaftlichen Struktur der Schule, die in ihren inneren Gegensätzlichkeiten aufbricht und von Schülern, Lehrern und Eltern individuell ausgehalten, ausbalanciert werden muss. Schule sei zum einen ein »funktionales« und zum anderen ein »soziales« System. Schule als funktionales System ist nach dem Leistungs- und Ausleseprinzip strukturiert, folgt institutionellen Schulordnungen und Curricula. Schule als soziales System meint die Gruppe der Schüler, deren Leben als Kinder und Jugendliche durch jugendkulturelle Besonderheiten des Aufwachsens gekennzeichnet ist. Da das funktionale System Schule gesellschaftlich dominant ist, werden die Probleme des sozialen Systems in Schulplanung und Praxis meist übergangen. Vielmehr wird stillschweigend vorausgesetzt, dass sich das Soziale dem Funktionalen anpasst. Neben dieser »Funktionsborniertheit« der Schule besteht die zweite Quelle der Anomie in der Art der gesellschaftlichen Einbettung der Schule. Schule versteht sich als gesellschaftlicher Teilbereich, der von anderen Lebensbereichen relativ abgeschottet ist. Hierin kommt das reformpädagogische Dilemma der Unvereinbarkeit von Schule als Lebensgemeinschaft, als Kinder- und Jugendschule einerseits und Schule als Konkurrenz- und Auslesesystem andererseits zum Ausdruck.

Vor diesem Hintergrund werden drei anomische Konstellationen herausgestellt, die Bewältigungsprobleme hervorrufen: Erstens drückt sich das strukturelle Missverhältnis von funktionalem und sozialem System in der *Diskrepanz von »Schülerrolle« und »Schülersein«* aus: So ist Schule von ihrer institutionellen Logik her zukunftsorientiert, während das Leben der Kinder gegenwartsorientiert ist. Dieses Spannungsfeld von aktuellem Leben und zukunftsorientierter Schule muss immer wieder emotional und sozial ausbalanciert, also »bewältigt« werden. Im Vordergrund stehen die institutionellen Anforderungen der Schule – was aber Leben für sich, was Eigenleben bedeutet, bleibt in der

Schule weitgehend ausgeklammert. Schule orientiert sich an der Schülerrolle und nicht am Alltagsleben der Schüler. Für Schule ist die Rollenperspektive funktional: Kinder werden dadurch vergleichbar und im Sinne des Leistungs- und Auslesesystems in der Konkurrenz mit anderen bewertbar. Nicht bei allen Kindern können diese Spannungen von den Familien aufgefangen werden.

Schule ist zweitens zur *umfassenden Lebensform für Jugendliche* geworden, ohne dass sie mithilft, diese sozial auszugestalten. Böhnisch konstatiert, dass sich seit einiger Zeit eine Umstrukturierung des jugendlichen Erfahrungsfeldes von einer eher arbeitsbezogenen zu einer eher schulisch bestimmten Lebensform vollzogen hat. Dabei ginge der traditionelle Milieuaspekt der Solidarität in der schulischen Bildungskonkurrenz verloren. Das funktionale System der Schule beeinflusst auch die Struktur der Lebensform Schule, ohne aber den Jugendlichen eine entsprechende Unterstützung zu vermitteln. Die zunehmenden Individualisierungsprozesse in der Schule können schließlich drittens zu neuen Formen von Anomie führen, indem *Schule als »diffuser Sozialraum«* seitens der Schüler gesucht und provoziert wird. So ist die Tendenz sichtbar, dass die Schüler das Ungleichgewicht zwischen funktionalem System Schule und sozialer Lebensform auszubalancieren versuchen, indem sie die Institution Schule gleichsam »unterlaufen«, z. B. durch das Auftreten von Schülerkulturen, was Böhnisch als »sozial induzierte Entstrukturierung« der Schule bezeichnet. Hier sieht er auch einen Ansatz der Kooperation von Schule und Jugendarbeit und zwar in der Ermöglichung von Orten (z. B. Schülercafés), wo sich diese Kultur ausleben kann. Umgekehrt seien Abschottungsversuche der Schule nach dem Motto »Schule muss Schule bleiben« untauglich. Eine Entschärfung des Dilemmas wird in einem stärkeren Austausch der Schule mit ihrer sozialen Umwelt gesehen. Das könnte dazu beitragen, dass sie sich selbst mehr als Sozialraum versteht und außerschulische Sozialprozesse mehr beeinflusst. Schule müsse sich im qualitativen Sinne sozial erweitern, sozialräumliche Elemente integrieren und selbst Bewältigungsangebote, d. h. in erster Linie plurale Selbstwertangebote, entwickeln. Daneben gehe es auch um Veränderungen in der Lehrerausbildung. So müsse diese eine »Sozialausbildung« mit einschließen, denn der Lehrerberuf sei auch zum Sozialberuf geworden.

Als *Folgerungen für die Gewaltprävention* lässt sich – auf institutioneller Ebene – vor allem die Notwendigkeit der Stärkung von Schule als »sozialem System« ableiten, indem z. B. sozialräumliche bzw. sozialpädagogische Elemente ausgebaut werden. Auf interaktioneller und individueller Ebene heißt das u. a., den Leistungsaspekt nicht zu verabsolutieren und die Persönlichkeits- und Selbstwertentwicklung der Schülerschaft ins Zentrum zu rücken.

4.3 Integrative Erklärungsmodelle

In den letzten Jahren wurden auch einige integrative Erklärungsansätze für Gewalt entwickelt. Als integrative Ansätze bezeichnen wir jene Modelle, die verschiedene Theorien bzw. Theorieelemente aus unterschiedlichen Wissenschaftsdisziplinen und -traditionen kombinieren. Im Folgenden sollen drei solcher

Modelle vorgestellt werden: der sozialisationstheoretische, der geschlechtsspezifische sowie der schulbezogene sozialökologische Ansatz.

Gewalt als Form der »produktiven Realitätsverarbeitung«

Der *sozialisationstheoretische Ansatz* bezieht sich auf alle Theorien, die das Wechselverhältnis von Person und Umwelt betreffen. Die Grundannahme ist, dass sich die Entwicklung des Menschen in Form einer »produktiven Realitätsverarbeitung« vollzieht. Es wird davon ausgegangen, dass die notwendigen Handlungskompetenzen durch diese Realitätsverarbeitung und -bewältigung aufgebaut werden. Ob Sozialisation gelingt oder misslingt, hängt davon ab, wie sich das Verhältnis von individuellen Handlungskompetenzen und gesellschaftlichen Handlungsanforderungen gestaltet. Eine Nichtübereinstimmung führt zu Belastungen, die sich in Stress- bzw. Krisenerscheinungen ausdrücken können. Entscheidend dabei sind die individuellen Bewältigungsstrategien und die sozialen Unterstützungspotenziale (vgl. z. B. Hurrelmann/Grundmann/Walper 2008, Hurrelmann/Bründel 2003). Auch *Gewalt* kann somit als *eine Form »produktiver Realitätsverarbeitung«* angesehen werden. Sie ist Ausdruck der Nicht-Übereinstimmung von individuellen Handlungskompetenzen und gesellschaftlichen Anforderungen. Ob und wann Gewalt auftritt, hängt sowohl von längerfristigen Sozialisationseinflüssen (z. B. Familie, Schule, Peergroup, Medieneinflüsse u. a.) als auch von situativen Faktoren und gesellschaftlichen Bedingungen ab (vgl. auch Lösel 1995, 2004):

- *Familie:* Aggressive und gewalttätige Kinder und Jugendliche werden nicht als solche geboren, sondern im Sozialisationsverlauf dazu »gemacht«. Ein Schlüssel zum Verständnis liegt in der Familie als dem Bereich, in dem Gewalt entsteht und in dem sie sich manifestiert. Gewalttätige Menschen kommen überdurchschnittlich häufig aus schwierigen Familienverhältnissen, sind mitunter selbst Opfer familialer Gewalt gewesen (»Kreislauf der Gewalt«). Ein hohes Risiko besteht bei der Kumulation ungünstiger Merkmale, wie fehlende Zuwendung, Erziehungsuntüchtigkeit, eheliche Konflikte, soziale Probleme, beeinträchtigtes Selbstwertgefühl der Eltern (z. B. bei Arbeitslosigkeit, desolaten Wohnbedingungen, sozialer Isolation der Familie, Alkoholmissbrauch usw.).
- *Schule:* Schule kann Fehlentwicklungen in der Familie nicht kompensieren – schulische Bedingungen haben aber Einfluss auf die Persönlichkeitsentwicklung (z. B. durch Schulklima und Lernkultur, das Lehrer-Schüler-Verhältnis). Ein besonderes Risiko für Gewalthandeln besteht bei der Kombination von Leistungsversagen des Kindes, überhöhten Erwartungen der Eltern, sozialer Stigmatisierung und Anschluss an deviante Peergroups.
- *Gleichaltrigengruppe:* Peergroups haben für die Identitätsentwicklung wichtige positive Funktionen. Ein besonderes Risiko ist jedoch dann gegeben, wenn Jugendliche mit geringer familiärer Bindung und Kontrolle über Gewalthandeln Anschluss an »antisoziale« Subgruppen suchen, um dort Anerkennung und emotionale Befriedigung zu finden.

- *Massenmedien:* Gewaltdarstellungen sind mit einem bestimmten *Wirkungsrisiko* verbunden, das um so größer ist, je weniger eigene konkrete Erfahrungen mit der entsprechenden Alltagssituation vorliegen. Besonders jüngere Jugendliche werden durch Mediengewalt beeinflusst, so dass es zu Nachahmungs-, Gewöhnungs- und Abstumpfungseffekten, zur Trivialisierung von Gewalt als »normalem« Problemlösungsmittel sowie zur Gewöhnung an primitive moralische Muster kommen kann.

- *Persönlichkeitsmerkmale:* Persönlichkeitsunterschiede (z. B. Temperament, Charakter) sind bei sozialisationstheoretischen Annahmen ebenfalls von Bedeutung. Diese Merkmale werden jedoch weniger statisch, sondern eher entwicklungsbezogen gesehen. So kann es z. B. bei Kindern mit Hyperaktivitätsproblemen recht schnell zu problematischen Interaktionen mit den Eltern oder anderen Kindern und Jugendlichen kommen.

- *Situative Einflüsse:* Ob sich bio-psycho-soziale Dispositionen in Gewalthandlungen niederschlagen, hängt auch von situativen Faktoren ab, wie z. B. Alkoholeinfluss, eine mögliche verzerrte Situationswahrnehmung oder Ursachenzuschreibung (z. B. Fremde als Sündenbock), eine mögliche Gewalteskalation (z. B. durch Polizei), den Grad der sozialen Kontrolle und des Entdeckungsrisikos, der Reaktion von Umfeld und Öffentlichkeit usw.

- *Gesellschaftliche und politische Einflüsse:* Hierbei geht es um die Frage, inwieweit gesellschaftliche Bedingungen und Krisenphänomene dazu beitragen, dass gewaltfördernde Einflüsse verstärkt werden. Nur auf einige Faktoren soll verwiesen werden, z. B. auf ungünstige ökologische und ökonomische Lebenslagen (z. B. Lehrstellensituation, Arbeitslosigkeit, Wohnungsnot, Armut), auf Erfahrungen von Ausgrenzung, Desintegration und Benachteiligung, auf die prekären Berufs- und Lebensperspektiven und auf die »Schattenseiten« von Modernisierungs- und Individualisierungsprozessen insgesamt.

Aus dem sozialisationstheoretischen Erklärungsmodell lässt sich für die Gewaltprävention schlussfolgern, dass es vielfältiger Maßnahmen bedarf, um die Handlungskompetenzen von Kindern und Jugendlichen zu fördern. Gefragt sind deshalb – bezogen auf die familiale Sozialisation – vor allem mehr Hilfe und Unterstützung für (benachteiligte) Familien und eine Enttabuisierung von Gewalt in der Familie. In Hinblick auf den Freizeitbereich sollten prosoziale Gruppenaktivitäten stärker gefördert werden. Beim Umgang mit den Gewaltdarstellungen in den Medien geht es um die Anerkennung des Problems auf allen Ebenen (Politiker, Programmanbieter, Pädagogen, Eltern, Kinder) und um die Entwicklung von Medienkompetenz. Für den *schulischen Bereich* heißt das, dass Schule neben der Wissensvermittlung verstärkt auch zur wertorientierten und emotionalen Erziehung beitragen sollte (Schule als »sozial-emotionaler Erfahrungsraum«), dass sie Leistung fördern, Schulversagen verhindern und sich stärker den Lebensproblemen der Schüler stellen sollte. Wichtig ist auch, die positiven Wirkungen der Schülerfreundschaften zu beachten und die Geschlechtersozialisation in den Blick zu nehmen, z. B. die Rolle männlicher Lehrer als Identifikationsmöglichkeit für männliche Schüler. All diese Aufgaben lassen sich nur im konstruktiven Zusammenwirken von Schule, Elternhaus, Jugendhilfe sowie anderen Kooperationspartnern realisieren.

Gewalt als Form männlicher Lebensbewältigung

Gewalthandeln von Mädchen und Jungen unterscheidet sich sowohl hinsichtlich des Ausmaßes als auch im Hinblick auf Erscheinungsformen und Ursachen. Zwar üben auch Mädchen Gewalt aus und sind in verschiedener Weise (z. T. auch anders als Jungen) in Gewalthandlungen verstrickt, dennoch ist Gewalt überwiegend ein »Jungenphänomen«. Gewalt hat somit ein »männliches Gesicht«. Insbesondere die körperliche Gewalt gilt als »gelebte Männlichkeit«. Auch Gewalt an Schulen ist in erster Linie ein »Jungenphänomen«. Während sich Aggression und Gewalt bei Mädchen eher nach innen richten und bei äußerer Gewalt vor allem indirekte Formen bevorzugt werden, tragen Jungen ihre Aggressionen eher nach außen und demonstrieren Gewalt in der Öffentlichkeit (vgl. z. B. Popp 1997, 2002).

An dieser geschlechtsbezogenen Gewaltphänomenologie setzen die *geschlechtsspezifischen Erklärungsmodelle* an, die die Desiderate bisheriger Theorien hinsichtlich der Geschlechterdimension zu bearbeiten versuchen (vgl. Popp 2002). So fragt z. B. Böhnisch, was Jungen in die Gewalt treibt und warum ein Teil von ihnen ohne Gewalt nicht auszukommen scheint (vgl. Böhnisch 1994). Den Schlüssel zur Beantwortung dieser Frage sieht er im Kern des Gewaltbegriffs selbst angelegt, den er mit »Abwertung« umschreibt. Patriarchale Macht- und Herrschaftsstrukturen sind in diesem Sinne immer auch mit Abwertung und Missachtung des Anderen (besonders von Frauen) verbunden. Mannsein führt zwar nicht automatisch zu Gewalt, aber in der historischen patriarchalen Konstruktion von Gesellschaft basieren Macht- und Herrschaftsstrukturen auf Abwertungsprozessen gegenüber Frauen und jüngeren Gesellschaftsmitgliedern. Jungen werden demzufolge in eine männliche Hegemonie hineinsozialisiert und lernen, was kulturell unter »Weiblichkeit« verstanden wird und dass die damit konnotierten Eigenschaften abzuwerten sind. So müssen z. B. Ängste und Hilflosigkeit verdrängt werden, weil sie mit den herrschenden Männlichkeitsvorstellungen nicht übereinstimmen. Solche Geschlechtsrollenstereotype werden im Laufe der Sozialisation erworben.

Kulturvergleichende Untersuchungen zeigen, dass die Männlichkeitsfunktionen in Gesellschaften mit hegemonialer Männlichkeit im Erzeugen, Versorgen und Beschützen bestehen. Die entsprechenden Stützpfeiler maskuliner Identität sind vor allem das Zurschaustellen von Kampfesmut, ein aggressives Territorialverhalten, die Betonung echter »Männerfreundschaft« und bedingungsloser Verlässlichkeit, die Kompetenz bei der Handhabung von Maschinen (vor allem Motorfahrzeugen) und die Akzentuierung von heterosexueller Potenz (vgl. Möller 1995, Kersten o. J.). Aufgrund gesellschaftlicher Modernisierungsprozesse, die auch die traditionellen Geschlechterrollen ins Wanken bringen, wird die männliche Identitätsbildung zunehmend erschwert. Durch das Fortschreiten der Emanzipation in vielen Bereichen fühlen sich männliche Jugendliche unter Druck gesetzt.

Vor dem Hintergrund »hegemonialer Männlichkeit« kann Gewalt – aus individueller, »lebensweltlicher« Perspektive gesehen – zu einer *Form männlicher Lebensbewältigung* werden. Für viele Männer scheint der Rückgriff auf sexistische Muster patriarchaler Männerbilder, z. B. betontes männliches Dominanzverhalten, Drohgebärden, direkte Gewalt, der scheinbar einzige subjektive Ausweg, in psychisch und sozial desolaten Situationen ein positives Selbstwertgefühl zu erlangen (vgl. Böhnisch/Winter 1993). Den grundlegenden Ansatz zur Veränderung der Situation sieht Böhnisch in einem radikal veränderten gesellschaftlichen Umgang mit dem Problem der menschlichen, insbesondere der männlichen Hilflosigkeit. Die Gesellschaft sollte erkennen, dass nicht die Abstraktion von menschlicher Hilflosigkeit Fortschritt bedeutet, sondern – umgekehrt – deren Anerkennung. Neben diesem gesamtgesellschaftlichen Ansatz wird vor allem eine geschlechtsspezifische oder geschlechtsreflektierende Pädagogik eingefordert (vgl. z. B. Möller 1997, Popp 2002, Matzner/Tischner 2008). Leitlinie sollte dabei sein, tragfähige Bezüge für männliche Identitätsbildung unabhängig von maskuliner Gewalt zu entwickeln und bestehende Männerbilder kritisch zu hinterfragen.

Schule als gewaltfördernde Institution

Sozialökologische Theorieansätze sehen den Menschen als Gestalter seiner Entwicklung und als erkennendes und sich selbst reflektierendes Wesen (Bronfenbrenner 1976). So ist der Mensch Produkt und Gestalter seiner Umwelt zugleich. Die ökologische Perspektive betont insbesondere die Wechselbeziehungen zwischen dem Individuum und den Umweltsystemen. Durch Handeln, das sich in Interaktionen vollzieht, gelangt das Individuum zu Erkenntnissen und erwirbt Kompetenzen. Sozialökologische Ansätze knüpfen somit an interaktionistische Theorien an (vgl. Holtappels 1997/2009).

Die Grundannahme ist, dass *Gewalt das Ergebnis der subjektiven Verarbeitung von Wechselbeziehungen zwischen innerschulischen Umweltbedingungen und individuellen Personenmerkmalen* ist (vgl. Holtappels 1997/2009, Melzer/Schubarth/Ehninger 2004). Die Einflussfaktoren der schulischen Lern- und Sozialumwelt werden dabei mit der subjektiven Verarbeitung in Beziehung gesetzt und unter interaktionistischer Perspektive betrachtet. Dem symbolischen Interaktionismus zufolge handeln Menschen (hier: Schüler) den Dingen (hier: Schule) gegenüber auf der Grundlage der Bedeutungen, die diese Dinge für sie besitzen. Die wahrgenommenen Strukturen und Erfahrungen innerhalb der Schule erscheinen somit als situationelle und interaktionelle Determinanten der Persönlichkeitsentwicklung. So können z. B. Sinndefizite, ein mangelndes Vertrauensverhältnis zwischen Lehrer und Schüler, ein schlechtes Schul- oder Klassenklima, Defizite im Lehrerhandeln, schulökologische Bedingungen u. ä. ein bestimmtes Schulinvolvement und die Identifikation mit Schule, ihren Normen und Werten beeinträchtigen und Aggression, Gewalt, Schuldistanz u. ä. befördern.

Im Rahmen der Entwicklung eines *Schulqualitätsindexes* haben Melzer/Stenke (1996) folgende Merkmale ermittelt, die die Qualität einer Schule maßgeblich beeinflussen können: Schul- und Klassenatmosphäre, Schulfreude, Gewaltvorkommen, räumliche Gestaltung, außerunterrichtliches Angebot, Lehrer-Schüler-Beziehung, Förder- und Integrationskompetenz der Lehrer, Partizipationsmöglichkeiten, Leistungsstatus, Schulangst, Unterstützung durch die Eltern. Bezogen auf abweichendes Verhalten hat Holtappels folgende schulspezifischen Risikofaktoren herausgearbeitet: fehlender Lebensweltbezug, ein als problematisch empfundener Unterrichtsverlauf, ein niedriges pädagogisch-soziales Lehrerengagement sowie geringe Mitbestimmungsmöglichkeiten der Schüler. Diese Faktoren wurden auch durch empirische Studien zu Gewalt an Schulen bestätigt. Als schulische Risikofaktoren erwiesen sich hierbei insbesondere ein einschränkend-disziplinierendes Erziehungsverhalten und praktizierte Formen sozialer Etikettierung. Umgekehrt erwies sich als protektiver schulischer Faktor ein Schulklima, das durch ein förderndes Lehrerengagement und gute Sozialbeziehungen mit hoher Integrationskraft und durch Gruppenzusammenhalt unter den Schülern geprägt ist. Zusammen mit dem Schulklima wirkt auch die Lernkultur präventiv, wenn diese durch lebensweltbezogenes und schülerorientiertes Lernen gekennzeichnet ist, Leistungsüberforderung vermeidet und prinzipielle Lernerfolgschancen gewährt (vgl. Holtappels/Meier 1997, Tillmann u. a. 1999).

Der schulbezogene sozialökologische Ansatz rückt die innerschulischen Umweltbedingungen, vor allem die Schul- und Lernkultur, die aufgrund individueller Personenmerkmale unterschiedlich verarbeitet werden, in den Mittelpunkt. Dabei interessiert auch der Zusammenhang zwischen der Qualität der sozialökologischen schulischen Umwelt und aggressiven bzw. gewaltförmigen Verhaltensweisen. Die Botschaft des Ansatzes ist, dass eine problembegünstigende schulische Umwelt mit zur Entstehung von Aggression und Gewalt beiträgt. Insbesondere sind Belastungskonzentrationen und Kumulationseffekte in Rechnung zu stellen, z.B. schlechtes Sozialklima, mangelndes Lehrerengagement und unzureichende didaktische Kompetenzen, rigide Sanktionen, Etikettierungsprozesse.

Die Folgerungen für die Gewaltprävention sind offensichtlich: Schule als Institution hat durch eine entsprechende Gestaltung der Schul- und Lernkultur die Chance, die Gewaltentwicklung in Schulen mehr oder weniger zu beeinflussen, z.B. durch die Entwicklung des Klassen- und Schulklimas, die Gestaltung eines interessanten Schullebens, die Erweiterung der demokratischen Mitbestimmung durch die Schüler, die Förderung vertrauensvoller Lehrer-Schüler-Beziehungen, die Entwicklung sozialer Kompetenzen bei Schülern und Lehrern, die Vermeidung von Etikettierungen, die Verbesserung des Unterrichts und der Lernkultur, den Ausbau von Förderangeboten usw. Der Zusammenhang von Schulqualität, Schulentwicklung und Gewaltprävention wird hier besonders evident. Zugleich rücken auch Fragen der Entwicklung der Lehrerprofessionalität ins Blickfeld.

Resümee: Konsequenzen für die Gewaltprävention

Die Darstellung grundlegender Theorien und Erklärungsmodelle macht deutlich: Es gibt nicht die *eine* Erklärung oder *die* Theorie, sondern eine Reihe von Theorien bzw. Erklärungsmodellen für Aggression und Gewalt, die sich gegenseitig ergänzen bzw. die miteinander konkurrieren. Erst die Vielfalt der Perspektiven wird dem komplexen Phänomen »Gewalt« gerecht. Das heißt: Gewaltphänomene können auf unterschiedliche Weise erklärt werden. *Jede* Theorie – als ein in sich widerspruchsfreies Aussagesystem – hat ihren *spezifischen Erklärungswert* und liefert in diesem Sinne auch wichtige Hinweise für die Gewaltprävention. Zwischen den Theorien gibt es nicht nur Unterschiede, sondern auch *viele Gemeinsamkeiten*. So spielen z. B. Lernprozesse bei verschiedenen Theorien eine Rolle: nicht nur in den Lerntheorien, sondern auch bei sozialisations-, individualisierungstheoretischen oder psychoanalytischen Ansätzen. Gleiches gilt für das Wirken anomischer Strukturen, was sowohl bei der Anomietheorie als auch beim individualisierungstheoretischen und sozialökologischen Ansatz von Bedeutung ist. Insgesamt geht die Entwicklung von eher einfachen Erklärungsansätzen (z. B. nur ein Ursachenfaktor wie der Trieb) hin zu immer komplexeren Modellen, in denen verschiedene, auch aus unterschiedlichen Theoriezusammenhängen stammende Elemente integriert werden.

Tab. 2: Theorien für Gewalt und Konsequenzen für die Gewaltprävention

Theorie	Kurzcharakteristik	Konsequenzen für die Prävention
Psychologische Theorien		
Triebtheorien	Aggression wird auf spontane Impulse im menschlichen Organismus zurückgeführt	aggressive Impulse kanalisieren, Ausleben emotionaler Spannungszustände ermöglichen, Raum für Aktivitätsbedürfnisse geben
Frustrationstheorien	Aggression entsteht reaktiv durch Frustration	Abbau von Dauerfrustration menschlicher Grundbedürfnisse, Verbalisierung von Ärgergefühlen, Veränderung der Interpretationsweisen, Entwicklung von Frustrationstoleranz und Affektkontrolle, Entspannungsübungen
Lerntheorien	Aggression beruht auf Lernvorgängen	Kritik an aggressiven Modellen, erwünschtes Verhalten bekräftigen, unerwünschtes Hemmen, Erlernung alternativer Verhaltensweisen
Entwicklungspsychologische Ansätze	Aggression ist abhängig vom kognitiven, moralischen und psychosozialen Entwicklungsstand	gezielte Förderung der sozio-moralischen Entwicklung von Kindern und Jugendlichen durch Schule und Jugendarbeit
Kognitionstheorien	Aggression als Folge kognitiver Prozesse der Wahrneh-	Motive und Verlauf der Aggression rekonstruieren, Bewusstmachen verzerrter Wahrnehmungen und Inter-

Tab. 2: Theorien für Gewalt und Konsequenzen für die Gewaltprävention – Fortsetzung

Theorie	Kurzcharakteristik	Konsequenzen für die Prävention
	mung, Interpretation und Bewertung der Umweltreize	pretationen, feindseliger Zuschreibungen
Psychoanalytische Theorien	Aggression als Ausdruck komplizierter Störungen der gesamten Persönlichkeit (z. B. Traumatisierungen in der Kindheit)	Erkennen der verborgenen Ängste, Einzelfallhilfe leisten, Vertrauen und Gefühl der Geborgenheit schaffen, Anerkennung fördern, Selbstwertverletzungen vermeiden
Schulbezogener psychoanalytischer Ansatz	Gewalt als Folge gescheiterter schulischer Anerkennung	Identitäts- und Selbstwertentwicklung der Schüler fördern, z. B. durch Gestaltung positiver Interaktionsbeziehungen
Soziobiologische Theorien	Aggression als Folge biologischer Vorgänge im Organismus	keine
Soziologische Theorien		
Anomietheorie	Abweichendes Verhalten als Folge von »Anpassung« an die widersprüchlichen kulturellen Ziele und sozialstrukturellen Verhältnisse	Verbesserung der Lebensumstände, Abbau sozialer Ungleichheiten, gerechte Chancenstrukturen, Förderung besonders für Benachteiligte
Subkulturtheorie	Abweichendes Verhalten als »Anpassung« an Anforderungen der Gesamtkultur und Subkultur	Herauslösen aus antisozialen Gruppen, alternative Integrationsangebote
Theorien differenziellen Lernens	Abweichendes Verhalten wird erlernt in Abhängigkeit von Bezugspersonen/Situationen	Einfluss negativer Lernmodelle reduzieren, positive Lernmodelle (Vorbilder) fördern
Etikettierungstheorien	Abweichendes Verhalten entsteht durch gesellschaftliche Definitions- und Zuschreibungsprozesse	Vermeidung von Etikettierungen, Verstärkung der positiven Seiten der Persönlichkeit
Handlungstheorie	Devianz als soziales Handeln, um Mangellagen zu verarbeiten	demokratischen Umgang mit Jugendlichen fördern, auf Macht verzichten
Selbstkontrollansatz	Delinquenz als Folge mangelnder Selbstkontrolle	Förderung der Selbstkontrolle in Familie und Schule durch soziale Kontrolle
Individualisierungstheorie	Gewalt als Folge von Modernisierungsprozessen und damit verbundenen Erfahrungen von Desintegration und Verunsicherung	Schattenseiten von Individualisierung abfedern, Beratung und Hilfe, Mitsprache und Partizipation fördern, solidarische Erfahrungen und soziale Integration ermöglichen

Tab. 2: Theorien für Gewalt und Konsequenzen für die Gewaltprävention – Fortsetzung

Theorie	Kurzcharakteristik	Konsequenzen für die Prävention
Schulbezogener Anomieansatz	Gewalt als Folge der anomischen Struktur der Schule	Stärkung des Sozialen in der Schule, Schule als positiver sozio-emotionaler Raum
Integrative Ansätze		
Sozialisationstheoretischer Ansatz	Gewalt als Form »produktiver Realitätsverarbeitung«, Nichtpassung von Kompetenzen und gesellschaftlicher Anforderungen	Verbesserung der Lebensbedingungen, Entwicklung sozialer Handlungskompetenzen, Schule als sozial-emotionalen Erfahrungsraum gestalten
Geschlechtsspezifische Ansätze	Gewalt als Form männlicher Lebensbewältigung und als »gelebte Männlichkeit«	Abbau patriarchalischer Strukturen, Kritik herrschender »Männerbilder«, geschlechtsreflektierende pädagogische Arbeit
Schulbezogener sozialökologischer Ansatz	Gewalt als Verarbeitungsform der Beziehungen zwischen schulischer Umwelt und Schüler	Gerechte Chancenstruktur, Entwicklung von Schulqualität, von Schul- und Lernkultur, Schulentwicklung als permanenter Prozess

Aus den verschiedenen Theorien und Erklärungsansätzen ergeben sich spezifische *Ansatzpunkte für die Prävention und Intervention*. Nicht eine einzelne, kurzfristige Präventionsmaßnahme hat Aussicht auf Erfolg; erforderlich sind vielmehr längerfristige, umfassende Präventionskonzepte bzw. -programme. Ein solches umfassendes Präventionskonzept muss unterschiedliche Handlungsansätze – auch aus verschiedenen Forschungstraditionen – integrieren und deren unterschiedlichen Ansatzpunkte und Reichweiten berücksichtigen. *Psychologische Präventionsansätze* sind vor allem auf das Individuum und dessen Verhaltensmodifikation gerichtet, denn Aggression wird hier vor allem durch innere, psychische Vorgänge einer Person bzw. durch Lernprozesse erklärt. Ihr theoretischer Leitbegriff ist dabei nicht »Gewalt«, sondern »Aggression«. Folglich steht hier der Umgang mit Aggressionen, ihre Steuerung und Kultivierung im Vordergrund. Aus *soziologischer Sicht* entsteht Gewalt zwar auch in der Person, wird aber durch gesellschaftliche Bedingungen (z. B. Familie, Schule, Peergroup, soziale Strukturen) hervorgebracht. Zudem betonen soziologische Ansätze, dass eine Handlung erst durch die Existenz und Anwendung von Normen und Regeln zu »Gewalt« wird. Deshalb zielen *soziologische Präventionsansätze* immer auch auf gesellschaftliche Veränderungen, auf die Verbesserung der Lebensumstände, auf die Offenlegung von Interaktionsstrukturen sowie auf den Abbau von (Definitions-)Macht und Ungleichheiten. *Integrative Ansätze* versuchen, beide Sichtweisen miteinander zu verknüpfen. Tabelle 2 fasst die Theorien und deren Relevanz für die Gewaltprävention zusammen.

5 Empirische Ergebnisse zu Ausmaß und Ursachen von Gewalt und Mobbing

Nach dem Überblick über Theorien und Erklärungsmodelle für Aggression und Gewalt geht es im Folgenden um empirische Untersuchungsergebnisse zu Aggression, Gewalt und Mobbing, einschließlich neuer Gewaltphänomene wie den Amoklauf. Auch hierbei steht die Frage im Mittelpunkt, welche Relevanz die Befunde für die Gewaltprävention haben. Wir beginnen mit einem Blick auf die Entwicklung der schulbezogenen Gewaltforschung der letzten Jahre.

5.1 Zur Entwicklung der schulbezogenen Gewaltforschung

Gewalt hat es in der Geschichte der Menschheit von Anfang an gegeben, die wissenschaftliche Erforschung konnte jedoch erst mit der Herausbildung von Psychologie, Soziologie und Pädagogik im 19. und Anfang des 20. Jahrhunderts einsetzen. Die jüngere Geschichte der schulbezogenen Gewaltforschung seit dem 2. Weltkrieg lässt sich grob in folgende drei Etappen einteilen: 1. Etappe bis Ende der 1980er Jahre, 2. Etappe bis Ende der 1990er Jahre und die 3. Etappe die 2000er Jahre (▶ Tab. 3).

Die *erste Etappe bis Ende der 1980er Jahre* war gekennzeichnet durch disziplinäre Untersuchung auffälligen Verhaltens von Schülern. So untersuchten z. B. Psychologen Aggressionsphänomene, Soziologen und Kriminologen abweichendes Verhalten und Erziehungswissenschaftler Verhaltensauffälligkeiten und Unterrichtsstörungen. Der Gewaltbegriff wurde dabei weniger auf das Schülerverhalten, sondern eher auf die institutionelle bzw. strukturelle Gewalt angewandt. Das Hauptergebnis der Studien war, dass Gewalt und abweichendes Verhalten nicht das zentrale, sondern eher ein randständiges Thema seien (vgl. Brusten/Hurrelmann 1973). Das Gesamtbild an Schulen sei vielmehr von alltäglichen Problemen des Schülerverhaltens bestimmt (vgl. Bach u. a. 1984). Zudem seien abweichende Verhaltensweisen völlig normale, sozial erzeugte Phänomene (vgl. Holtappels 1987). Schon in den 1980er Jahren war man froh, dass in Deutschland keine »amerikanischen Verhältnisse« herrschten und dass die pessimistischen Vorhersagen der 1970er Jahre nicht eingetroffen waren (vgl. z. B. Feltes 1990). Bereits die damaligen Studien wiesen auf den großen Einfluss des Geschlechts, der Schulform und des Alters hin. Als Ursachen- und Bedingungsfaktoren wurden u. a. ermittelt: die fehlende affektive Integration, die unangemessene pädagogische Reaktion der Lehrerschaft, Altersgruppeneffekte, individuelle Verhaltensdispositionen, ungünstige Schulklimabedingungen, individuelle Schülerprobleme und schulische Kontroll- und Etikettierungsprozesse. Schon damals wurde für die Prävention eine Stärkung des Erziehungsauftrages der Schule angemahnt. Zugleich wurde eine verbesserte Lehreraus- und -weiterbildung, eine verstärkte individuelle Förderung sowie Verbesserungen der Lehrer-Schüler-Beziehungen und der Mitsprachemöglichkeiten der Schüler gefordert.

Tab. 3: Etappen der schulbezogenen Gewaltforschung

Merkmale/ Zeitraum	bis Ende der 1980er Jahre	1990er Jahre	2000er Jahre
Gewaltbegriff	Aggression, abweichendes Verhalten	Gewalt, Erweiterung des Gewaltbegriffs	Gewalt, Bullying, Mobbing
Forschungsfokus	Aggression, Devianz, Delinquenz, politische Gewalt, Vandalismus, Verhaltensauffälligkeiten	vielfältige schulische Gewaltformen, insbesondere physische Gewalt, aber auch verbale Gewalt und psychische Gewalt	neben Gewalt Bullying, Mobbing neu: Amok, Happy Slapping, Cyberbullying
Diskurse zu Gewalt	Strukturelle Gewalt: Schülergewalt als Reaktion auf Schulgewalt, schul- und gesellschaftskritische Ansätze	Gewaltbelastung, Gewaltentwicklung, Formen, Ausmaß, Ursachen von Gewalt, Schüler als Täter/Opfer, Schülergewalt als Schulproblem	Gewaltentwicklung Amokläufe Schülerinnengewalt Prävention Evaluation der Prävention
Methodik	standardisierte Befragungen, Querschnittsstudien	meist standardisierte Befragungen, Querschnittsstudien, Täter-/ Opferbefragungen, Lehrer/Schulleiter als Beobachter	Querschnittsstudien, Täter-/Opferbefragungen, vereinzelt Längsschnittsstudien
Anzahl der Studien	vereinzelte Studien	Boom an Studien	vereinzelte Studien

Die *zweite Etappe (1990er Jahre)* war durch einen wahren Forschungsboom geprägt. Von den rund 80 gesichteten Studien zu »Jugend und Gewalt« in diesem Zeitraum bezogen sich rund die Hälfte auf »Gewalt an Schulen« (vgl. Schubarth 2000). Der Grund für diesen Aufschwung war die öffentliche Debatte: Im Zusammenhang mit der fremdenfeindlichen Gewalt Jugendlicher, die medienwirksam ins Bild gesetzt wurde, geriet praktisch jedes gewaltauffällige Verhalten von Jugendlichen in den Fokus der Medien und ins Zentrum der öffentlichen Wahrnehmung: von »Jugendbanden« über »Jugendkriminalität« bis zu »Gewalt an Schulen«. Die Medien hatten das Thema »Jugend und Gewalt« (wieder)entdeckt und zu einem »Medienereignis« gemacht. Insofern war der Forschungsboom in erster Linie Ergebnis und Folge der Thematisierung, Dramatisierung und Skandalisierung von Gewalt durch die Massenmedien und des dadurch induzierten öffentlichen Drucks (▶ Kap. I, 1).

Infolgedessen kam es Anfang der 1990er Jahre zu ersten Explorations- bzw. Erkundungsstudien in größeren Städten. Bald darauf folgten Forschungen, die über einzelne Städte hinausgingen und ganze Bundesländer erfassten (z. B. Schleswig-Holstein, Sachsen-Anhalt, Sachsen, Hessen, Bayern). Dem schlossen sich alsbald komplexere Untersuchungen mit umfangreichen Instrumentarien und verschiedenen methodischen Verfahren an, finanziert von Ministerien, der Deutschen Forschungsgemeinschaft oder Stiftungen. Die Fragestellungen der Studien drehten sich vor allem um drei Themen: Ausmaß und Erscheinungsformen von Aggression und Gewalt, Ursachen und Bedingungen von Gewalt sowie Präventions- und Interventionsmöglichkeiten. Die Ableitung von Folgerungen für die Prävention war eine der häufigsten Begründungen der Studien; im Mittelpunkt stand jedoch die Analyse, während Folgerungen für die Gewaltprävention und deren Umsetzung in die Praxis eher nachrangig waren.

In methodologischer Hinsicht wurden die Studien z. T. kritisiert (vgl. Holtappels 1997, Krumm 1997), z. B. die unzureichende Konzeptualisierung, Begriffsklärung und Operationalisierung, die mangelnde theoretische Fundierung oder Mängel bei der Stichprobe. Unter den methodischen Zugängen dominierte die standardisierte Befragung, z. B. Erfassung von Wahrnehmungen, Einstellungen, Verhalten bzw. Erfahrungen als Opfer oder Täter, Angaben zum schulischen und außerschulischen Kontext. Zu berücksichtigen ist, dass es sich dabei immer um subjektive Sichtweisen der Probanden handelt. Bei den Schülerbefragungen wurden meist mehrere Klassen im Klassenverband befragt. Einige Studien erfassten auch mehrere Perspektiven (Schüler, Lehrer und/oder Schulleitungen). Die größte Aufmerksamkeit fanden die allgemeinbildenden Schulen, wie Realschule, Hauptschule, Gymnasium und Gesamtschule, während die Grundschule, die Berufsschulen und auch die Förderschulen nur wenig einbezogen wurden. Neben quantitativen Methoden wurden zunehmend auch qualitative Methoden angewandt, z. B. Einzel- und Gruppeninterviews, Beobachtungen, Expertengespräche, Fallstudien, Modellversuche. Mit ihrer Hilfe konnten vor allem das Ursachen- und Bedingungsgefüge sowie bestimmte Entwicklungsverläufe und Wechselbeziehungen genauer analysiert werden, um im Einzelfall die beste Präventions- und Interventionsstrategie zu entwickeln.

Die *dritte Etappe* der Entwicklung der jüngeren Gewaltforschung (2000er Jahre) war von einem – bereits Ende der 1990er Jahre einsetzenden – starken Nachlassen der Forschungen gekennzeichnet. Es gab nur noch vereinzelte Studien, u. a. als Längsschnitt (vgl. z. B. Fuchs u. a. 2005, Sturzbecher u. a. 2007) oder im qualitativen Zuschnitt (vgl. z. B. Klewin 2006). Der Bedarf an Forschungen schien offenbar gedeckt, wenngleich unklar blieb, ob das »Gewaltproblem« geringer geworden war. Zugleich rückten neue Gewaltphänomene wie Mobbing und Amoklauf ins Zentrum der Aufmerksamkeit (vgl. z. B. Scheithauer u. a. 2003, Ittel/Salisch 2005, Hurrelmann/Bründel 2007, Scheithauer/Bondü 2008). *Mobbing bzw. Bullying* wird mittlerweile als eine besonders problematische Gewaltform an Schulen wahrgenommen, die z. T. auch stärker als klassische Formen (z. B. Prügelei) verbreitet ist und die besonders schmerzhafte Folgen haben kann. Zu den neueren Gewaltformen gehören auch der *Amoklauf* und das *Cyberbullying*, einschließlich *Happy Slapping*, die in den 1990er Jahren noch keine Rolle spielten. Das Entstehen und Verbreiten neuer Gewaltphänomene zeigt den historischen Wandel von Gewalt an Schulen im Kontext sozialer und technologischer Entwicklungen. Die veränderten Sozialisationsbedingungen in Schule und Gesellschaft führen offenbar auch immer wieder zu neuen Gewaltformen. Darüber hinaus gewannen schulische »Anti-Gewaltprogramme« und deren Wirksamkeit in der fachöffentlichen Debatte an Bedeutung. Mit der zunehmenden *Entwicklung, Verbreitung und Evaluierung von Präventions- und Interventionsprogrammen* scheint sich der in den 1990er Jahren begonnene Bogen zum Thema »Gewalt an Schulen« – trotz aller Defizite und Kritiken – zu schließen: von der Analyse der schulischen Gewaltphänomene über deren Prävention in Form von Programmen bis zu der Evaluation dieser Programme.

Als Entwicklungstrends für die jüngste Etappe der Diskussion um »Schule und Gewalt« können somit folgende drei Merkmale herausgestellt werden:

1. eine stärkere Fokussierung auf Mobbing bzw. Bullying (▶ Kap. 5.3 und 5.4),
2. das Auftreten neuer Gewaltphänomene wie Amok, Happy Slapping, Cyberbullying (▶ Kap. 5.4),
3. die Entwicklung, Verbreitung und Evaluation von Präventions- und Interventionsprogrammen (vgl. Teil II).

Auf die genannten Entwicklungstrends und die neuen Gewaltphänomene werden wir in den nachfolgenden Abschnitten näher eingehen.

5.2 Ausmaß, Erscheinungsformen und Ursachen von Gewalt

In der öffentlichen Diskussion herrscht häufig die Annahme vor, dass die »Jugendgewalt«, darin eingeschlossen die Gewalt an Schulen, ständig zunimmt und die Täter immer jünger und immer brutaler werden. Die empirische Datenlage kann eine solche Annahme bisher nicht bestätigen, vielmehr ist die Befundlage z. T. widersprüchlich, was vor allem in unterschiedlichen Begriffverständnissen, methodologischen und methodischen Verfahren der Studien sowie der unterschiedlichen Einordnung und Bewertung der Befunde begründet ist. Widersprüche in der empirischen Datenlage ergeben sich z. B. zwischen den offiziell registrierten Gewalttaten, dem so genannten Hellfeld, und den Selbstberichten von Tätern bzw. Opfern, den (repräsentativen) Dunkelfeldstudien. Erschwerend kommt hinzu, dass durch die öffentlichen Debatten das Gewaltverständnis bestimmten Wandlungen unterliegt und eine möglicherweise gestiegene Sensibilität das Anzeigeverhalten für verschiedene Gewaltformen beeinflusst.

Dennoch lassen sich – ungeachtet solcher forschungsmethodischen Probleme – folgende übergreifende *Ergebnisse der empirischen schulbezogenen Gewaltforschung* herausstellen (vgl. z. B. auch Tillmann u. a. 1999, Schubarth 2000, Lösel/Bliesener 2003, Scheithauer u. a. 2003, Melzer/Schubarth/Ehninger 2004, Fuchs u. a. 2005, Hurrelmann/Bründel 2007, Petermann/Natzke 2008, Baier u. a. 2009, Wahl/Hees 2009, Melzer/Schubarth/Ehninger 2011), auf deren Grundlage auch generelle Folgerungen für die Gewaltprävention abgeleitet werden können:

1. Gewalt an Schulen: weder dramatisieren noch verharmlosen

Schulen sind kein »Hort der Gewalt« und die übergroße Mehrheit der Schülerschaft ist auch nicht gewalttätig. Vielmehr stellt sich die Situation von Schule zu Schule sehr unterschiedlich dar, wobei die Mehrheit der Schulen offenbar nicht mit größeren Gewaltproblemen konfrontiert ist. Die vorliegenden Befunde zur Gewaltentwicklung lassen auch nicht auf einen dramatischen, höchstens auf einen eher moderaten Gewaltanstieg, insbesondere an Hauptschulen und Förderschulen, schließen. Gleichwohl stellt »Gewalt an Schulen« für alle Schulen auch künftig eine pädagogische Herausforderung dar, geht es doch letztlich um ein gewaltfreies Schulklima und um einen zivilisierten Umgang miteinander. Gegen eine Verharmlosung sprechen solche beobachtbaren Veränderungen wie die zunehmende Brutalität eines kleinen Teils der (männlichen) Schüler, wobei sich die Altersspanne der Gewalthandelnden nach vorne zu verlagern scheint, sowie das Auftreten neuer Gewaltphänomene wie Amokläufe, Happy Slapping oder Cyberbullying. Auch scheint die Hemmschwelle, bei »Provokationen« mit Gewalt zu reagieren, geringer geworden zu sein. Dennoch gilt: Jugendliche fühlen sich innerhalb der Schule sicherer als z. B. im öffentlichen Raum, wenngleich die latente Gefahr von Amokläufen, zumindest zeitweise, das Bedrohungsgefühl stark anwachsen lässt. Gewaltprävention in diesem Sinne heißt neuerdings auch Vorbereitung auf Extremsituationen.

2. Die »kleine« Gewalt dominiert, aber auch Mobbing ist verbreitet

Ein differenzierter Blick lohnt auch bei den Gewalterscheinungen: Dabei zeigt sich, dass gewalttätiges Handeln von Schülern sehr unterschiedliche Ausdrucksformen annehmen kann: Es dominieren verbale Aggressionen (z. B. vulgäre Beschimpfungen, Beleidigungen, Hänseleien), die offenbar zur gegenwärtigen »Schülerkultur« gehören. Allerdings ist hier der Übergang zu Mobbingformen (einschließlich im Internet), die ebenfalls recht verbreitet sind, fließend. In der Rangreihung der Gewaltformen folgen physische Gewalthandlungen (z. B. Prügeleien) und Vandalismus (Zerstörung von Schuleigentum). Extreme Gewaltformen, wie z. B. Körperverletzung, Erpressung oder sexuelle Belästigung, kommen eher selten vor. Häufiger sind dagegen Aggressionen gegenüber Lehrern sowie – umgekehrt – Aggressionen der Lehrer gegenüber den Schülern, wenngleich hierzu nur wenige Befunde vorliegen. Gewaltprävention hat den unterschiedlichen Gewaltphänomenen entsprechend Rechnung zu tragen.

3. Der »harte Kern« als besondere Herausforderung

Die überwiegende Mehrheit der Schüler tritt weder als »Täter« noch als »Opfer« in Erscheinung. Für »Täter« wie für »Opfer« wurde ein Anteil von ca. 5 % ermittelt, wobei Täter- und Opferrollen, z. B. als »provozierendes Opfer«, ineinander übergehen können. Ein besonderes Problem stellt die kleine Gruppe von so genannten »Mehrfachtätern« dar (2–3 %). Von ihnen geht ein erheblicher Teil der Gewalt, die an Schulen verübt wird, aus. »Täter« weisen eine größere Schuldistanz auf; sie fühlen sich aber nicht als Außenseiter. Typische Merkmale der »Opfer« sind deren Außenseiterstatus und ein geringes Selbstwertgefühl. Der »harte Kern«, der als Ausdruck der Polarisierung innerhalb der

Schule sowie der Gesellschaft insgesamt angesehen werden kann, ist durch staatliche Institutionen nur schwer erreichbar und stellt eine besondere pädagogische Herausforderung dar.

4. Gewalt an Schulen unterscheidet sich stark nach Geschlecht, Schulform und Alter

Gewalt ist überwiegend ein Jungenphänomen, wenngleich die Geschlechterdifferenzen geringer zu werden scheinen. Dennoch unterscheiden sich Jungen und Mädchen in Bezug auf Gewalt stark voneinander. Die Unterschiede sind umso deutlicher, je härter die Gewaltformen sind. Körperliche Gewalthandlungen werden von Jungen zwei bis dreimal so oft ausgeführt wie von Mädchen; bei verbalen Aggressionen sind die Unterschiede dagegen eher gering. Mädchen sind auf andere, eher »verdeckte« Weise in Gewalt verstrickt. Neben der Geschlechtszugehörigkeit sind auch der Einfluss der Schulform und der Jahrgangsstufe beträchtlich: Nichtgymnasiale Schulformen, insbesondere Förderschulen (Lern- und Erziehungshilfe) und Hauptschulen, sind aufgrund ihrer Schülerpopulation stärker belastet. Von den Jahrgangsstufen kristallisieren sich die 7. bis 9. Jahrgangsstufe als Schwerpunkt heraus, was die Bedeutung der Entwicklungsbesonderheiten unterstreicht. Die regionalen Unterschiede hingegen sind meist gering. Die angeführten soziodemografischen Unterschiede legen ein differenziertes Vorgehen bei der Gewaltprävention nahe.

5. Gewalthandlungen innerhalb und außerhalb der Schule hängen zusammen

Schulische und außerschulische Gewalt bzw. Delinquenz sind eng miteinander gekoppelt. Die schulischen Gewalttäter begehen auch sonst erheblich mehr delinquente Handlungen (z. B. Einbruch, Prügelei, unerlaubte »Dinger drehen«) als andere Schülergruppen. Es handelt sich somit zum großen Teil um die gleichen Schüler, die sowohl innerhalb als auch außerhalb von Schulen Gewalthandlungen ausüben. Gleiches gilt auch für Mobbing: Schüler, die andere in der Schule mobben, mobben auch außerhalb der Schule (z. B. per Internet) und Mobbingopfer müssen Mobbing sowohl innerhalb als auch außerhalb der Schule erfahren. Zum Verhaltensrepertoire der »Täter« gehört auch, dass diese überdurchschnittlich viel Alkohol, Zigaretten und illegale Drogen konsumieren. Dies hat Konsequenzen für das Zusammenwirken von schulischer und außerschulischer Prävention.

6. Schülergewalt als Schulproblem

Bei den Entstehungsbedingungen für Gewalt an Schulen verweisen die Studien sowohl auf außerschulische als auch innerschulische Faktoren. Wenngleich der familialen Sozialisation zentrale Bedeutung zukommt, ist auch die Schule als Institution an der »Gewaltproduktion« beteiligt. Hier ist es vor allem die Lern- und Schulkultur, insbesondere die Qualität des Lehrer-Schüler-Verhältnisses, die Einfluss auf die Gewaltentwicklung hat. Von großer Bedeutung ist auch die Einstellung der Lehrkräfte gegenüber Gewalt und ihr Verhalten in konkreten Konfliktsituationen. Hier sind Konfliktlösungskompetenzen und Zivilcourage gefragt. So hat z. B. jeder dritte Schüler Angst vor Gewalt an Schulen, rund die

Hälfte der Schüler fühlt sich von ihren Lehrern ungenügend geschützt und selbst viele Lehrer räumen Unsicherheiten und mangelnde Kompetenzen beim Umgang mit Aggression und Gewalt ein. Daraus ist zu schlussfolgern, dass schulische Gewaltprävention in der Schule ansetzen sollte, andere Bereiche jedoch ebenfalls in den Blick genommen werden müssen.

7. Lehrergewalt als Zeichen mangelnder Professionalität und Überforderung

Einige Studien weisen darauf hin, dass Schülergewalt im Zusammenhang mit Lehrergewalt steht und dass Lehrer möglicherweise nicht weniger Gewalt ausüben als Schüler. Ein aggressives Verhalten der Lehrer, ob subtil oder manifest, z. B. über Schüler abfällig reden, Schüler bloßstellen oder gegenüber Schülern handgreiflich werden, korreliert mit gewalttätigem Schülerhandeln – ein deutlicher Beleg dafür, dass Gewalt das Ergebnis eines längeren und komplexen Interaktions- und Eskalationsprozesses ist. So fanden Forscher heraus, dass der Mehrzahl der Schüler von Lehrern ebensoviel Kummer, z. B. durch »ungerechte Behandlungen« oder »Kränkungen«, bereitet wird, wie ihn sich Schüler untereinander mit ihren Gewalthandlungen zufügen. Lehrergewalt ist immer auch ein Zeichen von mangelnder Professionalität bzw. von Überforderung, was den Blick auf die Qualität der Lehrerbildung und die Rahmenbedingungen an Schulen lenkt. Gewaltprävention muss deshalb auch die konkreten Arbeitsbedingungen an den Schulen sowie die Qualität der Lehrerbildung zum Thema machen.

8. Schülergewalt als Folge »struktureller Gewalt«

Gewalt an Schulen ist vor allem auch ein Problem von sozialer Ungleichheit, die innerhalb des Schulsystems sowie in der gesamten Gesellschaft vorherrscht und die sich in den letzten Jahren weiter verschärft hat. Ausdruck dessen ist das mehrgliedrige Schulsystem, das Schüler frühzeitig in unterschiedliche Schullaufbahnen mit ganz unterschiedlichen Lebensperspektiven »vorsortiert« und das Zertifikate, Bildungsabschlüsse als quasi lebensnotwendige »Eintrittskarten« für das Berufsleben vergibt. Eine der Folgen ist, dass die verschiedenen Schulformen ganz unterschiedlich mit Aggression und Gewalt konfrontiert sind. So nimmt es nicht wunder, dass nichtgymnasiale Schulformen, insbesondere Förderschulen und Hauptschulen, durch Gewalt am stärksten belastet sind. Die Schüler dieser Schulformen stammen häufig aus bildungsfernen bzw. sozial schwachen Elternhäusern, in denen soziale Problemlagen kumulieren. Zugleich spüren sie, dass ihre persönlichen und beruflichen Perspektiven stark beeinträchtigt sind. Die Kombination von mangelnden familiären Ressourcen und eigener Perspektivlosigkeit bildet einen fruchtbaren Nährboden für Aggression und Gewalt. Wie in einem Brennglas werden hier gesamtgesellschaftliche Problemlagen sichtbar. Schulische Gewaltprävention darf deshalb gesellschaftliche Problemlagen wie die wachsende soziale Ungleichheit nicht außer acht lassen. Zugleich weisen die unterschiedlichen Belastungen an Schulen selbst innerhalb einer Schulform sowie die vielen guten Schulbeispiele von ehemaligen so genannte »Problemschulen« auf die großen Möglichkeiten jeder einzelnen Schule hin, Gewalt »in den Griff « zu bekommen und – trotz so genannten schwierigen Schülerklientels – eine positive Schulkultur zu entwickeln. Dass Gewaltprävention bzw. -intervention selbst in schwierigen Milieus erfolgreich sein kann, ist zweifellos eine sehr ermutigende Botschaft.

9. Auch die »große« Gewalt fällt nicht vom Himmel

Wenngleich die spektakulären, extremen Gewaltfälle der letzten Jahre (z. B. Meißen, Erfurt, Coburg, Hildesheim, Emsdetten, Winnenden, Ansbach usw.) Einzelfälle darstellen und kaum mit den gängigen Mustern zu erklären sind, so geben sie doch Hinweise auf allgemeinere Ursachen für solche Formen exzessiver Gewalt: Die Schüler erlitten meist eine Reihe schulischer Misserfolge und Demütigungen und ertrugen schweigend soziale wie institutionelle Ausgrenzungserfahrungen. Die Verletzungen des Selbstwertgefühls waren oft auch mit einer mangelnden Zukunftsperspektive verbunden. Hinzu kamen in vielen Fällen Medieneinflüsse (Computerspiele, Gewaltvideos) und der Zugang zu einer Waffe. Was besonders schwer wiegt, ist die Tatsache, dass die Lehrerschaft – ähnlich wie die Elternschaft – nichts wusste, nichts ahnte und von den Ereignissen umso mehr überrascht wurde. Für die Gewaltprävention bedeutet dies, eine Schulkultur zu entwickeln, die eine Beziehungs- und Kommunikationskultur der Wertschätzung und Anerkennung pflegt, die für persönliche Krisensituationen der Schüler sensibel ist und die auch die Unauffälligen in den Blick nimmt.

10. Gewaltintervention wirkt

Untersuchungen zum Verhalten von Lehrkräften in gewaltförmigen Konfliktsituationen haben zwei Hauptergebnisse hervorgebracht: Zum einen zeigen diese, dass sich die Mehrzahl der Lehrpersonen in solchen Situationen unsicher fühlt und meist nicht über die entsprechenden professionellen Handlungskompetenzen bzw. die notwendige professionelle Haltung verfügt. Wegschauen, Nichtintervenieren und mangelnde Zivilcourage sind deshalb oft die Folge. Zum anderen – und das ist eine besonders gute Botschaft der Gewaltforschung – belegen die Studien aber auch, dass das rechtzeitige und kompetente Intervenieren bei Gewalt- und Konfliktsituationen Gewalt verhindern bzw. reduzieren kann. An Schulen, an denen Lehrkräftebei Gewalt eingreifen und pädagogisch intervenieren, gibt es weniger Gewalt. Deshalb kommt es darauf an, dass die Lehrpersonen über entsprechende Handlungskompetenzen verfügen und ihren Schülern damit zugleich modellhaft ein Vorbild sind.

Vor dem Hintergrund dieser übergreifenden Ergebnisse zu »Gewalt an Schulen« soll im Folgenden auf einige der genannten Fragen und Probleme anhand einschlägiger Studien und Untersuchungsergebnisse der schulbezogenen Gewaltforschung näher eingegangen werden.

Hat die Gewalt (an Schulen) zugenommen? (vgl. auch das Einführungskapitel)

Zur Beurteilung des Ausmaßes von »Jugendgewalt« werden meist drei Informationsquellen herangezogen: die amtliche Tatverdächtigenstatistik, die Opferbefragungen und Studien zu selbstberichteter Gewalt. Die Polizeilichen Kriminalstatistiken (PKS) zeigen, dass – wie in allen modernen Industriestaaten – junge Menschen bei den meisten Delikten, insbesondere bei Gewaltdelikten, am stärksten belastet sind. Die Alterskurve der Tatverdächtigen steigt ab 14 Jahren stark an und erreicht je nach Deliktart zwischen 16 und 21 Jahren ihren Höhepunkt, bevor sie dann wieder absinkt. Jugendgewalt ist somit eher ein passageres, episodenhaftes Phänomen. Auch die Opferraten weisen zwischen 14 und 21 Jahren die höchsten Werte auf, wobei Jugendliche ihre Gewalthandlungen überwiegend zwischen ihresgleichen ausüben (vgl. z. B. Lösel/Bliesener 2003). Neben der erhöhten Gewaltbelastung im Jugendalter gilt als weiterer gesicherter Befund, dass »Jugendgewalt« vorwiegend »Jungengewalt« ist. Die Ursachen dafür sind vor allem in der geschlechtsspezifischen Sozialisation zu suchen.

Das Ausmaß von Jugendgewalt muss im Zusammenhang mit der Entwicklung der Jugendkriminalität insgesamt gesehen werden. Gewaltdelikte stellen nur einen kleinen Teil der Jugenddelinquenz dar. Dagegen ist Jugendkriminalität insgesamt eher ubiquitär, »normal«: Jeder dritte junge Mann kommt mindestens einmal mit dem Strafgesetz in Konflikt, was die These von der Jugendkriminalität als ein alterstypisches Entwicklungsphänomen bestätigt. Dabei handelt es sich jedoch meist um »bagatellhafte« Eigentumsdelikte und selbst bei Gewalt sind die Taten in der Regel nicht so gravierend, z. B. Raub von geringwertigen Gütern (vgl. z. B. Pfeiffer/Wetzels 1999). Vor diesem Hintergrund ist auch das starke Anwachsen von Gewaltdelikten Jugendlicher in der Kriminalstatistik im Laufe der 1990er/Anfang der 2000er Jahren zu betrachten. Laut PKS hat die Zahl der jugendlichen Tatverdächtigen wegen Gewaltdelikten in diesem Zeitraum in Deutschland – wie auch in anderen europäischen Ländern – deutlich zugenommen (um 300 bis 400 %), wobei dies offenbar auch auf eine gestiegene Anzeigebereitschaft sowie eine stärkere Erfassungstendenz seitens der Polizei zurückzuführen ist (vgl. Eisner/Ribeaud 2003).

Die Annahme einer starken Gewaltzunahme unter Jugendlichen, wie sie aus der Polizeilichen Kriminalstatistik abgeleitet werden könnte, wird durch andere Befunde und Statistiken relativiert bzw. widerlegt. Dabei ist zu berücksichtigen, dass auch Dunkelfeldstudien mit methodischen Problemen behaftet sind, z. B. Frage- bzw. Antwortformulierung, Erfassungszeitraum, sozial erwünschtes Antwortverhalten, Anonymität, Übertreibungen usw. Zudem ergeben die wenigen vorliegenden Längsschnittstudien kein klares, schlüssiges Bild: Einige Studien verweisen z. B. auf einen Gewaltanstieg um 20 bis 30 %, insbesondere auf eine Zunahme von Körperverletzung, Erpressung, Raub und Sachbeschädigung, andere auf insgesamt eher moderate Steigerungsraten (vgl. Mansel/Hurrelmann 1998, Tillmann u. a. 1999, Lösel/Bliesener 2003). Wieder andere Studien berichten hingegen über eine gleichbleibende bis rückläufige Tendenz, insbesondere von schwerwiegenden Gewalttaten (vgl. z. B. Fuchs u. a. 2005, Baier u. a. 2009). Letzteres wird auch von Daten der Versicherungswirtschaft gestützt. Die Diskrepanz zwischen steigender Kriminalstatistik und eher stagnierenden Dunkelfeldbefunden wird vor allem auf die gestiegene Anzeigebereitschaft zurückgeführt und als »erhöhte Sichtbarkeit der Kriminalität junger Menschen«

interpretiert (vgl. z.B. Bundesministerium des Innern 2006, Baier u.a. 2009). Daneben wird auf einen möglichen Anstieg präventiv wirkender Faktoren wie z.B. die Ablehnung von Gewalt in der Erziehung und dem sozialen Umfeld verwiesen. Eine drastische Zunahme von Jugend- bzw. Schulgewalt – wie in den Medien häufig berichtet – lässt sich nach den vorliegenden Befunden somit nicht bestätigen.

Die unterschiedliche Datenlage ist jedoch kein Grund für eine mögliche Entwarnung. Repräsentative Querschnittsbefragungen von Jugendlichen belegen vielmehr ein nicht unbeträchtliches Ausmaß von Gewalt unter Jugendlichen. Sie zeigen z.B., dass je nach Region bis zu 30 % der 15-/16-jährigen Jugendlichen während eines Jahres Opfer einer Gewalttat werden können, wobei nur ca. 10 % der Gewaltdelikte zur Anzeige kommt. Männliche Jugendliche, insbesondere Haupt- und Realschüler, sind dabei überdurchschnittlich häufig Opfer von Gewalt. Bei selbstberichteten Gewalttaten beträgt der Anteil derer, die mindestens einmal eine Gewalthandlung begangen haben, in Großstädten zwischen 14 bis 24 %. Während dies für die meisten der betreffenden Jugendlichen eher einmalige Gewalthandlungen sind, gibt es eine kleine Minderheit von 2 bis 3 %, die Gewalt regelmäßig ausüben. Diese Gruppe der chronischen Täter hat auch ein hohes Risiko einer in das Erwachsenenalter reichenden delinquenten Karriere (vgl. Eisner/Ribeaud 2003, S. 185).

Auch für die Entwicklung von *Gewalt an Schulen* sprechen die vorliegenden Befunde – wenn überhaupt – für eine eher moderate Gewaltzunahme (vgl. z.B. Sturzbecher u.a. 2007). Die Zeitreihenstudie in Brandenburg verweist dabei auf Polarisierungstendenzen innerhalb der Schülerschaft: Zum einen ist der Anteil derjenigen Schüler angewachsen, die Gewalt strikt ablehnen, zum anderen ist aber auch der relativ kleine Teil der eher gewaltbereiten Schüler leicht gestiegen, die Gewalt als legitime Durchsetzungsstrategie ansehen (ebd., S. 275). Allerdings sei auch der Anteil der Lehrpersonen, die bei Gewalt nicht wegschauen, in den letzten Jahren leicht gestiegen, wenngleich hier nach wie vor erheblicher Nachholbedarf besteht. Während demnach die Gewalt an Schulen im Zeitvergleich kaum zugenommen habe, sei von den Schülern allerdings eine Zunahme der Gewalt in der Freizeit registriert worden.

Die bundesweite HBSC-Studie von 2010 ermittelte folgende Befunde: Rund 30 % der Schüler wurden in den letzten Monaten mindestens einmal von Mitschülern schikaniert, etwa 6 % wöchentlich. Ca. ein Drittel hat mindestens einmal einen Mitschüler schikaniert, rund 6 % schikanierten Mitschüler wöchentlich. Während die Gruppe der Opfer mit 9 % relativ konstant geblieben ist, ist die Gruppe der Täter von 13 % im Jahre 2002 auf 8 % im Jahre 2010 gesunken. Die Gruppe derjenigen, die sowohl Täter als auch Opfer sind, ist von 4 % auf 2 % zurückgegangen. Das könnte auf eine leichte Minderung der Gewaltbelastung an Schulen hindeuten (vgl. Melzer/ Schubarth/Ehninger 2011, S. 128 ff.).

Ungeachtet dessen gibt es – resümierend betrachtet – jedoch auch zwei Indizien, die zumindest punktuell auf eine neue Qualität von Gewalt an Schulen hinweisen, die nicht verharmlost werden darf: zum einen die seit den 2000er Jahren sich immer wieder ereignenden Amokläufe an Schulen und zum anderen das Auftreten neuer schulischer Gewaltformen mittels neuer Medien wie Cyberbullying und Happy Slapping, die einen beachtlichen Verbreitungsgrad erreicht haben (vgl. auch das Einführungskapitel und die nachfolgenden Abschnitte).

Welche Gewaltphänomene sind an Schulen verbreitet?

Die Antwort darauf ist zumindest mit zwei Problemen verbunden: mit einem forschungsmethodischen und mit einem Bewertungsproblem. So können die Studien nur darüber Auskunft geben, was auch erfragt wurde. Andere Phänomene, die vielleicht ebenso bedeutsam sind, wurden vielleicht gar nicht erfasst. Zudem bleibt das, was die jeweiligen Befragten unter den vorgegebenen Begriffen verstehen, weitgehend unklar. Ein weiteres Problem ist das der Bewertung: Wie sollen die erhaltenen Antworten interpretiert werden? Was bedeuten die erhaltenen Angaben? Welches Ausmaß von Gewalt ist z. B. »normal« oder »tolerabel«? Sicher: Es gibt keine objektiven Maßstäbe dafür, ab wann eine Gewaltsituation als »gravierend« oder als »besorgniserregend« zu bezeichnen ist. Das kann höchstens im Vergleich zu etwas anderem, z. B. zu anderen Schulen, zu anderen Ländern oder zu unterschiedlichen Situationen im Zeitverlauf beurteilt werden. Ansonsten unterliegen die Einschätzungen dem subjektiven Ermessensspielraum, sind also eher eine Frage der subjektiven Deutung auf Grundlage persönlicher Wertmaßstäbe. Diese Relativität in der Beurteilungsfähigkeit widerspricht nicht dem grundsätzlichen humanistischen Ansatz, dass jede Gewalttat eine zuviel ist und deshalb moralisch geächtet werden sollte. Auch ordnet sich hier das Anliegen von Pädagogik ein, dass jegliches pädagogische Bemühen darauf gerichtet sein sollte, Gewalt in ihrem komplizierten Bedingungsgeflecht zu verstehen und zu reduzieren bzw. ihr vorzubeugen.

Ungeachtet dieser forschungsmethodischen und ethischen Schwierigkeiten lassen sich bei den Erscheinungsformen schulischer Gewaltphänomene folgende generelle Tendenzen herausstellen (vgl. z. B. Schubarth 2000, Melzer/Schubarth/Ehninger 2004, Fuchs u. a. 2005, Baier u. a. 2009):

Die am stärksten verbreitete schulische Gewaltform ist die *verbale Aggression bzw. verbale Gewalt*, z. B. vulgäre Beschimpfungen, Beleidigungen, Hänseleien, sich über jemanden lustig machen. Meist in Verbindung mit nonverbalen Provokationen auftretend, gehören beide Formen der psychischen Gewalt offenbar zum Schulalltag. Verbale Aggressionen können auch als Vorform von Gewalt betrachtet werden, die häufig Ausgangspunkt weiterer, härterer Gewalthandlungen sind. Eine solche Spirale bzw. Eskalation gewalttätigen Verhaltens tritt dann ein, wenn z. B. eine verbale Provokation oder Beleidigung häufig ohne Übergang mit körperlicher Gewalt ausgetragen wird. Überhaupt scheint der Übergang von der verbalen zur physischen Gewalt oftmals relativ schnell zu erfolgen. Verbale Aggressionen sind nicht nur die Gewaltform, die am meisten verbreitet ist, sondern auch die Gewaltform, die in den letzten Jahren offenbar am stärksten zugenommen hat. Der Umgangston der Schüler untereinander, aber auch gegenüber Lehrkräften sei vielerorts rauher geworden, es habe sich eine Verrohung der Umgangsformen, besonders der sprachlichen Auseinandersetzungen, vollzogen. Psychische Aggressionen bilden somit einen wichtigen Prädiktor für härtere Gewaltformen. Die verbale Aggression ist auch die am meisten verbreitete *Gewaltform gegenüber Lehrkräften.* Ein Großteil der Schüler hat verbale Provokationen bzw. »Fertigmachen« seitens der Schüler gegenüber Lehrern erlebt, selbst körperliche Gewalt gegenüber Lehrern ist nicht so selten. Wenn verbale und nonverbale Aggressionen über einen längeren Zeitraum auf immer die gleichen (schwächeren) Mitschüler gerichtet sind, handelt es sich um Mobbing bzw. Bullying. Mobbing ist an Schulen ebenfalls recht verbreitet und deshalb zu Recht in den letzten Jahren ins Blickfeld der Öffentlichkeit gerückt (vgl. dazu den nachfolgenden Abschnitt).

Während somit die verbalen (und nonverbalen) Aggressionen als Hauptformen schulischer Gewaltphänomene gelten können, gibt es zur weiteren Rangfolge unterschiedliche Befunde. Meist folgt die körperliche Gewalt, danach die Gewalt gegen Sachen (Vandalismus). Mitunter wird auch noch genauer differenziert, z. B. verbale Aggression, leichte physische Gewalt (z. B. Schlagen, Treten), leichter Vandalismus, sexuelle Belästigung/Bedrohung, grober Vandalismus und grobe physische Gewalt (Körperverletzung). Wie unsere repräsentative Schüler- und Lehrerbefragung an sächsischen Schulen ergab, stimmen Schüler und Lehrer in der Wahrnehmung schulischer Gewaltphänomene weitgehend überein. In der Wahrnehmung sowohl der Schüler als auch der Lehrer dominieren psychische, vor allem verbale Aggressionen. Mit deutlichem Abstand folgen körperliche Angriffe und Vandalismus, während z. B. sexuelle Belästigungen, Erpressungen und der Einsatz von Waffen ganz am Ende rangieren: So beobachten z. B. 56 % der Schüler und 63 % der Lehrer recht häufig Beschimpfungen und gemeine Ausdrücke. Aggressionen gegenüber Lehrpersonen beobachten des öfteren 23 % der Schüler, jedoch nur 4 % der Lehrer. Körperliche Angriffe werden von 11 % der Schüler und 19 % der Lehrer häufiger wahrgenommen. Bei Vandalismus betragen die entsprechenden Anteile 8 % und 12 %. Von sexuellen Belästigungen berichten 7 % der Schüler, jedoch nur 2 % der Lehrer, von Erpressungen jeweils 3 % und von Waffeneinsatz 1 % bzw. 2 % (vgl. Schubarth 1997). Die Rangfolge der schulischen Erscheinungsformen von Gewalt, wie sie sich aus der Wahrnehmungsperspektive darstellt, entspricht im Wesentlichen auch der aus der Perspektive des Selbstreports der Schüler: gegenseitige Beschimpfungen, Prügeleien, Vandalismus, Wegnehmen von Gegenständen sowie Bedrohungen (vgl. z. B. Melzer/Schubarth/Ehninger 2004).

Während die Schülergewalt mittlerweile recht gut erforscht ist, trifft das auf die *Lehrergewalt* noch nicht zu. Gewalt, vor allem in psychischer Form, gehört jedoch zum aktiven Handlungsrepertoire vieler Lehrer, welche den Schülern mitunter großes Leid zufügt. Einer Untersuchung an österreichischen Schulen zufolge erlebten sich Schüler (7./8. und 11. Jahrgangsstufe) häufiger als Opfer von Lehrerangriffen als von Schülerangriffen (vgl. Krumm/Lammberger-Baumann/Haider 1997). Weiter berichteten sie, dass Lehrer häufiger als Mitschüler Schüler beschimpfen, beleidigen bzw. ärgern. Zudem äußern die Schüler, dass sie Lehrer seltener angreifen als sie von Lehrern attackiert würden. Rund ein Drittel der Schüler berichtete, im vergangenen Monat eine oder mehrere Kränkungen durch Lehrer erlebt bzw. beobachtet zu haben, 23 % (7./8. Jahrgangsstufe) bzw. 11 % (11. Jahrgangsstufe) geben an, drei- oder mehrmals im Monat vom Lehrer unfair behandelt worden zu sein. Auch die repräsentative Befragung des Kriminologischen Forschungsinstituts Niedersachsens unter 15-jährigen Schülern, die 2007/08 erstmals auch Übergriffe seitens der Lehrer einbezog, erbrachte einen Anteil von jeweils 27 %, die angaben, von Lehrern lächerlich gemacht bzw. gemein behandelt worden zu sein, 2 bis 3 % davon sogar wöchentlich. 2,5 % gaben sogar an, im letzten Schulhalbjahr von einer Lehrkraft geschlagen worden zu sein (vgl. Baier u. a. 2009). Auf ein nicht geringes Konfliktpotenzial in den Lehrer-Schüler-Interaktionen verweisen auch unsere eigenen Untersuchungen: So berichtet jeder dritte Schüler, dass es Lehrer gibt, die einen vor der ganzen Klasse blamieren, 9 % sagen sogar, dass Lehrer auch schon mal handgreiflich werden (vgl. Schubarth 1997). Umgekehrt hat auch jeder vierte Schüler des öfteren Beschimpfungen oder Beleidigungen gegenüber Lehrpersonen beobachtet. In Studien zum Mobbing berichten rund 10 % vom regelmäßigen Mitmachen beim Lehrer-Bullying, was darauf verweist, dass in »kollektiven Zwangsgruppierungen« wie der Schule auch Lehrer in die Opferrolle gedrängt werden können (vgl. Hayer/ Scheithauer/Petermann 2005).

Neben den schulischen Gewaltformen haben einige Studien auch das Ausmaß der *Angst der Schüler vor der Gewalt* erforscht. Dabei wurden relativ hohe Werte ermittelt: Je nach Studie schwankt der Anteil, die zugaben, Angst vor Gewalt an der Schule zu haben, zwischen 25 % und 50 %, wobei sich die meisten Ergebnisse um 30 % bewegen. Die Sorge der Eltern, auch darauf verweisen einige Studien, ist noch größer. Wenn also fast ein Drittel der Schüler Angst vor der Gewalt an Schulen hat, so ist in Sachen Gewaltprävention und -intervention Handlungsbedarf angezeigt. Dies wird auch dadurch unterstrichen, dass sich ein Teil der Schülerschaft von den Lehrern ungenügend beschützt fühlt und das *Verhalten der Lehrer bei auftretenden Gewalthandlungen* stark kritisiert. Viele Schüler fordern, dass Lehrer und andere Erwachsene nicht einfach wegschauen, sondern helfend eingreifen sollten. Zudem wird eine bessere Pausenaufsicht und ein »härteres Durchgreifen« angemahnt. Ein Drittel der Schüler in Sachsen meinte, dass ihre Lehrer nur wenig oder gar nicht eingreifen (vgl. Forschungsgruppe Schulevaluation 1998). Analysen zum Lehrerverhalten haben vier Konfliktmanagementstrategien identifiziert: 1. Konfliktvermeidung/ Rückzug (Übersehen gewaltsamer Situationen, Angst, einzugreifen, Sündenbocksuche), 2. autoritäre Strategie/Gegengewalt (sofortige Bestrafung, Handgreiflichkeiten), 3. deeskalierende Strategie (mit Worten stoppen) und 4. Kooperation/Partnerschaft (vgl. Scherer 1996).

Die Studien ermittelten weiterhin, dass viele Schüler – auch aus Angst vor Gewalt bzw. um sich vor Angriffen zu schützen – »*Waffen« bzw. ein Abwehrmittel* mit in die Schule bringen. Zum Ausmaß des »Waffentragens« wurde eine Spannweite von 10 bis 50 % ermittelt. In der Studie in Bayern hatten gut 10 % am Tag der Untersuchung eine Waffe bei sich, z. B. Messer, Kette, Schlagring, Reizgas u. ä., wobei eine Vorverlagerung des »Waffenbesitzes« in die späte Kindheit und frühe Jugend (10–14 Jahre) zu verzeichnen war (vgl. Fuchs u. a. 2005). Der tatsächliche »Waffenbesitz« liegt noch höher. Hauptmotive, Waffen mitzuführen, sind der eigene Schutz oder einfach Imponiergehabe. Waffenbesitz und Gewalthandeln hängen zusammen. Wer Waffen mit sich führt, neigt auch eher zum Gewalthandeln, ist mitunter aber auch eher Opfer. »Waffenbesitz« ist eine männliche Domäne. Mit steigendem Bildungsniveau werden weniger Waffen getragen. Das »Waffentragen« steigt mit der Jahrgangsstufe an. In der Berufsschule ist der Anteil der Waffenbesitzer am größten. Darüber hinaus verweisen Zeitreihenstudien auf einen wachsenden Anteil von Schülern, die sich durch Selbstverteidigungstechniken bzw. körperliches Training auf mögliche Angriffe vorbereiten. Dieser ist z. B. in Brandenburg in den letzten Jahren bei den Jungen von 28 auf 40 % und bei den Mädchen von 15 auf 22 % gestiegen, wobei auch hier die jüngeren Jugendliche (12–14 Jahre) die Vorreiter sind (vgl. Sturzbecher u. a. 2007).

Einige Studien untersuchten auch die hauptsächlichen *Orte der Gewalt an Schulen.* Dabei werden in erster Linie der Schulhof genannt, dann der Schulweg (einschließlich Bahnsteige, Haltestellen, Bus), aber auch Schulkorridore, Klassenräume, Treppen und Toiletten, z. T. auch Sporthallen/Sportstätten. *Risikozeiten* sind eindeutig die Pausenzeiten, dann das Schulende und der Schulbeginn. Gewalthandlungen werden aber durchaus auch während der Unterrichtszeit begangen.

Wie groß ist der Anteil von »Tätern« bzw. »Opfern«?

Bei den meisten Studien zur Jugendgewalt steht die Ermittlung des Täter- und Opferanteils im Mittelpunkt. Konsens herrscht dahingehend, dass die *überwiegende Mehrheit der Schüler bzw. Jugendlichen nicht »gewalttätig« oder »gewaltbereit«* ist. Nur eine relativ kleine Minderheit sei zum potenziellen »gewaltbereiten« Täterkreis zu zählen, der Gewalthandlungen regelmäßig begehe. Die Mehrheit der Schüler ist weder »regelmäßig Täter« noch »regelmäßig Opfer«. Der durchschnittlich ermittelte Anteil des »harten Kerns« der Täter bzw. Opfer beträgt jeweils um die 5 %. Darunter befindet sich auch eine kleine Gruppe von so genannten »Mehrfachtätern« (ca. 2–3 %), die einen Großteil der Gewalt ausübt. So ist dieser kleine »harte Kern« – Studien zufolge – für ca. ein Viertel der Gewaltakte verantwortlich (Fuchs u. a. 2005). Je nach methodischem Vorgehen variieren in den Studien die Täter- und Opfertypen. Unsere eigenen Untersuchungen zählen schulformübergreifend 16,3 % der Schüler zur Gruppe der Täter, darunter ca. 5 % Wiederholungstäter (vgl. Forschungsgruppe Schulevaluation 1998, Melzer/Schubarth/Ehninger 2004). Zugleich machen sie auf enge Wechselbeziehungen zwischen Täter- und Opferstatus aufmerksam. Von den »Opfern« sind ca. zwei Drittel auch als Täter hervorgetreten. Umgekehrt ist auch eine Mehrheit der Täter schon einmal Opfer gewesen. Bei weitergehenden Analyseverfahren mittels Clusterbildungen kristallisierten sich fünf unterschiedliche Typen von Schülern bzw. Schülergruppen heraus: 1. »Täter« (8 %), 2. »Täter-Opfer« (3 %), 3. »Episoden-Täter« (26 %), 4. »Opfer« (7 %) und 5. »Unbeteiligte« (56 %). Gerade in der Tatsache, dass die Mehrheit der Schülerschaft nicht an Gewalthandlungen beteiligt ist, liegt ein starkes, aktivierbares Potenzial für mögliche Präventionsansätze.

Andere Untersuchungen bestätigen ähnliche Größenordnungen und ebenfalls den engen Zusammenhang von Tätersein und Opfersein (vgl. z. B. Tillmann

u. a. 1999, Lösel/Bliesener 2003). Auch die verhaltenspsychologisch orientierte Aggressionsforschung verweist auf einen Anteil von 6 bis 16 % bei männlichen Personen und 2 bis 9 % bei weiblichen Personen, bei denen sich »aggressives Verhalten« nachweisen lässt (vgl. Petermann u. a. 1997). Die Zeitreihenstudie in Brandenburg konstatiert in den letzten Jahren einen leichten Anstieg des Anteils von Jungen, die sich oft an Schlägereien beteiligen (von 2 auf 4 %) und bei Mädchen von 0,3 auf 0,7 % (vgl. Sturzbecher u. a. 2007). Vergleichbare Ergebnisse zum Ausmaß der »Täter« bzw. »Opfer« liegen auch aus anderen Ländern vor (vgl. auch Klewin/Tillmann/Weingart 2002). So spricht z. B. der skandinavische Forscher Olweus von einem Anteil von 5 bis 10 % sowohl bei den »Tätern« als auch bei den »Opfern«. Bei seinen Studien waren 9 % »Opfer« und 7 % »Täter«, d. h. regelmäßig gewalttätig. 2 % der Gesamtheit und 17 % der Opfer waren sowohl Opfer als auch Täter (vgl. Olweus 1995). Campart und Lindström berichten von 15 % Mobbingopfern an schwedischen Schulen (vgl. Campart/Lindström 1997). Mooij ermittelte für die Niederlande, dass 15 % der Schüler des Primarunterrichts bzw. 4 % der Schüler des Sekundarunterrichts regelmäßig schikaniert werden und 14 % bzw. 11 % selbst regelmäßig schikanieren (vgl. Mooij 1997). Bei einer Befragung an spanischen Schulen gaben 27 % der Schüler von Primarschulen und 5 % der Schüler von Sekundarschulen an, sehr häufig schikaniert zu werden (vgl. Moreno 1997). Eine Untersuchung in der Schweiz ergab, dass etwa 10–15 % der Kinder und Jugendlichen schon mindestens einmal als Opfer und Täter mit grober Gewalt konfrontiert wurden (vgl. Erziehungsdirektion des Kantons Zürich 1995). Die Studien in den verschiedenen Ländern zeigen, dass Gewalt an Schulen ein internationales Problem darstellt, was eine engere Zusammenarbeit im Bereich der Gewaltprävention nahe legt.

In neueren Untersuchungen des Kriminologischen Forschungsinstitutes Niedersachsens (KFN) wurden die Opfer- und Tätererfahrung von Viertklässlern erfragt. Dabei gaben 22 % der Schüler an, in den letzten vier Wochen von anderen Schülern geschlagen oder getreten worden zu sein. Etwa die Hälfte der Befragten wurde in den letzten vier Wochen mindestens einmal gemobbt. Jungen werden häufiger als Mädchen geschlagen und getreten und Opfer von Sachbeschädigung. Die Unterschiede zwischen Jungen und Mädchen als Opfer von Mobbing sind dagegen gering. 13 % der Schüler haben in den letzten vier Wochen einen Mitschüler geschlagen oder getreten und 38 % haben in den letzten vier Wochen mindestens einmal jemanden gemobbt. Aus Täterperspektive werden die Ergebnisse zur Opferschaft hinsichtlich der Geschlechtsunterschiede repliziert (vgl. Baier u. a. 2010, S. 288 ff.).

In einer weiteren *KFN-Befragung von Berliner Jugendlichen* der 9. Klasse wurden folgende Befunde ermittelt: Die Berliner Schüler sind etwa genauso häufig physischen Angriffen ihrer Mitschüler bzw. Lehrer ausgesetzt wie die Schüler der gesamten Republik, verbale Aggressionen von Seiten der Mitschüler erleben sie sogar etwas seltener. Die Lehrkräfte Berlins erleben mit 46 % eine überdurchschnittliche Gewaltbelastung, wenngleich die Abstände zu anderen Regionen moderat sind. Insgesamt belegen die Ergebnisse für Berlin keine höhere, sondern vielmehr eine durchschnittliche Gewaltbelastung im Vergleich zu anderen Gebieten Deutschlands (vgl. Baier/Pfeiffer 2011, S. 69 ff.).

Darüber hinaus wurden in einer neueren *KFN-Studie zur Prävention* die Schulen nach konkreten Präventionsmaßnahmen gefragt. Hier zeigte sich, dass an fast zwei Dritteln aller weiterführenden Schulen in Deutschland zwischen 2002 und 2008 Gewaltpräventionsmaßnahmen durchgeführt wurden. Diese sind sehr unterschiedlich und reichen von einmaligen Vorträgen bis zu ausgearbeiteten sowie bekannten Schulprogrammen wie »Faustlos« und »Coolnesstraining«. 30 % der Projekte richteten sich ausschließlich auf Gewaltprävention, 57 % auf gemischte Präventionsziele wie Gewalt und Fremdenfeindlichkeit. An drei Viertel der teilnehmenden Gesamtschulen wurde mindestens ein Gewaltpräventionsprojekt durchgeführt, dagegen nur an etwa der Hälfte der befragten Gymnasien. Die Hälfte der durchgeführten Projekte zielte auf eine Verbesserung der Sozialkompetenz der Schüler, ein Drittel der Projekte sollte für das Thema sensibilisieren und ein Viertel hatte das Ziel der Aufklärung. Das am häufigsten verwendete Gestaltungsmittel ist das Rollenspiel, welches in etwa 62 % der Projekte zum Einsatz kam, ein Drittel der Projekte setzte Vorträge ein, gefolgt von Gesprächen sowie Sport. Während die Initiierung, Vorbereitung und Durchführung zumeist von den Schulen übernommen wurde, sind die Schulen bei weniger als einem Drittel der Projekte bei der beratenden Begleitung, Finanzierung und Evaluation beteiligt gewesen. Vor allem letzterer Aspekt ist auszubauen, da bisher nur wenige Programme und Maßnahmen wissenschaftlich evaluiert wurden. Die durchgeführten Projekte richteten sich vor allem an Schüler der Klassenstufen 7 und 8. Insgesamt ist in den letzten Jahren ein Anstieg der Aktivitäten der Prävention an den Schulen zu verzeichnen (vgl. Baier u. a. 2010, S. 228 ff.).

Welchen Einfluss haben Geschlecht, Schulform, Alter und andere Merkmale?

Nahezu alle Studien kommen zu dem Schluss, dass das *Geschlecht* das zentrale Differenzierungskriterium bei Gewalt ist: Jungen sind für Gewalt anfälliger als Mädchen, sie billigen Gewalt eher, sind gewaltbereiter und üben auch mehr Gewalthandlungen aus. Aufgrund ihrer stärkeren Verwicklung in Gewaltsituationen beobachten sie auch mehr Gewalt und sind auch häufiger Opfer von Gewalt (vgl. z. B. Forschungsgruppe Schulevaluation 1998, Lösel/Bliesener 2003, Fuchs u. a. 2005). Die Differenzen zwischen den Geschlechtern nehmen dabei mit der Härte der Gewalt zu. So sind die Geschlechterunterschiede bei physischer Gewalt, insbesondere bei schwerwiegenden Fällen, am größten. Während z. B. rund 5 % der Jungen im letzten Schulhalbjahr des öfteren einen Schüler getreten oder geschlagen haben, waren dies von den Mädchen nur 0,7 %. Zugleich ist das Risiko des mehrfachen Erlebens körperlicher Gewalt durch andere Schüler bei Jungen fünfmal höher als bei Mädchen (Baier u. a. 2009).

Gewalt in verbaler Form wird dagegen auch häufiger von Mädchen ausgeübt, so dass die Unterschiede hier relativ gering sind. Zudem gibt es Hinweise, dass Mädchen aufholen würden. So deuten neuere Befunde auf eine Verringerung der Geschlechterunterschiede und auf besondere, »mädchenspezifische« Verstrickungen in gewaltförmige Interaktionen hin, z. B. als »Strippenzieherinnen« oder »Anheizerinnen« (vgl. z. B. Popp 2002, Bruhns/Wittmann 2006). Als eine Erklärung für die weitaus geringere Anwendung physischer Gewalt bei Mädchen werden vor allem geschlechtsspezifische Verarbeitungsmuster angeführt: Jungen reagieren stärker mit nach außen gerichteten Aggressionen, Mädchen dagegen eher mit nach innen gerichteten Aggressionen. Körperliche Kraft und Auseinandersetzung gehören offensichtlich zur männlichen und nicht zur weiblichen Rolle. Bei den indirekten und verbalen Viktimisierungen (z. B. Ausgrenzen, Schlechtmachen) weisen die Mädchen die stärkere Belastung auf. Trotz insgesamt geringerer Gewalterfahrung berichten Mädchen allerdings über größere Angst vor Gewalt.

Nach dem Merkmal Geschlecht wird als zweithäufigstes Differenzierungskriterium für die Gewalt an Schulen die *Schulform* herausgestellt. Die beiden Pole bilden auf der einen Seite die Förderschule/Sonderschule (Lern- und Erziehungshilfe) und die Hauptschule, die beide zu den stark problembelasteten Schulformen gehören, sowie auf der anderen Seite das Gymnasium, das am wenigsten mit Gewaltproblemen konfrontiert scheint. Massive Gewaltprobleme treten insbesondere dann an Hauptschulen bzw. Sonderschulen/Förderschulen auf, wenn sie in sozialen Brennpunkten gelegen sind. Bisher noch relativ wenig erforscht sind Grundschulen und vor allem Berufsschulen; zudem sind die diesbezüglichen Befunde nicht einheitlich. Berufsschulen sind demnach offenbar eher zu den belasteten Schulformen zu zählen, wobei zwischen den Ausbildungsrichtungen differenziert werden muss.

Bei den Grundschulen wird insbesondere auf den hohen Grad der verbalen Aggression und z. T. auch von Mobbing hingewiesen. Nach einer Studie des Kriminologischen Forschungsinstituts in Niedersachsen (2005) unter Viertklässlern verfügen bereits Grundschüler über vielfache Gewalterfahrungen in der Schule. So gab jedes 5. Grundschulkind an, gehänselt worden zu sein. Im Kinderpanel des Deutschen Jugendinstituts München gaben 14 % der 8- bis 13-jährigen Kinder an, Angst vor großen Schülern zu haben. Im Laufe eines Schuljahres wurden 8 % der Kinder geschlagen oder bedroht und 16 % wurden absichtlich Sachen kaputt gemacht. Umgekehrt gaben 4 % zu, andere geschlagen oder bedroht zu haben, und 5 % bekannten, anderen absichtlich Sachen kaputt zu machen (vgl. Wahl/Hees 2009). Interessant wären in diesem Zusammenhang auch Daten zum Einfluss spezieller (Rap-)Musik mit ihren gewalthaltigen und stark sexualisierten Texten sowie die Rolle von Computerspielen und Pornos. Ungeachtet der defizitären Forschungslage signalisieren die vorliegenden Befunde, dass im Grundschulbereich in Sachen Prävention und Intervention großer Handlungsbedarf besteht. Am meisten untersucht sind dagegen die Unterschiede zwischen Realschulen einerseits und Gymnasien andererseits, wobei meist deutliche Differenzen hervortreten. Bei verbalen Aggressionen und Vandalismus fallen – unseren Analysen zufolge – die Schulformunterschiede jedoch recht gering aus, so dass sich folgendes, vereinfachtes schulformspezifisches Profil ergibt: Für Förderschulen ist eher körperliche Gewalt kennzeichnend, für Gymnasien eher verbale Gewalt und Vandalismus, während für Realschulen alle drei genannten Formen eine Rolle spielen (vgl. Forschungsgruppe Schulevaluation 1998).

In vielen Untersuchungen spielt das *Alter bzw. die Jahrgangsstufe* als Einflussgröße auf schulische Gewalt eine Rolle. Als ein erhöhtes Risikoalter kristallisiert sich dabei die Altersstufe der 12- bis 15-Jährigen, also die 7. bis 9. Jahrgangsstufe heraus. Der Kulminationspunkt scheint in der Jahrgangsstufe 8 zu liegen: In den Jahrgangsstufen davor steigt die Gewalt an, danach flaut sie wieder ab. Tillmann u. a. sehen in der 8./9. Klasse die »Gewaltspitze« (vgl. Tillmann u. a. 1999). Auch die Opferwahrscheinlichkeit sinkt ab der 9. Klassenstufe wieder. Allerdings variieren die bevorzugten Gewaltformen offenbar in Abhängigkeit vom Alter. So scheint Gewalt gegen Personen eher von jüngeren, Gewalt gegen Sachen dagegen eher von älteren Schülern auszugehen. Auch unsere Forschungen zeigen, dass Erscheinungen von Vandalismus von der 6. zur 9. bzw. 10. Klasse eher zunehmen, während umgekehrt die körperliche Gewalt mit steigender Klassenstufe abnimmt (vgl. Forschungsgruppe Schulevaluation 1998). Der wachsende Stellenwert von Vandalismus im Laufe der Schulzeit kann auch als Protest seitens der Schüler gegen die zugemutete »institutionelle« bzw. »strukturelle Gewalt« der Schule gedeutet werden. Dass die größte Gewaltbelastung bei Jugendlichen im Alter zwischen 12 und 15 Jahren liegt, also in der Phase der Pubertät, weist auf entwicklungspsychologische Probleme und auf den komplizierten Prozess der jugendlichen Identitätsfindung hin. Darüber hinaus wird auch auf eine Zunahme der Gewalt besonders unter den 10- bis 12-Jährigen hingewiesen (vgl. z. B. Fuchs u. a. 2005, Sturzbecher u. a. 2007).

Einige Studien haben ermittelt, dass auch der *Leistungsstatus des Schülers* ein wichtiges Differenzierungskriterium darstellt. Schüler mit einer gewissen »Karriere« an Verhaltensverstößen oder »schwierige Schüler« gehören hauptsächlich zu den Gewaltakteuren, ebenso Schüler mit schulischen Defiziten, geringer Leistungsbereitschaft bzw. geringem Leistungsvermögen. Im Zusammenhang mit ihrem geringeren Leistungsstatus ist für die betreffenden Schüler eine *negative Einstellung zur Schule insgesamt* charakteristisch. Sie fühlen sich in der Schule weniger wohl und wenden sich bei schulischen Problemen eher an Freunde als an die Eltern oder Lehrer. Sie weisen eine größere Schuldistanz auf, gehen nicht gern zur Schule, sehen den Sinn des Lernens nicht ein, kritisieren Lehrer und Schule und sind stärker cliquenorientiert (vgl. z. B. Olweus 1995, Forschungsgruppe Schulevaluation 1998).

Uneinheitliche Untersuchungsergebnisse liegen zum *Einfluss der Region, der Orts-, Schul- und Klassengröße* vor. Es gibt einige Hinweise, dass Gewalt an Schulen vor allem in Ballungsräumen und sozialen Brennpunkten vorkommt. Olweus kommt jedoch zum Schluss, dass Gewalt kein Phänomen großstädtischer Schulen ist und dass dort sogar mehr Problembewusstsein herrsche (vgl. Olweus 1995). Ebenso lässt sich kein eindeutiger Einfluss der Schul- und Klassengröße auf das Gewaltniveau nachweisen (vgl. z. B. Schwind u. a. 1995, Tillmann u. a. 1999). In einer Nürnberger Studie finden sich jedoch Hinweise, dass besonders bei vandalistischen Handlungen die Größe der Schule, gemessen an der Schülerzahl, und das quantitative Lehrer-Schüler-Verhältnis durchaus bedeutsam sind: Je größer die Schülerzahl einer Schule bzw. je ungünstiger die quantitative Lehrer-Schüler-Relation ist, desto mehr Vandalismus wird wahrgenommen (vgl. Funk/Passenberger 1997).

In diesem Zusammenhang sind auch die Analysen zum *Einfluss des sozialen Milieus* auf Gewalt aufschlussreich (vgl. Heitmeyer/Ulbrich-Herrmann 1997). So weist die Gefährdung von Lebenschancen durch schulische Misserfolge in bestimmten Milieus (z. B. aufstiegsorientiertes Milieu, neues Arbeitermilieu und hedonistisches Milieu) einen positiven Zusammenhang mit gewaltförmigem Verhalten auf. Hier hat Gewalt in der Schule direkt mit Schule zu tun, weil die Anerkennung über individuelle Leistungen in Gefahr gerät. Bei anderen sozialen Milieus ist Schule z. T. schon wertlos geworden, weil über sie keine Anerkennung mehr erwartet wird. Schule ist dann nur Gelegenheitsstruktur, um Anerkennung über körperliche Stärkedemonstration zu erzielen. »Schule produziert damit auch Gewaltursachen, deren Folgen sie gleichzeitig durch ihre Kontrollmechanismen ›auslagert‹ – und so für sich selbstberuhigend zum Verschwinden bringt« (ebd., S. 62). Auf den Zusammenhang von schulischer Gewalt und außerschulischer Delinquenz verweisen auch unsere eigenen Schuluntersuchungen. Die in der Schule gewaltauffälligen Kinder und Jugendlichen begehen auch außerhalb der Schule erheblich mehr delinquente Handlungen als andere Gruppen. Es handelt sich also zum großen Teil um die gleichen Schüler, die sowohl innerhalb als auch außerhalb von Schulen Gewalthandlungen ausüben (vgl. Forschungsgruppe Schulevaluation 1998).

Förderschulen besonders belastet?

Wie erwartet, sind Förderschulen im Vergleich mit anderen Schulformen am stärksten mit Gewaltproblemen konfrontiert, wobei sich die Studien meist nur auf die Schulen für Lernbehinderte und/bzw. Erziehungshilfe beziehen. Dabei liegt es weniger an der Schulform, dass die Gewaltbelastung größer ist, sondern an den spezifischen Merkmalen der Schülerpopulation und deren Eltern, insbesondere deren soziales, ökonomisches und kulturelles Milieu. Die erhöhte Gewaltbelastung ist auf die Kumulation von Problemlagen innerhalb der Schülerpopulation und diese wiederum auf die Selektion und Vielgliedrigkeit des Schulsystems zurückzuführen. Das selektive, mehrgliedrige Schulsystem führt letztlich tendenziell zu einer sozialen Homogenisierung der Schülerpopulation in den jeweiligen Schulformen und damit zu einer Problemkumulation an den Förderschulen. Die Frage der Gewaltbelastung ist mit Fragen der sozialen Ungleichheit eng verwoben.

Zur Gewaltbelastung an Förderschulen wurde in unseren Studien ermittelt, dass es an 16 % der sächsischen Förderschulen häufig und an 10 % gelegentlich zu Vandalismus kommt. Allerdings berichtet auch jede neunte Förderschule, dass dies nie der Fall ist. Brutale Schlägereien zwischen Schülern kommen an 4 % der Förderschulen häufig und an 40 % gelegentlich vor. 4 % bzw. 9 % der Förderschulen berichten über »häufige« bzw. »gelegentliche« Körperverletzung. An 4 % bzw. 16 % der Förderschulen kommt es zu häufiger bzw. gelegentlicher Nötigung/Erpressung. Jede sechste Förderschule gibt an, dass unter der Schülerschaft »gelegentlich« Messer und Schlagringe getragen werden, etwa jede achte berichtet von gelegentlicher Schutzgelderpressung. Förderschulen charakterisieren den »typischen Täter« als männlichen, leistungsschwachen, unkontrollierten Schüler aus sozial benachteiligtem Milieu, der keine Grenzen und Normen bzw. kein Rechtsbewusstsein gelernt hat. 60 % der Förderschulen verweisen bei den Gewaltursachen auf schulische Probleme wie geringes Ansehen ihrer Schule, schlechte Ausstattung, Nichtbeachten des Schülerklientels seitens der Schulaufsichtsbehörde u. ä. Jede zweite Schule nennt darüber hinaus auch soziale Problemlagen und familiäre Erziehungsprobleme als Ursachenfaktor für Gewalt (vgl. Schubarth/Melzer 1994, auch Tillmann u. a. 1999, Rabold/Baier 2008).

Junge Migranten stärker belastet?

Ein Thema, das in einigen Medien mitunter als ein besonderes »Gewaltproblem« dargestellt wird, ist die Gewalt durch ausländische Jugendliche. Dieses politisch brisante Thema muss vor allem vor dem Hintergrund gesehen werden, dass Deutschland ein Einwanderungsland ist und mittlerweile jeder dritte Jugendliche in deutschen Großstädten einen Migrationshintergrund besitzt. Aktuelle Jugendstudien zu diesem Thema kommen – ebenso wie die Hellfeldstatistiken – mehrheitlich zu dem Befund, dass ausländische Jugendliche bzw. Jugendliche mit Migrationserfahrungen höhere Delinquenzraten aufweisen (vgl. Baier u. a. 2006). Nur bei russischen Aussiedlern ist die Befundlage nicht eindeutig und scheint vom Zeitpunkt der Aussiedlung abhängig zu sein. Zwischen den verschiedenen Ethnien treten dabei Unterschiede auf. Diese sind bei den Formen personaler Gewalt, z. B. Körperverletzung Raub, Erpressung, Bedrohung mit einer Waffe, am größten. Während z. B. 14 % der deutschen Jugendlichen im Jahresverlauf eine solche Tat begangen haben, liegen die Raten der Migranten um ca. 50 % darüber, am deutlichsten bei türkischen und ex-jugoslawischen Jugendlichen. Bei den Mehrfachtätern sind die Differenzen noch größer.

Auch bei den schulbezogenen Studien zeigen die Daten, dass sowohl aus Opfer- wie aus Tätersicht Jugendliche mit Migrationshintergrund häufiger Gewalttaten begehen als deutsche Jugendliche (vgl. Baier u. a. 2009). Bei den Mehrfachtätern erreichen Schüler aus dem ehemaligen Jugoslawien mit 9 % und jungen Türken mit 8 % die höchsten Werte gegenüber 3 % bei deutschen und asiatischen Schülern. Die Ursachen für diese beträchtlichen ethnischen Differenzen sind vor allem in den sozialstrukturell bedingten, z. T. marginalisierten Lebensbedingungen und in den frühen familiären Sozialisationserfahrungen, z. B. im kulturell geprägten Erziehungsstil und den damit verbundenen traditionellen Wertorientierungen von Männlichkeit und Ehre, zu suchen. So sind junge Migranten häufiger als deutsche Jugendliche von innerfamiliärer Gewalt betroffen, insbesondere Jugendliche, deren Eltern aus der Türkei, dem früheren Jugoslawien, aus arabischen oder afrikanischen Ländern stammen. Darüber hinaus treten bei diesen Jugendlichen bestimmte Belastungsfaktoren wie gewaltorientierte Männlichkeitsnormen (sog. »Machokultur«), Alkohol- und Drogenkonsum (außer junge Muslime), Nutzung gewalthaltiger Medieninhalte und Schulschwänzen verstärkt auf. Allerdings werden die Unterschiede nivelliert, wenn differenzierter verglichen wird, d. h. Jugendliche unterschiedlicher Herkunft mit denselben familiären, schulischen und sozialen Rahmenbedingungen sowie übereinstimmenden Wertorientierungen einander gegenübergestellt werden (vgl. Fuchs u. a. 2005, Baier u. a. 2009).

Welche Ursachen bzw. Risikofaktoren für Gewalt an Schulen wurden ermittelt?

Neben der Erforschung des Ausmaßes von Gewalt an Schulen ist die Frage nach den Ursachen für Gewalt der zentrale Schwerpunkt der Studien zu Aggression und Gewalt. In den Studien Anfang der 1990er Jahre wurden die Gewaltursachen vorwiegend außerhalb der Schule gesucht, z. B. Veränderungen der Kindheit und der außerschulischen Sozialisation und damit zusammenhängende Probleme bzw. Defizite, wie z. B. Sozialisations- und Erziehungsdefizite, nachlassendes Unrechtsbewusstsein, niedrige Hemmschwellen gegenüber Gewalt, extreme Ich-Bezogenheit, allgemeiner Werteverfall, Ängste, soziale Probleme, Arbeitslosigkeit, mangelnde Freizeitangebote, Medienkonsum, Freizeitcliquen, Umbruch im Osten, Fehler in der Politik, Vereinsamung und Verwahrlosung der Kinder, Perspektivlosigkeit für Kinder und Jugendliche usw. Die implizite Annahme war dann meist, dass die Gewalt von außen in Schulen hineingetragen wurde, was als »Überschwapp-These« bezeichnet werden kann (vgl. Schubarth 2000). Daneben wurden aber auch schulische Ursachen angeführt, z. B. zu große Klassen, zu geringe Lehreranzahl, Überlastung der Lehrerschaft, fehlende Kompetenzen von Lehrern, geringe Autorität der Lehrer, hoher Leistungsdruck für Schüler, hoher Ausländer- bzw. Aussiedleranteil, Fehlen männlicher Lehrpersonen, schlechter Gebäudezustand usw.

Während die genannten möglichen Ursachen vorwiegend auf Expertenbefragungen beruhten, mittels derer die Alltagstheorien der Betreffenden erfasst, meist aber empirisch nicht überprüft wurden, gab es im Laufe der 1990er und 2000er Jahre vermehrt theoriegeleitete Studien mit empirisch anspruchsvollem Forschungsdesign, die sowohl schulische als auch außerschulische Entstehungsbedingungen für Gewalt einbezogen. Diese konnten belegen, dass außerschulische Bedingungen großen Einfluss auf das Ausmaß von Schülergewalt haben. So wird in diesen Studien immer wieder die *zentrale Bedeutung der familialen Sozialisation* nachgewiesen: Gestörte Familienbeziehungen, Gewalterfahrungen in der Familie, ein gewalttätig sanktionierender Erziehungsstil fördern die Gewaltaffinität bei Kindern und Jugendlichen, vor allem bei Jungen. Als besonderer Risikofaktor im Bereich der Familie erweist sich ein restriktiver Erziehungsstil der Eltern, der vermehrt in einfachen sozialen Schichten (niedrigeres Bildungsniveau und prekäre Beschäftigungssituation) anzutreffen ist. Die Mehrheit der »Täter« ist in einem ungünstigen Erziehungsmilieu aufgewachsen, während drei Viertel der an Gewalt nicht beteiligten Schüler ein positives Erziehungsmilieu erfahren haben. Entscheidend dabei ist weniger das soziale Milieu als vielmehr das erlebte Erziehungsverhalten, die emotionale Bindung und der Zusammenhalt in der Familie (vgl. Forschungsgruppe Schulevaluation 1998, Tillmann u. a. 1999, Melzer/Schubarth/Ehninger 2004, Fuchs u. a. 2005). Auch Olweus hebt die besondere Rolle der Eltern hervor, insbesondere deren emotionale Grundeinstellung ihren Kindern gegenüber. Als wichtige Erziehungsprobleme treten seiner Ansicht nach auf: zu wenig Fürsorge und zuviel »Freiheit« sowie »machtbetonte« Erziehungsmethoden (vgl. Olweus 1995).

Neben der Bedeutung der Familie konnten die Studien auch den *großen Einfluss der Peergroup* belegen: Hier erweist sich vor allem eine aggressive Werthaltung der Freundesgruppe als gewaltbegünstigend. Die Häufigkeit von Gewalthandlungen steigt, je gewalttätiger die eigene Gleichaltrigengruppe eingeschätzt wird. Gewaltauffällige Jugendliche wiederum bewegen sich überwiegend in Cliquen, die einen aggressiven Umgang mit sich selbst und anderen pflegen. Solche gewaltbejahenden Werthaltungen, die vermehrt in reinen Jungengruppen und Freundschaftsdyaden auftreten, stehen wiederum in einem engen Zusammenhang mit einem restriktiven Erziehungsstil der Eltern der Jugendlichen in diesen Gruppen. Der Einstieg in Gewaltaktivitäten wird häufig durch fehlende Schulmotivation und Kontakt zu gewaltaffinen Freunden und Cliquen gefördert. Hier wird die Clique schnell zur Kompensation für fehlende Anerkennung in Schule und Familie (vgl. z. B. Forschungsgruppe Schulevaluation 1998, Tillmann u. a. 1999, Sturzbecher u. a. 2007). Olweus verweist ebenfalls auf das Wirken von Gruppenmechanismen, vor allem auf die Gefahr der »sozialen Ansteckung« und auf mögliche Nachahmungseffekte (vgl. Olweus 1995).

Als ein weiterer wichtiger außerschulischer Risikofaktor wird der *Einfluss der Medien* herausgestellt. Hier ist es besonders der Konsum von Horror-, Kriegs- und Sexfilmen, der in einem deutlichen Zusammenhang zur Schülergewalt steht. Je mehr gewalthaltige Medien konsumiert werden, desto mehr wird Gewalt akzeptiert bzw. ausgeübt. Doch auch hierbei ist der enge Bezug zum elterlichen Erziehungsstil und zum sozialen Milieu offensichtlich: In unteren sozialen Schichten verfügen mehr Kinder über Video- und Fernsehgeräte; Konflikte um das Konsumverhalten werden zudem stärker restriktiv ausgetragen. Der familiäre Hintergrund erweist sich als stark einflussgebend auf das Verhalten der Schüler und zwar sowohl für das Gewaltverhalten innerhalb der Schule als auch für die Auswahl der Freunde und für den Umgang mit elektronischen Medien. Ein ausgedehnter und problematischer Medienkonsum hat mehrere fatale Folgen: Er führt zu einer Begrenzung der Freizeitinteressen und -tätigkeiten und zu schlechteren Schulleistungen, zugleich werden aggressive Dispositionen gefördert, was zu sozialer Ausgrenzung bzw. zum Anschluss an gleichgesinnte Peers führt. Zugleich kann es zu einem abwärts gerichteten Teufelskreis kommen: Aggressivere Menschen wenden sich vermehrt gewalthaltigen Medien zu und dies führt wieder zu verstärkt aggressivem Verhalten, d. h. Medienselektion und Medienwirkung verstärken sich gegenseitig im Sinne einer Abwärtsspirale (vgl. Tillmann u. a. 1999, Lösel/Bliesener 2003, Fuchs u. a. 2005, Lukesch 2008).

Unsere eigenen Untersuchungen haben – ebenso wie andere Studien – den *großen Einfluss schulischer Bedingungen und Faktoren,* insbesondere der Schul- und Lernkultur, nachweisen können. Relevante Einflussfaktoren sind dabei vor allem die Lehrerprofessionalität, das Lehrer-Schüler-Verhältnis, die Möglichkeiten zur Partizipation an Schulen, ein schülerorientierter Unterricht und außerunterrichtliche Angebote. Als Risikofaktor für Gewalt erweist sich dagegen ein »restriktives« Lehrerverhalten: Abwertendes, etikettierendes sowie manifest-aggressives Lehrerhandeln wirkt verstärkend auf Gewalt. Daneben stellt auch die Desintegration in der Schülergruppe einen wichtigen Risikofaktor dar, während die Akzeptanz durch Lehrkräfte gewaltmindernd wirkt. In Schulen und Klassen mit einer guten Lernkultur und einem guten Sozialklima gibt es auch weniger Gewalt. Allerdings zeigen komplexe statistische Auswertungsverfahren auch, dass Schule zwar »dämpfend« und »abfedernd« wirken kann – ihr Einfluss auf Gewalt ist jedoch begrenzt. Die Werte der Varianzaufklärung (ca. 15–20 %) lassen darauf schließen, dass der größere Teil bei der Beeinflussung möglichen Gewaltverhaltens auf außerschulische Bedingungen bzw. individuelle Faktoren zurückzuführen ist (vgl. Forschungsgruppe Schulevaluation 1998, Melzer/Schubarth/Ehninger 2004).

Auch Tillmann u. a. betonen im Ergebnis ihrer Analysen, dass sozialökologische Aspekte der innerschulischen Lern- und Erziehungsumwelt für die Produktion und Stützung von Schülergewalt relevant sind und dass eine förderliche Schulumwelt Gewalt mindern kann. Dazu gehören vor allem ein *Schulklima,* das durch ein förderndes Lehrerengagement und gute Sozialbeziehungen unter den Schülern sowie zwischen Schülern und Lehrern geprägt ist, eine *Lernkultur,* die durch lebensweltbezogenes und schülerorientiertes Lernen ohne großen Leistungsdruck gekennzeichnet ist und ein *Erziehungsverhalten* seitens der Schule, bei dem soziale Etikettierung und die Anwendung restriktiver Erziehungsmaßnahmen keinen Platz haben (vgl. Tillmann u. a. 1999). Von großer Bedeutung ist auch die Einstellung der Lehrkräfte gegenüber dem Gewaltproblem und ihr Verhalten in konkreten potenziell gewalthaltigen Konfliktsituationen, z. B. Anwesenheit und Verhalten während der Pausen (vgl. z. B. Olweus 1995, Fuchs u. a. 2005). Das Handeln der Lehrkräfte beeinflusst sowohl die Einstellung zur Gewalt als auch das konkrete Gewaltverhalten der Schüler. Das Gewalthandeln ist deshalb immer auch vor dem Hintergrund der pädagogischen Anerkennungsverhältnisse in der Schule zu sehen. Letztlich ist Gewalt auch als eine Reaktion auf mangelnde Wertschätzung, Fürsorge und Akzeptanz zu deuten (vgl. Pfaff/Fritzsche 2006). Folgendes unprofessionelles Lehrerhandeln kann Aggression und Gewalt begünstigen: schlechte Unterrichtsqualität, langweiliger, methodisch einseitiger und lebensfremder Unterricht, überwiegend strafendes Verhalten in der Klassenführung, keine ausreichende Würdigung prosozialen Verhaltens der Schüler, keine Stärkung der Eigenverantwortung der Schüler, unklare Regeln und Erwartungen, wenig Hilfestellung für Problemschüler, aggressives und entwürdigendes Verhalten von Lehrkräften, Uneinigkeit und mangelnde Abstimmung im Lehrerkollegium (vgl. Sprague/Walker 2005, Hurrelmann/Bründel 2007).

Schließlich verweisen die Untersuchungen auch auf die *Rolle von Persönlichkeitsmerkmalen der gewaltauffälligen Schüler,* z. B. die eigene Aggressionsbereitschaft, Impulsivität, Egozentrismus, mangelnde soziale Kompetenz, mangelnde soziale Informationsverarbeitung oder eine gewisse Feindseligkeit, die anderen schnell böse Absichten unterstellt (vgl. z. B. Lösel/Bliesener 2003). Einen wichtigen Hintergrund bilden auch die Wertorientierungen: Je mehr es Jugendliche als wichtig erachten, das Leben zu genießen, ohne Rücksicht auf andere und ohne sich anzustrengen, desto gewaltbereiter sind sie (vgl. Sturzbecher u. a. 2007). In der psychologischen Aggressionsforschung werden insgesamt drei Gruppen von Kindern bzw. Jugendlichen unterschieden: Kinder mit aggressiven Verhaltensstörungen bereits vor dem 10. Lebensjahr (»early starter«), Jugendliche, die aggressives Verhalten nur in der Jugendphase zeigen (»adolescent limited«) und eine dritte Gruppe (»later starter«), die mit aggressivem Verhalten erst später einsetzen. Dabei tragen Kinder, die bereits früh mit aggressivem Verhalten einsetzen, ein besonderes Risiko, vor allem wenn es zu einer Kumulation von Risiken kommt, z. B. Temperamentsfaktoren, Defizite in der sozialen Informationsverarbeitung, harsche Erziehungspraktiken, psychosoziale Beeinträchtigungen der Mutter (z. B. Depression), aggressiv-dissoziales Verhalten der Eltern, häufige innerfamiliäre Konflikte, niedriger sozioökonomischer Status der Eltern, Aufwachsen in sozialen Brennpunkten u. a. (vgl. Petermann/Natzke 2007).

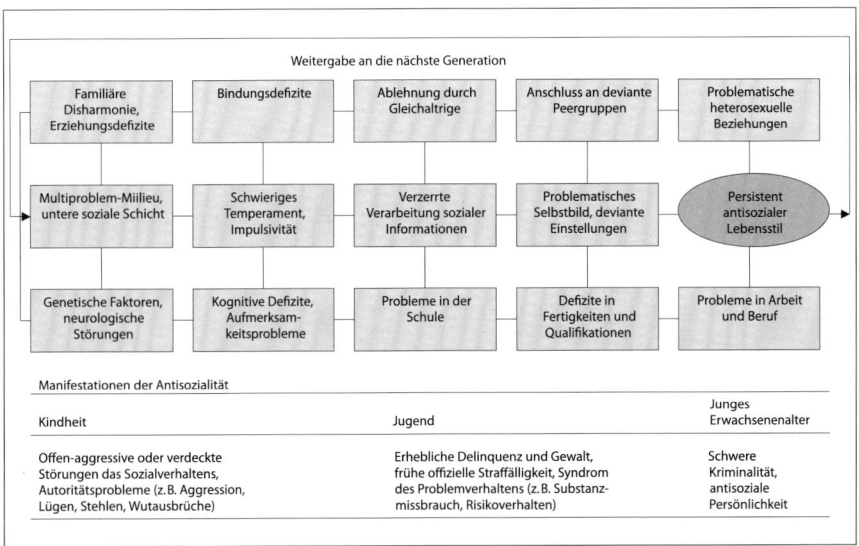

Abb. 3: Kumulation bio-psycho-sozialer Risikofaktoren (vgl. Lösel/Bliesener 2003, S. 11)

Eine zusammenfassende Übersicht über mögliche Risikofaktoren im Entwicklungsverlauf gibt Abbildung 3 zu bio-psycho-sozialen Risikofaktoren der Dissozialität (vgl. Lösel/Bliesener 2003, S. 11).

Exkurs: »Rechte Jugendgewalt« im Aufwind?

Im Rahmen der Debatte um »Jugend und Gewalt« finden rechtsextremistisch motivierte Gewalttaten bzw. Gewalttaten gegen Fremde besondere Aufmerksamkeit. Dabei ist zu berücksichtigen, dass Rechtsextremismus kein »Jugendphänomen« ist. So sind der organisierte Rechtsextremismus, die Mitgliedschaft in rechtsextremen Parteien sowie rechtsextreme Einstellungen eher Erwachsenenphänomene. Als »jugendtypisch« können dagegen gelten: rechtsextreme Subkulturen (insbesondere in ostdeutschen ländlichen Regionen), rechtsextremistisch motivierte Straf- und Gewalttaten und z. T. die Wahl rechtsextremer Parteien, wobei Ost-West- sowie geschlechtsspezifische Unterschiede auftreten. Der gewaltorientierte und öffentlich zur Schau getragene Rechtsextremismus ist somit eher bei Jugendlichen zu finden im Unterschied zu dem eher »stillen« Rechtsextremismus der Erwachsenen (vgl. z. B. Rieker 2006, Stöss 2005, Schubarth/Stöss 2001). Wie die Statistiken belegen, ist bei rechtsextremen Gewalttaten seit Anfang der 1990er Jahre – über alle Schwankungen hinweg – ein deutlicher Anstieg zu verzeichnen. Die am häufigsten ausgeübte Gewaltform ist dabei die Körperverletzung, die ca. 85 % der Gewaltdelikte ausmacht, gefolgt von Widerstandsdelikten. Im Ansteigen begriffen sind auch die Gewalttaten mit antisemitischem Hintergrund. Aufgrund der Dunkelziffer und der unterschiedlichen polizeilichen Erfassung ist insgesamt von einem noch höheren Ausmaß an »rechter Gewalt« auszugehen. Entsprechende Täteranalysen zeigen, dass die Täter »rechter Gewalt« überwiegend junge Männer sind (nur ein Viertel ist über 25 Jahre, 90 % sind männlich). Weitere Merkmale sind ein niedriger Bildungsabschluss, eine überdurchschnittlich hohe Arbeitslosenquote sowie ein niedriger beruflicher und sozialer Status. Die Taten wurden zumeist aus dem Gruppenkontext heraus begangen (vgl. Gamper/Willems 2006, Baier u. a. 2009). Unabhängig von den rechtsextremistisch motivierten Gewalttaten sind rechtsextreme, fremdenfeindliche und antisemitische Einstellungen relativ stark verbreitet. Nicht unbeträchtlich sind auch Sympathien für entsprechende Gruppierungen: So sympathisieren – laut Jugendsurvey des Deutschen Jugendinstituts München – 4 % der Jugendlichen mit rechten Gruppierungen wie Neonazis, Faschos oder Skinheads. Allerdings sympathisieren auch 3 % mit Autonomen und Anarchos. Die überwiegende Mehrheit aller Jugendlichen lehnt jedoch extreme Gruppierungen ab (vgl. Gille u. a. 2006). Dennoch ist angesichts der gesamten Datenlage auch im Bereich des Rechtsextremismus eine verstärkte Prävention und Intervention angezeigt (vgl. Schubarth/Stöss 2001, Schubarth 2007).

5.3 Erscheinungsformen, Struktur und Hintergründe von Mobbing

Mobbing – ein Alltagsphänomen an Schulen?

Als ein besonderes schulisches Gewaltphänomen ist in den letzten Jahren das »Mobbing« ins Blickfeld der Öffentlichkeit gerückt. Ursachen dafür sind vermehrte Berichte über die z. T. gravierenden Folgen von Mobbing. Das systematische Quälen in Form von Mobbing beginnt zwar meist recht harmlos, führt aber in der Regel durch seine Eigendynamik bei den Betroffenen zu sehr schmerzhaften und vom sozialen Umfeld kaum bemerkten fatalen Auswirkungen.

Mobbing ist kein neues Phänomen – was hingegen neu ist, ist zum einen die gestiegene Sensibilität gegenüber Mobbingphänomenen, die sich z. B. auch in einer intensiveren Erforschung und Auseinandersetzung damit ausdrückt, und zum anderen die Erweiterung von Mobbingformen durch die technischen Möglichkeiten der neuen Medien wie E-Mails, SMS usw. So war Mobbing mehr oder weniger schon immer Bestandteil des Schulalltags und beinahe jeder kennt wohl solche Beispiele wie das Schlechtmachen, Ausgrenzen oder Ausschließen eines Mitschülers, das Verweigern von Informationen oder Hilfsleistungen oder das Lustigmachen gegenüber Schwächeren, z. B. wenn jemand stottert, eine Brille trägt, etwas dicker, dünner oder kleiner ist, wenn jemand aus bestimmten Verhältnissen kommt oder nicht die richtigen Markenklamotten trägt.

Vom Alltagsgebrauch ist der wissenschaftliche Begriff »Mobbing« bzw. »Bullying« zu unterscheiden (zur Begriffsklärung ▶ Kap. I, 3). Von »Mobbing« wird in der Fachliteratur dann gesprochen, wenn ein Schüler wiederholt und über einen längeren Zeitraum negativen Handlungen eines oder mehrerer Schüler ausgesetzt ist. Drei Kriterien sind für Mobbing zentral: das Vorliegen einer zielgerichteten Schädigungshandlung, eine bestimmte Intensität und Zeitdauer (wiederholte, länger anhaltende Schädigung) sowie ein Ungleichgewicht der Kräfte, so dass der betroffene Schüler alleine nicht in der Lage ist, sich aus der Mobbingsituation zu befreien (vgl. Olweus 1995, Jannan 2015, ▶ Kap. I, 3). Mobbing ist ein gruppendynamischer Prozess, bei dem regelmäßig und systematisch Macht gegenüber Schwächeren eingesetzt wird. Umso mehr ist die Schule aufgefordert, solche pädagogisch unangemessene Machtanwendung zu unterbinden, potenzielle Opfer zu schützen und sozialverträgliche Umgangsformen zwischen den Schülern zu entwickeln.

Mobbingphänomene können sehr vielfältig sein und wie folgt klassifiziert werden: physisch (Schlagen, Treten, Stoßen, Kneifen, Boxen usw.), verbal (Hänseln, Spotten, Beschimpfen, Auslachen, Drohen usw.), nonverbal (Gestiken usw.), indirekt (Ignorieren, Ausgrenzen, Gerüchte verbreiten), wobei im Schulalltag meist Mischformen auftreten.

Die empirische Erforschung zur *Verbreitung von Mobbingphänomenen* hat zusammengefasst zu folgenden Ergebnissen geführt (vgl. z. B. Scheithauer/Hayer/Petermann 2003, Melzer/Bilz/Dümmler 2007, Scheithauer/Hayer/Bull 2007, Scheithauer/ Bull 2008, Baier u. a. 2009): Die häufigsten Mobbingformen sind – ganz ähnlich wie bei den schulischen Gewaltformen – verbale Formen wie Hänseln, Schlechtmachen oder Beschimpfungen, es folgen indirekte Formen (Gerüchte verbreiten, Ausgrenzen u. ä.) sowie nonverbale Formen (z. B. abwertende Gesten), während körperliche Mobbingattacken deutlich weniger verbreitet sind. Eine beachtliche Rolle scheint auch das Lehrermobbing gegenüber Schülern zu spielen. So geben z. B. 3 bis 5 % an, mehrmals monatlich vom Lehrer gemein behandelt bzw. lächerlich gemacht zu werden (vgl. Baier u. a. 2009,

S. 57 f.). Umgekehrt sind auch Lehrer durch Mobbing seitens der Schüler betroffen (vgl. Hayer/Scheithauer/Petermann 2005).

Der Anteil von Mobbingopfern und Mobbingtätern, die mindestens einmal in der Woche von ihren Mitschülern gemobbt werden bzw. selbst mobben, beträgt – übereinstimmenden Befunden zufolge – jeweils etwa 5 bis 10 %. Mit anderen Worten: Im Durchschnitt ist in jeder Schulklasse von ein bis zwei Mobbingopfern und den entsprechenden Tätern auszugehen. Diese Durchschnittswerte besagen allerdings noch nicht allzu viel, da die Unterschiede zwischen den Schulen sowie zwischen den Schulklassen recht groß sind. Außerdem gibt es innerhalb der genannten Gruppen eine kleine Gruppe von Schülern (ca. 2 %), die beide Rollen (Opfer- und Täterrolle) aufweisen. Die Mehrheit der Schüler tritt weder als Opfer noch als Täter in Erscheinung. Vergleichsstudien signalisieren, dass die Anteile von Mobbingopfern und -tätern im Zeitverlauf recht stabil sind, wenngleich die Persistenz der Rollen geringer ist als erwartet (vgl. Melzer/Bilz/Dümmler 2008).

Im *internationalen Vergleich* belegt Deutschland beim Mobbingausmaß einen unrühmlichen Spitzenplatz. Mobbing kommt bei 13- und 15-jährigen Schülern aus Deutschland überdurchschnittlich häufig vor. Jeweils über 20 % der Schülerschaft beteiligen sich demnach mindestens mehrmals pro Monat als Täter an Mobbingaktivitäten. Deutschland liegt damit im Vergleich von 35 Ländern auf Platz zwei bzw. drei. Bei den 15-jährigen Jungen erreicht die Quote der selbstberichteten Mobbingtäter sogar über 30 %. Beim Anteil der Mobbingopfer befindet sich Deutschland im Mittelfeld und bei harten Formen (z. B. Schlagen, Treten) ist das Ausmaß unterdurchschnittlich (vgl. Curie u. a. 2004). Daraus könnte gefolgert werden, dass Schulen in Deutschland weniger ein Gewalt-, sondern eher ein Mobbingproblem haben, was entsprechende Implikationen für die Prävention und Intervention hat.

Zum *Einfluss des Alters bzw. der Klassenstufe* wurde ermittelt, dass Mobbingphänomene – aus der Perspektive der Opfer – im Laufe der Schulzeit und mit fortschreitendem Alter eher abnehmen. Mobbing scheint nicht nur an den weiterführenden Schulen, sondern auch an Grundschulen und auch in Kindergärten ein Alltagsproblem zu sein. Möglicherweise fehlt es den Kindern in diesem Alter insgesamt noch an sozialen Kompetenzen im Umgang miteinander und speziell den Opfern an Fähigkeiten, sich vor Mobbing zu schützen. Aus der Perspektive der Täter ist kein klarer zeitlicher Trend zu erkennen. Mit steigender Klassenstufe verändern sich jedoch die Mobbingformen: Subtilere Formen wie soziale Manipulation, Aufwertung bzw. Abwertung des sozialen Status nehmen zu, was vor allem durch die einsetzende Pubertät und die wachsende Bedeutung der Gleichaltrigengruppe sowie der gegengeschlechtlichen Beziehungen zu erklären ist.

Die *geschlechtsspezifischen Unterschiede* sind beim Mobbing nicht ganz so deutlich wie bei der schulischen Gewalt. Bei den Mobbingopfern sind die Unterschiede nur geringfügig, bei den Mobbingtätern dagegen ist der Anteil der Jungen etwa doppelt so groß. Allerdings sind die Geschlechterunterschiede von der jeweiligen Mobbingform abhängig. Während es – aus der Perspektive der Mobbingopfer – bei den eher »weicheren« Formen wie Hänseln nur wenig Differenzen gibt, sind bei den »härteren« Formen wie »Schlagen, Treten« die Unterschiede beträchtlich. Jungen fühlen sich zudem im Vergleich zu Mädchen von Lehrern etwa doppelt so häufig gemobbt. Anders ist die Situation bei den Mobbingtätern, bei denen Jungen eindeutig dominieren. Hier treten bei allen Mobbingformen, z. B. Beschimpfen, Ausschließen, Schlagen, Lügen verbreiten, E-Mail, Handy signifikante Unterschiede auf. Als Erklärungsansatz kann vor allem auf die traditionellen Geschlechterrollen verwiesen werden, die von Jungen ein eher starkes, dominantes Verhalten, von Mädchen hingegen eher ein prosoziales Verhalten erwarten lassen.

Hinsichtlich weiterer Differenzierungsmerkmale wurde Folgendes ermitteln: An den verschiedenen *Schulformen* ist Mobbing unterschiedlich verbreitet, allerdings sind die Unterschiede nicht so markant wie bei der schulischen Gewalt. Zudem hängen die Unterschiede wiederum von der Art der Mobbingphänomene ab: Bei »weicheren« Formen sind die Unterschiede eher gering, bei »härteren« Formen dagegen eher groß. Eine Rangreihe der Verbreitung der Mobbingopfer nach Schulformen ergibt folgendes Bild: Förderschulen, Hauptschulen, Gesamtschulen, Real- bzw. Haupt/Realschulen und Gymnasien. So ist z. B. die Rate der Mehrfachopfer an Förderschulen und Hauptschulen annähernd doppelt so hoch wie an Gymnasien. Bei den Mobbingtätern ist die Rangreihe ganz ähnlich, wobei die Unterschiede zwischen den Schulformen noch größer sind. Darüber hinaus wurden auch *regionale Differenzen* ermittelt. Demnach ist die Mobbingrate an Schulen in Ostdeutschland am höchsten und in Norddeutschland am niedrigsten. Lehrermobbing gegenüber Schülern scheint in Großstädten am stärksten und in Landkreisen am geringsten verbreitet zu sein. Ähnliches gilt für die Verbreitung der Mobbingtäter (vgl. Baier u. a. 2009).

Die KFN-Studie konnte auch Befunde zum *Einfluss des Migrationshintergrundes* ermitteln: Häufigem Mobbing scheinen sich vor allem Schüler aus West- und Nordeuropa ausgesetzt zu sehen; türkische Jugendliche berichten hingegen seltener über Mobbing durch andere Schüler. Lehrermobbing wird am meisten von Schülern aus dem ehemaligen Jugoslawien angegeben. Mit zunehmendem Anteil der Migranten in der Klasse wird von deutschen Schülern eine stärkeres Mobbing wahrgenommen. Das heißt, Angehörige von Minderheiten – egal ob deutscher oder nichtdeutscher Herkunft – werden offenbar eher zum Opfer von Angriffen anderer Schüler als Angehörige der jeweiligen Mehrheit (ebd., S. 62 f.).

Für die Prävention und Intervention ist der Befund hoch bedeutsam, dass das *Lehrerverhalten* einen Prädiktor von Schulgewalt und Mobbing darstellt. Das heißt, das Eingreifen der Lehrer hat Einfluss auf das Risiko sowohl von Gewalt- als auch von Mobbingerfahrungen. So berichten z. B. 13 % der Schüler von Mobbingerfahrungen an Schulen, an denen Lehrer kaum oder nicht eingreifen. Demgegenüber stehen »lediglich« 8 % an Schulen, an denen eingegriffen wird (ebd., S. 61).

Die *soziale Herkunft* der Schüler ist beim Mobbing offenbar weniger bedeutsam, wenngleich sich gewisse Zusammenhänge beim Opferstatus nachweisen lassen. So hat die Familienstruktur und das Familienklima, insbesondere die Elternbindung, einen Einfluss, woraus sich Folgerungen für die Prävention ergeben (vgl. Melzer/ Bilz/Dümmler 2008, vgl. auch Schäfer/Herpell 2011).

Welche Folgen hat Mobbing?

Mobbing kann massive Folgen haben (vgl. Scheithauer/Hayer/Petermann 2003, Jannan 2015): Diese reichen vom Leistungsabfall und Fernbleiben von der Schule, über psychosomatische Beschwerden (z. B. Kopf- und Bauchschmerzen), gestörtem Essverhalten, Angst, Einsamkeitsgefühlen, Isolation, Traurigkeit, Depression und Selbstbeschuldigungen bis zu Suizidgedanken bzw. Suizid. Deshalb ist es wichtig, die Signale von Mobbingopfern frühzeitig zu erkennen. Solche *Anzeichen von Mobbingopfern* können sein: wenn Schüler Schulangst haben, wenn sie immer unsicherer werden und ihr Selbstwertgefühl abnimmt, wenn sie nervös und angespannt sind, wenn ihre Sachen häufig beschädigt sind, wenn sie öfter Geld benötigen, wenn sie einen Leistungsabfall haben, wenn sie sich zurückziehen, wenn sie Bauch- oder Kopfschmerzen haben, wenn sie sich selbst Vorwürfe machen oder wenn sie keine Auskunft über ihre Situation geben wollen. Aber auch für die Täter kann Mobbing negative Folgen haben, wenn z. B. Mobbing eine delinquente Karriere befördern kann.

Wer sind die Mobbingopfer, wer die Mobbingtäter?

Die Mobbingforschung unterscheidet zwischen Tätern und Opfern, wobei die Opfer wiederum zwischen passiven und »provozierenden Opfern« (auch »Täter-Opfer«) differenziert werden können. Wesentliche Ergebnisse zu den Persönlichkeitsmerkmalen der Mobbingopfer und -täter fasst Tabelle 4 zusammen (vgl. Olweus 1995, Scheithauer u. a. 2003, Jannan 2015, Melzer/Schubarth/Ehninger 2011).

Die angeführten Merkmale geben wichtige Hinweise auf die Persönlichkeit von Mobbingopfern und Mobbingtätern. Das bedeutet jedoch nicht, dass z. B. jeder Schüler mit Merkmalen eines Opfers automatisch Opfer wird. Die Merkmale führen aber zu einem höheren Risiko. Auch Äußerlichkeiten für die Auslösung von Mobbing dürfen nicht überbewertet werden. Opfer kann im Prinzip jeder werden, es kommt vor allem auf die konkrete Entstehungsgeschichte und den gruppendynamischen Prozess in dem jeweiligen sozialen Gefüge an.

Tab. 4: Merkmale von Mobbingopfern und Mobbingtätern

Passive Opfer	Provozierende Opfer	Täter
körperlich eher schwächer unsicher, ängstlich, still bei Angriff Rückzug oder Weinen, wehren sich nicht negatives Selbstbild sozial isoliert, Außenseiter z. T. äußerliche Auffälligkeiten niedriger sozialer Status z. T. aus überbehüteten Familien mangelnde soziale Kompetenzen	Opfer *und* Täter Kombination aus ängstlichem und aggressivem Verhalten leicht reizbar meist unbeliebt niedriger sozialer Status mangelnde soziale Kompetenzen	eher Jungen meist älter als ihre Opfer impulsiv, dominant niedrige Frustrationstoleranz meist selbstbewusst bei Mitschülern eher beliebt eher leistungsschwach geringe Empathiefähigkeit eingeschränkte Konfliktlösungskompetenzen

102

Mobbing – ein Gruppenphänomen? Welche Hintergründe hat Mobbing?

Nachdem sich die Mobbingforschung lange Zeit vor allem auf die Analyse von Tätern und Opfern konzentriert hat, rückt seit einiger Zeit der Mobbingprozess und die Gruppenebene stärker ins Blickfeld. Hintergrund dafür ist, dass bei der Mehrzahl der Mobbingfälle neben dem Täter und Opfer auch andere Gleichaltrige beteiligt sind. Mobbing findet meist innerhalb einer relativ stabilen Gruppe wie z. B. der Schulklasse statt. Das heißt, die Schüler kennen sich und jeder nimmt im Rahmen des sozialen Gefüges bestimmte Rollen ein, die nicht leicht zu verändern sind. Die Mobbingstruktur kann man deshalb nur vor dem Hintergrund sozialer Rollen in (Zwangs-)Gemeinschaften (z. B. Schulklasse) und den darin eingebetteten Interaktionen verstehen. Bei Mobbing handelt es sich um einen zirkulären Gruppenprozess, um eine Mobbingspirale oder eine Art »Teufelskreis« wie Abbildung 4 zeigt (▶ Abb. 4).

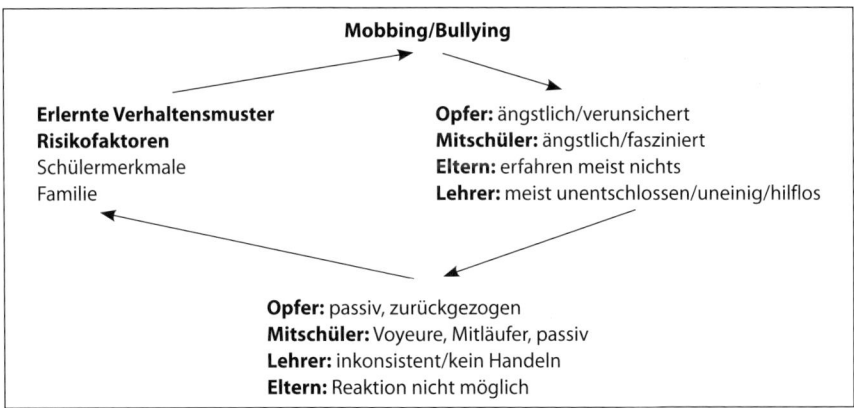

Abb. 4: Teufelskreis des Mobbing/Bullying nach Olweus (vgl. Scheithauer/Bull 2008, S. 19)

Wie Abbildung 4 zeigt, sind die Hintergründe für Mobbing nicht nur vielfältig, sie stehen auch in einem engen, wechselseitigen Zusammenhang. Sowohl die Familie, die Mitschüler als auch die Schule sind darin miteinander verwoben. *Mobbingtäter* findet man z. B. häufig in solchen Familien, in denen ein bestimmtes Erziehungsverhalten vorliegt (autoritär, wenig unterstützend, bestrafend), in denen familiäre Gewalt vorkommt und in denen es einen geringen Zusammenhalt und wenig »Wärme« gibt. *Mobbingopfer* findet man häufiger in Familien, in denen ein restriktives und/ oder überbehütetes Erziehungsverhalten und/oder ein distanziertes »kaltes« Familienklima vorherrscht (z. T. auch Misshandlungen). Dies verdeutlicht, wie wichtig es ist, mit den Eltern zu arbeiten, denn Mobbing entsteht im Zusammenspiel von schulischem und familiärem Umfeld. Große Bedeutung kommen dabei auch der Lern- und Schulkultur, dem Klassen- und Schulklima sowie dem Lehrer-Schüler-Verhältnis zu. Je weniger

Mitbestimmungs- und Mitgestaltungsmöglichkeiten die Schüler haben, je direktiver und frontaler der Unterricht abläuft, desto häufiger lässt sich Mobbing beobachten. Auch die Wahrnehmung von und die Reaktionen auf Mobbing beeinflussen die Verbreitung von Mobbing (ebd.). Die Reaktion der Lehrkräfte ist dabei ein entscheidendes Kriterium für die Verfestigung oder die Auflösung der Mobbing-Situation (vgl. Jannan 2015, S. 31).

Die Mobbingforschung hat verschiedene Rollen in der Mobbing-Situation herausgearbeitet, die zugleich Ansätze für die Intervention bieten. An Mobbing sind meist mehrere Schüler in unterschiedlichen Rollen, den so genannten »Participant Roles«, beteiligt (▶ Abb. 5).

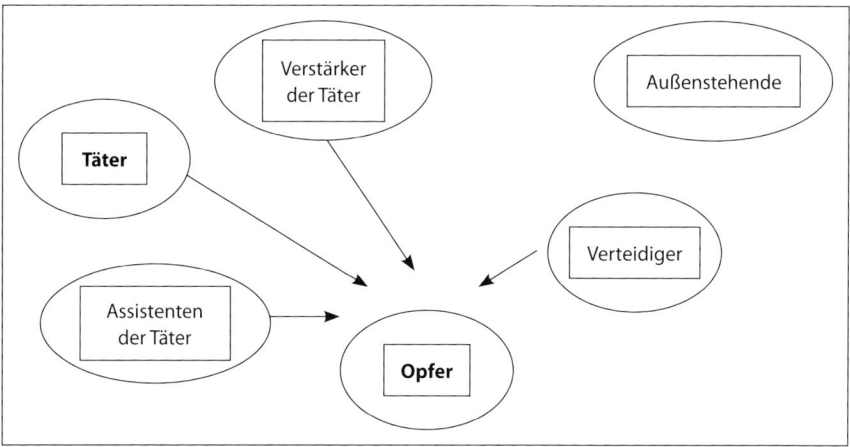

Abb. 5: Rollen beim Mobbing (vgl. Scheithauer/Hayer/Petermann 2003, S. 35)

Folgende Rollenzugehörigkeiten und Rollenverteilungen wurden in Studien ermittelt (vgl. Scheithauer/Hayer/Petermann 2003, S. 34 f.): Da sind die Anführer, die Mobbingtäter bzw. Bullies (8 %). Ihnen zur Seite stehen die Assistenten (7 %), die z. B. den Schüler festhalten, und die Verstärker (20 %), die das Publikum darstellen und die Situation anheizen. Ihnen gegenüber stehen die Mobbingopfer (12 %) und die Gruppe der Verteidiger (17 %). Die größte Gruppe stellt die Gruppe der Außenstehenden dar (24 %), die sich aus der Situation heraushalten, was zugleich auf ein großes, ungenutztes Potenzial für die Intervention hinweist. Eine geschlechtsspezifische Betrachtung der Rollen ergab, dass Mobbingtäter, Verstärker und Assistenten eher männlich und Verteidiger und Außenstehende eher weiblich sind. Differenzierte Untersuchungen zur Stabilität der verschiedenen Rollen beim Mobbing bestätigen eine gewisse Stabilität der Opferrolle, aber auch eine Dynamik in den anderen Rollen. Entscheidend ist dabei der Kontext der jeweiligen Schulklasse, was auf die pädagogischen Interventionsmöglichkeiten verweist (vgl. Schäfer/Kulis 2005, Atria u. a. 2005).

Weitere Analysen zum gruppendynamischen Interaktionsprozess innerhalb der Schulklasse mittels qualitativer Verfahren haben Mobbing als »zusammenführendes Ausgrenzungsritual« der Peergroup herausgearbeitet (vgl. Markert 2007), bei dem es um ein gemeinschaftliches Degradierungshandeln auf Kosten der Mobbingopfer geht. Durch Ausgrenzung als Ritual wird erst die Gemeinschaft der Ausgrenzenden im Sinne einer Gruppe konstruiert. Die ausgegrenzten Mitschüler sind dabei das zentrale Element des »zusammenführenden Ausgrenzungsritual«. Sie verstehen die ausgegrenzten Mitschüler z. B. als »Boxpuppe«, »Maskottchen« oder »Schlampe« (ebd., S. 223 f.). Die dominante Wirkung des Ausgrenzungsrituals wird zudem dadurch verstärkt, dass über das Ritual eine Anerkennungshierarchie ausgehandelt wird. Das Verhalten der Lehrer in diesem Interaktionsprozess ist oftmals ambivalent. Es variiert zwischen Intervenieren, Ignorieren, Tolerieren, Dulden, aber auch Unterstützen. So schreiben sie z. T. den Ausgegrenzten die Schuld an ihrer Situation zu. Indem ein Teil der Lehrer nicht eingreift und die Konfrontation mit der Peer-Kultur der Klasse vermeidet, sichern die Lehrkräfte vermeintlich ihren Status vor der Klasse sowie die Aufrechterhaltung des Fachunterrichts ab. Lehrkräfte sind somit stark in ausgrenzende Mobbingprozesse involviert und gestalten diese mit.

Aus diesen Befunden leitet sich die Forderung ab, an Schulen eine »Kultur des Hinschauens und des zivilcouragierten Handelns« zu entwickeln, bei der die Lehrkräfte die entscheidende Rolle spielen sollten. Untersuchungen zur Förderung prosozialen Verhaltens und zur Stärkung von Zivilcourage geben darüber hinaus wichtige Hinweise, wie das Eingreifverhalten von Schülern in Mobbingsituationen gefördert werden kann. Der pädagogische Erziehungsstil, die wahrgenommene solidarische Unterstützung durch die Mitschüler, die Identifikation mit der Schulklasse und der Schule insgesamt bilden dabei grundlegende Handlungsansätze. Wichtig ist aber auch, die Eltern mit einzubeziehen und gemeinsam konsequent gegen Mobbing vorzugehen. Dabei ist auch entschieden solchen Alltagsmythen entgegen zu treten wie »Mobbing ist harmlos«, »An unserer Schule gibt es kein Mobbing« oder »Als Lehrer kann ich nichts gegen Mobbing machen«. Mittlerweile liegen eine Reihe von Anti-Mobbing-Konzepten bzw. -Programmen vor, die für die Auseinandersetzung mit Mobbing sowie zur Entwicklung sozialer Kompetenzen bei den Schüler genutzt werden können (vgl. Teil II).

Cyberbullying und Happy Slapping – neue Mobbingphänomene? (vgl. auch das Einführungskapitel)

Im Zuge der Entwicklung der neuen Medien sind auch neue Gewalt- bzw. Mobbingphänomene in Erscheinung getreten, über die in der Öffentlichkeit vermehrt berichtet wird. Dazu gehören vor allem Cyberbullying und Happy Slapping (vgl. z. B. Kratzer/Fetchenhauer 2007, Hilgers/Erbeldinger 2008, Programm Polizeiliche Kriminalprävention 2008, Riebel 2008). Unter *Cyberbullying* wird Mobbing unter Einsatz von Medien verstanden, wenn ein Opfer über einen längeren Zeitraum per Medien gedemütigt wird. Die Opfer werden dabei z. B. durch Bloßstellung im Internet, permanente Belästigungen, Drohungen oder durch Verbreitung falscher Behauptungen gemobbt. Cyberbullying als virtuelle Aggression kann sehr verschiedene Formen annehmen: Beschimpfungen im öffentlichen Raum, Gemeinheiten oder Bedrohungen per WhatsApp, Facebook, im Chat u. ä., das Hinterlegen von entsprechenden Texten, das Aufnehmen peinlicher Bilder oder Filme und deren Weiterverschickung und Veröffentlichung, die Beschämung des Opfers durch E-Mails oder SMS mit persönlichen Inhalten, extra eingerichtete Hass-Seiten oder Hass-Gruppen bei Facebook, das gezielte Ausschließen des Opfers in den Internetforen oder bei Onlinespielen, das Androhen von Gewalt im Internet usw. usf.

Eine besondere Form des Cyberbullying ist das *Happy Slapping* (Fröhliches Zuschlagen) bzw. *Handy Slapping*, bei dem Jugendliche (meist Jungen) Gewalttaten begehen, diese mit dem Handy filmen und weiterversenden und damit das Opfer bloßstellen und demütigen. Mitunter werden Schüler auch zu erniedrigenden Handlungen gezwungen. Insbesondere Mädchen werden in peinlichen Situationen gefilmt (z. B. auf der Schultoilette) oder durch das Öffentlichmachen von heimlichen Aufnahmen erniedrigt (z. B. beim Sex mit ihren Freunden).

Zur Verbreitung der genannten Phänomene liegen einige Befunde vor. Diese belegen z. B., dass Cyberbullying in Chatrooms recht verbreitet ist. Die Chatkommunikation spielt für Jugendliche insgesamt eine große Rolle. 70 % der Jugendlichen (Jungen wie Mädchen) zwischen 10 und 19 Jahren besuchen regelmäßig Chatrooms, jeder Vierte sogar täglich. Das durchschnittliche Einstiegsalter beträgt zwölf Jahre, ein Teil ist sogar erst zwischen sechs und zehn Jahre alt. An Schultagen wird im Durchschnitt 70 Minuten, an Wochenenden zwei Stunden gechattet. Vielchatter chatten vier bis zehn Stunden am Tag (vgl. Katzer/Fetchenhauer 2007, S. 124). 40 % der Chatter wurden von anderen Chattern bereits beleidigt, gehänselt oder beschimpft, 14 % von anderen erpresst, unter Druck gesetzt oder bedroht und ca. ein Viertel wurde von anderen aus Gesprächen ausgegrenzt, nicht beachtet, isoliert usw. (ebd., S. 127). Jungen sind – ähnlich wie beim Schulmobbing – sowohl häufiger Opfer als auch häufiger Täter von Chataggressionen. Schulbullies sind auch Chatbullies und Schulopfer sind auch Chatopfer. Zu sexuellen Übergriffen in Chatrooms wurde ermittelt, dass ca. zwei Fünftel der jugendlichen Chatter während der Chatbesuche gegen ihren Willen nach sexuellen Dingen gefragt wurden. Jeder Neunte bekam bereits unaufgefordert Nacktfotos und 5 % sogar Pornofilme zugeschickt. 8 % wurden vor der Webcam zu sexuellen Handlungen aufgefordert (ebd., S. 133). Die sexuelle Viktimisierung spielt in Chatrooms eine große Rolle, was bei den Opfern erhebliche psychische Folgen haben kann (vgl. auch Baier u. a. 2010).

Untersuchungsergebnisse zu Happy Slapping bestätigen den relativ hohen Verbreitungsgrad auch dieses Phänomens. So räumt z. B. ein Drittel der jugendlichen Handy-Besitzer ein, dass in ihrem Freundeskreis Fotos und Videos gewalthaltigen oder pornografischen Inhalts kursieren. Fast jeder Zehnte gab zu, selbst schon einmal solche Inhalte empfangen zu haben. Ein Drittel der Jungen und ein Viertel der Mädchen berichteten, dass in ihrem Bekanntenkreis schon einmal eine Prügelei mit dem Handy gefilmt wurde, wobei die größte Verbreitung in der Altersgruppe von 12 und 15 Jahren ermittelt wurde. Problematisch dabei ist, dass das Weiterverbreiten solcher Bilder bzw. Filme eine erneute und dauerhafte Demütigung für die Opfer darstellt. Zudem gibt zu denken, dass Augenzeugen die Gewaltsituation lieber filmen anstatt einzugreifen oder Hilfe zu holen (vgl. Medienpädagogischer Forschungsverbund Südwest 2008, Programm Polizeiliche Kriminalprävention der Länder und des Bundes 2008). Von ähnlichen Befunden berichten auch internationale Studien, die zudem auf einen engen Zusammenhang von traditionellem Schulbullying und Cyberbullying sowie auf vergleichbare Profile von Tätern und Opfern bei den anderen Mobbingformen verweisen (vgl. Scheithauer/Hayer/Bull 2007).

Neuere Studien bestätigen, dass die Mehrheit der Jugendlichen Kenntnis davon hat, dass brutale Videos und Pornofilme mit Handys getauscht werden. Jeder Fünfte weiß, dass dies in ihrem Freundes- oder Bekanntenkreis geschieht. 4 % haben selbst schon einmal solche Videos erhalten, Jungen häufiger als Mädchen. 22 % haben schon einmal mitbekommen, dass eine Schlägerei mit dem Handy gefilmt wurde, 2009 waren es noch 26 %. 14- bis 17-Jährige sowie Hauptschüler erhalten solche Inhalte häufiger über das Handy und haben häufiger erlebt, dass eine Schlägerei mit dem Handy gefilmt wurde. Die Ergebnisse zeigen, dass die Entwicklung von gefilmten Schlägereien in den letzten Jahren rückläufig ist. Vor allem in den Altersgruppen 12–13 Jahre und 18–19 Jahre hat das Erleben von gefilmten Schlägereien im Vergleich zu 2010 abgenommen, während es bei den 14- bis 17-Jährigen etwa gleich geblieben ist (vgl. Medienpädagogischer Forschungsverbund Südwest 2011, S. 61 ff.).

Durch die technologische Entwicklung der letzten Jahre hat sich auch das Medienverhalten Jugendlicher gewandelt. Das Internet ist zum multifunktionalen Leitmedium für Jugendliche geworden, womit neue Gefährdungspotenziale, insbesondere in Chatrooms und Online-Communities, verbunden sind. Mit dem Cyberbullying erreicht das Mobbing eine quantitative und qualitative Erweiterung. Zum einen stehen mehr technische Möglichkeiten für das Mobbing zur Verfügung, zum anderen wird die demütigende Wirkung für das Opfer vergrößert. Beleidigungen, Beschimpfungen und Drohungen verfolgen die Opfer bis in die Privatsphäre, in der sie bisher geschützt waren. Es gibt praktisch keinen Rückzugsraum mehr, das Publikum ist unüberschaubar groß und die Inhalte verbreiten sich extrem schnell. Die Situation verschärft sich auch dadurch, dass die Schüler meist nicht mit ihren Eltern oder Lehrern darüber sprechen, weil sie sich nicht trauen oder kaum Hilfe, sondern eher ein Fortbestehen oder gar eine Verschlimmerung ihrer schwierigen Lage befürchten. Die Täter dagegen können sich durch die Anonymität im Netz geschützt und ermuntert fühlen.

Cyberbullying stellt eine neue Herausforderung für die Schule dar. Cyberbullying ist mittlerweile – ähnlich wie Schulmobbing – zu einem festen Bestandteil des Alltags von Schülern geworden. Prävention und Intervention müssen sich deshalb auch auf das Internet erstrecken. So sind Schüler und Eltern darüber aufzuklären, was im Chat passieren kann. Zugleich kann der Chatroom aber auch als Unterrichtsmedium genutzt werden. Außerdem können Schulen eine eigene »Cyberpolizei« einsetzen, die Chats betreut und Chatopfern hilft (vgl. Katzer/Fetchenhauer 2007, S. 135 f.). Daneben sollten Lehrkräfte mit den Funktionen moderner Handys vertraut sein und wissen, dass entsprechende Videos und Bilder Gesprächsthemen unter der Schülerschaft sein können. Im Rahmen der Medienerziehung sollte über die Auswirkungen und über mögliche Straftatbestände aufgeklärt werden. So sind Veröffentlichungen von Schlägereien oder Vergewaltigungen ebenso strafbar wie das Beleidigen in Foren, Chatrooms usw. Unter Einbeziehung der Schüler- und Elternvertreter sollten klare Regeln (Verhaltenskodex) über die Nutzung von Handys vereinbart und konsequent gegen Verstöße vorgegangen werden. Schülern sollte vermittelt werden, wie man sich vor Cyberbullying schützen kann, z. B. Passwörter oder PINs nicht weitergeben, nicht auf Beleidigungen reagieren, Erwachsene informieren usw.

Aufklärungskampagnen wie »Watch your web« können bei Jugendlichen ein stärkeres Bewusstsein für einen verantwortungsvollen Umgang mit persönlichen Daten schaffen, indem über das Recht auf informationelle Selbstbestimmung und über Möglichkeiten des Datenschutzes informiert wird. Zentrale Botschaften dabei sind: »Das Internet vergisst nichts«, »Du hast keine uneingeschränkte Kontrolle über die eigenen Daten«, »Virtuelles ist real« und »Es gibt keine privaten Schutzräume im Internet«. Insgesamt ist zu empfehlen, die Öffentlichkeit stärker für die Problematik des Cyberbullyings zu sensibilisieren und Verknüpfungen zwischen der Prävention und Intervention von realer und virtueller Gewalt herzustellen (vgl. auch Hilgers 2001, Medienpädagogischer Forschungsverbund 2011, Schultze-Krumbholz u. a. 2012, Pieschl/Porsch 2012).

5.4 Forschungsbefunde zu Amokläufen an Schulen

Zu den neueren Gewaltformen an Schulen müssen seit einigen Jahren auch Amokläufe gezählt werden, die eine besonders extreme Ausprägung von Gewalt darstellen. Amokläufe erfahren als »Medienereignis« in der Öffentlichkeit große Aufmerksamkeit (▶ Kap. I, 1). Das Wort »Amok« stammt aus dem Malaischen (wörtlich: »wütend«, »rasend«) und drückt einen Schlachtruf aus, mit dem die Krieger die Schlacht begannen und dabei den eigenen Tod in Kauf nahmen. Eine einheitliche wissenschaftliche Definition existiert nicht, dennoch herrscht in der Fachliteratur weitgehend Konsens darüber, dass von *Amok* gesprochen werden kann, wenn es sich um die (versuchte) Tötung mehrerer Personen im öffentlichen Raum im Rahmen eines Tatereignisses unter Einsatz tödlicher Waffen und bei körperlicher Anwesenheit des Täters handelt (vgl. Scheithauer/Bondü 2008, S. 12). Eine Form des Amoklaufs ist das so genannte *school shooting*, das sich vom »klassischen Amoklauf » dadurch unterscheidet, dass es von Schülern im schulischen oder schulnahen Raum begangen wird. School shootings sind demzufolge zielgerichtete, bewaffnete Angriffe mit Tötungsabsicht auf Lehrer und/oder Mitschüler, bei denen Waffen (Schuss-, Klingenwaffen, Bomben usw.) zum Einsatz kommen und bei denen die Schule bewusst als Tatort gewählt wird (ebd., S. 21 f.). School shootings stellen die gravierendste Form schwerer Schulgewalt dar. Da unter Amokläufen meist spontane, ungeplante Gewalttaten verstanden werden, wäre »school shooting« als zielgerichtete Gewalt eigentlich die treffendere Bezeichnung für diese schweren Gewaltvorfälle. Da sich dieser Begriff jedoch noch nicht etabliert hat, verwenden wir weiterhin den Begriff »Amoklauf«.

Bis in die 1990er Jahre hinein waren Amokläufe vor allem ein US-amerikanisches Phänomen. Mittlerweile sind Amokläufe an Schulen zu einem internationalen Phänomen geworden. Als die »Mutter« der Schulamokläufe, der auch als »Vorbild«, als »Schablone«, für weitere Amokläufe diente, gilt der Amoklauf an der Columbine-Highschool in Littleton (Bundesstaat Colorado), als am 20. April 1999 zwei Oberschüler an ihrer Schule 13 Lehrer und Schüler erschossen und weitere 21 verwundeten. Columbine war der erste Schulamoklauf im digitalen Zeitalter. In Deutschland sind vor allem die Amokläufe von Erfurt (2002), Emsdetten (2006), Winnenden und Ansbach (2009) im öffentlichen Gedächtnis haften geblieben. Eine Übersicht über zielgerichtete Schulgewalt in Deutschland gibt Tabelle 5.

Seit Ende der 1990er Jahre wird weltweit vermehrt von Amokläufen an Schulen berichtet, z. B. in Finnland, Schweden, Italien, Japan, Brasilien, Argentinien, Indien, Saudi-Arabien. Ähnlich ist die Entwicklung in Deutschland, wo seitdem durchschnittlich ein Vorfall pro Jahr zu verzeichnen ist (▶ Tab. 5). Als eine Ursache dieser weltweiten Entwicklung kann die Globalisierung und Digitalisierung, insbesondere die mediale, nachahmende Wirkung von Gewalttaten angenommen werden.

Die Forschungsbefunde zu Schulamokläufen bzw. school shootings lassen auf ein *komplexes Ursachengefüge* schließen. Ein einheitliches Täterprofil ließ sich nicht feststellen, mit der Ausnahme, dass die Täter fast immer männlichen Geschlechts waren, was auf die prekäre traditionelle männliche Geschlechterrolle (z. B. Dominanz, Macht, Durchsetzung) hinweist (vgl. Hoffmann 2007, Robertz/Wickenhäuser 2007, Waldrich 2007, Scheithauer/Bondü 2008). Allerdings ließen sich einige Risikofaktoren ermitteln, die über einen längeren Entwicklungsverlauf zu einer Amoktat führen können. Die vorliegenden Studien haben folgende *Risikofaktoren* ermittelt (vgl. Scheithauer/Bondü, 2008, S. 83 f., auch Robertz/Wickenhäuser 2007): In allen Fällen hatten die Täter zuvor mit Gewalt gedroht, einen genauen Tatablauf entwickelt, gezielte Tatvorbereitungen getroffen, starkes Interesse an Gewalt und Waffen gezeigt, Zugang zu Schusswaffen, andere für ihre Probleme verantwortlich gemacht und nur geringe psychosoziale Kompetenzen und wenig Stressresistenz. Darüber hinaus hatten die Täter in den allermeisten Fällen aggressives Verhalten gezeigt, soziale Zurückweisungen durch Gleichaltrige erlebt, eine intensive Beschäftigung mit gewaltbezogenen Medien (Videos, Musik) betrieben, ihre geplanten Taten angekündigt und kaum Unterstützung von Freunden und Eltern beim Lösen problematischer Situationen erfahren. Weitere Studien weisen darauf hin, dass in allen Fällen schulische Konflikte erkennbar waren, was auf eine nicht unproblematische Rolle der Schule schließen lässt. Fast alle Täter wohnten im Elternhaus und die Familien entstammten weitgehend der Mittelschicht. Ein Teil der Täter hatte ein konkretes mediales Vorbild für die Tat (vgl. Hoffmann 2007).

Tab. 5: Schulamokläufe in Deutschland (gekürzt aus Scheithauer/Bondü 2011, S. 36 f.)

Datum/Ort Schulform	Geschehen
09. 11. 1999, Meißen Gymnasium	Ein 15-jähriger Schüler ersticht vor den Augen seiner Klasse die Geschichtslehrerin.
29. 11. 1999, Metten Hauptschule	Drei Schüler werden wegen eines möglichen school shootings festgenommen.
16. 03. 2000, Brannenburg Realschule (Internat)	Ein 16-Jähriger fügt dem Internatsleiter eine schwere Schussverletzung zu, bevor er versucht, sich selbst zu erschießen.
21. 02. 2001, Freising Wirtschaftsschule	Ein 21-Jähriger erschießt den Direktor seiner ehemaligen Schule, verletzt einen weiteren Lehrer schwer und erschießt sich selbst.
06. 04. 2002, Erfurt Gymnasium	Ein 19-Jähriger erschießt an seiner Schule die Schulsekretärin, zwölf Lehrer, zwei Schüler, einen Polizeibeamten und sich selbst.
02. 07. 2003, Coburg Realschule	Ein 16-Jähriger schießt auf seine Klassenlehrerin, ohne sie zu treffen, verwundet eine weitere Lehrerin und erschießt sich selbst.
20. 11. 2006, Emsdetten Realschule	Ein 18-jähriger ehemaliger Schüler schießt um sich und verletzt dabei über 30 Personen, bevor er sich selbst erschießt.
16. 11. 2007, Köln Gymnasium	Ein 17- und ein 18-Jähriger hatten möglicherweise ein school shooting geplant. Einer begeht nach der polizeilichen Befragung Selbstmord.
11. 03. 2009, Winnenden Realschule	Ein 17-Jähriger erschießt neun Schüler und drei Lehrer, dann flüchtet er und tötet drei weitere Personen, bevor er sich selbst erschießt.
17. 09. 2009, Ansbach Gymnasium	Ein 18-jähriger Schüler verletzt mit Axthieben und Brandsätzen neun Schüler (zwei davon schwer).
18. 02. 2010, Ludwigshafen, Berufsbildungszentrum	Ein ehemaliger Schüler ersticht seinen einstigen Lehrer.
26. 02. 2013, Wernigerode, Gymnasium	Eine 15-jährige Schülerin schießt mit einer Schreckschusspistole um sich und verletzt zwei Schüler.
23. 01. 2018, Lünen, Gesamtschule	Ein 15-jähriger Schüler ersticht einen 14-jährigen Mitschüler. (vgl. https://de.wikipedia.org/wiki/Liste_von_Gewaltexzessen _an_Schulen#21._Jahrhundert, Zugriff: 03.01.2019)

Die genannten Faktoren beeinflussen und verstärken sich wechselseitig. Als zentrale *Persönlichkeitsmerkmale und Risikofaktoren* können dabei herausgestellt werden (vgl. Scheithauer/Bondü 2008, S. 85 ff.):

- *Opfer von Zurückweisungen, Mobbing/Bullying*: Häufig haben sich die Betroffenen als Opfer von Mobbing und Bullying gefühlt. Der Betroffene erlebt die Umwelt als feindselig und bedrohend, sieht keine Möglichkeit, seine Probleme zu lösen. Die subjektiv empfundene soziale Ausgrenzung führt – so die Annahme – zu negativen Gefühlen, was wiederum aggressives Verhalten steigert und damit die Wahrscheinlichkeit weiterer Zurückweisungen erhöht.

- *Depression mit Suizidneigung:* Häufig herrscht ein Empfinden aus missgestimmt-wütend-depriميert bis depressiv-zornig-feindselig vor.
- *Narzisstische Persönlichkeitsstruktur:* Die Betroffenen sehen alles nur aus der eigenen Ich-Perspektive. Negative Ereignisse werden aufgrund eines instabilen Selbstwertgefühls schnell als persönliche Kränkungen interpretiert.
- *Gewaltfantasien:* In Gewaltfantasien, die einen beträchtlichen Raum einnehmen, können sich die Täter als machtvoll und kontrolliert erleben. Sie ziehen sich häufig in eine Fantasiewelt zurück. Sie bedienen sich Machtfantasien, um narzisstische Kränkungen zu kompensieren. Die negativen Gefühle – so die Annahme – werden dann in Wut umgewandelt und auf diese Weise kompensiert. Diese dränge aber zur Umsetzung der Tat. Der Täter sei aufgrund seiner moralischen Selbstüberhöhung dann davon überzeugt, dass seine Tat gerechtfertigt sei.
- *Kritisches Ereignis:* Kritische Lebensereignisse, die aufgrund narzisstischer Strukturen besonders intensiv erlebt werden, begünstigen die Tatfantasien, vor allem wenn Waffen leicht zugänglich sind.
- *Tatplanung/Zugang zu Waffen:* Gewaltfantasien in Verbindung mit dem Konsum gewaltbezogener Medien, dem Austausch mit anderen (z. B. Chatrooms) sowie dem Zugang zu Waffen spielen eine große Rolle.

Darüber hinaus sind auch gesellschaftliche Rahmenbedingungen in Rechnung zu stellen, die die Identitätsentwicklung von Kindern und Jugendlicher, insbesondere die Sinnfindung im Leben erschweren. Im Zuge marktradikaler Ökonomisierungsprozesse haben sich Sinnverluste und Entfremdungserscheinungen weiter verschärft, die insbesondere bei Kindern und Jugendlichen zu psychosozialen Bewältigungsproblemen führen können. Leistungsdruck, Konkurrenzerleben, Selbstwertbedrohungen, Anerkennungsverweigerung usw. stellen für die jugendliche Identitätsentwicklung enorme Herausforderungen bzw. Belastungen dar. Die Schule spielt dabei eine höchst ambivalente Rolle, indem sie einerseits solche Individualisierungsprozesse mitgeneriert, andererseits aber auch zur Identitätsförderung und Kompetenzentwicklung beitragen soll (vgl. auch Waldrich 2007, Bannenberg 2010, Brumme 2011, Huck 2011, Scheithauer/Bondü 2011).

Lassen sich Amokläufe verhindern?

Wahrscheinlich lassen sich Amokläufe nicht gänzlich verhindern, dennoch kann durch gezielte Prävention die Wahrscheinlichkeit von Amokläufen verringert werden. Amokläufe treten nicht spontan auf, sondern sind das Ende eines meist längeren Entwicklungsprozesses. Der Tathergang wird langfristig geplant und von einer Reihe von potenziell erkennbaren Auffälligkeiten begleitet. Nahezu alle Täter kommunizierten ihre Absichten im Vorfeld (vgl. Hoffmann

2007, S. 32, Scheithauer/ Bondü 2008, S. 67 ff.). Solche Tatandeutungen und Tathinweise werden »Leaking« genannt (engl.: leckschlagen, durchsickern). Direktes Leaking wären z. B. Tatankündigungen in schriftlicher Form (Aufsätzen, Briefen, SMS, Chats usw.), mündlich (Telefon u. ä.), in Zeichnungen oder in Fotos und Filmen. Indirektes Leaking sind solche auffälligen Verhaltensweisen wie intensive Beschäftigung mit Waffen, Krieg, früheren school shootings, gewalthaltigen Medien oder auch mit Suizid.

Lehrkräfte sollten Leaking-Dokumente und Veränderungen im Verhalten von Schülern stets ernst nehmen; voreilige Stigmatisierungen sollten jedoch vermieden werden. Mittlerweile gibt es in vielen Bundesländern Sicherheitskonzepte für Schulen, schulinterne Krisenteams, ausgebildete Ansprechpartner sowie Notfallpläne (»Notfallordner«) für Schulen, in denen praktische Leitlinien für den Umgang mit Amoktaten enthalten sind (z. B. Sofortreaktion, Einleiten von Schutzmaßnahmen, Informationsweitergabe, Nachsorge). Der Aufbau eines »Frühwarnsystems« zur Früherkennung und Prävention von Amoktaten ist zu empfehlen. Dieses sollte eingebettet sein in eine »Kultur des Hinschauens und Hinhörens« sowie in ein »Schulklima der Achtsamkeit und Sensibilität«.

Als mögliche Präventionsansätze werden darüber hinaus auch das Verbot des *Waffenzugangs* und die Begrenzung des Einflusses von gewaltverherrlichenden Medien diskutiert (vgl. Scheithauer/Bondü 2008, S. 113 f.). Der legale Waffenbesitz von über drei Millionen Menschen kann, bezogen auf Amokläufe, tatsächlich als ein ernsthaftes Problem angesehen werden. So muss es nicht verwundern, wenn Schüler kaum Probleme beim Zugang zu Waffen haben. Auch Schulen sind keine »waffenfreien Zonen«. Vor allem männliche Schüler an Haupt- und Förderschulen bringen Waffen (vor allem Messer) mit in die Schule. Angesichts der Tatsache, dass bisherige politische Maßnahmen, z. B. die Novellierung des Waffengesetzes (2003), kaum wirksam waren, ist die Politik zum Handeln aufgefordert.

Auch die *Rolle des Medienkonsums* wird im Anschluss an Amoktaten stets heftig diskutiert. Wie die einschlägige Forschung zeigt, ist das Spielen von gewalthaltigen Videospielen allein sicher nicht für eine negative Entwicklung verantwortlich; vielmehr kommt es auf das Zusammenspiel mehrerer Faktoren an. Dennoch ist aus pädagogischer Sicht zu fragen, inwieweit Gewalt für Kinder und Jugendliche »Unterhaltungswert« haben sollte. Wissenschaftliche Studien belegen zudem die negativen Wirkungen von Gewaltdarstellungen in Video- und Computerspielen (ebd., S. 117 f.): So wird aggressives Verhalten durch Siegpunkte belohnt und positiv verstärkt. Das Misstrauen gegenüber anderen Spielern wird geschürt. Der Spieler ist nicht passiver Rezipient, sondern aktiver Gestalter des Spiels. Männliche Stereotype – wie der starke, beschützende Mann und die schwache, zu rettende Frau – werden gefördert. Die Charaktere und die Spielumgebung werden immer realer dargestellt. Darüber hinaus wurde nachgewiesen, dass sich die realen Schießleistungen durch das Spielen von Ego-Shootern trainieren lassen. Das sind Argumente und Tatsachen, die es pädagogisch ratsam erscheinen lassen, entsprechende politische und pädagogische Konsequenzen zu ziehen und den Zugang zu bzw. den Umgang mit gewaltverherrlichenden Medien für Kinder und Jugendliche einzuschränken.

Da auch die Berichterstattung in den Medien zu Nachahmungstaten und damit zur Perpetuierung von schweren Gewalttaten beiträgt (▶ Kap. I, 1) – ein Verzicht auf die Berichterstattung aufgrund der Pressefreiheit jedoch nicht möglich ist –, lassen sich im Zusammenhang mit Amokläufen folgende Forderungen an die Medien ableiten (vgl. Robertz 2007): keine Vereinfachung der komplexen Handlungsmotivationen und Hintergründe, keine Fokussierung auf den Täter, keine Romantisierung, keine »Heroisierung«, keine Heldengeschichte im Rahmen der Berichterstattung, keine Bilder in »Heldenpose«, keine detaillierte Darstellung des Tathergangs und der Gewaltfantasien der Täter, da dies Nachahmungstäter (z. B. »Werther-Effekt«) ermuntern könnte. Die Medien tragen hierbei eine große Verantwortung, der sie häufig nicht nachkommen.

5.5 Sexuelle Gewalt an Schulen (Juliane Ulbricht)

Ausgelöst durch Berichte von Missbrauchsopfern hat das Thema »Sexuelle Gewalt an Schulen« Anfang 2010 durch die Massenmedien öffentliche Aufmerksamkeit erlangt. Unter sexueller Gewalt als eine Besonderheit des Verhältnisses von Sexualität und Macht wird eine Kombination von physischer und psychischer Gewalt verstanden, welche auf die Schädigung und Verletzung durch erzwungene intime Körperkontakte oder andere sexuelle Handlungen zielt, die dem Täter die Befriedigung eigener sexueller oder Machtbedürfnisse ermöglicht und das Opfer erniedrigt und entwürdigt (vgl. Sielert 2011, S. 26). Sexuelle Gewalt kann dabei unter Schülern oder von Lehrpersonen oder anderem Schulpersonal gegenüber Schülern ausgeübt werden. Die Formen sexueller Gewalt sind dabei vielfältig und reichen von sexualisierter Sprache durch obszöne Worte, absichtlichem Berühren intimer Körperstellen, sexuellen Belästigungen bis hin zu sexuellen Handlungen. Sexuelle Gewalt unter Schülern wird auch im Zusammenhang mit Cyberbullying und Handy Slapping ausgeübt (▶ Kap. I, 5.3). Sexuelle Gewalt von Lehrpersonen gegenüber Schülern findet häufig unter einem pädagogischen Vorwand statt (z. B. im Sportunterricht). Die Folgen von sexueller Gewalt sind gravierend: So haben Opfer von sexueller Gewalt häufiger schulische und soziale Probleme (z. B. Lern- und Leistungsbeeinträchtigungen, psychische oder physische Erkrankungen) (vgl. Bründel 2011, Unabhängige Beauftragte zur Aufarbeitung des sexuellen Kindesmissbrauchs 2011).

Welche Befunde gibt es zum Ausmaß sexueller Gewalt in Schulen?

Sexuelle Gewalt wurde bisher – wenn überhaupt – nur im Zusammenhang mit Schülergewalt erforscht. Unsere eigenen Studien in Sachsen und Hessen ermittelten folgende Ergebnisse: Ca. 10 % der sächsischen und 16 % der hessischen Schüler haben mehrmals im Monat sexuelle Belästigungen beobachtet (»Jungen bedrängen ein Mädchen und fassen es gegen ihren Willen an, z. B. an den Busen«), wobei Schüler im Vergleich zu ihren Lehrern deutlich häufiger sexuelle Belästigungen wahrnahmen. Im Selbstreport gaben insgesamt 3 % der Schüler an, sexuelle Belästigungen öfter ausgeübt zu haben. Die Werte liegen höher, wenn man die Differenzierung nach Geschlecht, Schulformen oder Jahrgangsstufe betrachtet. So beträgt der Anteil der Jungen der 8. Jahrgangsstufe, die angeben, sexuelle Attacken gegen Mädchen des Öfteren auszuüben, 10 %. Schülergewalt und sexuelle Gewalt hängen zusammen: Jungen, die sich Mädchen gegenüber sexuell aggressiv verhalten, üben auch sonst mehr (körperliche) Gewalt aus. Das Interventionshandeln der Lehrpersonen ist kritikwürdig: Nur 54 % der Schüler gaben an, dass ihre Lehrer bei sexuellen Belästigungen häufiger eingreifen würden. 16 % meinten sogar, dass ihre Lehrer nie eingreifen (vgl. Forschungsgruppe Schulevaluation 1998).

Nach einer repräsentativen Schülerstudie unter 15-jährigen Schülern wurden innerhalb der letzten zwölf Monate 7 % der Schüler sexuell belästigt, 1 % wurde Opfer sexueller Gewalt, 0,3 % sogar mehrfach. Mädchen waren von sexuellen Belästigungen viel häufiger betroffen als Jungen (vgl. Baier u. a. 2009, S. 38 f.). Rund 38 % der Schüler einer Befragung in Bremen wurden bis zu einmal im Monat Opfer verbaler sexueller Gewalt; »körperlich sexuell angemacht« (z. B. »begrabscht«) wurden rund 15 % der Schüler der Sekundarstufe I. Jeder fünfte Bremer Schüler gab an, im vergangenen Schuljahr mindestens einmal jemanden verbal und 6 % gaben an, andere Schüler körperlich sexuell »angemacht« zu haben. In der Sekundarstufe II lagen die Täter- und Opferangaben niedriger (vgl. Leithäuser/Meng 2003, S. 13 f.). Von den Bremer Schulleitern räumten etwa 4 % zumindest eine geringe Belastung mit sexueller Gewalt an ihrer Schule ein (vgl. Meng 2004, S. 13 f.).

In einer bundesweiten Schulbefragung gaben 11 % der Schulleitungen und Lehrkräfte an, dass es einen Verdachtsfall von sexueller Gewalt unter Schülern in den letzten drei Jahren gegeben habe, zumeist wegen Berührungen am Körper sowie an den Geschlechtsteilen. Rund 40 % der Schulleiter und über 30 % der Lehrpersonen berichteten Fälle mit mehrmaligen Übergriffen. Der Verdacht ist zumeist entstanden, weil sich das betroffene Kind – mehrheitlich Mädchen – an die Schulleitung oder an einen Lehrer gewandt hat (vgl. Unabhängige Beauftragte zur Aufarbeitung des sexuellen Kindesmissbrauchs 2011, S. 110 ff.).

Im Unterschied zur sexuellen Gewalt unter Schülern liegen zur *sexuellen Gewalt seitens der Lehrpersonen* gegenüber Schülern bisher nur wenige empirische Daten vor. So gaben in der o. g. Bremer Schülerbefragung jeweils rund 5 % der 7.–10.-Klässler an, im letzten Schuljahr durch Lehrpersonen mindestens einmal körperlich bzw. verbal sexuell belästigt worden zu sein. Schüler der Sekundarstufe II wurden seltener Opfer sexueller Gewalt seitens der Lehrpersonen (vgl. Leithäuser/Meng 2003, S. 20). In der Befragung von Bremer Schulleitern wurden verbale sexuelle Gewalt und körperlich sexuelle Gewalt von Lehrern gegen Schüler im Durchschnitt nicht als Belastung eingestuft (vgl. Meng 2004, S. 13). Dieses Bild der Schulleiter widerspricht tendenziell den Ergebnissen der Schülerbefragung, in der ungefähr jeder zwanzigste Schüler mindestens einmal von Lehrpersonen sexuell belästigt wurde.

Die o. g. Institutionenbefragung ermittelte Folgendes: 3 % der befragten Schulleiter und Lehrpersonen gaben einen Verdachtsfall von *sexuellem Missbrauch* in den letzten drei Jahren durch Personen, die in der Schule tätig sind bzw. waren, an. Bei diesen Verdachtsfällen waren die Opfer mehrheitlich Mädchen. In zwei Dritteln der Verdachtsfälle kam es zu Berührungen am Körper, in etwa einem Drittel zu verbalen sexuellen Übergriffen. Die Mehrheit der Befragten verdächtigte männliche Lehrer bzw. eine andere männliche Person wie Hausmeister oder Zivildienstleistende (vgl. Unabhängige Beauftragte zur Aufarbeitung des sexuellen Kindesmissbrauchs 2011, S. 108 ff.).

Welche Möglichkeiten der Prävention gibt es?

Während bis in die 1980er Jahre die vorrangige Maßnahme zur Vorbeugung von sexuellem Missbrauch in Warnungen vor »fremden, schwarzen Männern« bestand, gibt es mittlerweile verschiedene Präventionsansätze (vgl. z. B. Fachkreis Gewaltprävention und Behörde für Bildung und Sport 2004, Marquardt-Mau 1997). Die Prävention von sexueller Gewalt gehört zum Erziehungsauftrag der Schulen und kann an verschiedenen Punkten ansetzen: bei Lehrpersonen, bei Schülern und im Unterricht sowie bei der Schule als Institution. Die Verantwortung für den Schutz von Kindern und Jugendlichen liegt dabei immer bei den Erwachsenen. Die Präventionsarbeit in der Schule soll die Schüler stärken, das heißt sie unterstützen, Vertrauen in sich selbst aufzubauen, eigene Handlungskompetenzen zum Erkennen, Einordnen und Beenden von Situationen zu fördern und eigene Grenzen zu entwickeln – denn selbstbewusste Kinder sind besser in der Lage, sich abzugrenzen und bedrohliche Situationen zu beenden (vgl. Gugel 2007). Außerdem gilt es, die Schüler zu informieren. Dazu gehört eine ausführliche Sexualerziehung im Unterricht. Die Schüler sollen mehr über ihren Körper und über das Thema Sexualität erfahren, welches häufig noch ein Tabuthema ist.

Sexuelle Gewalt kann auch Thema im Unterricht sein, wobei auf Folgendes zu achten ist: So soll die Lehrkraft ihre eigene Biographie und ihr fachliches Wissen reflektieren und die Klasse bzw. Schüler einschätzen und dementsprechend geeignete Methoden zur Thematisierung von sexueller Gewalt wählen. Auch ist zu überlegen, wie Eltern in die Planung einbezogen und über das Unterrichtsprojekt sowie über das Thema »sexuelle Gewalt« informiert werden können (z. B. über Elternabende). Schulische Prävention ist umso erfolgreicher, je enttabuisierter auch das Elternhaus mit dem Thema Sexualität und sexuelle Gewalt umgeht.

Ein weiterer konkreter Präventionsansatz sind regelmäßige Fortbildungsmaßnahmen für Lehrer (z. B. SchiLF, ▶ II., Kap. 4.5). Diese sollten auf zwei Dimensionen der Prävention gerichtet sein: Zum einen auf die gezielte Aufmerksamkeit bei Anzeichen sexueller Gewalt und zum anderen auf eine kontinuierliche Präventionsarbeit. Auch sollen Lehrer über Wissen über Täter und Opfer sowie Symptome und Folgen sexueller Gewalt, aber auch Wissen über die sexuelle Entwicklung von Kindern verfügen. Sie benötigen ein sexualpädagogisches Konzept, um mit Schülern angemessen über Sexualität zu sprechen (vgl. Schele 2010, Paritätischer Wohlfahrtsverband 2010). Dies setzt voraus, dass jede Lehrperson für sich selbst sowie im Kollegium klärt, wann Macht in pädagogischen Organisationen legitim ist und welche Unsicherheiten in Bezug auf

Machtmissbrauch bestehen. Diese Reflexion von Strukturen, Regeln und Haltungen und eine damit verbundene Sensibilität und Aufmerksamkeit für grenzverletzendes Verhalten reduziert die Gefahr, dass es zu sexueller Gewalt kommt. Auf Schulebene sind die Etablierung einer Selbstverpflichtung beispielsweise als Verhaltenskodex und Handlungsleitlinien für eine gewaltfreie Schule zu empfehlen (vgl. Paritätischer Wohlfahrtsverband 2010, Bartz 2010, Marquardt-Mau 1997).

Ein vertrauensvolles Umfeld und eine offene Kommunikationskultur dienen insgesamt der Prävention. Dazu gehört auch die Partizipation aller Beteiligten. So sind bei der Erarbeitung von Regeln neben der Schulleitung und dem Personal auch Schüler und Eltern mit einzubeziehen. Ein solches Klima ermutigt sowohl Schüler als auch das Schulpersonal, sich in Gewaltsituationen zu offenbaren. Dies setzt unter anderem Ansprechpartner innerhalb der Schule bei Schülern, Lehrern und in der Schulleitung sowie außerhalb bei Eltern und externen Beratungsstellen voraus. Intern können diese Rolle zum Beispiel Vertrauenslehrer übernehmen, die der Verschwiegenheit unterliegen. Auch Schülerpaten können eine erste niedrigschwellige Anlaufstelle für betroffene Schüler sein. Hilfreich sind auch regelmäßige offene Sprechstunden (vgl. Bartz 2010, Paritätischer Wohlfahrtsverband 2010).

Weiterhin ist zu empfehlen, dass Lehrpersonen und Schulleitung sowie Experten sowohl bei der Prävention als auch bei der Intervention kooperieren. Die Schulleitung sollte bei der Intervention die »Entscheiderrolle« einnehmen und zugleich allen Beteiligten Orientierung bieten, indem sie z. B. Erwartungen an Verhalten und Konsequenzen bei erneutem Fehlverhalten darstellt und Beratungs- und Unterstützungsangebote entwickelt. Für die Schule bedeutet dies u. a. auch, Kontakte zu Behörden, Beratungsstellen und ggf. zur Polizei aufzunehmen (vgl. Bartz 2010, Schele 2010).

Resümierend kann konstatiert werden, dass sexuelle Gewalt an Schulen ein ernst zu nehmendes Problem darstellt, das durch öffentliche Aufklärung weiter zu enttabuisieren ist. Das Ausmaß sexueller Gewalt, insbesondere durch Lehrpersonen, wird erst allmählich sichtbar, ebenso deren Verwobenheit in Prozesse des Machtmissbrauchs und mangelnder Lehrerprofessionalität. Zugleich bedarf es einer verstärkten Präventionsarbeit, wobei an bereits vorhandene Ansätze angeknüpft werden kann.

5.6 Relevanz der Ergebnisse für die Gewaltprävention

Aufbauend auf den Analyseergebnissen zu Gewalt und Mobbing lassen sich – aus unserer Sicht – vor allem folgende Konsequenzen für die Prävention und Intervention ableiten:

- Gewalt und Mobbing gehören – entsprechend den Untersuchungen – zur heutigen Erziehungswirklichkeit. Folglich ist es Aufgabe der Schule, sich damit auseinander zu setzen und den *gesellschaftlichen Erziehungsauftrag* ernst zu nehmen. Dies gilt für alle Gewaltformen an Schulen: sowohl für Gewalt und Mobbing unter Schülern als auch für Gewalt und Mobbing gegen Lehrer, aber auch für Lehrergewalt und Lehrermobbing gegen Schüler sowie im Lehrerkollegium.

- Die Ergebnisse der Studien liefern vielfältige Ansatzpunkte für eine ursachenbezogene, »systemische« Gewaltprävention. Entsprechend dem nachgewiesenen Einfluss einer Reihe verschiedener Bedingungsfaktoren existiert auch eine *Vielzahl von möglichen Präventions- und Interventionsansätzen.* Dabei gilt es, auch neue Gewaltentwicklungen wie Mobbing, Cyberbullying oder extreme Bedrohungssituationen wie Amoklauf in das Handlungsrepertoire der Gewaltprävention aufzunehmen. Moderne Gewaltprävention muss deshalb auch das Internet mit einbeziehen und für extreme Krisensituationen von Schülern sensibel sein.
- Aufgrund der Komplexität des Ursachen- und Bedingungsgefüges für Gewalt greifen schulische Einzelmaßnahmen, z. B. Projekttage oder eine einmalige Fortbildung, zu kurz. Gefragt sind *nachhaltige Konzepte und Programme,* die die Schule als Ganzes betreffen und ihre Lern- und Schulkultur sowie insbesondere die Lehrer-Schüler-Beziehungen weiterentwickeln. Zu empfehlen sind solche Strategien, die verschiedene Ebenen einbeziehen, z. B. personale, Klassen-, Schul- und kommunale Ebene, und die sowohl Prävention als auch Intervention, schulische als auch außerschulische Lebensbereiche sowie Forderungen und Förderungen miteinander verbinden.
- Da sowohl außerschulische als auch schulische Bedingungen als Risikofaktoren für Gewalt in Erscheinung treten, muss eine Erfolg versprechende Prävention stets beide Bereiche erfassen. Dies erfordert vor allem eine *intensivere Zusammenarbeit der Institution Schule mit anderen Institutionen,* insbesondere der Jugendhilfe. Die Ganztagsschulen bieten hierfür günstige Möglichkeiten. Für eine stabile Identitätsentwicklung von Kindern und Jugendlichen bedarf es darüber hinaus vor allem eines engen *Zusammenwirkens der Sozialisationsfelder Familie und Schule.* Hierbei besteht nach wie vor ein erheblicher Handlungsbedarf.
- Schulische Prävention muss bei den Interaktionsbeziehungen ansetzen und die *sozialen Kompetenzen von Schülern und Lehrern stärken.* Das Erlernen von Kompetenzen der gewaltfreien Konfliktlösung muss frühzeitig erfolgen, möglichst schon im Kindergarten oder in der Grundschule. Soziale und Mediationskompetenzen und der Umgang mit Mobbingphänomenen sollten zur Grundausbildung von Lehrern gehören. Daneben sollte zum Rüstzeug eines jeden Lehrers auch gehören, mit den Schülern gemeinsam Regeln erarbeiten und umsetzen zu können.
- Der großen Bedeutung der *Peergroup und des allgegenwärtigen Medienangebotes* sollte ebenfalls Rechnung getragen werden, indem die Schule dies zum Thema macht und zusammen mit außerschulischen Partnern attraktive Alternativen anbietet und sinnvolle Freizeitangebote macht. Insbesondere in sozialen Brennpunkten bedarf es dazu einer verstärkten (mobilen) Jugendsozialarbeit.
- *Prävention muss die konkreten Bedingungen vor Ort berücksichtigen und adressatenbezogen sein.* So bedürfen die verschiedenen Adressaten wie Täter,

Opfer, Mitläufer, Schulklasse usw. differenzierter Angebote, die nur die jeweilige Einzelschule in Zusammenarbeit mit externen Partnern entwickeln und realisieren kann.

- Da Schule nur begrenzte Möglichkeiten hat, die Sozialisationsbedingungen von Kindern und Jugendlichen zu beeinflussen, muss sich Gewaltprävention stets auch für die *Verbesserung der Lebensbedingungen* von Kindern und Jugendlichen, insbesondere für den Abbau sozialer Ungleichheiten und die Bekämpfung von (Bildungs-)Armut, einsetzen. In diesem Sinne ist die beste Gewaltprävention eine gute Sozial- und Bildungspolitik.

Viele der vorgebrachten Empfehlungen sind nicht neu, was die Frage aufwirft, warum das einmal Erkannte nicht bzw. nicht schneller umgesetzt wird. Zunächst ist in Rechnung zu stellen, dass Erkenntnisse sich nicht automatisch durchsetzen, sondern dass es einer ständigen Überzeugungs- und Aufklärungsarbeit bedarf. Außerdem ist die Durchführung von Präventionsmaßnahmen an kompetente Personen, bestimmte Sachmittel und vor allem an politische Interessen gebunden, womit Fragen der Weiterbildung, der (politischen) Prioritätensetzung und der finanziellen Ressourcen angesprochen sind.

Vergleicht man die aus den empirischen Studien abgeleiteten Folgerungen für die Gewaltprävention mit denen, die aus den Theorien entwickelt wurden, zeigen sich viele Gemeinsamkeiten. *Theoretische Ansätze und empirische Befunde führen zu ähnlichen Folgerungen für die Gewaltprävention.* Viele Präventionsansätze können sich also auf theoretisch und empirisch gesicherte Erkenntnisse stützen. Gemeinsam ist auch die Tendenz zu mehr Differenziertheit und Komplexität: Die komplexen theoretischen Erklärungsmodelle entsprechen auf der empirischen Ebene den differenzierteren Analysemodellen und auf der Präventionsebene den komplexen Präventionsprogrammen.

Darüber hinaus haben die Studien zur Gewalt an Schulen die sozialwissenschaftliche wie schulpädagogische Debatte in mindestens dreifacher Hinsicht bereichert:

1. Unter *sozialisationstheoretischer Perspektive* verweisen die Befunde der empirischen Gewaltforschung auf die Grenzen der Sozialisationsinstanz Schule beim Umgang mit Gewalt. Schule (in ihrer heutigen Form) kann entsprechende Erziehungsdefizite nur teilweise kompensieren. Andere Einflussfaktoren, vor allem die Herkunftsfamilie, wirken stärker. Daraus ergibt sich die Notwendigkeit, das Verhältnis von Schule und außerschulischen Institutionen mit Blick auf die Sozialisation von Kindern und Jugendlichen neu auszutarieren und die Kooperation zwischen ihnen auszubauen. Das gilt insbesondere für die beiden pädagogischen Institutionen Schule und Jugendhilfe, die als gleichberechtigte Institutionen ihren Platz in einem Netz von Sozialisationsfeldern (in einer kommunalen Bildungslandschaft) neu zu bestimmen haben. Dabei werden sowohl von der Institution Schule als auch von der Institution Jugendhilfe verstärkte Erziehungsleistungen notwendig sein.

2. Aus den Befunden der empirischen Gewaltforschung kann unter *schultheoretischer Perspektive* gefordert werden, das Verhältnis von schulischer Selek-

tion und sozialer Integration neu auszubalancieren und Prozesse der Persönlichkeitsentwicklung und Identitätsbildung stärker in den Vordergrund zu rücken. In Zeiten zunehmender Individualisierung bedarf es vor allem ich-starker Jugendlicher, die es gelernt haben, mit Problemen und Konflikten, auch mit eigenen Aggressionen umzugehen, und die es nicht nötig haben, ihre Identität durch Gewalt gegenüber Schwächeren zu behaupten.

3. Die Ergebnisse der Gewaltforschung haben unter der *Schulentwicklungsperspektive* die Theorie und Praxis der Entwicklung der Einzelschule in verschiedener Hinsicht befruchtet und den engen Zusammenhang von Gewaltprävention, Schulqualität und Schulentwicklung deutlich gemacht. Auch wenn außerschulische Einflüsse groß sind, so sind – wie mitunter behauptet – die Schulen der Gewalt nicht hilflos ausgeliefert. Die vielen identifizierten gewaltfördernden bzw. gewalthemmenden Bedingungen innerhalb der Schule belegen vielmehr, dass Gewaltprävention auch innerhalb der Institution Schule möglich ist. Erfolgreiche Schulentwicklung ist in diesem Sinne immer zugleich auch Gewaltprävention. Und umgekehrt: Schulische Gewaltprävention kann langfristig nur gelingen, wenn sie Elemente von Schulentwicklung aufnimmt.

6 Wiederholungsfragen zu Teil I

- Warum ist das Thema »Gewalt an Schulen« ein Medienereignis?
- Wie berichten die Medien über das Thema »Schule und Gewalt«?
- Welche Folgen hat eine exzessive Medienberichterstattung über »Gewalt an Schulen«?
- Warum fördert die mediale Skandalisierung von schwerer Gewalt die Perpetuierung solcher Gewalttaten?
- Warum ist eine kritische Diskursanalyse zu »Schule und Gewalt« angeraten?
- Welche Konsequenzen ergeben sich für den Umgang mit den Medien?
- Begründen Sie, inwiefern Prävention von Gewalt eine Aufgabe für Schule ist?
- Wie ordnet sich die Prävention in die gesellschaftlichen Funktionen von Schule ein?
- Warum ist die Klärung des Gewaltbegriffs, z. B. im Lehrerkollegium, notwendig?
- Was versteht man unter »Gewalt«?
- Was ist »Mobbing«, was ist »Bullying«?
- Wie unterscheiden sich Gewalt und Mobbing?
- Was ist mit »Happy-Slapping« bzw. mit »Cyberbullying« gemeint?
- Welches Gewaltverständnis haben Schülerinnen und Schüler?

- Welche Gewaltformen sind an Schulen anzutreffen?
- Wie können die verschiedenen schulischen Gewaltformen klassifiziert werden?
- Was lässt sich aus der Debatte um den Gewaltbegriff für die Prävention ableiten?
- Warum ist die Beschäftigung mit theoretischen und empirischen Erkenntnissen für die Präventionsarbeit wichtig?
- Warum gibt es so viele Theorien zu Aggression und Gewalt?
- Wie kann man die Theorien für Aggression und Gewalt klassifizieren?
- Erläutern Sie verschiedene Aggressionstheorien.
- Erläutern Sie verschiedene Erklärungsmodelle für Gewalt.
- In welchen Erklärungsmodellen spielt die Schule als gewaltfördernder Faktor eine Rolle?
- Was besagt z. B. die Aggressions-Frustrations-Theorie?
- Was ist das Wesen der Anomietheorie?
- Vergleichen Sie die Anomietheorie und die Modernisierungstheorie miteinander.
- Was folgt aus der Lerntheorie für die Gewaltprävention?
- Welche Bedeutung haben Etikettierungstheorien für die schulische Gewaltprävention?
- Erläutern Sie integrative Erklärungsmodelle für Gewalt.
- Beurteilen Sie die Leistungsfähigkeit verschiedener Theorien hinsichtlich deren Relevanz für die Gewaltprävention.
- Welchen Nutzen haben empirische Untersuchungen zu Gewalt an Schulen?
- Skizzieren Sie die Entwicklung der schulischen Gewaltforschung.
- Mit welchen Forschungsmethoden werden die Gewaltphänomene erfasst?
- Welche inhaltlichen Schwerpunkte haben die Studien zu Gewalt an Schulen?
- Welche Entwicklungstrends in der Debatte um »Schule und Gewalt« lassen sich erkennen?
- Was sind grundlegende Erkenntnisse der schulischen Gewaltforschung?
- Hat die »Jugendgewalt« bzw. die Gewalt an Schulen zugenommen?
- Welche Gewaltphänomene sind an Schulen verbreitet?
- Wie groß ist der Anteil von »Tätern« bzw. »Opfern«?
- Welchen Einfluss haben Geschlecht, Schulform, Alter und andere Merkmale?
- Ist Gewalt ein Jungenphänomen?
- Welche Schulformen sind besonders mit Gewaltproblemen konfrontiert? Warum ist das so?
- In welchen Klassenstufen ist die Gewaltbelastung am höchsten? Warum?
- Sind junge Migranten stärker durch Gewalt belastet?
- Welche Ursachen bzw. Risikofaktoren für Gewalt an Schulen wurden ermittelt?
- Was ist Mobbing?

- Ist Mobbing ein Problem an Schulen?
- Was sind Anzeichen für Mobbing?
- Wie kann man Mobbingphänomene klassifizieren?
- Wie weit ist Mobbing an Schulen verbreitet?
- Wie stellt sich Mobbing differenziert nach Klassenstufe, Region und sozialer Herkunft dar?
- Welche Rolle spielen die Schulkultur und das Lehrerhandeln?
- Welchen Einfluss hat die Erziehung in der Familie?
- Wer sind die Mobbingopfer, wer die Mobbingtäter?
- Warum ist Mobbing ein Gruppenphänomen?
- Inwiefern ist Mobbing ein »zusammenführendes Ausgrenzungsritual«?
- Welche Folgen hat Mobbing?
- Nennen Sie Beispiele für Cyberbullying.
- Wie weit ist Cyberbullying verbreitet?
- Welche Präventionsansätze gibt es für Cyberbullying?
- Was sind Amokläufe? Was sind »school shootings«?
- Sind Schulamokläufe ein neues Phänomen?
- Welche Risikofaktoren gibt es für Schulamokläufe?
- Lassen sich Amokläufe verhindern?
- Welche Ansätze zur Prävention von Amokläufen gibt es?
- Was ist »Leaking«?
- Welche Folgerungen können aus Studien zu Gewalt und Mobbing für die Prävention abgeleitet werden?

Teil II Möglichkeiten der Prävention und Intervention

1   Begriffe »Gewaltprävention« und »Gewaltintervention«

Immer wenn über Gewalt diskutiert wird, erhebt sich gleich die Frage: Was kann man gegen Gewalt tun? Da jedes Gewalthandeln prinzipiell moralisch verwerflich ist, ruft es zugleich nach einer entsprechenden Gegenreaktion der Gesellschaft in Form von Sanktionen bzw. von pädagogischem Handeln. Bei einer pädagogischen Reaktion auf Gewalt ist zwischen Gewaltprävention und Gewaltintervention zu unterscheiden. Während unter *Gewaltprävention* in Anlehnung an den Präventionsbegriff alle Maßnahmen zur zukünftigen Verhinderung oder Minderung von aggressiven und gewaltförmigen Handlungen verstanden wird, geht es bei der *Gewaltintervention* um ein unmittelbares Eingriffshandeln zur Beseitigung von schon existierenden Gewalthandlungen. In diesem Sinne versteht sich Gewaltprävention als ein Maßnahme- bzw. Fördersystem, das notwendige Hilfen und Unterstützung im Kontext von Familie, Schule und Jugendhilfe umfasst. Wegen seiner Unschärfe und seiner Missbrauchsgefahr ist der Präventionsbegriff allerdings nicht unumstritten (vgl. Schubarth 2003).

Tab. 6: Modell der Gewaltprävention und -intervention in der Schule (vgl. Melzer/Schubarth/ Ehninger 2011, S. 161)

	Ziele	Möglichkeiten der Schule (Beispiel)
Primärprä-vention	• Gewaltlosigkeit als Erziehungs-ziel • Förderung und Stabilisierung des Selbstwertgefühls bzw. des Vertrauens in andere Personen • Verstärkung prosozialer Einstellungen Förderung von Kommunikations- und Interaktionskompetenzen	• Praxis gewaltfreier Austragung von Konflikten in Familie, Schule und Gesellschaft • Kooperation Schule-Elternhaus-Jugendhilfe • Gewalt und Aggression als Unterrichtsthema • Verbesserung von Schulklima und Lernkultur • Stärkung der Lebensbewältigungskompetenzen • • Transparenz und individuelle Förderung
Sekundär-prävention	• »Immunisierung« potenzieller Opfer und Täter durch gezielte	• Umgang mit Unterrichtsstörungen, pädagogische Arbeit mit

Tab. 6: Modell der Gewaltprävention und -intervention in der Schule (vgl. Melzer/Schubarth/ Ehninger 2011, S. 161) – Fortsetzung

	Ziele	Möglichkeiten der Schule (Beispiel)
	Trainings, z. B. Anti-Aggressivitätstraining	Gewaltauffälligen sowie Gewaltopfern, z. B. Sozialtrainingskurse
Tertiärprävention	• Maßnahmen zur Besserung und Resozialisierung bei manifesten Problemen • Verfahren mit dem Ziel der Resozialisierung, z. B. Täter-Opfer-Ausgleich, Therapien	• Einbeziehung von Institutionen (z. B. schulpsychologischer Dienst, Vereine, Polizei) • Unterstützung beim Nachholen von Schul- und Berufsabschlüssen

Wie Tabelle 6 zeigt, kann man bei der Gewaltprävention – ähnlich wie bei der Prävention allgemein – zwischen drei Formen von Prävention unterschieden: *Primäre* Gewaltprävention besteht darin, diejenigen gesellschaftlichen Bedingungen zu entwickeln, die die Lebenskompetenzen und Konfliktlösungsfähigkeiten von Kindern und Jugendlichen stärken. *Sekundäre* Prävention dient der Verhinderung gewalttätigen Verhaltens, z. B. durch besondere Präventionsprogramme, *tertiäre* Prävention der Verhinderung von Rückfall und der Resozialisierung, wobei in der Praxis die drei Formen ineinander übergehen können (▶ Tab. 6).

2 »Systemische schulische Gewaltprävention« als ursachenbezogene Prävention

Da Gewalt vielfältige Ursachen haben kann, muss eine ursachenbezogene Gewaltprävention auch die verschiedenen Ebenen der Gewaltverursachung in den Blick nehmen. Dafür bietet eine *»systemische Gewaltprävention«* eine gute Grundlage. Bei einem »systemischen Ansatz« der schulischen Gewaltprävention geht es darum, das Zusammenwirken aller Hilfs- und Unterstützungssysteme für eine gelingende Persönlichkeitsentwicklung so zu gestalten, dass gewalttätiges Handeln von Kindern und Jugendlichen überflüssig wird. Dabei lassen sich drei Ebenen unterscheiden (vgl. Schubarth 2004a, auch Rademacher 2001):

- die Makroebene, die gesellschaftspolitische Ebene mit ihren politischen, ökonomischen, kulturellen und sozialen Rahmenbedingungen,
- die Mesoebene, die Ebene des schulischen Umfeldes bzw. des Gemeinwesens und
- die Mikroebene, die Schulebene mit ihren verschiedenen schulischen Akteuren.

Diese drei Ebenen sind in Form konzentrischer Kreise aufgebaut und miteinander verwoben; in ihrer Gesamtheit bilden sie den »systemischen Ansatz« (▶ Abb. 6):

Abb. 6: Ebenen der »systemischen Gewaltprävention«

Auf der *gesellschaftspolitischen Ebene* kommt es vor allem darauf an, dass Formen der strukturellen Gewalt, d. h. Beeinträchtigungen und Benachteiligungen in der Persönlichkeitsentwicklung durch gesellschaftliche Strukturen (z. B. soziale Ungleichheit, Armut, Perspektivlosigkeit), möglichst vermieden bzw. reduziert werden und Kinder und Jugendliche günstige Rahmenbedingungen für ihr Heranwachsen vorfinden, was entsprechende Konsequenzen für die Familien-, Bildungs-, Jugend- und Sozialpolitik hat.

Auf der *Ebene des Gemeinwesens* bedeutet »systemische Gewaltprävention«, dass Schule mit Freizeitzentren, Jugendämtern, Vereinen, Verbänden, Firmen, Sozialen Diensten, Kirchen, Ortsämtern, Polizei und anderen Einrichtungen mit dem Ziel zusammenarbeitet, gemeinsam die anfallenden Probleme zu bearbeiten (▶ Abb. 7).

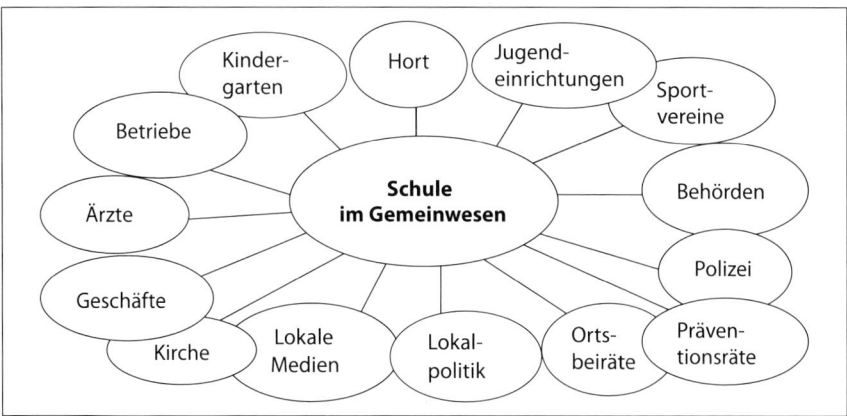

Abb. 7: »Systemische Gewaltprävention« im Gemeinwesen

Die Kooperation mit anderen Einrichtungen fällt Schulen oft nicht leicht, sind sie doch traditionell sehr auf sich fixiert. Dennoch gibt es viele Beispiele, wie Schulen gerade bei der Gewaltprävention und -intervention von solchen Unterstützungsnetzwerken profitieren können, z. B. in Form von »Runden Tischen« oder Stadtteilkonferenzen, an denen mehrere Schulen, das Schulamt, die Elternvertretungen, der Schulpsychologische Dienst, das Jugendfreizeitheim, der Sozial- und Jugenddienst, der Mädchen- und Frauentreff, die Kindertagesstätte, die Polizei, die Ortsverbände der Parteien, Sportvereine usw. teilnehmen. Der Aufbau eines Unterstützungsnetzwerkes bietet gute Möglichkeiten, Aggressivität von Kindern und Jugendlichen zu reduzieren bzw. in andere Richtungen zu lenken (z. B. durch gemeinschaftliche Aktivitäten). Zudem fördern außerschulische Kooperationsbeziehungen den Schulentwicklungsprozess im Sinne einer »Öffnung von Schule«. Die einzelne Schule gewinnt dadurch an Lebensweltorientierung, an sozialer und demokratischer Qualität, was wiederum positive Auswirkungen auf die Schul- und Lernkultur hat.

Auf der *Schulebene* bedeutet »systemische Gewaltprävention«, dass möglichst viele Schulakteure sich den Leitzielen der Prävention, z. B. eine »gewaltfreie« Schulkultur, verpflichtet fühlen und danach handeln. Zu den Schulakteuren zählen hierbei nicht nur die Lehrer und Schüler, sondern auch die Eltern, Schulsozialarbeiter, Schulpsychologen, Betreuer von »Anti-Gewalt-Projekten« sowie Hausmeister, Sekretärinnen, Fahrer von Schulbussen u. a. Die Kooperation innerhalb der Schule ist vielerorts verbesserungsbedürftig. Auch hier gilt, dass sich die Entwicklung eines gutes Kooperationsklimas auszahlt, auf das Schulklima insgesamt ausstrahlt und damit die Erziehungswirksamkeit der Schule erhöht (▶ Abb. 8).

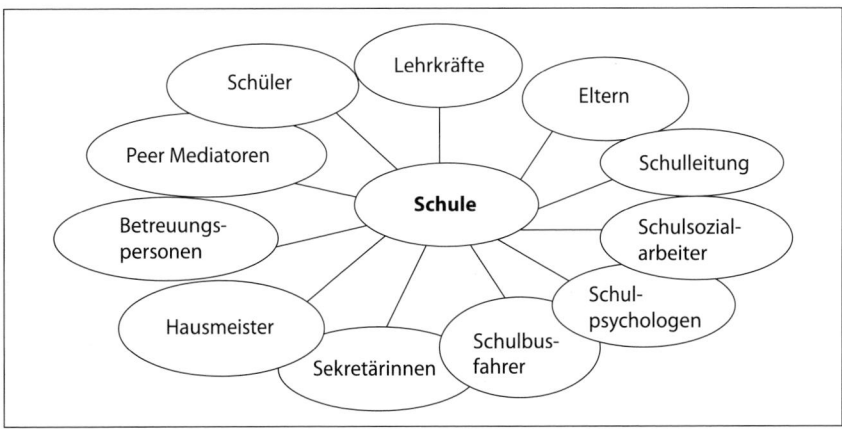

Abb. 8: »Systemische Gewaltprävention« auf Schulebene

3 Allgemeine Möglichkeiten der Prävention und Intervention

Häufig wird gefragt, was der einzelne Lehrer oder die einzelne Schule gegen Aggression und Gewalt tun kann – auch jenseits spezieller Präventions- bzw. Interventionsprogramme. Damit sind die *allgemeinen pädagogischen Präventions- und Interventionsmöglichkeiten* von Schulen angesprochen. Darunter verstehen wir – in Abgrenzung zu speziellen Präventions- und Interventionsprogrammen – jegliche pädagogische Strategien und Konzepte in der alltäglichen Bildungs- und Erziehungsarbeit, die geeignet sind, gewaltpräventiv zu wirken. Hierzu gehören alle fachlichen, didaktisch-methodischen und sozialen Ansätze, die zu einer »guten Pädagogik« gerechnet werden und meist in der Reformpädagogik begründet sind.

Wenngleich das Gewalthandeln von Kindern und Jugendlichen durch außerschulische Faktoren in erheblichem Maße beeinflusst wird, hat Schule – wie die schulbezogene Gewaltforschung belegt – vielfältige Möglichkeiten zur Gewaltprävention. Im Rahmen einer »systemischen Gewaltprävention« kommt der Schule dabei ein zentraler Stellenwert zu, da Schule einerseits an der »Gewaltproduktion« mitbeteiligt ist, andererseits aber auch den gesellschaftlichen Auftrag hat, die personelle Integrität und Würde jedes einzelnen Schülers zu wahren. Aufgrund ihres Status als öffentliche Bildungseinrichtung ist sie prinzipiell dazu verpflichtet, mit der entsprechenden pädagogischen Professionalität und Kompetenz, diesem Anspruch auch nachzukommen.

Folgende Rahmenbedingungen begründen die *gesellschaftliche Notwendigkeit und die Möglichkeiten von Gewaltprävention und Gewaltintervention* an Schulen:

- Die im Grundgesetz garantierte Unantastbarkeit der Würde des Menschen sowie das dort zugesicherte Recht auf Leben und körperliche Unversehrtheit.
- Das im Kinder- und Jugendhilfegesetz sowie in der UN-Kinderkonvention verbriefte Recht auf Förderung und Erziehung junger Menschen.
- Die in den Schulgesetzen der Länder festgeschriebenen Bildungs- und Erziehungsziele einer allseitigen Persönlichkeitsentwicklung.
- Durch die allgemeine Schulpflicht ist gewährleistet, dass alle Kinder die Bildungs- und Erziehungseinrichtung Schule durchlaufen und dass die Persönlichkeitsentwicklung der Kinder und Jugendlichen durch die Institution Schule beeinflusst wird, d. h. durch die schulische Präventionsarbeit können im Prinzip alle Schüler erreicht werden.
- Die Professionalität des schulischen pädagogischen Personals schafft die Voraussetzungen, dass auftretende Probleme und Konflikte, z. B. Gewalthandeln, professionell bearbeitet werden. Das schließt auch die Pflicht zur Erhöhung der Professionalität ein, z. B. durch Fortbildungen zur Gewaltprävention.

3.1   Präventionsmöglichkeiten

Im Rahmen der pädagogischen Arbeit hat sowohl jede einzelne Schule als auch jeder einzelne Lehrer vielfältige Möglichkeiten, mit ihrer konkreten Bildungs- und Erziehungsarbeit gewaltpräventiv zu wirken. Die Gewalt- bzw. die Schulforschung haben dazu verschiedene Leitlinien sowie Handlungsmöglichkeiten für unterschiedliche Ebenen herausgearbeitet (▶ Tab. 7) (vgl. Olweus 1995, Dann 1997/2009, Tillmann u. a. 1999, Melzer/Schubarth/Ehninger 2011).

Tab. 7: Prävention von Gewalt: Leitlinien für die Schule

Leitlinien	Umsetzungsbeispiele
Frühzeitige Prävention	Präventionsarbeit in Elternhaus, Kindergarten und (Grund-) Schule
Förderung der sozialen Identitätsentwicklung	Wahrnehmungs-, Kommunikations-, Konfliktlösungskompetenzen entwickeln, bei der reflexiven Entwicklung von Geschlechtsidentität helfen
Regeln etablieren und Grenzen setzen	Verbindliche Verhaltensmuster erarbeiten und einhalten, z. B. Schul- oder Klassenregeln
Qualität der Lehrer-Schüler-Beziehung entwickeln	Partnerschaftlichen Interaktionsstil fördern Etikettierungen vermeiden, Kultur der Anerkennung befördern
Demokratische und motivierende Lern- und Schulkultur	Vermittlung eines positiven Selbstkonzepts gerechte Chancenstruktur, handlungsorientierter Unterricht Schulklima, Partizipation und Verantwortung fördern
Kooperationsbeziehungen entwickeln	innerhalb und außerhalb der Schule, z. B. mit Eltern, Jugendhilfe, Stadtteil/Kommune
Präventionsmaßnahmen evaluieren	Selbst- und Fremdevaluation, z. B. durch Fragebogenerhebung

Die angeführten allgemeinen Präventionsleitlinien lassen sich mit Blick auf den Schulkontext weiter konkretisieren. Dabei kann gewaltpräventives Handeln auf drei Handlungsebenen unterschieden werden: 1. die individuelle Schülerebene, 2. die Klassenebene und 3. die Schulebene, die im Folgenden beschrieben werden.

1. Individuelle Schülerebene

- Ein erster Ansatz auf dieser Ebene betrifft die Verbesserung der *Qualität der Lehrer-Schüler-Beziehung*. Dazu tragen ein ausgeprägtes Interesse und Engagement der Lehrkräfte (z. B. Unterbreitung von Beziehungsangeboten, Ansprechpartner bei Schwierigkeiten und Problemen der Schüler, Sensibilität für Konflikte), Wertschätzung und emotionale Wärme bzw. ein angemessener Kommunikationsstil bei. Entscheidend für die Entwicklung einer vorteilhaften Lehrer-Schüler-Beziehung sind weiter ein ständiges Bemühen um einen partnerschaftlichen Interaktionsstil (auch Annahme schwieriger Schüler, Vermeiden von Etikettierungen und Stigmatisierungen) sowie die Vorbildwirkung der Lehrer auf menschlicher Ebene (z. B. Eingestehen eigener Fehler und das Vorleben eigener konstruktiver Konfliktlösung).

- Ein weiterer Ansatz ist das *Ermöglichen von sozialem Lernen*. Damit sind offene Formen der Lernarbeit (Gruppenunterricht, kooperatives Lernen, Projektunterricht) gemeint. Ziel ist ein akzeptabler Umgang der Schüler mit »Frustrationen«, eigenen Gefühlen und den Gefühlen anderer, mit Meinungsverschiedenheiten und Konflikten (gewaltfreie Auseinandersetzung, Interessenausgleich, Konsensbildung, Sozialkompetenz, Entwicklung prosozialer, kooperativer Einstellungen und Handlungsweisen, geschlechtersensible Erziehung).
- Die *Vermittlung eines positiven Leistungs- bzw. Selbstkonzeptes* ist ein weiterer wichtiger Ansatzpunkt. Er wird realisierbar durch die Betonung der individuellen Lernfortschritte eines Schülers, die Verbesserung des Leistungsvermögens durch Förderung der fachspezifischen und allgemeinen Leistungsfähigkeit in verschiedenen Unterrichtsfächern, handlungsorientierte Unterrichtsformen und entdeckendes, erfahrungsorientiertes Lernen. Erfolge sollten für alle Schüler möglich sein. Persönliche Lernfortschritte und Selbstwirksamkeitsüberzeugungen sollen gefördert werden und damit auch ein positives Selbstkonzept sowie Selbstachtung und Selbstvertrauen.[15]
- Daneben sind für die *Unterrichtsgestaltung* ein hoher Grad an Flexibilität, ein schülerorientierter Unterricht, die Abstimmung der Lernanforderungen auf die Eingangsvoraussetzungen der Schüler sowie eine klare Strukturierung und Gestaltung von Unterrichtsabläufen zu empfehlen.

2. Klassenebene

- Auf der Klassenebene ist die *Schaffung eines gemeinsamen Grundwerte- und Normensystems* von zentraler Bedeutung. Dazu gehört ein gemeinsames Bemühen um einen elementaren Grundkonsens hinsichtlich sozialer Werthaltungen und verbindlicher Verhaltensnormen, die Thematisierung der Gewaltproblematik im Unterricht, Richtlinien für den Umgang mit Übertretungen (im Sinne von Einsichtsentwicklung, Normverdeutlichung, Schadensbegrenzung, Täter-Opfer-Ausgleich) sowie eindeutige Regeln im Leistungs- und Leistungsbeurteilungsbereich (Notengebung darf nicht willkürlich erscheinen, Bewertungskriterien müssen offengelegt und den Schülern erklärt werden, objektiv faire und berechenbare Beurteilungen sind notwendig).
- Hier sollte die *Stärkung von Kooperationsstrukturen, Verantwortungsbewusstsein und Selbstvertrauen* im Vordergrund stehen. Damit verbunden sind eine enge Zusammenarbeit zwischen Eltern, Schülern, Lehrern (gemein-

---

15 »Selbstwirksamkeit« meint die individuell unterschiedlich ausgeprägte Überzeugung, dass man in einer bestimmten Situation die angemessene Leistung erbringen kann. Dieses Gefühl einer Person bezüglich ihrer Fähigkeit beeinflusst ihre Wahrnehmung, ihre Motivation und ihre Leistung (vgl. Gerrig/Zimbardo 2008, S. 528).

sames Durchsetzen von Ordnungsmaßnahmen und Regelbefolgungen, Diskussion alltäglicher Spannungen und Konflikte), erlebnisorientierte Initiativen (Schullandheimaufenthalte, Klassenfahrten, Wandertage), Morgenkreis (gemeinsames Aufarbeiten von Erlebnissen, z. B. Wochenenderlebnissen), soziale Helfersysteme, Patenschaften (Kleingruppen, die ganz spezifische Aufgaben übernehmen, z. B. anderen etwas erklären) sowie sachliche Helfersysteme (Verteilung und Organisation von Aufgaben für einzelne Schüler und Schülergruppen, »soziale Dienste« in der Klasse, Verwaltung von Materialien, Büchern, Sammlungen; Pflege von Pflanzen und Tieren). Auch projektorientierte Arbeitsformen (selbstständige Planung und Durchführung, Kontakte zu außerschulischen Personen und Institutionen, Vorstellung der Ergebnisse auch bei außerschulischen Partnern), Kooperationsarbeiten (gemeinsame Planung und Durchführung von Aktivitäten, von Festen, Spielen, Ausstellungen, Aufführungen; Ausgestaltung von Räumen, Fluren, Arbeitsbereichen, Schulgarten, Schulhof) oder Rollen- und Simulationsspiele (Verdeutlichung von unsozialen Verhaltensweisen in Rollenspielen, Rollenwechsel, Entwicklung einer »Streitkultur«) sind weitere Möglichkeiten. Daneben ist es für Schüler wichtig, feste Bezugspersonen zu haben (z. B. Klassenlehrerprinzip).

- Eine funktionierende, *demokratische Interessenvertretung*, z. B. Klassenrat, regelmäßige Klassenkonferenzen, konkrete Absprachen bzw. Vereinbarungen zwischen Lehrern und Schülern sind ebenfalls Faktoren, die die Gewaltbereitschaft eindämmen.

3. Schulebene

- Schule soll ein prosozialer Lern- und Erfahrungsraum sein und *soziale Identität* ermöglichen. Um dies zu erreichen, sind soziale Kommunikation und klassenübergreifende Zusammenarbeit im Bereich von Unterricht und Schule sowie die Ausweitung des Ganztagsangebotes (AGs, offene Angebote, Hort, Hausaufgabenhilfe, Zugänglichmachen des Schulhofes als Spielgelände/Treffpunkt auch außerhalb der Unterrichtszeit) und des Schullebens unerlässlich (z. B. schulische Angebote für Engagement, Verantwortung, Patenschaften, Identifikation mit der eigenen Schule).
- Die Erarbeitung einer *Schulordnung* mit wenigen, aber klaren Regeln, Schaffung von Freiräumen (z. B. Garten, Spielecke, Leseecke, Schülercafé), freundliche Gestaltung von Schulgebäude und Schulhof sowie Mitbestimmung und Beteiligung der Schüler an der sozialen und kulturellen Gestaltung des Schullebens sind weitere wesentliche Punkte. Kontinuierliche pädagogische Konferenzen, Offenheit der Kollegen untereinander, konkrete Teamabsprachen der Lehrer über Reaktionen im Umgang mit Gewalt und Fortbildung/Gesprächstraining stellen grundlegende Voraussetzungen für Gewaltprävention und -intervention dar. Zu empfehlen sind Beratungsangebote durch speziell geschultes Personal, das Schülern für Einzelgespräche zur Verfügung steht, in denen schulische und persönliche Probleme besprochen und gemeinsam Handlungsperspektiven erarbeitet werden. Schulsozialarbeit und pädagogische Betreuung von aggressiven und gewalttätigen Schülern können deren Reintegration in den Klassenverband fördern. Dabei ist auch die Intervention

in den familiären Sektor (z. B. Abbau und Verminderung drohender und akuter Erziehungsnotstände sowie Elternhilfen) zu prüfen.

- Die Gestaltung des Lebensraumes »Schule« kann in besonderem Maße mithelfen, *Modelle des gewaltfreien Miteinander-Umgehens* zu ermöglichen und zu unterstützen. Schüler müssen erfahren können, wie miteinander Lernen und Leben für alle sozial verträglich organisiert und gestaltet werden kann, wie entstehende Konflikte so ausgetragen und geregelt werden können, dass die Würde jedes Einzelnen respektiert wird; dass, wie und warum Regeln entwickelt werden, die sich für alle als tragfähig erweisen, wie soziales Verhalten mit dazu beiträgt, Lern- und Arbeitszufriedenheit zu entwickeln und zu einem besseren Umgang miteinander führt. Dabei geht es letztlich um die Entwicklung einer Schule zu einer »Gerechten Gemeinschaft«, in der sich Schüler wie Lehrer akzeptiert, geachtet und wertgeschätzt fühlen.

Von zentraler Bedeutung für die schulische Gewaltprävention ist die *Erarbeitung, Einhaltung sowie Durchsetzung von Regeln.* Regeln sind wertbasierte Vereinbarungen zwischen Menschen, um die Art und Weise des Zusammenlebens zu gewährleisten. Durch die zunehmenden Unterschiede in den familiären Sozialisationsbedingungen von Kindern und Jugendlichen werden Vereinbarungen zu Grundregeln des Zusammenlebens und Zusammenlernens immer wichtiger – gerade mit Blick auf die Gewaltprävention und Gewaltintervention. Da Regeln eine besondere erzieherische, wertorientierende Funktion haben, kann die Einführung und Einhaltung von Schulregeln als der *Kern schulischer Gewaltprävention* angesehen werden. Innerhalb der Schule gibt es Regeln auf verschiedenen Ebenen, z. B. Ebene der Schule, der Klasse und der persönlichen Ebene. Tabelle 8 nimmt eine Klassifikation von Schulregeln, einschließlich der Wirkungsfelder, vor.

Tab. 8: Gewaltprävention durch Einführung von Schulregeln: Klassifikation von Schulregeln (vgl. Greve/Preußer 2006, S. 33)

Regelebene	Wirkungsfeld
Schulethos	Leitziele und Selbstverständnis der Schule, z. B. Schulprogramm
Pädagogischer Konsens	Schulweit geltende Verhaltensvereinbarungen, aus dem Leitbild konkretisierte Formulierung von gewünschtem Schülerverhalten, auf das sich alle in einem offenen Diskussionsprozess einigen, Grundlage für Klassenregeln, z. B. Schulvertrag
Verhaltensregeln	Schulweit geltende »Gesetze« für alle Schüler, deren Überschreitung Konsequenzen hat, z. B. schriftliche Vereinbarungen, Stopp-Regeln
Hausordnung	Verhaltensrichtlinie für Räume und Orte der Schule, z. B. schriftliche Mitteilungen
Klassenregeln	Regeln, die in einer Klasse gemeinsam mit Schülern erarbeitet werden, gelten für alle Schüler und Lehrkräfte der Klasse, z. B. Klassenverträge, Plakate

Die Einführung von Regeln macht nur Sinn, wenn diese auch konsequent durchgesetzt werden können. Um Regeln mit Erfolg durchzusetzen, bedarf es einer Reihe von Erfolgsfaktoren, die das Motto »Konsequent und wertschätzend« zur Grundlage haben. Abbildung 9 gibt einen Überblick über grundlegende Voraussetzungen für eine erfolgreiche Durchsetzung von Regeln. Dabei wird ersichtlich, dass Konsequenz und Wertschätzung eines Wertekonsenses im Kollegium bedürfen.

Gemeinsam lernen und sich wohl fühlen
Schulvertrag der Waldeck-Schule

Als Schüler/in der Waldeck-Schule ... akzeptiere ich zusammen mit meinen Eltern folgende Ziele

1. Störungsfreier Unterricht!
Alle Schüler/innen und Lehrer/innen haben das Recht auf einen störungsfreien Unterricht!
· Ich bin pünktlich, bringe mein Arbeitsmaterial und die Hausaufgaben mit und halte mich an die Gesprächsregeln.
· Wenn ich Regeln einhalte, erhalte ich Anerkennung.
· Regelverletzungen haben Konsequenzen.

2. Keine Gewalt!
Alle Schüler/innen und Lehrer/innen haben das Recht, respektvoll behandelt zu werden.
· Ich verletze niemanden mit Worten, Gesten oder Taten.
· Konflikte löse ich friedlich.
· Die Verletzungen oder Schäden, die durch mein Verhalten entstehen, mache ich wieder gut.

3. Respekt vor Eigentum!
Alle Schüler/innen, Lehrer/innen und die Schule haben ein Recht auf Eigentum.
· Ich behandle das Eigentum der Schüler/innen, der Lehrer/innen und der Schule respektvoll.
· Ich nehme niemandem ungefragt etwas weg und mache nichts kaputt.
· Sachschaden mache ich wieder gut.

4. Umgangsformen!
· Alle Schüler/innen und Lehrer/innen haben das Recht auf höfliche Umgangsformen.
· Ich grüße freundlich.
· Ich sage „danke" und „bitte".
· Ich befolge die Anweisungen der Lehrkräfte.

_____ , den _____

_____   _____   _____
Schüler/in   Erziehungsberechtigte   Klassenlehrer/in

Abb. 9: Erfolgsfaktoren wertschätzender Regeldurchsetzung.
Aus: »Bei STOPP ist Schluss! Werte und Regeln vermitteln, Thomas Grüner, Franz Hilt, Corinna Tilp. © Persen – Verlag, Hamburg – AAP Lehrerfachverlage GmbH

Wie ein gemeinsames Regelwerk an einer Schule aussehen kann, soll das nachfolgende Beispiel eines Schulvertrages der Waldeck-Schule veranschaulichen (▶ Abb. 10).

Gemeinsam lernen und sich wohl fühlen
Schulvertrag der Waldeck-Schule

Als Schüler/in der Waldeck-Schule ... akzeptiere ich zusammen mit meinen Eltern folgende Ziele

1. Störungsfreier Unterricht!
Alle Schüler/innen und Lehrer/innen haben das Recht auf einen störungsfreien Unterricht!
• Ich bin pünktlich, bringe mein Arbeitsmaterial und die Hausaufgaben mit und halte mich an
die Gesprächsregeln.
• Wenn ich Regeln einhalte, erhalte ich Anerkennung.
• Regelverletzungen haben Konsequenzen.

2. Keine Gewalt!
Alle Schüler/innen und Lehrer/innen haben das Recht, respektvoll behandelt zu werden.
• Ich verletze niemanden mit Worten, Gesten oder Taten.
• Konflikte löse ich friedlich.
• Die Verletzungen oder Schäden, die durch mein Verhalten entstehen, mache ich wieder gut.

3. Respekt vor Eigentum!
Alle Schüler/innen, Lehrer/innen und die Schule haben ein Recht auf Eigentum.
• Ich behandle das Eigentum der Schüler/innen, der Lehrer/innen und der Schule respektvoll.
• Ich nehme niemandem ungefragt etwas weg und mache nichts kaputt.
• Sachschaden mache ich wieder gut.

4. Umgangsformen!
• Alle Schüler/innen und Lehrer/innen haben das Recht auf höfliche Umgangsformen.
• Ich grüße freundlich.
• Ich sage „danke" und „bitte".
• Ich befolge die Anweisungen der Lehrkräfte.

_____ , den _____

_____   _____   _____
Schüler/in   Erziehungsberechtigte   Klassenlehrer/in

Abb. 10: Beispiel eines Schulvertrages (vgl. Grüner 2006, S. 133 © Verlag C.H.Beck)

3.2 Interventionsmöglichkeiten

Wie können Lehrer auf aggressives, gewaltförmiges Verhalten von Schülern reagieren? Diese Frage, so verständlich und drängend sie ist, lässt sich nicht durch rezeptartige Anleitungen »Man nehme ...« beantworten. Entscheidend ist vielmehr die jeweils konkrete Situation, in der sich die Handlung vollzieht. Das heißt: Jede Intervention ist situationsabhängig. Intervention bedeutet, innerhalb weniger Sekunden pädagogisch begründete Entscheidungen zu treffen, um aggressives und gewalthaltiges Verhalten zu beenden. Interventionshandeln ist durch mindestens drei Probleme erschwert: Die erste Schwierigkeit beginnt bereits mit der Wahrnehmung der Situation: In welcher Situation, bei welchem Verhalten soll interveniert werden?

Die zweite Schwierigkeit ergibt sich daraus, dass sich die Sichtweisen der Lehrer auf Aggression und Gewalt aufgrund unterschiedlicher Wertvorstellungen und Erfahrungen unterscheiden. Ob etwas als Gewalt oder Mobbing angesehen wird, hängt also auch von der Wahrnehmung und Interpretation der Lehrperson ab. Was für die eine z. B. ein ganz normales Kräftemessen von Jungen ist, kann für eine andere ein massiver Gewaltvorfall sein. Die dritte Schwierigkeit schließlich besteht in dem »Wie« der Intervention. Hierbei geht um die konkrete pädagogische Reaktion in der konkreten Situation, wobei es meist nicht die eine »richtige« Reaktion geben kann, sondern in der Regel ein Handlungsrepertoire von mehr oder weniger pädagogisch begründeten Interventionsoptionen. Was für den einen als angemessen erscheint, kann sich für den anderen als unangemessen erweisen.

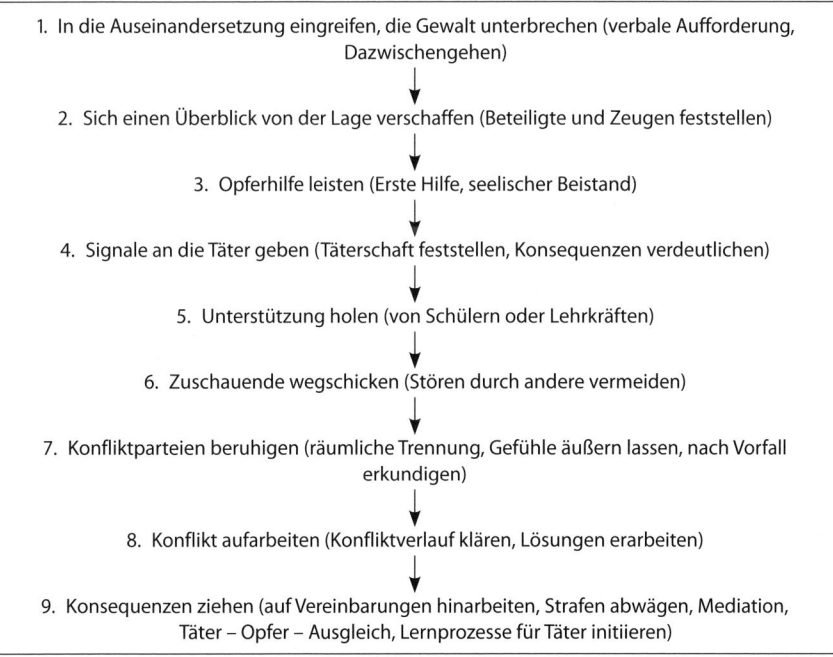

1. In die Auseinandersetzung eingreifen, die Gewalt unterbrechen (verbale Aufforderung, Dazwischengehen)

2. Sich einen Überblick von der Lage verschaffen (Beteiligte und Zeugen feststellen)

3. Opferhilfe leisten (Erste Hilfe, seelischer Beistand)

4. Signale an die Täter geben (Täterschaft feststellen, Konsequenzen verdeutlichen)

5. Unterstützung holen (von Schülern oder Lehrkräften)

6. Zuschauende wegschicken (Stören durch andere vermeiden)

7. Konfliktparteien beruhigen (räumliche Trennung, Gefühle äußern lassen, nach Vorfall erkundigen)

8. Konflikt aufarbeiten (Konfliktverlauf klären, Lösungen erarbeiten)

9. Konsequenzen ziehen (auf Vereinbarungen hinarbeiten, Strafen abwägen, Mediation, Täter – Opfer – Ausgleich, Lernprozesse für Täter initiieren)

Abb. 11: Intervention bei gewalthaltigen Konflikten (vgl. Walker 1995, S. 40 f.)

Wie schwer es ist, angemessene Interventionen zu finden, verdeutlichen in der Praxis typische Interventionsmuster: Wegschauen, Ignorieren, Ermahnen, Androhen von Strafe, zeitaufwändige Disziplinarmaßnahmen, inkonsistente Strafmaßnahmen, Nicht-Durchhalten strafender Maßnahmen, Abwertung, Bloßstellen der Schüler usw. (vgl. auch Hurrelmann/Bründel 2007). Konsistentes und berechenbares Lehrerhandeln sind somit wichtige Voraussetzungen für wirksames pädagogisches Handeln, auch in Konfliktsituationen. Intervention hat nicht nur mit »Handwerkszeug« zu tun, sondern vor allem mit Werthaltungen.

In den letzten Jahren ist im öffentlichen Bewusstsein die Kenntnis gereift, dass Kinder und Jugendliche Erwachsene brauchen, die ihnen Regeln und Grenzen setzen – im Elternhaus wie in der Schule. Gleichzeitig ist eine deutliche Verunsicherung zu beobachten, welche Grenzen Kinder und Jugendliche brauchen und wie Regeln und Grenzen handlungswirksam etabliert werden können.

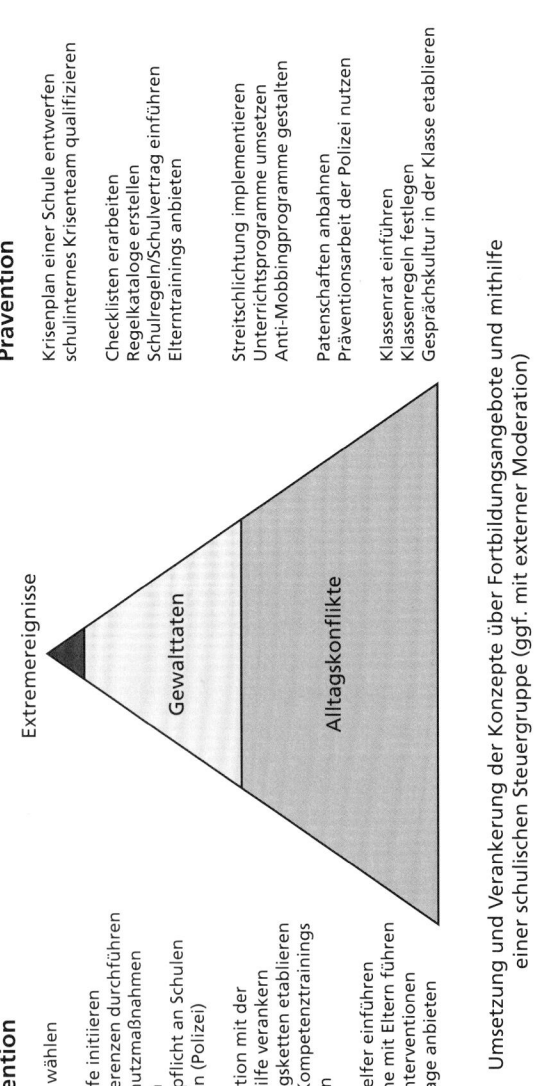

Abb. 12: Konflikt- und Gewaltpyramide an Schulen (vgl. Seifried, Drewes, Hasselhorn 2016, S. 462)

Intervention bedeutet in erster Linie Durchsetzung der Regeleinhaltung und Grenzen setzen durch Konfrontation. Intervention heißt auch, Kinder und Jugendliche ernstzunehmen, sich mit ihnen zu »reiben« und sich als Person mit ihnen in Beziehung zu setzen – eine mitunter sehr vernachlässigte Dimension. Dabei ist stets darauf zu achten, zwischen der Person des Schülers und seinem Verhalten zu trennen, die Konfrontation mit Akzeptanz der Person zu verbinden und die Konsequenzen so zu gestalten, dass sie zu selbstreflexiven Lernprozessen bei den Schülern führen können. Durch Intervention und Grenzen setzen können Schüler lernen, dass sich Gewalthandeln nicht auszahlt und dass jeder selbst für sein Handeln verantwortlich ist. Interventionen sind deshalb ein wichtiger Bestandteil pädagogischer Arbeit, genauso wie regelmäßiges Lob und Anerkennung für die Einhaltung von Regeln und für normgerechtes Verhalten.

Ungeachtet der Schwierigkeiten für die Entscheidung angemessener Interventionen lassen sich allgemeine Handlungsstrategien bei gewalthaltigen Konflikten identifizieren. Empfehlungen zur Intervention bei konkreten Gewaltkonflikten sind in Abbildung 12 aufgelistet.

Konflikthaltige und gewaltförmige Handlungen an Schulen sind sehr vielfältig, die jeweils auch unterschiedlichen Grade von Aggression und Gewalt aufweisen. Die Palette reicht in einem Kontinuum von Alltagskonflikten über Regelverstöße bis zu extremen Ereignissen, wie Abbildung 13 zeigt.

Sofortmaßnahmen
1. Einschreiten der Lehrkräfte, Geschehen unterbinden, Distanz zwischen Kontrahenten
2. Sofortige Information über Gewalthandlung an Schulleitung und Klassenleitung
3. Versorgung des Opfers
4. Einschaltung der Polizei
5. Suspendierung des Täters

Einschaltung von Institutionen
6. Information der Sorgeberechtigten (Opfer und Täter)
7. Information der Schulaufsicht
8. Information der Beratungsstelle (sofern vorhanden)

Pädagogische Ordnungsmaßnahmen
9. Bearbeitung des Vorfalls in der Schulgemeinschaft (Klasse, Elternbrief usw.)
10. Opferbegleitung (telefonischer Kontakt, Hausbesuch)
11. Dokumentation des Vorfalls
12. Einleitung von schulischen Ordnungsmaßnahmen (Anhörung, Klassenkonferenz)
13. Grenzziehung durch Schulleitung und Beratungsstelle gegenüber Täter

Entscheidung und Rückkehr in den Alltag
14. Entscheidung über Ordnungsmaßnahmen
15. Integration des Opfers
16. Integration und fachliche Begleitung des Täters (in alter oder neuer Schule)

Abb. 13: Checkliste: Massive Gewalthandlungen an Schulen (vgl. auch Checkliste Freie und Hansestadt Hamburg 2017)

Angesichts gelegentlicher schwerer Gewalttaten an Schulen in den letzten Jahren (z. B. school schootings, Morddrohungen, schwere Gewalt- und Mobbingfälle) wurden mittlerweile auch Strategien zum Vorgehen bei massiven Gewalthandlungen entwickelt. Solche strategischen Leitlinien können helfen, sich in extremen Krisensituationen zu orientieren und zu intervenieren (▶ Abb. 13).

Was tun bei Mobbing?

Eine besondere Form psychischer Gewalt ist das Mobbing. Mit *Mobbing* ist das systematische Quälen gemeint – nicht nur zwischen Schülern, sondern auch zwischen Schülern und Lehrern oder unter Lehrern (▶ Kap. 3 in Teil I). Da Mobbing für die Betroffenen sehr gravierende Folgen haben kann, ist eine schnelle Intervention nötig (vgl. auch Hiller/Weber 2007, Kindler 2009, Huber 2011, Schäfer/Herpell 2011).

> Anzeichen für Mobbing unter Schülern sind u. a. folgende: Wenn hinter dem Rücken eines Mitschülers ständig getuschelt, gegrinst oder überheblich getan wird, wenn Gerüchte über ihn in die Welt gesetzt werden, wenn man sich über eine Schwäche ständig lustig macht (z. B. wenn jemand stottert, eine Brille trägt, etwas dicker, dünner oder kleiner ist, wenn jemand aus bestimmten Verhältnissen kommt oder nicht die richtigen Labels trägt), wenn derjenige im Unterricht ständig unterbrochen wird und überheblich gegrinst wird, sobald er den Mund aufmacht oder nur solche Aufgaben bekommt, die sonst keiner will, wenn ihm Informationen und Hilfe verweigert werden, wenn er von den anderen wie Luft behandelt oder gezielt lächerlich gemacht wird, wenn er auch außerhalb der Schule geschnitten wird und kaum Freunde hat (vgl. Schneider 2001, Dambach 2002, Jannan 2015).

Mobbing unter Schülern entwickelt sich meistens in einem längeren Prozess, häufig auch unbemerkt von den Lehrkräften. Je stärker die Schüler das Gefühl der Schutzlosigkeit haben, desto größer ist die Gefahr einer Eskalation. Der Prozess der Eskalation lässt sich in verschiedenen Stufen darstellen, wobei auf jeder Stufe bestimmte Handlungsmöglichkeiten bestehen (▶ Tab. 9):

Tab. 9: Mobbingprozess und Interventionsmöglichkeiten (vgl. Behörde für Schule und Berufsbildung, Beratungsstelle Gewaltprävention 2014, S. 8)

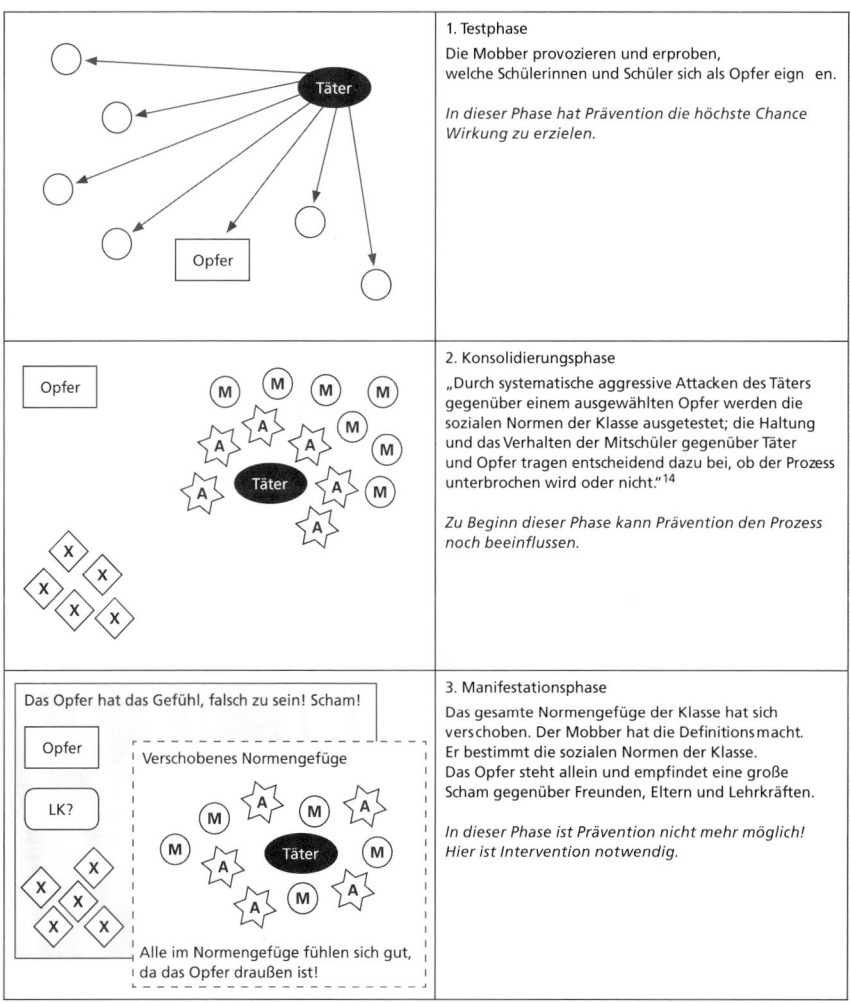

	1. Testphase
	Die Mobber provozieren und erproben, welche Schülerinnen und Schüler sich als Opfer eignen.
	In dieser Phase hat Prävention die höchste Chance Wirkung zu erzielen.
	2. Konsolidierungsphase
	„Durch systematische aggressive Attacken des Täters gegenüber einem ausgewählten Opfer werden die sozialen Normen der Klasse ausgetestet; die Haltung und das Verhalten der Mitschüler gegenüber Täter und Opfer tragen entscheidend dazu bei, ob der Prozess unterbrochen wird oder nicht."[14]
	Zu Beginn dieser Phase kann Prävention den Prozess noch beeinflussen.
	3. Manifestationsphase
	Das gesamte Normengefüge der Klasse hat sich verschoben. Der Mobber hat die Definitionsmacht. Er bestimmt die sozialen Normen der Klasse. Das Opfer steht allein und empfindet eine große Scham gegenüber Freunden, Eltern und Lehrkräften.
	In dieser Phase ist Prävention nicht mehr möglich! Hier ist Intervention notwendig.

Im Folgenden soll ein flexibles Interventionskonzept vorgestellt werden, das auf der Klassenebene ansetzt und mit zeitlich begrenztem Aufwand durchführbar ist. Dieses Konzept ist besonders für jüngere Schüler geeignet. Das *Gegen-Gewalt-Konzept* im Umgang mit Mobbing umfasst folgende Schritte (vgl. Jannan 2015, S. 120 ff.):

1. Schritt: Kontaktaufnahme mit dem Opfer und Erstgespräch

- Mobbing-Struktur erläutern
- Hilfsangebote vorstellen
- Opfer entscheiden lassen und Folgetermin vereinbaren
- Kontakt aufnehmen und organisieren (auf Privatsphäre achten)

2. Schritt: Gespräch mit Tätern

- Klärung der Beteiligung
- Hilfsangebote, z. B. Benennung von Mitschülern als »Trainer« (Trainer helfen Täter, indem sie z. B. durch klare Rückmeldungen einfordern, den Mitschüler in Ruhe zu lassen)
- Bereitschaft zur Entschuldigung und Wiedergutmachung

3. Schritt: Beratungsstunde mit der gesamten Lerngruppe

- Einstimmung: Begrüßung, Stuhlkreis, Soziometrieübung
- Hinführung: Warum ich hier bin, Spiegelübung, Namen des Opfers nennen, Mobbing-Struktur erläutern, Name der Mobber nennen
- Trainer-Konzept vorstellen: Mitschüler als Trainer bestätigen, Erfolgsposter erläutern (Beobachtungsbogen als Rückmeldung zum Verhalten der Täter), Gesprächstermin vereinbaren
- Abschluss: Feedback-Runde, Abschluss-Spiel

4. Schritt: Nachbesprechungen mit Opfer, Tätern und allen Trainern

- Überprüfung der Wirksamkeit des Vorgehens, z. B. anhand der Beobachtungsbögen

5. Schritt: Abschlussstunde in der Lerngruppe (fakultativ)

- Auswertung des Maßnahmekonzepts
- Anerkennung an »Trainer« für soziales Engagement

Nach ähnlichem Muster sind auch andere Interventionskonzepte gegen Mobbing aufgebaut (▶ Kap. 4.3). Wichtige Elemente sind der Opferschutz, die klare Intervention der Lehrkräfte gegenüber den Tätern und die Arbeit mit der Schülergruppe. Als übergreifende Prinzipien und Leitlinien können beim *Umgang mit Mobbingphänomenen* folgende sechs Strategien herausgestellt werden (vgl. Alsaker 2004, S. 193 ff.):

1. Sensibilisierung: Durch Sensibilisierungsarbeit sollen Schüler, Lehrer und Eltern mehr über das Mobbingphänomen lernen. Dadurch sollen sie motiviert werden, etwas dagegen zu unternehmen.

2. Handlungsfähigkeit der Lehrpersonen stärken: Jede Arbeit gegen Mobbing soll zuallererst die Lehrkräfte stärken und befähigen, Mobbing entgegenzuwirken.
3. Offene und direkte Kommunikation ohne Schuldzuweisung: Offene Kommunikation bedeutet, über das Problem zu sprechen, nach Lösungen zu suchen und die Verantwortung für die Lösung gemeinsam zu übernehmen.
4. Grenzen setzen und handeln: Schüler brauchen klare Grenzen, d. h. Erwachsene müssen bereit sein, Stellung zu beziehen, einzugreifen und konsequent zu reagieren.
5. Die Nicht-Betroffenen einbeziehen: Durch die Einbeziehung der nicht direkt betroffenen Schüler werden Ohnmachtgefühle überwunden und Zivilcourage erlernt.
6. Zusammenstehen: Je mehr Personen gegen Mobbing wirken, desto effizienter ist die Arbeit. Zu empfehlen ist eine »Anti-Mobbing-Strategie« oder eine »Anti-Mobbing-Charta«.

Es wird deutlich, dass es zwischen der Intervention bei Gewalt und Intervention bei Mobbing einerseits viele Gemeinsamkeiten, andererseits aber auch eine Reihe von Differenzen gibt. Unterschiedlich ist die besondere Bedeutung des Lehrerhandelns und die Arbeit mit den unterschiedlichen Schülergruppen (z. B. Mitläufer, Zuschauer usw.). Aufgrund der teilweisen »Unsichtbarkeit« der Mobbingphänomene und der gruppendynamischen Situation ist eine besondere Beobachtungs- und Diagnosekompetenz sowie ein abgestimmtes, kollegiales und professionelles Vorgehen erforderlich. Gerade diese Aspekte finden in den speziellen Präventions- und Interventionsprogrammen gebührende Beachtung (▶ Kap. 4.3).

Abschließend soll anhand eines konkreten Schulbeispiels veranschaulicht werden, wie *systemische Intervention*, die alle relevanten Akteure einbezieht, aussehen kann. Abbildung 14 zeigt den »konfrontativ-systematischen Ansatz« der Eylardus-Schule, einer Schule für Erziehungshilfe. Die Merkmale einer konfrontativen Intervention werden in Kapitel 4.2 näher erläutert.

In einem »systemischen Ansatz« sind verschiedene Bausteine vereint: präventive wie interventive, allgemeine pädagogische Elemente (z. B. Schul- und Klassenregeln) wie spezielle Programme (z. B. Streitschlichterprogramme oder Modelle der konfrontativen Pädagogik). Abbildung 15 zeigt in einer Übersicht wichtige Bausteine einer »systemischen Gewaltprävention«. Die Abbildung verdeutlicht zugleich den Zusammenhang zwischen Unterricht (Unterrichtskultur) und gewaltfreier Konfliktlösung (Schulkultur).

Eylardus-Schule für Erziehungshilfe			
Lerngruppe	**Einzelkontakt**	**Schulalltag**	**schulübergreifend**
Strukturierte/ritualisierte Unterrichtsprinzipien	Beratung in Krisen	Schülermitver- antwortung	Keep-Cool-Gruppen
Verstärker/Rückmeldesystem	Soziale Einzel- stunde	Pausengestal- tung	Elterntraining
Time-out-Systeme	Soziale Einzel- stunde	Krisenbüro	Kooperation mit Jugendamt/ Polizei
Soziale Gruppenstunde		Aktive Aufsicht	Informationsveranstaltungen
Unterrichtsbeobachtung			

Abb. 14: »Konfrontativ-systemischer Ansatz« der Eylardus-Schule für Erziehungshilfe (vgl. Pöhlker/ Michaelis/Terwey 2006, S. 126)

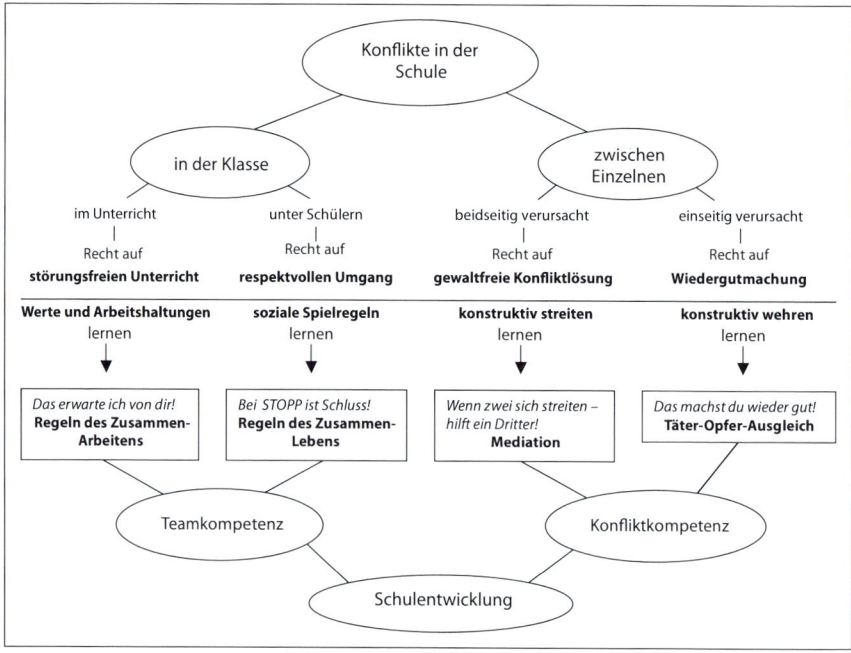

Abb. 15: Bausteine einer »systemischen Gewaltprävention« (vgl. Grüner 2008, S. 132)

4 Spezielle Möglichkeiten: Schulische Präventions- und Interventionsprogramme

Auch wenn die Mehrzahl der Schulen in ihrer pädagogischen Arbeit ohne spezielle »Anti-Gewaltprogramme« auskommt, ist es hilfreich, dass sie sich mit diesen beschäftigen. Viele der Programme haben präventiven Charakter und fördern wichtige soziale und kommunikative Kompetenzen, über die alle Schüler verfügen sollten. Außerdem können Programmelemente meist ohne großen Aufwand in den Schulalltag übernommen werden.

In den letzten Jahren wurde eine Vielzahl *schulischer Präventions- und Interventionsprogramme gegen Gewalt und auch Mobbing* entwickelt und erprobt. Mit diesen speziellen Programmen wird versucht, mittels eines ausgearbeiteten Curriculums und eines Maßnahmepakets – über die alltägliche Erziehungsarbeit hinaus – bewusst und gezielt gegen Gewalt vorzugehen und entsprechende Konfliktlösungskompetenzen zu entwickeln. Dafür stellen sie ein reichhaltiges Methodenrepertoire zur Verfügung, das von Interaktionsübungen über Rollen- und Bewegungsspiele bis zu Reflexionsübungen und Feedbackrunden reicht. Solche Programme sind vor allem dann Erfolg versprechend, wenn sie nicht als »Kurzzeitpädagogik«, sondern als längerfristige Schulentwicklungsarbeit angelegt sind, bei der problembezogen die eigenen Ressourcen der Schule und ihres Umfeldes aktiviert werden. Sie sind somit z. T. auch Schulentwicklungsprogramme, deren Erfolg ganz wesentlich von der Einbeziehung aller beteiligten Akteure, einschließlich außerschulischer Kooperationspartner, abhängt.

Die Vielzahl der in den letzten Jahren entstandenen Programme lässt sich nach unterschiedlichen Gesichtspunkten klassifizieren, z. B.:

1. Klassifizierung nach Adressatengruppen, z. B. jüngere, ältere Schüler, Lehrer, gesamte Schule
2. Klassifizierung nach Inhalten, z. B. Gewalt, Mobbing, gewaltunspezifische Inhalte
3. Klassifizierung nach Handlungsziel, z. B. Prävention oder Intervention.

Einen Überblick über ausgewählte Präventions- und Interventionsprogramme gegen Gewalt und Mobbing auf der Grundlage einer Klassifikation von Adressatengruppen gibt Tabelle 10 (vgl. Schubarth 2000, Melzer/Schubarth/Ehninger 2011, Melzer/Schwind 2004, Bundeszentrale für gesundheitliche Aufklärung 2005, Weißmann 2007, Schröder/Rademacher/Merkle 2008, Gugel 2010, Huber 2011).[16]

In einem weiteren Schritt sollen im Folgenden ausgewählte Präventions- und Interventionsprogramme – nach Inhalt und Handlungsziel geordnet – kurz vorgestellt und bewertet werden. Die Programme werden nach folgenden Schwer-

---

16 Eine internationale Perspektive auf schulische Präventionsprogramme bieten z. B. Klewin/Tillmann/Weingart 2002, Jäger/Bradley/Rasmussen 2003 und Kempfer 2006. Einen Überblick über Programme bereits für den Bereich des Kindergartens geben z. B. Bannenberg/Rössner 2006.

Tab. 10: Schulische Präventionsprogramme gegen Gewalt und Mobbing: Klassifikation nach Adressatengruppen (Auswahl)

Adressat/Zielgruppe	Beispiele
Programme für alle Schüler	• Streitschlichterprogramme (Peer-Mediation) • Coolness-Training • Trainingsraum-Methode • Buddy-Projekt • Sozialtraining in der Schule • Trainingsprogramm für aggressive Kinder • Berner Anti-Mobbing-Programm • No Blame Approach (Anti-Mobbing-Programm)
Programme für jüngere Schüler	• Programm »FAUSTLOS« • Verhaltenstraining für Schulanfänger • Komm, wir finden eine Lösung! • Programm »Eigenständig werden« • Prävention im Team (PIT)
Programme für ältere Schüler	• Programm »Fit for Life« • Lions-Quest-Programm »Erwachsen werden« • Programm »Soziales Lernen« • Training mit Jugendlichen
Lehrerprogramme	• Konstanzer Trainingsmodell (KTM) • Schulinterne Lehrerfortbildung »Gewaltprävention« (SchiLF)
Schulumfassende Programme	• Anti-Bullying-Interventionsprogramm • Interventionsprogramm an Hauptschulen • Konzept »Erziehende Schule« • Konzept »Lebenswelt Schule«

punkten dargestellt: Ziele und Hintergrund, Inhalte und Methoden, Evaluationsergebnisse zur Wirksamkeit des Programms (sofern vorhanden) und Bewertung der Stärken und Schwächen des Programms sowie Weiterführende Literaturhinweise. Die Auswahl und Bewertung der Programme orientiert sich an solchen Qualitäts- bzw. Evaluationskriterien wie Konzept-, Prozess-, Ergebnis- und Kontextqualität, z. B. theoretische Fundierung, Setting, Curriculum, didaktische Umsetzung, Wirksamkeit, Rahmenbedingungen, Verbreitung usw.

Die Darstellung der Programme wird nach folgender Klassifizierung vorgenommen:

4.1 Präventionsprogramme gegen Gewalt

4.2 Interventionsprogramme gegen Gewalt

4.3 Programme gegen Mobbing

4.4 Gewaltunspezifische Programme (Gewalt nicht oder nicht alleiniger Schwerpunkt)

4.5 Übergreifende Konzepte beim Umgang mit Gewalt (keine speziellen Programme)

Nach dieser Klassifikation werden folgende Programme vorgestellt (▶ Tab. 11):

Tab. 11: Übersicht über Präventions- und Interventionsprogramme gegen Gewalt und Mobbing

Präventionsprogramme gegen Gewalt	Interventionsprogramme gegen Gewalt	Programme gegen Mobbing	Gewaltunspezifische Präventionsprogramme	Sonstige Konzepte im Kontext der Gewaltprävention
• Streit-Schlichter-Programme (Peer-Mediation) • Programm »FAUST-LOS« • Sozialtraining in der Schule • Training mit aggressiven Kindern • Verhaltenstraining für Schulanfänger • Komm, wir finden eine Lösung • Programm »Soziales Lernen«	• Coolness-Training (CT) • Die Trainingsraum-Methode • Interventionsprogramm zur gewaltfreien Konfliktlösung an Hauptschulen	• Das Anti-Bullying-Interventionsprogramm nach Olweus • Das Programm »fairplayer« • Das Programm »ProACT + E« • Das Berner Mobbing-Präventionsprogramm »Be-Prox« • Der »No Blame Approach« • Die Farsta-Methode • Das »Trainer-Konzept«	• Das Buddy-Projekt • PIT – Prävention im Team • Programm »Erwachsen werden« (Lions-Quest) • Programm »Eigenständig werden« • Konstanzer Trainingsmodell (KTM) • Training mit Jugendlichen • Programm »FIT FOR LIFE« • Fit und stark fürs Leben	• Konzepte zur Förderung der Moralentwicklung und der »Civic Education« • Interkulturelles Lernen und Demokratie- und Menschenrechtserziehung • Geschlechtsspezifische Ansätze • Täter-Opfer-Ausgleich im Kontext Schule • Schulsozialarbeit • Schulinterne Lehrerfortbildung zur Gewaltprävention (SchiLF) • Konzept »Erziehende Schule« • Konzept »Lebenswelt Schule« • Medienpädagogische Konzepte • Konzepte der Elternarbeit und Elternbildung

4.1 Präventionsprogramme gegen Gewalt

Streit-Schlichter-Programme (Peer-Mediation)

Ziele und Hintergrund

Eine typische Situation aus dem Schulalltag: Ein Junge beschimpft einen anderen mit obszönen Sprüchen. Der Beschimpfte seinerseits ist beleidigt und reagiert mit dem selben vulgären Vokabular. Die Situation eskaliert und geht rasch in Rangelei und Rauferei über. Andere Schüler der Klasse sehen zu oder ergreifen für den einen oder anderen Partei. Dies geht solange, bis der Lehrer eingreift und den Streit mittels eines Machtwortes beendet. Doch ist der Streit auch wirklich beendet? Ist der als »Schuldige« identifizierte Schüler auch wirklich der alleinige Urheber des Streits? Und was haben die betroffenen Schüler und die Zuschauer aus diesem Konflikt und dessen »Lösung« gelernt?

Die geschilderte Situation ist kein Einzelfall. Noch immer herrscht bei Konflikten ein Teufelskreis aus Angriff und Rache, von Siegern und Besiegten vor; noch immer werden Konflikte meist auf traditionelle Art und Weise, d. h. mittels Macht von »oben« gelöst. Hier setzt das Konzept der Peer-Mediation an.[17] Unter *Peer-Mediation* werden Modelle der Konfliktvermittlung durch Schüler verstanden (z. B. Streitschlichter-Modelle oder Konfliktlotsen-Modelle). Nicht der Konflikt ist dabei das Problem, sondern die Art und Weise, wie mit Konflikten umgegangen wird. Damit Konflikte nicht eskalieren und nicht in Gewalt münden, sollten sie kommunikativ bearbeitet werden. Ungelöste Konflikte können auf Dauer gefährlich werden. Konflikte stellen aber auch Lernchancen dar, über das eigene Verhalten zu reflektieren und das Interaktionsverhalten zu verbessern.

Mediation als ein Verfahren der Konfliktregelung will die Verantwortung für die Beilegung des Konflikts bei den Konfliktpartnern belassen, denn selbst gefundene Regelungen werden besser akzeptiert als fremdverordnete. Mediation ist ein alternatives außergerichtliches, prozesshaftes und strukturiertes Verfahren zur eigenverantwortlichen Regelung von Konflikten zwischen mindestens zwei Personen mit Hilfe einer dritten Person, des Mediators. Der Begriff »Mediation« bedeutet »Vermittlung«. In Mediation ist das Wort »Medium« (Mitte) enthalten. Der Mediator ist »inmitten« der Konfliktpartner. Er hat die Aufgabe, den Konfliktregelungsprozess zu strukturieren und zu moderieren. Den Konfliktpartnern obliegt es, über einen offenen und fairen Interessenausgleich zu einer für alle Konfliktpartner zufrieden stellenden Regelung zu kommen. Voraussetzungen und Regeln für den Einstieg in die Mediation sind: Freiwilligkeit aller Teilnehmer, Selbstbestimmung der Beteiligten, Vermittlung durch einen Mediator, dessen Neutralität/Allparteilichkeit, die Einbeziehung aller Konfliktparteien, Vertraulichkeit, Erarbeitung einer fairen und eigenverantwortlichen Vereinbarung zur Konfliktregelung, konstruktive Kooperation und Kommunikation, Gewaltfreiheit, Strukturiertheit und Prozesshaftigkeit.

---

17 Zu Mediation an Schulen liegt eine umfangreiche Literatur vor, vgl. z. B. Jefferys-Duden 2000, Simsa/Schubarth 2001, Walker 2001, Kaeding u. a. 2005, Rademacher 2007.

Der Mediator ist verantwortlich für die Gestaltung und Betreuung des Verfahrens, die Konfliktpartner für das Ergebnis.

Inhalt und Methoden
Der Mediationsprozess vollzieht sich in fünf Phasen:

1. Einleitungsphase: Nach der Kontaktaufnahme mit den Konfliktschlichtern werden in der *ersten Phase* die Ziele benannt und die Gesprächsregeln geklärt (z. B. Ausreden lassen, keine Beleidigung, aufmerksam zuhören). Der Mediator moderiert das Gespräch und achtet auf die Einhaltung der Regeln.
2. In der *zweiten Phase* erfolgt die Darstellung des Konflikts aus Sicht der Betroffenen, um ein Verständnis von gemeinsamen und unterschiedlichen Sichtweisen des Problems herzustellen.
3. In der *dritten Phase*, der Konflikterhellung, wird der Gefühlshintergrund angesprochen (Ausdrücken der Gefühle, katharsisches Erleben).
4. Die *vierte* Phase ist die Phase der Lösungssuche (Benennung eigener Ziele und Wünsche, gemeinsame Suche nach Lösungswegen).
5. Der Mediationsprozess wird in der Regel mit der *fünften* Phase, dem Abschluss einer Vereinbarung und ggf. deren Evaluierung beendet.

Zur Ausbildung von Peer-Mediatoren liegen zahlreiche Programme vor, nach denen Schulen gemeinsam mit Kooperationspartnern arbeiten können. Das vorgeschlagene Stundenvolumen schwankt dabei zwischen 20 und 100 Stunden. Die Programme basieren auf gemeinsamen Grundbausteinen, wie Wahrnehmungsübungen, Kommunikationsübungen, Rollenspiel, aktives Zuhören, Konfliktanalysen, Wahrnehmen von Gefühlen und Ich-Botschaften, Körpersprache, Phasen des Mediationsprozesses u. a., wobei dem praktischen Training, vor allem dem Rollenspiel, zentrale Bedeutung zukommt.[18]

Einführung und Etablierung von Peer-Mediation an Schulen
Die Wirksamkeit von Peer-Mediation hängt entscheidend davon ab, wie es gelingt, das Mediationskonzept als Teil des gesamten Schulentwicklungsprozesses zu verankern. Das Interesse einiger weniger Mitstreiter reicht meist nicht aus, um das Mediationsmodell langfristig zu etablieren, vielmehr bedarf es der generellen Unterstützung sowohl seitens der Schülerschaft als auch seitens der Lehrer- und Elternschaft. Die Verankerung der Mediation in der gesamten Bildungs- und Erziehungsarbeit der Schule, z. B. im Schulprogramm, ist somit eine wichtige Voraussetzung für das Gelingen der Mediation an Schulen.
Im Folgenden soll idealtypisch die Einführung und Etablierung des Mediationsmodells an der Schule kurz aufgezeigt werden: Wie bei jeder Veränderung an Schulen kommt auch bei der Umsetzung der Mediation an Schulen der

---

18 Eine Modifizierung der Peer-Mediation stellt das »Anti-Stress-Team« des Bremer Vereins »Täter-Opfer-Ausgleich« dar, bei dem als Mediatoren vor allem solche Schüler fungieren, die selbst »konfliktbelastet« und durch Disziplinschwierigkeiten aufgefallen sind (vgl. Winter 2001).

Schulleitung eine besondere Verantwortung zu. Schulleitungen können Mediation vielseitig unterstützen, z. B. bei der Information und Werbung, bei der Klärung der Finanzierung des Projekts, bei der Bereitstellung eines Raumes, bei der Entlastung der Betreuer, bei der Unterrichtsbefreiung für die Konfliktschlichter, bei der Anerkennung ihrer Arbeit. Die Einführung des Mediationsmodells braucht Zeit und Geduld. Wie bisherige Erfahrungen zeigen, muss von einem Zeitraum von mindestens ein bis zwei Jahren ausgegangen werden.

1. Der Einstieg, die *erste* Phase, kann z. B. mit einer *Ganztageskonferenz* vollzogen werden (z. B. SchiLF, Pädagogischer Tag). An diesem »Schnupper-Tag« wird das Modell vorgestellt und geprüft, ob das Anliegen in den Arbeitsprozess oder das Schulprogramm der Schule passt und ob die Grundideen bei der Lehrerschaft genügende Unterstützung finden. In dieser Informationsphase ist die Einbeziehung aller Beteiligten, also Schulleitung, Lehrer, Schüler, Eltern und kommunales Umfeld wichtig. Es ist auch zu klären, welche Konflikte künftig durch herkömmliche Bearbeitung und welche durch Schüler bearbeitet werden sollen.
2. Nach der Informationsphase folgt als *zweite* Phase die *Gewinnung von Unterstützung*. Die Entscheidung zur Einführung von Mediation sollte mehrheitlich getragen werden. Eine Steuergruppe (z. B. Schulleitung, interessierte Kollegen, Beratungslehrer, Schulsozialarbeiter) erarbeitet ein Konzept und versucht über persönliche Gespräche, die Unterstützung der Kollegen zu gewinnen. Zugleich kann z. B. mittels Fragebogen eine Bestandsaufnahme über die Konflikte und die Gewaltsituation an der Schule durchgeführt werden.
3. In der *dritten* Phase wird die *Fortbildung* der interessierten Lehrkräfte organisiert, z. B. durch Lehrerfortbildungsinstitute, schulpsychologische Dienste oder freie Träger. Die betreffenden Kollegen können dann als Lehrer-Coaches arbeiten, die die Streitschlichter begleiten. Je mehr Lehrer hierbei einbezogen sind, desto größer sind die Chancen für eine erfolgreiche Etablierung des Modells.
4. Neben der Vorbereitung der Lehrerschaft gilt es in einer weiteren, der *vierten* Phase, die *Schülerschaft* auf die Mediation vorzubereiten. So kann z. B. an Projekttagen oder im Unterricht für eine konstruktive Konfliktbearbeitung gezielt sensibilisiert werden. Solche Sensibilisierungs- oder Eingangsprogramme werden insbesondere für die 5. und 6. Klassen empfohlen.
5. In der *fünften* Phase, dem Kern des Modells, werden die interessierten bzw. ausgewählten Schüler zu Streitschlichtern ausgebildet. Die *Mediatoren-Ausbildung* kann auf unterschiedliche Weise erfolgen: Lehrkräfte werden ausgebildet und diese bilden dann die Schüler aus oder externe Experten bilden interessierte Lehrkräfte und Schüler parallel aus. Dann übernehmen die Lehrer die weitere Ausbildung bzw. Betreuung oder externe Experten bilden nur die Schüler aus und die Lehrer wirken unterstützend. Als weitere Möglichkeit bietet sich an, dass einzelne Lehrer oder Schulsozialarbeiter sich autodidaktisch die erforderlichen Kenntnisse aneignen und dann Schüler ausbilden.

146

6. Die *sechste* Phase beinhaltet die ständige *Begleitung bzw. Supervision* der Schülerschlichter. Hier geht es nicht um Aufsicht oder Kontrolle, sondern um Beratung und Hilfe zur Weiterentwicklung der Mediationskompetenzen. Wiederholung und Weiterbildung sind hier ebenso wichtig wie die Besprechung von Fallbeispielen.

7. In der *siebenten* Phase beginnt die eigentliche *Mediationsarbeit*. Wichtig ist die Bereitstellung eines geeigneten Raumes, die Aufstellung eines Dienstplanes, eine intensive Bekanntmachung und Werbung. Der offizielle Start kann z. B. mit einem Schulfest verbunden sein, auf dem der Mediationsraum eingeweiht wird, Mediatoren vorgestellt werden und ein Zertifikat erhalten. In der Start- und Erprobungsphase ist ein regelmäßiger Erfahrungsaustausch erforderlich.

8. Von Zeit zu Zeit empfiehlt es sich, Bilanz zu ziehen und eine Evaluation (z. B. mittels Fragebogenaktion) durchzuführen. Die abschließende Phase ist somit die *Evaluationsphase*.

Evaluation und Gesamtbewertung
Ursprünglich aus den USA kommend finden Peer-Mediationsmodelle seit den 1990er Jahren auch wachsende Resonanz an deutschen Schulen. So avancierte Peer-Mediation schnell zu einer Art »Königsweg« schulischer Gewaltprävention. Dieser Boom hat sich dann wieder etwas abgeschwächt, wohl auch deshalb, weil sich die »Mühen der Ebene« bemerkbar machten und sich Schulen bei der dauerhaften Umsetzung des zweifellos attraktiven Konzepts schwer tun. Viele Schulen mussten die Erfahrung machen, dass Streitschlichtung noch lange nicht funktioniert, nur weil Streitschlichter ausgebildet wurden, sondern dass es vielmehr weiterer Schritte bedarf, wenn die Projekte langfristig erfolgreich sein wollen. Ungeachtet dessen gilt Peer-Mediation nach wie vor als das am meisten verbreitetste Gewaltpräventionsprogramm.

Zur Wirksamkeit von Streitschlichterprogrammen liegen erste empirische Studien vor. Sie zeichnen ein ambivalentes Bild von der Wirksamkeit der Streitschlichterprogramme. Einerseits bestätigen diese Studien das große Potenzial der Modelle zur Entwicklung von Kommunikations- und Konfliktlösungskompetenzen unter der Schülerschaft, insbesondere bei den Mediatoren selbst, andererseits verweisen sie auf Akzeptanzprobleme sowohl unter der Schüler- als auch der Lehrerschaft. Über die gewaltpräventiven Effekte für die Schule sowie über die Entlastung seitens der Lehrerschaft liegen keine einheitlichen und belastbaren Evaluationsergebnisse vor. Darüber hinaus geben die Evaluationsstudien eine Reihe von Empfehlungen für eine gelingende Peer-Mediation. Eine gute Mediationsarbeit in der Schulpraxis ist demzufolge an verschiedene Bedingungen geknüpft. Dazu gehört die Einhaltung bestimmter Standards, wie z. B. eine solide Ausbildung der Schlichter, ihre kontinuierliche Betreuung und Unterstützung, die Integration von Mediationselementen in die Unterrichtsarbeit, die Gewährleistung der materiellen und organisatorischen Rahmenbedingungen u. a. (vgl. Engert 2001, Simsa/Schubarth 2001, Schubarth 2004b, Schmitt 2005, Behn u. a. 2006, ▶ ausführlicher Kap. 5).

Insgesamt ist die Peer-Mediation aufgrund ihrer nachgewiesenen sozialpräventiven Wirkungen allen Schulen, unabhängig von der Schulform, sehr zu empfehlen – vorausgesetzt, die notwendigen Rahmenbedingungen und Unterstützungen für das Programm sind gewährleistet.

Stärken	Schwächen/Probleme
• einfaches, praktikables und attraktives Konzept • fördert kommunikative und soziale Fähigkeiten der Schüler, insbesondere der Mediatoren • überträgt Schülern Verantwortung • Alternative zum Strafen • demokratischer und partizipatorischer Ansatz • fördert konstruktive Konfliktkultur an Schulen • gewaltpräventive Wirkungen • Entlastungen der Lehrkräfte	• Implementation und Etablierung aufwändig und voraussetzungsreich • Beteiligung vieler Schulakteure nötig • Erfolge erst längerfristig sichtbar • häufig mangelnde Akzeptanz • Prinzip der Freiwilligkeit schwer umzusetzen • Mediatoren als Ordnungsschüler »missbraucht« • Zeitrhythmus der Schule als Problem • Mediation auf Schüler begrenzt, Lehrer bleiben meist außen vor • Strukturkonflikte (vgl. Abschnitt 5)

Weiterführende Literatur

Faller, K./Kerntke, W./Wackmann, M.: Konflikte selber lösen. Mediation für Schule und Jugendarbeit. Mühlheim 1996/2009.
Jefferys-Duden, K.: Das neue Streitschlichter-Programm. Weinheim und Basel 2017.
Hagedorn, O.: Konfliktlotsen. Leipzig u. a. 2000.
Jefferys-Duden, K.: Konfliktlösung und Streitschlichtung. Weinheim und Basel 2000.
Walker, J. (Hrsg.): Mediation in der Schule. Berlin 2001.
Hauk-Thorn, D.: Streitschlichtung in Schule und Jugendarbeit. Mainz 2001.
Simsa, Ch./Schubarth/W. (Hrsg.): Konfliktmanagement an Schulen – Möglichkeiten und Grenzen der Schulmediation. Frankfurt a. M. 2001.
Kaeding, P. u. a. (Hrsg.): Mediation an Schulen verankern. Weinheim und Basel 2005.
Behn u. a.: Mediation an Schulen. Eine bundesdeutsche Evaluation. Wiesbaden 2006.
Wildfeuer, W.: Kommunikation – Moderation – Mediation. Weinheim und München 2006.
Rademacher, H. (Hrsg.): Konstruktive Konfliktbearbeitung und Mediation. Schwalbach 2007.
Standards der Schulmediation: http://www.bmev.de/uploads/media/bm_schulstandards.pdf.

Programm »FAUSTLOS«

Ziele und Hintergrund

»FAUSTLOS« ist die deutsche Version des US-amerikanischen Programms »Second Step«, das vom Committee for Children in Seattle entwickelt wurde und in den USA schon seit längerem mit Erfolg angewandt wird. Es ist ein für die Arbeit im *Kindergarten* und in der *(Grund-)Schule* entwickeltes Curriculum zur Gewaltprävention, das impulsives und aggressives Verhalten von Kindern vermindern und ihre sozialen Kompetenzen verbessern soll. Die Kinder sollen im Einzelnen lernen, Gefühle anderer zu identifizieren, die Perspektiven anderer zu übernehmen und empathisch auf andere zu reagieren. Impulsives und aggressives Verhalten soll durch die Anwendung von Problemlösungsstrategien und die

Einübung prosozialen Verhaltens vermindert werden. Ebenfalls soll wütendes Verhalten durch das Erkennen von ärgerlichen Gefühlen und speziellen Techniken reduziert werden.

Nachdem das Programm internationale Verbreitung gefunden hat (z. B. Amerika, Japan, Großbritannien, Skandinavien), kam es Ende der 1990er Jahre nach Deutschland, wo am Heidelberger Universitätsklinikum unter Leitung von Manfred Cierpka die deutsche Version entwickelt wurde (vgl. Cierpka 2005a und b). Das Heidelberger Präventionszentrum führt auch Fortbildungen und die begleitende Betreuung interessierter Schulen, Kindergärten und Einzelpersonen durch. Ein Materialienset wird durch das Zentrum vertrieben.

Inhalt und Methoden
FAUSTLOS vermittelt alters- und entwicklungsadäquate Kenntnisse und Fähigkeiten in den drei Bereichen Empathie (1.), Impulskontrolle (2.) und Umgang mit Ärger und Wut (3.).

1. Empathietraining

Durch die Lektionen der Einheit »Empathieförderung« sollen die Kinder lernen, Gefühle anderer zu erkennen, die Perspektiven anderer zu übernehmen und empathisch auf andere zu reagieren. Empathie ist eine Fähigkeit, die sich bereits im Alter von drei bis vier Jahren herausbildet und die durch gezieltes Üben erlernt werden kann. Im Empathietraining lernen der Kinder insbesondere,

- Gefühle zu identifizieren und dass Menschen unterschiedliche Gefühle in Bezug auf die gleiche Sache haben können,
- dass sich Gefühle ändern können und warum das so ist,
- Zusammenhänge zu erkennen, um Gefühle vorhersagen zu können,
- zu verstehen, dass Menschen unterschiedliche Vorlieben und Abneigungen haben,
- gezielte von ungezielten Handlungen zu unterscheiden,
- Gefühle durch die Verwendung von »Ich«-Botschaften mitzuteilen und über aktives Zuhören zu erfassen,
- Sorge und Mitgefühl für andere auszudrücken.

2. Impulskontrolle

Die Impulskontrolle ist eine wichtige Fähigkeit zur Reduktion impulsiven und aggressiven Verhaltens. Zwei Strategien werden dabei miteinander verbunden: erstens die Vermittlung eines kognitiven Problemlöseverfahrens und zweitens das Training sozialer Verhaltensfertigkeiten.

Das *Problemlöseverfahren* erfolgt in *fünf Schritten*:

- Was ist das Problem?
- Welche Lösungen gibt es?
- Fragen zu jeder Lösung: Ist sie ungefährlich? Ist sie fair? Wie fühlen sich die Beteiligten? Wird sie funktionieren?
- Entscheide dich für eine Lösung und probiere sie aus.
- Funktioniert die Lösung? Wenn nicht, was kannst du jetzt tun?

Das *Training sozialer Verhaltensfertigkeiten* soll Kindern ermöglichen, sich in sozialen Situationen angemessen und erfolgreich zu verhalten. Die entsprechenden Lektionen enthalten Problemsituationen, zu deren Lösung das erlernte Problemlöseverfahren angewendet werden soll. So soll z. B. das Problem gelöst werden, das ein Kind hat, wenn es mit einem Spielzeug spielen möchte, mit dem gerade ein anderes Kind spielt. Dazu werden zunächst die Problemlösefragen angewandt. Anschließend wird das Gelernte im Rollenspiel umgesetzt. Die angestrebten Verhaltensfertigkeiten sind dabei z. B.: bei etwas mitmachen, jemanden höflich unterbrechen, jemanden freundlich um Hilfe bitten, ein Spiel spielen, um Erlaubnis fragen, sich entschuldigen und mit dem Druck von Gleichaltrigen umgehen.

3. Umgang mit Ärger und Wut

In dieser Einheit werden Techniken zur Stressverminderung vermittelt. Dabei werden Strategien der Selbstinstruktion und des Problemlösens mit Beruhigungstechniken verbunden. Folgende Verfahren werden erlernt:

- Wie fühlt sich mein Körper?
- Beruhige dich: Hole dreimal Luft. Zähle langsam rückwärts. Denke an etwas Schönes. Sage: »Beruhige dich« zu dir selbst.
- Denke laut über die Lösung des Problems nach.
- Denke später noch einmal darüber nach.

Die angestrebten Verhaltensfertigkeiten sind u. a.: sich aus dem Kampf heraushalten, Umgang mit Hänseleien, Kritik, Enttäuschungen, sich beschweren und Konsequenzen akzeptieren.

Das Curriculum für den Kindergarten vermittelt die Einheiten in 28, das für die Grundschule in 51 Lektionen. Idealerweise soll FAUSTLOS zunächst im Kindergarten und darauf aufbauend in der Grundschule unterrichtet werden. Zu jeder Lektion gibt es eine große Fotokarte, auf der eine Situation zum Thema abgebildet ist. Außerdem gibt es gezielte Hinweise zur Vorbereitung und Durchführung der Lektion für Erzieher und Lehrer. Alle Lektionen werden nach gleichem Muster unterrichtet: Zu jeder Fotokarte werden eine Geschichte erzählt, Fragen gestellt und Meinungen diskutiert. Anschließend werden Rollenspiele und Übungen zur Übertragung des Gelernten durchgeführt.

»FAUSTLOS« sollte im Kindergarten durch die Erzieher, in den Schulklassen möglichst durch die Klassenlehrer – unterstützt durch Beratungslehrer und Sozialarbeiter – eingeführt werden. Besonders wirkungsvoll ist es, wenn das Curriculum an der ganzen Institution eingeführt wird. Vor der Einführung sollten die Akteure trainieren, wie sie den Kindern die Inhalte des Programms wirkungsvoll vermitteln können. Dabei sollte vor allem die praktische Erprobung des Curriculums im Vordergrund stehen.

Evaluation und Gesamtbewertung

Nach der Einführung in Deutschland hat das Programm auch aufgrund einer offensiven Vermarktung Karriere gemacht. Bereits Mitte der 2000er Jahre war das Programm an ca. 6000 Grundschulen und Kindergärten verbreitet. Evaluationsergebnisse zu diesem Programm liegen mittlerweile auch in Deutschland vor, allerdings vornehmlich von den Autoren des Programms (vgl. Schick/ Cierpka 2004). Dabei konnte ein Rückgang aggressiven Verhaltens und von Verhaltensauffälligkeiten nachgewiesen werden. Zudem hatte sich die Fähigkeit zur Perspektivenübernahme aus Sicht der Eltern verbessert. Weiterhin konnten die Kinder ihre Ängste besser bewältigen, weil sie ihre Gefühle besser zum Ausdruck bringen konnten und Probleme eher lösten bzw. die erlernten Beruhigungstechniken anwendeten. Auch die Beurteilung des Curriculums durch die Lehrer war insgesamt gut bis sehr gut. Entsprechende Verhaltensänderungen wurden von Lehrer- und Elternseite allerdings eher als moderat eingeschätzt. Über drei Viertel der Lehrer wollen das Curriculum in ihren nächsten Klassen wieder einsetzen, auch weil es das Klassen- und Lernklima positiv beeinflusst. Einschätzungen der Eltern belegten eine Art Transfereffekt, weil die Eltern das außerschulische Verhalten ihrer Kindern entsprechend positiv beurteilten. Zur Qualitätssicherung werden Fortbildungs- und Supervisionsveranstaltungen sowie die Durchführung spezieller Elternseminare empfohlen.

Kritische Stimmen gegenüber dem Programm beziehen sich vor allem auf folgende Punkte: »Aggressionsfeindlichkeit«, Mangel an körperbetonten Übungen, zu kognitiv und zu sprachlich ausgerichtet, zu mechanisch und anpassungsorientiert, gesellschaftsunkritisch. Dennoch scheint es gerade für jüngere, eher impulsive Kinder ein geeigneter Ansatz zu sein, prosoziales Verhalten zu trainieren.

Stärken	Schwächen/Probleme
• klar strukturiertes Konzept • Langfristigkeit des Programms • Einbezug aller Schüler • gezielte Förderung von Empathie • Einbettung in Institution Schule • Einbeziehung der Eltern	• hoher zeitlicher Aufwand, Integration in die Stundentafel • finanzieller Aufwand (Materialienset) • stark kognitive Ausrichtung • Überbetonung von Anpassung und »Konditionierung« • keine individuelle »Ursachenforschung«

Weiterführende Literatur

Cierpka, M.: FAUSTLOS – wie Kinder Konflikte gewaltfrei lösen können. Freiburg 2005 (a).

Cierpka, M. (Hrsg.): Möglichkeiten der Gewaltprävention. Göttingen 2005(b).

Krannich, S. u.a.: FAUSTLOS – Ein Curriculum zur Förderung sozialer Kompetenzen und zur Prävention von aggressivem und gewaltbereitem Verhalten bei Kindern. In: Praxis Kinderpsychologie und Kinderpsychiatrie, 46 (1997), S. 236–247.

Schick, A./Cierpka, M.: FAUSTLOS – Ein Gewaltpräventions-Curriculum für Grundschulen und Kindergärten. In: Melzer/Schwind 2004, S. 54–66.

faustlos@med.uni-heidelberg.de

Sozialtraining in der Schule

Ziele und Hintergrund

Das Programm »Sozialtraining in der Schule« (vgl. Petermann u. a. 1999, Petermann u. a. 2009) ist ein *präventives Programm*, das der Entwicklung sozial kompetenten Verhaltens vor allem Schülern der dritten bis sechsten Klasse dient. Es soll insbesondere Verhaltensstörungen wie Aggression, soziale Unsicherheit/Angst und Hyperaktivität entgegenwirken. Da es kein therapeutisches Programm ist, bietet es auch Lehrern – nach einer Einführung – die Möglichkeit, das Sozialverhalten ihrer Schüler zu fördern. Das Programm wurde am Zentrum für Klinische Psychologie und Rehabilitation an der Universität Bremen entwickelt und baut auf dem therapeutisch ausgerichteten »Training mit aggressiven Kindern« auf.

Ziele des Sozialtrainings sind im Einzelnen:

- differenzierte soziale Wahrnehmung,
- Erkennen und Ausdrücken von Gefühlen (um Körpersignale sicher zu interpretieren),
- angemessene Selbstbehauptung (um eigene Interessen und Bedürfnisse angemessen durchzusetzen),
- Kooperation als Alternative zu aggressivem, sozial isoliertem, ängstlichem Verhalten,
- Einfühlungsvermögen im Sinne einer Neubewertung der Folgen des eigenen Handelns aus Sicht des Gegenübers.

Das Sozialtraining basiert auf der Theorie der sozial-kognitiven Informationsverarbeitung, die beschreibt, wie Eindrücke aus der sozialen Umwelt verarbeitet werden und dadurch handlungsleitend wirken. Bei der Verarbeitung sozialer Reize können sich leicht Fehler einschleichen; die Kenntnis der Informationsverarbeitungsprozesse bei auffälligen Kindern bildet deshalb die Grundlage für die Prävention und Intervention.

Inhalt und Methoden

Es wird empfohlen, auf mehreren Ebenen gleichzeitig Präventionsmaßnahmen zu ergreifen: auf Schulebene (Projektwochen, Fortbildungen, Arbeitsgruppen zur Verbesserung des Schulklimas), auf Klassenebene (Klassengespräche und die Durchführung des Sozialtrainings), auf individueller Ebene (Einzelgespräche mit Schülern und Eltern). Das gesamte Programm umfasst einen Zeitraum von zehn Wochen mit einer jeweils 90-minütigen Trainingssitzung pro Woche. Die einzelnen Phasen der Sitzungen bestehen aus:

- Einleitungsphase: Spielvorschlag zum »warming up«, z. B. Kennenlern- und Interaktionsspiele wie: Jeder nennt seine Lieblingsspeise/Lieblingsgetränk oder ein Schüler schließt die Augen und wird von einem anderen durch den Klassenraum geführt.
- Vereinbarung von zwei Regeln, die während der Sitzung einzuhalten sind, z. B. »Ausreden lassen«, »keine Beschimpfungen«.

- Entspannungsphase: Vorbereitung auf das soziale Lernen, z. B. durch Fantasiereisen.
- Arbeitsphase: Rollen- und Interaktionsspiele zur Erarbeitung des Leitthemas der Stunde mit alternativen Materialien, Rollenspiele (z. B. beim Thema »Körpersprache« verschiedene Gesten und Mimiken entschlüsseln lernen und selbst verschiedene Rollen einüben und darüber reflektieren.
- Abschlussphase: Rückmeldung unter Einsatz von Signalkarten.
- Ausklang: kurzes Spiel, z. B. Schüler laufen durch den Raum und sollen auf Kommando unterschiedliche Gefühle ausdrücken oder unterschiedliche Szenen darstellen.

Der Ablauf der Sitzungen macht deutlich, welch große Bedeutung dem Rollenspiel im Sinne eines regelgeleiteten sozialen Lernens zukommt. Mittels Rollen- und Interaktionsspielen werden die verschiedenen Themen bearbeitet. In der Arbeitsphase wird die im Spiel angesprochene Thematik aufgegriffen und entlang vorgegebener Fragen diskutiert (z. B. eigene Erfahrungen, alternatives Verhalten). Neben Rollenspielen kommen auch Verhaltensregeln, Entspannungstechniken sowie Selbstbeobachtungs- und Selbstkontrolltechniken zum Einsatz.

Folgende Themen sieht das Trainingsmanual für die zehn Sitzungen vor:

1. Wie sehe ich die anderen?
2. Ich sehe mich selbst
3. Ich beobachte genau
4. Gefühle erkennen/Gefühle benennen
5. Ein Problem – viele Lösungen
6. Gemeinsam statt einsam
7. Miteinander reden
8. Ich schlüpfe in die Haut des anderen
9. Erst denken, dann handeln!
10. Was habe ich gelernt

Evaluation und Gesamtbewertung

Bisherige Evaluationsstudien zeigen, dass das Sozialtraining eine erhöhte Aggressionsbereitschaft der Schüler deutlich reduziert, wobei die Mädchen vom Training mehr profitieren als die Jungen. Ebenso konnten Schüler mit erhöhter Angst durch die Teilnahme am Sozialtraining diese Ängste (z. B. Prüfungsangst, manifeste Angst und Schulunlust) signifikant reduzieren. Weitere Evaluationsstudien wären wünschenswert. Das Programm scheint insbesondere für Klassenlehrer gut geeignet und kann – entsprechend der jeweiligen Klassensituation – gezielt eingesetzt werden. Voraussetzung ist eine entsprechende Sozialkompetenz des Lehrers und die Sicherung der organisatorischen Rahmenbedingungen. Zu empfehlen ist ein Co-Trainer und eine professionelle Beratung (z. B. Supervision).

Stärken	Schwächen/Probleme
• Gruppentraining mit strukturiertem, wissenschaftlich begründetem Curriculum • Präventionsprogramm für Schüler der 3.–6. Klassen • von geschulten, interessierten (Klassen-) Lehrern anwendbar	• Einbettung in Schulalltag sichern (Stundenausfall) • intensive Schulung der Lehrkräfte nötig • hohes Engagement und hohe Kompetenz der Trainingslehrer als Voraussetzung • professionelle Betreuung gewährleisten • Schulebene sowie Eltern kaum eingebunden

Weiterführende Literatur

Petermann, F. u. a.: Sozialtraining in der Schule. Weinheim 1999.
Petermann, F./Jugert, G./Verbeek, D./Tänzer, U.: Verhaltenstraining mit Kindern. In: Holtappels u. a. 1997/2009, S. 315–329.

Training mit aggressiven Kindern

Ziele und Hintergrund

Das »Training mit aggressiven Kindern«, das sich – wie die Programmbezeichnung besagt – an »aggressive Kinder« und zwar im Alter von 7 bis 13 Jahren wendet, ist ein bereits seit den 1970er Jahren erprobtes *verhaltenstherapeutisches* Training (vgl. Petermann/Petermann 2000, Petermann u. a. 2009). Es will eine kindbezogene Verhaltensförderung mit Elternberatung verknüpfen. Der verhaltenstherapeutische Ansatz zielt vor allem auf den Aufbau neuer, differenzierter sozialer Fertigkeiten. Im Einzelnen stehen folgende Ziele im Mittelpunkt:

- Abbau von Anspannung und motorischer Unruhe
- Förderung einer differenzierten Wahrnehmung
- Einübung angemessener Selbstbehauptung
- Erlernen kooperativer und unterstützender Verhaltensweisen
- Verbesserung der Selbstkontrolle
- Aufbau positiven Einfühlungsvermögens

Inhalt und Methoden

Den theoretischen Rahmen des Trainings bildet die Theorie des sozialen Lernens nach Bandura (vgl. Bandura 1979), z. B. Beobachtungslernen, Lernen durch Hervorheben und Abschwächen von Verhaltenshemmung sowie Diskriminierungslernen, d. h. Erkennen von gezielten Hinweisreizen. Als Orientierung dient ein Prozessmodell (▶ Abb. 16): Grundlegende Voraussetzung ist die Einübung von motorischer Ruhe und Entspannung. Für aggressive Kinder ist eine angespannte Körperhaltung und eine ständige psychische Anspannung durch das Gefühl permanenter Bedrohung kennzeichnend. Um die motorische Unruhe der Kinder zu reduzieren, werden Entspannungsgeschichten eingesetzt. Darauf aufbauend geht es um eine differenzierte Wahrnehmung der Situation (Stufe 1).

Da aggressives Verhalten meist auf einer undifferenzierten Fremd- und Selbstwahrnehmung in Konfliktsituationen beruht, sollen die Kinder zu einer genauen Beobachtung und realitätsgerechten Wahrnehmung in Handlungen befähigt werden. Dazu werden Videofilme sowie Wahrnehmungsspiele eingesetzt. Es schließen sich eine angemessene Selbstbehauptung als positive Formen von Aggression an (Stufe 2). Die Kinder sollen dabei lernen, eigene Meinungen, aber auch Gefühle, Ärger usw. in Konfliktsituationen angemessen zu äußern. Diese nicht-aggressive Selbstbehauptung wird in Rollenspielen eingeübt. Auf der nächsten Stufe sollen kooperative und unterstützende Verhaltensweisen, z. B. durch Rollenspiele, erlernt und die Selbstkontrolle verbessert werden (Stufe 3). Mittels Beobachtungsbogen (z. B. »Detektivbogen«) und Selbstinstruktionskarten erlernen die Kinder Möglichkeiten, eigenes Verhalten zu lenken und zu kontrollieren. Auf der abschließenden Stufe geht es um die Entwicklung des Einfühlungsvermögens im Sinne einer Neubewertung der Folgen des eigenen Handelns aus der Sicht des Gegenübers (Stufe 4). Damit werden die Fähigkeit zur Rollenübernahme und der Aufbau von Empathie gefördert.

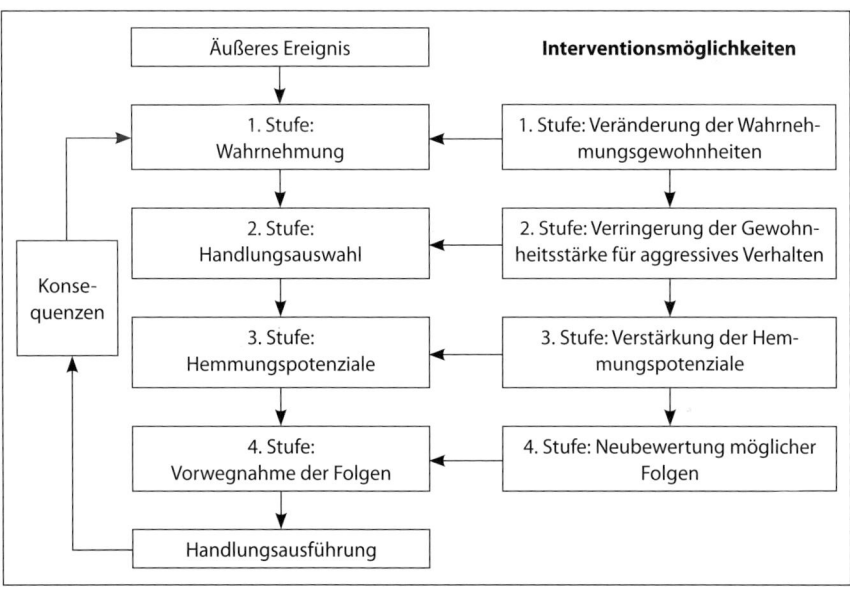

Abb. 16: Prozessmodell aggressiver Handlungen (nach Petermann/Petermann 2000)

Das Training gliedert sich in Einzel- und Gruppentrainings mit vier oder fünf Kindern. Das Einzeltraining besteht aus dem Erstkontakt und mindestens fünf Sitzungen, das Gruppentraining aus sechs bis acht Sitzungen. Die trainingsbegleitende Elternberatung erfolgt im Abstand von zwei bis drei Wochen als zweistündiger Hausbesuch. Im *Einzeltraining* stehen die Selbst- und Fremdwahrnehmung sowie Selbstkontrolle und Ausdauer im Vordergrund. Da dafür ein hohes

155

Maß an Selbstreflexion vorausgesetzt wird und dies bei vielen Kindern häufig nicht vorhanden ist, werden bildgetragene Materialien wie Cartoons, Spiele und Fotos eingesetzt, um den Teilnehmern den Zugang zu erleichtern. Als weitere Vorgehensweisen werden Diskussionen, Rollenspiele und Tagebücher eingesetzt. Im *Gruppentraining* steht das Einüben neuer Verhaltensweisen mit Rollenspielen im Vordergrund, wobei vom Trainer das Thema, die Lösung bzw. das anzustrebendes Zielverhalten, die Rollenverteilung und die Struktur der Auswertung vorgegeben werden. Um die drei bis vier Gruppenteilnehmer aktiv zu beteiligen, werden thematische Rollenspiele durchgeführt. In der Phase der Auswertung wird das Rollenspiel reflektiert. Die Schwerpunkte in den Gruppenstunden sind im Einzelnen:

- Argumentieren lernen
- mit Gefühlen und Körperhaltungen umgehen
- Vorstellungsgespräche einüben
- Einfühlungsvermögen entwickeln
- Selbstsicherheit im Umgang mit anderen erwerben
- Lob und Anerkennung äußern und annehmen
- Außenseiter akzeptieren
- Umgang mit Misserfolgen und Kritik
- Rückmeldung zum Training

Die *Eltern-/Familienberatung* ist wichtiger Bestandteil des Trainings, um eine Neustrukturierung des familiären Alltags zu ermöglichen. Durch die Vergabe von Hausaufgaben (z. B. Beobachtungsaufgaben, Absprachen für Erziehungs- und Freizeitaufgaben) sammeln Eltern neue Erfahrungen beim Umgang mit ihren Kindern und lernen ihre Hilflosigkeit zu überwinden.

Evaluation und Gesamtbewertung
Der langfristige Erfolg des Trainings hängt vor allem davon ab, ob sich die Bedingungen auf den Alltag übertragen lassen. Dafür ist für das Training »Wirklichkeitsnähe« und für den Alltag eine »erhöhte Strukturierung« notwendig. Durch gezielte Erfolgserlebnisse und den Einsatz von Selbstkontrolle kann die Belastungsfähigkeit der Kinder allmählich gesteigert werden, wobei Selbstkontrolle schon im Einzeltraining erlernt werden kann. Selbstkontrolle lässt sich offenbar relativ gut auf den Alltag übertragen. Sozialpädagogische Maßnahmen können dazu beitragen, den Alltag des Kindes zu strukturieren, z. B. durch gezielte Freizeitangebote.

Das Training mit aggressiven Kindern ist in der Lage, aggressivem Verhalten gezielt entgegenzuwirken. Bisher durchgeführte empirische Überprüfungen lassen den Schluss zu, dass vor allem das Gruppentraining eine große Bedeutung für Verhaltensänderungen hat und das Einzeltraining dazu geeignet ist, auf die Gruppentrainings vorzubereiten. Gerade in der Gruppe erlebt das Kind viele Situationen mit unterschiedlichem Schwierigkeitsgrad, in denen es neues und effektives Verhalten anhand von altersbezogenen Bedingungen einüben und eigene Selbstwirksamkeit erfahren kann. Die Studien verweisen weiterhin darauf, dass auch die familienbezogene Intervention für die Behandlungserfolge verantwortlich ist. Insgesamt liegt mit dem »Training mit aggressiven Kindern« ein erprobtes und wirksames verhaltenstherapeutisches Programm vor.

Stärken	Schwächen/Probleme
• aggressive Kinder (7–13 Jahre) als Zielgruppe • intensives Kompakttraining • multimodaler Ansatz • relativ geringer Zeitaufwand • relativ hohe Wirksamkeit	• therapeutischer, kein pädagogischer Ansatz • erfordert zusätzliche Fachkräfte wie Psychologen, Therapeuten • kein Programm in Eigenregie der Schule bzw. Lehrer • Problem des Transfers in den Alltag

Weiterführende Literatur

Petermann, F./Petermann, U.: Training mit aggressiven Kindern. Einzeltraining, Kindergruppe, Elterntraining. Göttingen u. a. 2008 (12. Aufl.).
Petermann, F./Petermann, U.: Angst und Aggression bei Kindern und Jugendlichen: Ursachen, Förderung und Therapie. München 1993.
Petermann, F. u. a.: Verhaltenstraining mit Kindern. In: Holtappels u. a. 2009, S. 315–329.

Verhaltenstraining für Schulanfänger

Ziele und Hintergrund

Vor dem Hintergrund der wachsenden Notwendigkeit von Aggressionsprävention bereits in der Grundschule wurde am Zentrum für Klinische Psychologie in Bremen ein *spezielles Trainingsprogramm für Kinder in der Schuleingangsphase* entwickelt. Es soll dazu beitragen, frühzeitig aggressiven und hyperkinetischen Verhaltensweisen vorzubeugen. Das »Verhaltenstraining für Schulanfänger« ist als ein Gruppenprogramm zur gezielten Förderung sozialer und emotionaler Kompetenzen konzipiert. Mit dem Verhaltenstraining sollen die Grundschüler in den drei Kernbereichen Aufmerksamkeitsfähigkeit und differenzierte Wahrnehmung, emotionale Kompetenzen und soziale Fertigkeiten gefördert werden. Folgende Trainingsziele sollen im Einzelnen erreicht werden (vgl. Petermann u. a. 2002, Bundeszentrale für gesundheitliche Aufklärung 2005):

• Verbesserung der sozialen Wahrnehmung
• Sensibilisierung der Selbst- und Fremdwahrnehmung für Gefühle
• Förderung sozial-emotionaler Fertigkeiten
• Verbesserung des Problemlöse- und Konfliktmanagements
• Erhöhung der Selbstkontrolle
• Aufbau prosozialen Verhaltens

Das Programm richtet sich in erster Linie an Lehrkräfte der Klassenstufe 1 und 2, kann jedoch auch von Pädagogen und Psychologen verwendet werden, die mit Kindern dieser Altersstufe therapeutisch arbeiten. Das lerntheoretisch-fundierte Trainingsprogramm umfasst insgesamt 26 Schulstunden und soll mit dem gesamten Klassenverband möglichst innerhalb eines Schulhalbjahres durchgeführt werden.

Inhalt und Methoden
Im Rahmen der 26 Sitzungen beschäftigt sich das Programm mit solchen Themenfeldern wie soziale Wahrnehmung, Gefühle erkennen und benennen, Einfühlungsvermögen, Hilfeverhalten und Kooperation sowie Problemlösekompetenzen in schulischen Alltagssituationen. Die Trainingsaufgaben sind in eine altersgerechte Rahmenhandlung, z. B. Schatzsuche, eingebettet. Das Trainingshandbuch gibt eine Einführung in den theoretischen Hintergrund des Trainings, behandelt Themen wie Klassenführung und Krisenintervention und enthält detaillierte Beschreibungen der einzelnen Trainingssitzungen, einschließlich aller Trainingsmaterialien. Die einzelnen Sitzungen werden vier Stufen zugeordnet: In der ersten Stufe »Trainingsgrundlagen« wird die Motivation für das Training aufgebaut und ein Trainingsvertrag geschlossen. Die zweite Stufe »Verbesserung der sozial-kognitiven Kompetenzen« beinhaltet die Einübung von Selbstinstruktionstechniken zur Aufmerksamkeitslenkung. In der dritten Stufe »Selbst- und Fremdwahrnehmung, Aufbau von prosozialem Verhalten« findet eine strukturierte Bild- und Textanalyse statt. Die vierte Stufe schließlich soll das Einfühlungsvermögen trainieren und die Auswahl angemessenen Verhaltens verbessern, wobei hierfür auch Rollenspiele eingesetzt werden.

Evaluation und Gesamtbewertung
Das Training wurde an verschiedenen Bremer Grundschulen durchgeführt und erprobt. Eine Längsschnittstudie ergab, dass die sozialkognitiven und sozialemotionalen Fertigkeiten der Grundschüler nach Einschätzung der Lehrpersonen gesteigert wurden. Dagegen nahmen internalisierende Verhaltensweisen (sozialer Rückzug, körperliche Beschwerden, Angst, Depression) und externalisierende Verhaltensweisen (Aggressivität, Delinquenz) sowie unaufmerksames Verhalten ab. Von den Klassenlehrern wurde das Training positiv bewertet. Als frühpräventives Programm ist das »Verhaltenstraining für Schulanfänger« ohne Zweifel ein wichtiges Programm, das jedoch der professionellen und engagierten Durchführung durch den Klassenlehrer sowie entsprechender schulorganisatorischer Rahmenbedingungen bedarf.

Stärken	Schwächen/Probleme
• frühpräventives Programm • gruppen- bzw. klassenbezogenes Programm • ausgearbeitetes kindgerechtes Curriculum • Umsetzung durch Klassenlehrer im Unterricht möglich	• Erfolg stark von Professionalität des Klassenlehrers abhängig • Schulorganisatorische Voraussetzungen (Trainingsstunden) sichern • Unterstützung des Kollegiums notwendig • Fortbildung und Begleitung unklar • geringe Einbeziehung der Eltern

Weiterführende Literatur

Petermann, F. u. a.: Verhaltenstraining für Schulanfänger. Paderborn 2002.

Gerken, N. u. a.: Verhaltenstraining für Schulanfänger: Ein Programm zur Primärprävention von aggressivem und unaufmerksamem Verhalten. In: Kindheit und Entwicklung, H. 2/2002, S. 119–128.

Komm, wir finden eine Lösung!

Das Training »Komm, wir finden eine Lösung!«, entwickelt von Brigitte Zwenger-Balink in Kooperation mit dem Kinderschutzzentrum des Kinderschutzbundes München, will Alternativen zu Gewalt und Hilfen zur *Lösung von Konflikten bereits in der Grundschule* bieten. Die Kinder sollen lernen, mit Konflikten positiv und konstruktiv umzugehen. Der Ansatz ist beeinflusst von der Lösungsorientierten Therapie (De Shazer). Die Grundidee des Ansatzes ist es, dass Lösungen, die man zu einem Problem finden kann, auch unabhängig von den Problemen selbst sein können. Lösungsorientiert zu arbeiten, setzt eine lösungsorientierte Grundeinstellung, das »positive Denken«, voraus. Es werden keine Patentrezepte angeboten, sondern Bedingungen geschaffen, unter denen die Kinder selbst ihre Lösungen finden können. Die Ziele sind zum einen allgemeiner Art, insofern sie Persönlichkeitsmerkmale betreffen, die in den Trainings unterstützt und bewusst gemacht werden. Zum anderen handelt es sich um konkrete Konfliktlösungsstrategien, z. B. die »Friedenstreppe«, die eingeübt werden sollen. Solche Konfliktregelungskonzepte sollen schon ab der 1. Grundschulklasse vermittelt werden.

Inhalt und Methoden

Das Präventionstraining ist in drei Phasen gegliedert: die Vorbereitungsphase, das eigentliche Training in der Klasse und die Auswertungsphase. Das gesamte Projekt erstreckt sich über einen Zeitraum von zwei bis drei Monaten. In der Vorbereitungsphase werden das Programm im Lehrerkollegium vorgestellt und Lehrkräfte für das Training geworben. Wichtig dabei ist, dass möglichst viele Lehrkräfte gewonnen werden. Die Durchführung von Elternabenden vor und nach den Trainingseinheiten bezieht die Eltern in die Projektarbeit ein und informiert über Ablauf und zentrale Inhalte. Um die Klasse kennen zu lernen, führt das Trainerteam – ein Mann und eine Frau – eine Hospitation in der Klasse durch. Die Lehrkräfte sollten jedoch anwesend sein, damit die Inhalte nach Möglichkeit im Schulalltag weitergeführt werden. Die Trainer verfügen über mehrjährige Berufserfahrungen und haben Zusatzausbildungen in Familien- oder Gesprächstherapie, Systemischer Therapie, Mediation usw.

Das Training in der Klasse findet wöchentlich im Umfang von zwei Schulstunden statt. Folgende *vier Trainingseinheiten* sind vorgesehen:

1. Gemeinschaft – Werte – Regeln: Dieses Training ist zur Einstimmung und zur Sensibilisierung gedacht. Durch ein Gruppenrollenspiel erfahren die Kinder, wie in der Klasse die Gemeinschaft funktioniert.

2. Wahrnehmung und Kommunikation: Hier geht es um das Wissen über und die Einübung von verbaler und non-verbaler Kommunikation. Die Trainer sprechen mit Kindern über Mimik und Gestik und beraten gemeinsam, wie Schimpfwörter vermieden werden können.

3. Gefühle und Wünsche: Im Mittelpunkt stehen hier das Erkennen und Benennen von Gefühlen und der Umgang mit starken Emotionen. Mädchen und Jungen werden eine zeitlang nach Geschlechtern getrennt und sprechen über ihre Stärken und Schwächen, Freundschaften oder Schwierigkeiten mit anderen Kindern der Gruppe.

4. Kreative Konfliktlösungen: In dieser Einheit haben die Kinder die Möglichkeit, Konflikte anzusprechen und mit Unterstützung des Trainerteams zu lösen. Diese zentrale Übung wird mit Hilfe der so genannten »Friedenstreppe« durchgeführt. Zum Abschluss des Trainings erhalten alle Kinder eine Urkunde.

In der Auswertungsphase erfolgt der Austausch mit den begleitenden Lehrkräften, der Schulleitung und dem Lehrerkollegium. Den Abschluss bildet ein Eltern-Kind-Abend, auf dem Kinder ihren Eltern zeigen können, was sie gelernt haben.

Evaluation und Gesamtbewertung

Die Wirksamkeit des Programms wurde 1999/2000 anhand einer einjährigen Studie mit Prä-Post-Design evaluiert. Es konnte festgestellt werden, dass Kinder nach dem Training sensibler miteinander umgingen und bei Streitigkeiten besser mit einander reden und sich einigen konnten. Auch andere Befragungen zeigten, dass das Programm sowohl bei den Lehrkräften als auch bei den Kindern eine positive Resonanz findet. Es ist im Prinzip eine Art Mediationsprogramm für Grundschulen, das allerdings durch den Einsatz eines externen Trainerteams für interessierte Grundschulen eine recht hohe finanzielle Hürde beinhaltet.

Stärken	Schwächen/Probleme
• frühpräventives praxisorientiertes Programm • ab 1. Klasse einsetzbar • trainiert friedfertige Konfliktregelungen in der Klasse • kurzer Trainingszeitraum • kindgemäße Spiele und Übungen	• externes Trainerteam • Finanzierung des Trainerteams ungeklärt • Klassenlehrer und Eltern wenig einbezogen • Transfer in Schulalltag und Nachhaltigkeit sichern

Weiterführende Literatur

Zwenger-Balink, B.: Komm, wir finden eine Lösung! Training zur Gewaltprävention mit Grundschulkindern. München und Basel 2004.
www.komm-wir-finden-eine-loesung.de

Programm »Soziales Lernen«

Ziele und Hintergrund

Bereits in den 1980er Jahren entwickelte Hedwig Lerchenmüller ein Unterrichtsprogramm für Schüler der Sekundarstufe I. Damit war das Ziel verbunden, auf die wachsenden Probleme von und mit Kindern und Jugendlichen, z. B. auffälliges und aggressives Verhalten, prophylaktisch zu reagieren (vgl. Lerchenmüller 1987). Im Zentrum des Unterrichtsprogramms steht das soziale Lernen, insbesondere die Förderung von Handlungsfähigkeit bei den Schülern sowie die Verbesserung des Lernklimas in der Klasse. Die Schüler sollen in Konflikt- und Problemsituationen sozial positive, aber auch für sich befriedigende Lösungsstrategien entwickeln lernen. Wesentliche Merkmale sozialen Lernens sind neben der Handlungsorientierung der Bezug zur Erfahrungswelt der Schüler und die Berücksichtigung einer affektiven Auseinandersetzung mit den Lerninhalten.

Folgende Fähigkeiten sollen im Einzelnen geschult werden:

- Urteilsfähigkeit
- Beziehungs- und Empathiefähigkeit
- kommunikative Kompetenz
- Rollendistanz und Ambiguitätstoleranz

Das Programm versteht sich als *kontextbezogener Ansatz*, d. h. das gesamte soziale Gefüge der Schule, der gesamte Klassenverband soll einbezogen werden. Neben dem Lernklima soll auch die Qualität der Lehrer-Schüler-Beziehung verbessert werden. Das Programm hat insgesamt eine delinquenzprophylaktische Absicht, d. h. durch die erworbene soziale Handlungs- und Problemlösungskompetenz soll delinquentem Verhalten vorgebeugt werden.

Inhalt und Methoden

Das Unterrichtsprogramm soll das soziale Lernen in der Schule in Form eines offenen Curriculums ermöglichen. Es setzt sich aus flexiblen Bausteinen zusammen, die didaktisch variabel einsetzbar sind. Insgesamt wurden 26 Unterrichtsbausteine entwickelt, die sich einzelnen Themenbereichen zuordnen lassen:

- Vorurteile und Diskriminierung von Minderheiten
- Beziehung zur Erwachsenenwelt
- Konflikte mit Autoritätspersonen
- Konflikte in der Gleichaltrigengruppe
- jugendliches Entscheidungsverhalten, Hintergründe und Folgen einer Straftat

Ein Unterrichtsbaustein umfasst meist die Dauer einer Doppelstunde. Den Schülern werden Themen als offene Problemsituationen in Form von Videos, Bildgeschichten oder Kurzgeschichten vorgegeben. Die Schüler sollen dann durch Gespräche, Kleingruppenarbeit oder Rollenspiele adäquate Konfliktlösungen erarbeiten. Dabei werden auch häufig Bildgeschichten einbezogen. So sollen z. B. die Schüler ermutigt werden, sich auch gegen den Druck der Gleichaltrigengruppe zu entscheiden. Sie sollen lernen, ihre Entscheidungen vor der Gruppe zu vertreten und die Folgen von unbedachten delinquenten Gruppenaktivitäten für sich und andere zu begreifen. Neben solchen thematischen Unterrichtsbausteinen sind im Lernprogramm auch »Meckerstunden« vorgesehen, welche die Schüler selbst gestalten. In diesen »Meckerstunden« werden Klassenprobleme, persönliche Schwierigkeiten usw. aufgegriffen.

Neben dem Schülertraining sind eine begleitende Beratung des Klassenlehrers durch einen geschulten Beratungslehrer sowie Gruppensitzungen zum Erfahrungsaustausch vorgesehen.

Evaluation und Gesamtbewertung

Das soziale Lernprogramm wurde in 8. Klassen von Haupt- und Realschulen erprobt. Im Ergebnis zeigten sich vielfältige soziale Lerneffekte: Das Klassenklima verbesserte sich, viele Schüler schätzten ihre Empathiefähigkeit, ihre kommunikative Kompetenz und ihre Konfliktlösungsfähigkeit nach dem Schülertraining höher ein. Allerdings zeigte sich auch: Wirkungsvoll ist soziales Lernen nur dann, wenn es gezielt und dauerhaft in der Schule gefördert wird. Dann würde auch die beabsichtigte delinquenzprophylaktische Wirkung des Programms besser zum Tragen kommen. So waren die Lerneffekte nach einem halben Jahr wieder weitgehend nivelliert, was vor allem darauf zurückgeführt wird, dass die Lehrkräfte den geforderten sozialintegrativen Unterrichtsstil nur teilweise verwirklichen konnten. Um soziales Lernen besser in den Unterricht integrieren zu können, bedarf es offenbar entsprechender pädagogischer, einschließlich persönlicher und sozialer Kompetenzen der Lehrpersonen.

Stärken	Schwächen/Probleme
• Unterrichtscurriculum zum sozialen Lernen • flexibel einsetzbar • handlungs- und lebensweltorientiertes Programm • als Klassenprogramm geeignet	• Vorbereitung der Klassenlehrer nötig • hohes Engagement und Kompetenz der Trainingslehrer als Voraussetzung • Begleitung und Beratung der Lehrkräfte • Schulebene, Eltern kaum eingebunden • organisatorische Einbettung in Schulalltag sichern (Stundenausfall)

Weiterführende Literatur

Lerchenmüller, H.: Soziales Lernen in der Schule. Zur Prävention sozialauffälligen Verhaltens. Ein Unterrichtsprogramm für die Sekundarstufe I. Bochum 1987.
Dann, H.-D.: Aggressionsprävention im sozialen Kontext der Schule. In: Holtappels u. a. 1997/2009, S. 351–366.

4.2   Interventionsprogramme gegen Gewalt

Coolness-Training (CT)

Ziele und Hintergrund

Zu den relativ neuen Interventionskonzepten gehört das Coolness-Training (CT) (vgl. Gall 1997, 2006), ein Konzept der konfrontativen Pädagogik. Unter *Konfrontativer Pädagogik* wird ein pädagogischer Handlungsstil, eine Methodik zur Förderung der Selbstverantwortung des Klienten verstanden (vgl. Kilb 2007). Das Coolness-Training wurde aus dem Anti-Aggressivitäts-Training (AAT) heraus entwickelt, um konfrontative Elemente auch für die Schule nutzbar zu machen. Das Anti-Aggressivitäts-Training wiederum wurde ursprünglich aus den USA (Glenn-Mills Schools) vor allem von Jens Weidner nach Deutschland importiert, zunächst für die Arbeit mit Straffälligen, bald aber auch für die Jugendarbeit.

Konfrontative Pädagogik und Coolness-Training sind vor dem Hintergrund der gewaltpräventiven Arbeit der letzten Jahre entstanden. Sie stehen für einen Paradigmenwechsel, d. h. einer Akzentverschiebung in der Präventionsarbeit von der »verstehenden, entschuldigenden Pädagogik« über »Jugend und Gewalt verstehen, aber nicht einverstanden sein« bis hin zur »Konfrontation als Hilfe«. Konfrontative Pädagogik ist »geführte Gruppen-Interaktion« und damit letztlich klassische soziale Kontrolle in Form der *Peer-Group-Education*, d. h., dass in der Gleichaltrigengruppe der eigentliche Erziehungsfaktor zu sehen ist. Im Coolness-Training wird vom Gruppenleiter ein Gruppenprozess initiiert, der eine Verhaltensänderung herbeiführen soll. Es ist ein pädagogischer Ansatz zur Verhaltensänderung und kein therapeutischer Ansatz zur Persönlichkeitsveränderung.

Im Unterschied zu den bisher vorgestellten Programmen ist das Coolness-Training konfrontativ-prophylaktisch angelegt und richtet sich an gewaltauffällige Kinder und Jugendliche, deren potenzielle und tatsächliche Opfer und an die scheinbar unbeteiligten Beobachter. Im Handlungsviereck von Täter, Opfer, Gruppe und Schule, die insgesamt für die Bedingungen der Gewalt mitverantwortlich sind, werden im Coolness-Training entsprechende Verhaltensalternativen erarbeitet. Oberstes Ziel ist die Opfervermeidung, daneben sollen das prosoziale Verhalten der Kinder und Jugendlichen sowie das soziale Klima verbessert werden. Durch die intensive Auseinandersetzung mit den Tatfolgen ergeben sich Zugangsmöglichkeiten zu den Tätern, wodurch deren Einsicht in norm- und regelverletzendes Verhalten sowie die Empathie gefördert werden. Im Ergebnis sollen die Täter sensibilisiert, die Opfer gestärkt und die soziale Kompetenz der Gruppe für schwierige Situationen entwickelt werden.

Inhalte und Methoden

Das Coolness-Training basiert auf folgenden drei Grundannahmen, wodurch es sich von anderen Ansätzen unterscheidet (vgl. Gall 1997): 1. Gewalt und Aggressionen werden als natürlicher Persönlichkeitsanteil akzeptiert, der durch Regeln und Tabus zu kultivieren ist.

2. Die (wohlwollende) Konfrontation der Teilnehmer mit den eigenen unangenehmen Aspekten ist zentral für das Training. 3. Kinder und Jugendliche können selbst Verantwortung für ein friedfertiges Miteinander übernehmen.

Bei der Durchführung des Coolness-Trainings gilt folgender Leitsatz: Niemand hat das Recht, den anderen zu beleidigen, zu verletzen oder auszugrenzen. Geschieht dies dennoch, erfolgt die Konfrontation. In verschiedenen Formen und auf verschiedenen Niveaustufen wird Konfrontation im Rahmen eines pädagogischen Lernprozesses ausgeübt. Um ein konfrontatives Coolness-Training durchführen zu können, müssen bestimmte *Bedingungen und Voraussetzungen* erfüllt sein:

- Das Coolness-Training ist ein Angebot an Lehrer, sich neue Zugänge zu ihrer Klasse zu erschließen. Die aktive Mitarbeit der Pädagogen und die Bereitschaft zur dauerhaften Begleitung der neuen Prozesse ist Voraussetzung für das Training.
- Zwischen Schülern und Lehrkräften muss ein einigermaßen belastbares Verhältnis bestehen. Das Training könnte z. B. scheitern, wenn der Eindruck eines neuen pädagogischen Tricks entsteht.
- Schüler sollten eine Mindestmotivation für das Training haben. Ihnen muss zudem klar sein, worum es bei dem Training geht.
- Die Teilnahme am Training ist freiwillig; deswegen muss vorher die Bereitschaft der Schüler und Eltern eingeholt werden. Es besteht für jeden Schüler die Möglichkeit auszusteigen.

Ein Training umfasst zehn bis zwölf Termine im Umfang von zwei bis drei Schulstunden pro Woche, die größtenteils in der Schule stattfinden. Der Erfolg hängt stark von der Offenheit und Bereitschaft der Schule bzw. der Lehrer ab, sich am Programm zu beteiligen. Das *Curriculum* beinhaltet 13 Bausteine mit den jeweiligen Zielen, Inhalten und Methoden (vgl. Gall 1997, S. 169 ff.).

Wie Tabelle 12 zeigt, geht es bei den Methoden vor allem um körperbetonte Spiele, Rollenspiele, interaktionspädagogische Übungen, Visualisierungstechniken, Deeskalationsstrategien, Konfrontation auf dem »Heißen Stuhl«, Entwicklung von Opferperspektiven sowie um Entspannungs- und Vertrauensübungen.

Zur Einführung des Coolness-Trainings an Schulen wird folgendes Vorgehen empfohlen:

1. Nach einer Informationsphase wird in einem ersten Schritt das Coolness-Training im Lehrerkollegium vorgestellt. Nach der Klärung des konkreten Handlungsbedarfes und der Handlungsvoraussetzungen wird eine Entscheidung über die Durchführung des Programms getroffen.
2. In einem zweiten Schritt werden die beteiligten Schulklassen über das Training informiert, wobei der Klasse die Entscheidung für die Teilnahme obliegt.
3. Im dritten Schritt werden die Eltern informiert.

Konfrontationen bei Normverstößen können für alle Beteiligten belastend sein. Erst wenn alle Seiten informiert sind und sich darüber klar sind, was auf sie zukommt, kann das Training beginnen. Jede Sitzung ist strukturiert in eine Warming-up-Phase, in Kampf- und Bewegungsspiele, einen inhaltlichen Schwerpunkt und eine Cool-down-Phase (Entspannungsphase).

Tab. 12: Lernziele, Inhalte und Methoden des »Coolness-Trainings« (in Anlehnung an Gall 1997)

Lernziele	Lerninhalte	Methoden/Medien
1. Wahrnehmung aggressiver Gefühle, mit körperlichen Empfindungen	Kennenlernen der Existenz von Aggressionen als natürlichen Persönlichkeitsanteil	Körperbetonte, sportliche Spiele, Kämpfen nach Regeln, Stunts, Erlebnispädagogische Projekte
2. Erkennen der eigenen Befindlichkeit in Konflikten, Wahrnehmung eigener Täter- und Opferdispositionen	Selbstexploration als Täter und Opfer	Fragebogen, Rollenspiele, Interaktionspädagogische Übungen, Partnerinterviews, Statuen-Theater, Stunts, der kommunikative Status im Konflikt
3. Erkennen und Akzeptieren der eigenen Stärken, Schwächen und Möglichkeiten	Auseinandersetzung mit positiven und negativen Persönlichkeitsanteilen	Partnerinterviews, Rollenspiel, normverdeutlichende Gespräche
4. Konstruktive Kommunikation, Erkennen vieler subjektiver Wahrheiten.	Ich-Botschaften, Du-Botschaften, Beziehungs-, Inhalts-, und Gefühlsaspekt erkennen, Wahrnehmungseinschränkungen durch Launen, Projektionen, Kommunikation in Stresssituationen	Interaktionspädagogische Übungen, nonverbale Kommunikation, Rollenspiele, Impact-Techniken (D. Beaulieu, 2008)
5. Interesse an gemeinsamen Zielen, Wecken von gegenseitigem Interesse und Akzeptanz	Modelle von Kooperationen in Schulklassen und Gruppen, Beispiele zur Stärkung der Gruppenkohäsion, peer-group-education	Arbeit in Kleingruppen, Kooperationsspiele, Vertrauensübungen, gemeinsame Aufgaben, Impact-Techniken (D. Beaulieu, 2008)
6. Aushalten erster leichter Konfrontationen, zum Problem bekennen, Erkenntnisgewinn nicht alleine zu sein	Visualisierung von Befindlichkeiten in Gruppen (Themen: Sexismus, Rassismus, Macht und Ohnmacht, Adultismus, soziale und ethnische Herkunft)	Rollenspiel, Interaktionspädagogische Übungen, Methoden der Visualisierung (Creighton A. /Kivel, P.1993)
7. Erkennen von Rollenverhalten, Rollenzuweisungen und Rollenerwartungen	Visualisierung von männlichen und weiblichen Rollenbildern, die Rolle als Kind, Jugendlicher, Erwachsener, Funktionsträger	Analyse der Verhaltensweisen durch Rollentausch, Rollenspiel, Texte, Befragungen, Rollen im Hoch und Tiefstatus, die Befindlichkeit im inneren und äußeren Status (Johnstone, 1993, 1996) und (Plath, M.,2015)

Tab. 12: Lernziele, Inhalte und Methoden des »Coolness-Trainings« (in Anlehnung an Gall 1997) – Fortsetzung

Lernziele	Lerninhalte	Methoden/Medien
8. Aushalten von Provokationen, Erhöhung der Frustrationstoleranz, kreative, lockere Reaktion auf Anmache	Hierarchisierung von Empfindlichkeiten (Beleidigungen, Schimpfworte, Rempeleien, Provokationen), die Neubewertung von Situationen (Rational-emotive Therapie nach Ellis (RET)	Übungen gegen Anmache, Gruppen-Klassengespräche, Rollenspiele, Konfrontationsübungen, A-B-C-Formel (Ellis), (Einsle und Hummel, 2015)
9. Reduzierung der Feindlichkeitswahrnehmung	Strukturen menschlicher Begegnung kennenlernen (Rituale, Territorien, Nähe u. Distanz)	Interaktionsspiele, Rollenspiele, Stunts, Körpersprache, Konfrontationsübungen, Impact-Techniken
10. Sinnvolles Verhalten in Bedrohungssituationen	Gewaltvermeidung durch aktive Kommunikation, aus der Rolle des Opfers ausbrechen	Rollenspiele und szenische Darstellung belastender, bedrohlicher Situationen, Deeskalations-strategien
11. Verbesserung der Körperwahrnehmung	Entspannungsverfahren, Ruhe- und Stille-Erfahrung	Atemübungen, Traum-/Phantasiereisen, Meditationsübungen Entspannung nach Jacobsen (1990)
12. Erkennen widersprüchlicher Signale und Anforderungen der Erwachsenen, Akzeptanz der eigenen Verantwortung, Erkennen der eigenen Möglichkeiten	Informationen über die Bedingungen des Aufwachsens in unserer Gesellschaft (Veränderung der Jugendphase, Individualisierung, Pluralisierung)	Befragung, Karikaturen, Comics, Referat

Fachstandards zur Durchführung von Coolness-Training (CT®)

»Das **Anti-Aggressivitäts-Training®** entstand als deliktspezifische Behandlungsmethode für gewalttätige Mehrfachtäter. Das zentrale Augenmerk liegt auf der Reduzierung von gesellschaftlich nicht tolerierbarer Gewalt und dem Opferschutz. Das AAT® ist eine Methode für Intensivtäter und damit nicht für den Schulalltag geeignet.

Die Diversifizierung des AAT's® öffnete den Blick für andere institutionelle Bereiche, wie den der Schule und der Jugendeinrichtungen, für die das **Coolness-Training®** entwickelt und implementiert wurde.

Im Coolness-Training® fokussiert sich der Blick auf die Beteiligten im Handlungsviereck (Täter, Opfer, Zuschauer, Institution) und dessen Ressourcen. Die Mehrzahl der Schüler brauchen zur Konfliktlösung keine Konfrontation ihres Fehlverhaltens, sondern Parteinahme.

Unter **Coolness-Training**® wird eine ressourcenorientierte, situationsange-messene Mischung aus Kompetenztraining und Anti-Aggressivtäts-Training® verstanden.

Das CT® ist eine präventive Maßnahme in Schule und Jugendeinrichtung und eine Anleitung zum Umgang mit schwierigen Situationen. Dabei entwi-ckeln Kinder und Jugendliche eine Kultur des Hinschauens und trainieren die friedfertige Einmischung, mit dem Ziel Konflikte frühzeitig zu erkennen und abzubauen.

Es geht um

- die Verfestigung eines zivilisatorischen Standards der Friedfertigkeit,
- die Stärkung der Kompetenz der Peergroup für schwierige Situationen,
- die Stärkung der Opfer und
- die Sensibilisierung und Begrenzung der Täter.

Die Besonderheit des CT® liegt im Handlungsviereck der jeweiligen Institu-tion. Im Gegensatz zum AAT(, das die Täter deliktspezifisch anspricht, rich-tet sich das CT® an die scheinbar unbeteiligten Schülerinnen und Schüler (Zuschauer), die Opfer, die Täter und die Institution (päd. Fachkräfte). Alle sind in besonderer Weise vernetzt und an der Entstehung von Ausgrenzung, Herabsetzung und Gewalt beteiligt.

Der Täter (klein und jung, wir reden über Schüler*innen) sind oftmals Jungen mit eigenen Opfererfahrungen – niedriges Selbstwertgefühl –, weisen Empathiedefizite auf – arbeiten mit der Lebenshypothese Gewalt mache stark und unangreifbar –, leben mit dem Glauben an die eigene unermessli-che Beliebtheit.

Die Opfer tragen zur Geheimhaltung bei, weil sie Angst vor den Tätern haben – befürchten nicht ernst genommen zu werden – schämen sich Opfer zu sein – verfügen nicht über Selbstschutz – können in schwierigen Situatio-nen kein eigenes Drehbuch schreiben – begünstigen durch Körpersprache die tyrannische Gelegenheit.

Die Gruppe (Zuschauer – scheinbar Unbeteiligte) ist vor Angst und Hilf-losigkeit gelähmt – begünstigt als Beobachter die Faktoren Auslöser und »ty-rannische Gelegenheit« – verfügt nicht über ein eigenes Drehbuch – ist der eigentliche Machtfaktor.

Die Einrichtung (Schule) Pädagogen werden von den abweichend bis ag-gressiv agierenden Schülern und häufig auch von den Opfern ausgegrenzt. Dazu kommt eine Tendenz zur Problemverleugnung und Verdrängung sei-tens vieler Pädagogen, die in Bezug auf das Sozialverhalten Ihrer Schülerin-nen und Schüler z. T. mangelhaft vernetzt sind.

Ein weiterer, aber oft vernachlässigter Faktor im Prozess der Problemlö-sung sind die Eltern der Schülerinnen und Schüler, die im Klassenrat als El-ternvertretung oder informell Einfluss auf das Geschehen ausüben.

Mit einer systemischen Betrachtungsweise gilt es vor Beginn eines CT-Projektes zunächst eine richtungsweisende Auftragsklärung mit der Schulleitung, den Lehrkräften, den Eltern und den Schülern vorzunehmen. Die Blickwinkel der Beteiligten unterscheiden sich erfahrungsgemäß recht deutlich. Vor allem bei der Zuschreibung der Verantwortung für die belastenden Prozesse und Zustände in einer Schulklasse gehen die Ansichten oft auseinander. In einem Punkt finden sich jedoch alle wieder. Alle Beteiligten haben ein Ziel: Die Schülerinnen und Schüler, deren Eltern, die Lehrkräfte und die Schulleitung wünschen den jungen Menschen einen erfolgreichen Schulabschluss. Unter der Leitung einer geschickten Moderation (CT-Trainer) der Prozessbeteiligten, finden sich zu Beginn des Projektes alle Beteiligten in diesem Ziel wieder. Schnell wird klar, »*das Leben schreibt keine Entschuldigungen*«. Nutzen wir die Zeit jetzt.

Im Sinne des systemischen Ansatzes sind Eltern und Erziehende zwingend einzubeziehen. Eltern sind zumindest im Rahmen eines Elternabends über Inhalte und Ziele zu informieren. Zur Teilnahme am CT® muss eine Einverständniserklärung der Eltern bzw. Sorgeberechtigten vorliegen.

Zentrale Inhalte:

- Bewusstes Wahrnehmen und Deuten aggressiver, negativer Gefühle mit körperlichen Empfindungen
- Verringerung der Gewaltakzeptanz (Mobbing, Dehumanisierung, Herabsetzung, körperliche Gewalt)
- Aushalten von Provokationen in real belastenden Situationen
- Reduzierung der Feindseligkeitswahrnehmung
- Affektkontrolle
- Sinnvolles, kontrolliertes Verhalten in Konflikt- Stresssituationen.
- Erkennen eigener Stärken und Schwächen
- Wecken gegenseitigen Interesses und Akzeptanz
- Statuskompetenz in der Dynamik der kommunikativen Statuswippe
- Entspannungsverfahren, Ruhe-Stilleerfahrungen zur Emotionsregulation
- Im CT® verzichten wir bewusst auf »Heiße Stühle«. Dies schließt Konfrontationen und normverdeutlichende Gespräche bei Regel- und Normverletzungen nicht aus

Äußerer Rahmen des CT®

- Die Dauer des CT's® ist abhängig vom Konflikt- und Gewaltstandard in der Gruppe. In der Regel zwischen 3 und 6 Monaten.
- Um nachhaltig zu wirken, benötigt man eine Mindeststundenzahl von 40 über mindestens 3–4 Monate/1–2 x wöchentlich 60–90 Minuten
- Gruppengröße: 6–25 Schüler
- Mindestens 1 zertifizierter AAT/CT® Trainer plus Co-Trainer (1 Experte für die Gruppe/Klassenlehrer)
- Raum sollte für Bewegungsspiele geeignet sein (Klassenraum ist häufig ungünstig.)

Innere Struktur des CT®

1. Warming up
2. Kampf- und Bewegungsübungen
3. Inhaltlicher Schwerpunkt (analog zum Curriculum)
4. Cool-Down
5. Abschlussaktion«

(Reiner Gall, Oberhausen-Rhld, AAT/CT-Trainer und Ausbilder)

Evaluation und Gesamtbewertung

Das Coolness-Training (CT) hat in Deutschland mittlerweile eine relativ hohe Verbreitung erreicht. Es wird sowohl für Schulklassen als auch für spezielle Gruppen gewaltauffälliger Jugendlicher einer oder mehrerer Schulen angewandt. Oftmals werden auch einzelne Elemente in andere Konzepte und Handlungsansätze übernommen. Die Nachfrage nach Trainingsplätzen und spezifischer Methodenausbildung ist nach wie vor sehr hoch (vgl. Kilb 2008).

Während für das Anti-Aggressivitäts-Training bereits zahlreiche Untersuchungen zur Wirksamkeit vorliegen, gilt dies für das Coolness-Training erst in Ansätzen. Die Studien zum Anti-Aggressivitäts-Training berichten von einer Reduzierung der Aggressionsneigung und von einer niedrigeren Rückfallquote, aber auch vom Einfluss der konkreten Projektdurchführung auf die Wirksamkeit des Trainings (vgl. Schanzenbächer 2003, Kilb 2008, Schröder/Merkle 2007). Erste Untersuchungen zum Coolness-Training belegen, dass es durchaus geeignet ist, zur Grenzziehung und Normverdeutlichung in den Klassen beizutragen. Die Schüler berichten von einer höheren Selbstsicherheit und Selbstachtung. Ihre kommunikativen und sozialen Fähigkeiten haben sich erhöht. Die Lehrer berichten vor allem von zunehmender Gruppenkohäsion und einer entspannteren Klassenatmosphäre. Der Erfolg des Programms hängt wesentlich davon ab, wie professionell das Training durchgeführt wird und wie tragfähig bzw. belastbar die Rahmenbedingungen sind (z. B. Klassen- und Schulklima).

Das Coolness-Training ist unter Experten allerdings umstritten und polarisiert in Anhänger- und Gegnerschaft: Während die einen eine Weiterentwicklung der Pädagogik sehen, kritisieren die anderen den tribunalhaften Charakter des »Heißen Stuhls« sowie den Ansatz insgesamt als defizitorientiert, autoritär, repressiv oder gar als Unterwerfung, Dressur und als Verletzung der Menschenrechts- und Kinderrechtskonventionen. Ungeachtet der Kritiken stellt es – wie der wachsende Bedarf zeigt – eine wichtige und notwendige Ergänzung der Präventions- und Interventionskonzepte, insbesondere mit gewaltauffälligen Schülern, dar, dessen Elemente mittlerweile in viele andere Handlungsansätze Eingang gefunden haben.

Stärken	Schwächen/Probleme
• Interventionskonzept für gewaltauffällige Schüler • klare, ritualisierte Grenzziehung und Normverdeutlichung • intensive pädagogische Arbeit mit gewaltauffälligen Schülern • breites Methodenrepertoire • erziehungswirksam, insbesondere Sensibilisierung der Täter, verbesserte kommunikative, soziale Fähigkeiten	• relativ eng begrenzte, kontextlose Bearbeitung von Gewaltverhalten • Gefahr der Defizitorientierung sowie der Bedrängung und Ausgrenzung • meist fehlende Nachbetreuung • Gefahr als Technik, »Kurzzeitpädagogik« • vermarktet zu werden • Außerachtlassen gesellschaftlicher Ursachen

Weiterführende Literatur

Gall, R.: »Verstehen, aber nicht einverstanden sein«. Coolness-Training für Schulen. In: Weidner/Kilb/Kreft 1997, S. 150–171.

Gall, R.: Ziele und Methoden des Coolness-Trainings (CT) für Schulen. In: Kilb/Weidner/Gall 2006, S. 93–121.

Weidner, J./Kilb, R./Jehn, O. (Hrsg.): Gewalt im Griff. Band 3. Weinheim, Basel 2003.

Weidner, J./Kilb, R. (Hrsg.): Handbuch Konfrontative Pädagogik. Weinheim, München 2011. Kilb, R.: Konfrontative Verfahren in der Pädagogik. In: Schröder/Rademacher/Merkle 2008, S. 199–211.

Die Trainingsraum-Methode

Ziele und Hintergrund

Die Trainingsraum-Methode ist – ähnlich wie das Coolness-Training – ein Interventionsprogramm, das auf dem Ansatz der Konfrontativen Pädagogik in der Schule beruht und das in den letzten Jahren ebenfalls zunehmende Verbreitung gefunden hat. Die Trainingsraum-Methode bezieht sich auf ein amerikanisches Programm, das von Bründel und Simon für deutsche Schulen adaptiert wurde. Ziel ist der eigenverantwortliche Umgang der Schüler mit Unterrichtsstörungen (vgl. Bründel/ Simon 2003, Claßen/Nießen 2006, Bründel 2004, 2008). Mit Eigenverantwortung ist gemeint, dass Lehrer und Schüler nur für ihr eigenes Tun verantwortlich sind: der Lehrer für das Lehren und die Schüler für das Lernen. Der Verantwortungsbegriff resultiert aus dem Bildungs- und Erziehungsauftrag der Schule. Die Trainingsraum-Methode stellt somit den Erziehungsauftrag von Schule und die Werteerziehung in den Vordergrund. Für Lehrer und Schüler gilt: Jeder hat das *Recht auf ungestörten Unterricht* und die Pflicht, für einen ungestörten Unterricht zu sorgen.

Inhalt und Methoden

Der Grundgedanke der Trainingsraum-Methode ist die Stärkung der Eigenverantwortung und der Entscheidungskompetenz der Schüler. Der Schüler soll die Folgen seiner Handlungen bedenken und reflektieren, ob er mit seiner Handlung die Rechte anderer verletzt, z. B. das Recht des Lehrers, ungestört zu unterrichten, und das Recht des Schülers, ungestörten Unterricht zu erhalten. Für einen störungsfreien Unterricht bedarf es der Aufstellung von Regeln. Regeln und Vereinbarungen sowie entsprechende Konsequenzen sind die Basis des Programms. Ein Regelverstoß setzt einen vorgegebenen strukturierten Frageprozess mit fünf Fragen in Gang, der eine Entscheidung des Schülers verlangt, ob er weiter am Unterricht teilnehmen will und sich an die Regeln halten oder ob er in den Trainingsraum gehen will.

Die *fünf Fragen* sind folgende:

1. Was tust du?
2. Gegen welche Regeln verstößt du?
3. Was passiert, wenn du gegen Regeln verstößt?
4. Wie entscheidest du dich?
5. Was passiert, wenn du wieder störst?

Wenn sich Schüler nach der ersten Störung wieder an die Regeln halten wollen, ist der Frageprozess beendet. Bei einem zweiten Regelverstoß muss der Schüler sofort in den Trainingsraum gehen. Im Trainingsraum führt ein in Gesprächsführung ausgebildeter Lehrer mit dem Schüler ein Gespräch über dessen Regelverstoß und regt ihn zur Reflexion an. Er fragt nach Gründen für sein Störverhalten und lässt ihn einen Plan schreiben, wie er sich künftig verhalten will. Dann kehrt der Schüler wieder zurück in den Unterricht. Die Trainingsraum-Methode umfasst somit sowohl die Reaktion des Lehrers auf die Unterrichtsstörung als auch deren Aufarbeitung im Trainingsraum. Die Trainingsraumgespräche beruhen auf einer kooperativen Gesprächsführung ohne Vorwürfe und Moralisierung. Zur Arbeit des Trainingsraumlehrers gehören auch Elterngespräche in Form von Hilfeplangesprächen, z. B. wenn der Schüler sich weigert, in den Trainingsraum zu gehen, die Mitarbeit überhaupt verweigert oder der Trainingsraum keine Verhaltensänderung bewirkt.

Vor der Implementierung der Trainingsraum-Methode sollte die Unterstützung durch Lehrer, Schüler und Eltern gesichert sein. Voraussetzung sind auch die Bereitstellung eines Raums, die Schulung der Trainingsraumlehrer, die Erstellung der Arbeitsblätter, Laufzettel usw. Ein Problem stellt die Anrechnung der Trainingsraumstunden als Lehrerstunden dar. Mitunter übernehmen Sozialpädagogen oder auch Eltern diese Tätigkeit. Eine wirkungsvolle Implementation setzt eine längere Vorlaufzeit voraus, in der sich alle Beteiligten mit dem genauen Ablaufprozess und der Gesprächsführung vertraut machen sollten. Es wird empfohlen, mit der Einführung in den jeweils unteren Klassen einer Schulform zu beginnen. Je früher die Regeln kennen gelernt werden, desto eher werden sie erlernt und akzeptiert. Die Trainingsraum-Methode kann eine mögliche Ergänzung zur Peer-Mediation darstellen, wenn z. B. die Konflikte, die zur Unterrichtsstörung geführt haben, in der Mediation bearbeitet werden.

Evaluation und Gesamtbewertung
Das Konzept kann auf erste positive Evaluationsergebnisse verweisen (vgl. Bründel 2008). Bei einer Befragung von 1000 Schülern und 250 Lehrern waren ca. 90 % der Lehrer mit dem Programm zufrieden. 82 % gaben eine Verringerung der Unterrichtsstörungen an, 73 % eine Verbesserung des Unterrichtskli-

mas und 72 % eine Verbesserung der Unterrichtsqualität. Von den Jungen waren 58 %, von den Mädchen 38 % im Trainingsraum. 85 % der Schüler meinten, dass sie im Trainingsraum über ihr Verhalten nachdenken würden und 67 %, dass sie es auch schaffen würden, sich an ihre Pläne zu halten. Weitere Evaluationsbefunde machen aber auch deutlich, dass eine überstürzte Einführung zu einem »Rausschick-Programm« und »Strafprogramm« führen kann und der Grundgedanke der Stärkung der Eigenverantwortung und sozialen Kompetenz verloren geht. Ähnlich wie das Coolness-Programm ist die Trainingsraum-Methode nicht unumstritten. Kritiker sehen in der Methode z. B. kein pädagogisches, sondern ein verhaltenstherapeutisches Programm oder ein »Abschiebe-« oder »Konditionierungs-Programm«, bei dem die Schüler keine wirkliche Wahl hätten und dem subjektiven Störungsempfinden der Lehrer mehr oder weniger ausgeliefert seien. Wenngleich manche der Kritiken bedenkenswert sind, muss die Förderung einer klaren Regeleinhaltung und Grenzziehung durch ein praktikables, streng strukturiertes Verfahren als durchaus positiv gewertet werden.

Stärken	Schwächen/Probleme
• Interventionskonzept für Unterrichtsstörungen • nimmt Erziehung und Wertebildung ernst • strukturierte, praktikable Methode • fördert Regeleinhaltung und Eigenverantwortung • reduziert Unterrichtsstörungen • entlastet Lehrer im Unterricht • verbessert Unterrichtsklima und -qualität	• stark formalisiert und bürokratisiert • Problem: Unterrichtsausfall für Störer • Missbrauch durch Schüler: Freistunde • Missbrauch durch Lehrer: »Entsorgung« missliebiger Schüler • setzt Akzeptanz/Unterstützung voraus • Ursachensuche nur beim Schüler • Finanzierung der anfallenden Lehrerstunden • weniger für ältere, eher für jüngere Schüler geeignet

Weiterführende Literatur

Bründel, H./Simon, E.: Die Trainingsraum-Methode. Klare Regeln, klare Konsequenzen. Weinheim und Basel 2003.
Claßen, A./Nießen, K.: Das Trainingsraum-Programm. Unterrichtsstörungen pädagogisch auflösen. Mühlheim a. d.R. 2006.
Bründel, H.: Das Trainingsraumkonzept. In: Schröder/Rademacher/Merkle 2008, S. 161–172.
Bründel, H.: Die Trainingsraum-Methode. In: Melzer/Schwind 2004, S. 139–152.
www.Trainingsraum-Methode.de

Interventionsprogramm zur gewaltfreien Konfliktlösung

Ziele und Hintergrund

Aufbauend auf vorhandenen Ansätzen hat Hubert Kleber, der selbst jahrelang an einer Hauptschule unterrichtet hat, ein eigenes Interventionsprogramm zur gewaltfreien Konfliktlösung für die Hauptschule erprobt und evaluiert (vgl. Kleber 2002, 2003). Das Programm ist lebensweltorientiert und will die Gewalterfahrungen der Schüler aus dem realen und medialen Bereich berücksichtigen. Es soll bereits in den 5. und 6. Klassen ansetzen, klassenumfassend sowie adressatengerecht ausgerichtet sein. Folglich wird intendiert, dass in die Fördermaßnahmen eine ganze Schulklasse und damit »Täter« und »Opfer«, Jungen und Mädchen gleichermaßen einbezogen werden.

Das *Konzept der unterrichtlichen Bearbeitung von realen und medialen Konfliktlösungen* hat folgende Zielsetzungen:

- Förderung der aktuellen Konfliktlösungskompetenz,
- Förderung der soziomoralischen Kompetenz,
- Förderung der Medienkompetenz.

Das Interventionsprogramm bezieht sowohl fachliche als auch medienerzieherische Zielsetzungen ein und verbindet beide nach dem Prinzip der »integrativen Medienerziehung«. Gefördert wird dabei die Fähigkeit, gewalthaltige Konfliktlösungsmuster z. B. in Actionfilmen zu analysieren, zu bewerten und eine kritische Distanz dazu zu entwickeln. Außerdem werden Schüler in ihrer aktiven Handlungskompetenz im Umgang mit Medien geschult, z. B. aktives Handeln mit der Filmkamera, Führen von Interviews mit Aufzeichnungsgeräten, Zeichnen von Comics usw. Weitere Ziele sind die Verbesserung des Kommunikationsstils, der Aufbau sozialer Handlungskompetenzen, die Entwicklung einer konstruktiven Konfliktkultur und eines positiven Klassenklimas sowie die Herausbildung eines Normen- und Regelsystems unter dem Primat der Gerechtigkeit. Das Programm beruht auf Ergebnissen eines mehrjährigen Forschungsprojekts und wurde an mehreren Schulen erprobt und evaluiert.

Inhalt und Methoden
Das Interventions- und Trainingsprogramm ist als Bausteinkomplex konzipiert und besteht aus vier Bausteinen:

A. Gewalterfahrung und Gewaltbegriff (6 Unterrichtsstunden)
Lerneinheit 1: Reale und mediale Alltagserfahrungen mit Gewalt
Lerneinheit 2: Was ist Gewalt?

B. Mediale und reale Gewalt (7 Unterrichtsstunden)
Lerneinheit 1: Gewalt und Konfliktlösung in den Medien am Beispiel einer Fernsehactionserie
Lerneinheit 2: Gewalt und Konfliktlösung im öffentlichen und persönlichen Bereich

---

C. Konflikt friedlich lösen (24 Unterrichtsstunden)
Lerneinheit 1: Konfliktbegriff und Ursachen des Konflikts Lerneinheit 2:
Lernbereich zur Konfliktlösung
Lerneinheit 3: Konfliktüberleitung
Lerneinheit 4: Du-Botschaften und Ich-Botschaften
Lerneinheit 5: Aktives Zuhören
Lerneinheit 6: Methoden der Konfliktlösung

D. Produktion von Videospots zum Thema Gewalt und Konfliktlösung (20
Unterrichtsstunden)

Zum Programm gehört eine CD-ROM mit didaktisch-methodisch bearbeiteten Zusammenschnitten einer RTL-Actionserie, modifizierbaren Arbeitsblättern sowie theoretischem und alltagspraktischem Hintergrundwissen für die Lehrkräfte. Es wird empfohlen, das gesamte Interventionsprogramm in einem zweiwöchigen Projektunterricht durchzuführen. Alle Lerneinheiten sind nach den Grundsätzen der Handlungs-, Kommunikations-, Bedürfnis-, Situations-, Erfahrungs- und Projektorientierung konzipiert und vom Anforderungsprofil auf den Entwicklungsstand von Hauptschülern der 5. und 6. Jahrgangsstufe bezogen. Für jeden Baustein gibt es differenzierte inhaltliche und didaktische Beschreibungen. Das Programm sollte möglichst von zwei Lehrkräften gemeinsam durchgeführt werden. Neben dem Klassenzimmer sollte noch ein zusätzlicher Raum zur Verfügung stehen, damit die Schülergruppen in Ruhe arbeiten können. Außerdem sollten die notwendigen Medien, wie Videokameras, Monitor, Aufnahmegeräte bereitstehen. Das Programm, das insbesondere für Haupt-, Berufs- und Förderschulen verwendbar ist, kann leicht mit anderen Schüler- bzw. Lehrerprogrammen verknüpft werden.

Evaluation und Gesamtbewertung
Das theoretisch begründete Interventionsprogramm wurde auf seine Effektivität hin empirisch geprüft. Dabei zeigten sich folgende Effekte: Die Kompetenz zur Konfliktlösungsfähigkeit der Schüler wurde gefördert, ihre Konflikttoleranz aufgebaut, ihre kritische Einstellung zu gewalthaltigen Konfliktlösungen verstärkt sowie ihre moralische Entwicklung in positiver Weise beeinflusst. Auch eine Förderung der Fähigkeit der Perspektivenübernahme, des Kommunikationsstils sowie eine Verbesserung der Klassenatmosphäre wird angenommen. Allerdings wird auch befürchtet, dass die erreichten Erfolge der Intervention nur von kurzer Dauer sein werden und längerfristige Erziehungsmaßnahmen nötig wären. Aufgrund der Einbeziehung der Medienerfahrungen und der Entwicklung von Medienkompetenz avanciert das Programm, das Prävention und Intervention verknüpft, insgesamt vor allem für nichtgymnasiale Schulformen zu einem modernen und bedeutsamen Programm, was sich jedoch noch nicht in einer entsprechenden Verbreitung widerspiegelt.

Stärken	Schwächen/Probleme
• Interventions- und Präventions- programm für Sekundarstufe I • besonders für Haupt-, Berufs- und För- derschüler geeignet • Verknüpfung von Alltags- und Medien- gewalt • Verknüpfung von Konfliktlösungs- und Medienkompetenzen • Training im Klassenverband • Ergänzung zu anderen Programmen	• hohe Sozial- und Medienkompetenz des Trainers/Klassenlehrers erforder- lich • Integration in Schulalltag erforderlich • Team-Teaching als Voraussetzung • Unterstützung seitens des Kollegiums • materielle Voraussetzung, Medienaus- stattung • Langfristigkeit sichern

Weiterführende Literatur

Kleber, H.: Konf likte gewaltfrei lösen. Medien- und Alltagsgewalt: Ein Trainingspro- gramm für die Sekundarstufe I. Berlin 2003.
Kleber, H.: Reale Gewalt – Mediale Gewalt. Förderung der Konfliktlösungsfähigkeit von Schülern im Rahmen der moralischen Erziehung. Universität Erlangen-Nürnberg 2002.

4.3 Programme gegen Mobbing

Das Anti-Bullying-Interventionsprogramm nach Olweus

Ziele und Hintergrund

Der norwegische Psychologe Olweus entwickelte in den 1980er Jahren auf der Grundlage eigener umfangreicher Längsschnittuntersuchungen mit dem Anti- Bullying-Programm ein schulumfassendes Interventionsprogramm, das durch seinen schulübergreifenden Ansatz zugleich auch ein Präventionsprogramm dar- stellt (vgl. Olweus 1995, 1997). Konkreter Anlass für die Entwicklung des Pro- gramms war, dass drei norwegische Jungen nach anhaltendem, massivem Bullying durch Gleichaltrige Selbstmord begangen hatten. »Bullying« – im Deutschen mit Mobbing gleichgesetzt – meint ein dauerhaftes Drangsalieren und Quälen und geht über Mobbing hinaus, weil es sehr unterschiedliche Ge- waltformen umfasst. Kennzeichnend sind der dauerhafte Charakter dieser Handlungen und das asymmetrische Kräfteverhältnis zwischen Tätern und Op- fern.

Das Programm wird mittlerweile in vielen Ländern der Erde mit Erfolg ange- wandt, seit Mitte der 1990er Jahre auch in Deutschland, z.B. in Schleswig-Hol- stein. Ziele des Programms sind vor allem eine deutliche Verminderung mittel- barer und unmittelbarer Gewalt und die Verbesserung der Beziehungen unter den Schülern. Es sollen Bedingungen geschaffen werden, die sowohl Opfern als auch Tätern ein besseres Auskommen miteinander innerhalb und außerhalb der Schule möglich machen. Dabei wird eine Steigerung ihrer sozialen Kompetenz angestrebt. Weiterhin soll eine allgemeine Verbesserung des Schulklimas und des Zusammenhalts erreicht werden. Adressaten sind sowohl Lehrer und Schü- ler als auch Eltern.

In Norwegen beinhaltet das Programm eine Multiplikatorenausbildung (9 Trainingstage, 3 Tage Supervision, Beratung via Telefon und E-Mail im Lauf von 18 Monaten). Jeder ausgebildete Multiplikator kann bis zu fünf Schulen betreuen.

Inhalt und Methoden

Das Modell von Olweus, das auf lerntheoretischen Ansätzen basiert, geht von Mobbing als einem Teufelskreis von Angst und Gewalt aus. Sein Interventionsprogramm will diesen Kreis durchbrechen und setzt dabei an mehreren Ebenen an: Schulebene, Klassenebene und persönliche Ebene. Bevor mit dem Programm begonnen werden kann, sollten zwei Rahmenbedingungen erfüllt sein: Zum einen muss ein entsprechendes Problembewusstsein entwickelt sein, d. h. der momentane Zustand des Gewaltproblems an der Schule muss von Lehrern und Eltern erkannt worden sein. Zum anderen bedarf es eines »Betroffenseins«, d. h. eine Änderung des Zustandes muss von Lehrern und Eltern selbst ernsthaft angestrebt werden.

Der Start des Programms erfolgt in drei Schritten:

1. Zunächst sollte eine Fragebogenerhebung stattfinden, in der alle Schüler der jeweiligen Schule den Ist-Zustand des Gewaltproblems einschätzen. Die Ergebnisse der Befragung bilden die Grundlage für alle weiteren Maßnahmen.
2. Dann sollte ein »Pädagogischer Tag« durchgeführt werden. Er dient dazu, die Fragebogenergebnisse auszuwerten und Maßnahmen vorzubereiten. Ein langfristiger Handlungsplan sollte aufgestellt werden.
3. Daran schließt sich die Schulkonferenz an, auf der das Interventionsprogramm verabschiedet werden soll.

Den Kern des Programms bilden die Maßnahmen auf der Schul-, der Klassen- und der persönlichen Ebene. Der Schwerpunkt liegt dabei auf der Klassenebene. Hier geht es vor allem um die Einführung von Klassenregeln, an deren Erarbeitung die Schüler beteiligt sein sollen. Olweus schlägt drei Regeln vor, die den Mittelpunkt bilden sollten:

1. *Wir werden andere Schüler nicht mobben.*
2. *Wir werden versuchen, Schülern, die gemobbt werden, zu helfen.*
3. *Wir werden uns Mühe geben, Schüler einzubeziehen, die ausgegrenzt werden.*

Parallel zur Erarbeitung dieser Klassenregeln sollte die Erarbeitung von Konsequenzregeln stattfinden. Konkrete Strafen für das Nicht-Einhalten der Klassenregeln sollen festgelegt werden. In wöchentlichen Klassengesprächen wird die Einhaltung der Klassenregeln ausgewertet. Im Folgenden sollen die wichtigsten Maßnahmen auf den drei Ebenen vorgestellt werden.

Schulebene:

Zu den Maßnahmen auf Schulebene gehören die schon genannte Fragebogenerhebung, der Pädagogische Tag und die Schulkonferenz. Hinzu kommt die *verbesserte Aufsicht* auf dem Schulhof und während des Mittagessens. Diese Maßnahme dient der Unterstützung und Sicherung der Regelarbeit auf Klassenebene. Ein schnelles und entschlossenes Eingreifen in gewalthaltigen Situationen signalisiert den Tätern, dass Gewalt nicht geduldet wird. Den Opfern wird eine gewisse Sicherheit vermittelt. Passiven Zuschauern wird von vornherein die Motivation genommen, sich auf die Seite des Täters zu stellen oder selbst Gewalt auszuüben. Als weitere Maßnahme wird die Einrichtung eines *Kontakttelefons* vorgeschlagen, an dem eine Vertrauensperson der Schule Ansprechpartner für Fragen im Umgang mit Gewalt sein sollte. Das Telefon soll allen Beteiligten – Schülern, Eltern und auch Lehrern – zur Verfügung stehen und demzufolge auch bekannt gemacht werden, etwa durch Elternbriefe und Aushänge in der Schule. Ein weiterer wichtiger Punkt des Programms ist die *Zusammenarbeit von Lehrkräften und Eltern.* Die Eltern müssen von den geplanten Veränderungen an der Schule unterrichtet werden. Außerdem sollen sie aufgefordert werden, aktiv an den Bestrebungen der Schule mitzuarbeiten und ständig Kontakt zu halten, besonders im Falle von auftretenden Schwierigkeiten. Diese Kooperation lässt sich z. B. durch einen Elternabend zum Thema »Gewalt« einleiten. Auch die Einrichtung von *Lehrergruppen zur Verbesserung des Sozialklimas* an der Schule wird als wichtige Maßnahme genannt. An diesen Gruppen sollten möglichst alle Lehrer mitarbeiten und dabei einen einheitlichen Standpunkt zum Umgang mit gewalttätigen Auseinandersetzungen erarbeiten. Aufgabe dieser Gruppen ist auch die gegenseitige Unterstützung und die konkrete Hilfe derjenigen Lehrkräfte, die in ihren Klassen oft Gewaltprobleme zu lösen haben. Als letzte Maßnahme auf Schulebene sind die *Arbeitsgruppen der Elternbeiräte* zu nennen. In diesen Gruppen sollen sich engagierte Eltern aus den Klassen- und Schulelternbeiräten zusammenfinden, um abzusichern, dass die Haltung gegenüber Gewalthandlungen nicht nur unter den Lehrern, sondern auch unter Eltern einheitlich ist.

Klassenebene:

Zu den Maßnahmen auf Klassenebene gehören die schon erwähnten Klassenregeln, die den eigentlichen Kern des Programms bilden. Als weiteres Mittel gegen Gewalt in den Klassen führt Olweus Lob und Strafen an. Dabei ist es wichtig, dass der Lehrer sein Augenmerk auf die potenziellen Täter richtet. So kann er feststellen, dass es durchaus Gelegenheiten gibt, auch diese zu belobigen. Lob ist z. B. auch angebracht, wenn ein Schüler versucht, einen Streit zu schlichten oder andere, ausgegrenzte Mitschüler in Aktivitäten einzubeziehen. Die in den Klassengesprächen erarbeiteten Konsequenzregeln sollen zur Anwendung kommen, wenn es darum geht, einen Schüler für aggressives, regelbrechendes Verhalten zu bestrafen. Die jeweilige Strafe sollte dem Alter, dem Geschlecht und der Persönlichkeit des Schülers angepasst sein. Unter Umständen ist es auch notwendig, die Eltern über das Verhalten ihres Kindes in Kenntnis zu setzen. Auf die Bedeutung der wöchentlichen Klassengespräche wurde schon verwiesen. Der Wochenrückblick kann besonders die aggressiven Schüler unter eine Form von Gruppendruck stellen, der sie dazu bewegt, ihr Verhalten zu ändern.

Persönliche Ebene:
Zu den wichtigsten Maßnahmen auf der persönlichen Ebene zählen die Einzelgespräche mit den Betroffenen: Gespräche mit den Tätern haben das Ziel, die Botschaft zu übermitteln: »Gewalt wird bei uns an der Schule nicht akzeptiert und es soll dafür gesorgt werden, dass sie aufhört.« Strafen müssen auferlegt, aber auch begründet werden. Gespräche mit den Opfern, die sich mitunter schwierig gestalten, haben das Ziel, das Vertrauen des Schülers zu gewinnen und ihm zu versichern, dass ihm geholfen wird. Gespräche mit den Eltern sind ratsam, wenn es zu ernsthaften Auseinandersetzungen unter Schülern gekommen ist. Der Plan zur Entspannung der Situation muss von den Eltern gemeinsam mit dem Lehrer erarbeitet werden. Der Einfluss, den Eltern nach einem solchen Gespräch auf ihr Kind ausüben, kann hilfreich sein, sein schulisches Verhalten zu verbessern. Als letzte Möglichkeit wird ein Klassen- oder Schulwechsel vorgeschlagen, wobei nach Möglichkeit der Täter versetzt werden sollte.

Evaluation und Gesamtbewertung
Die Wirkungen des Anti-Bullying-Programms sind überaus positiv. Olweus berichtet im Ergebnis seiner eigenen umfangreichen Evaluationsstudien von einem deutlichen Rückgang des Gewaltproblems um etwa 50 %. Dieser Rückgang betrifft sowohl die mittelbare und die unmittelbare Gewalt als auch antisoziales Verhalten (z. B. Schulschwänzen). Eine »Verlagerung« des Gewaltproblems konnte ausgeschlossen werden, da keine Zunahme der Gewalt außerhalb der Schule registriert wurde. Zugleich verbesserten sich das soziale Klima und die Lernhaltung der Schüler ebenso ihre Zufriedenheit mit dem Schulleben. Die Evaluationsergebnisse in Schleswig-Holstein fallen ebenfalls positiv aus, wenngleich deutlich weniger positiv als bei Olweus. Hanewinkel/Knaack (2009) berichten von einer durchgehenden Abnahme von Mobbingopfern von bis zu 8 %, wobei die Unterschiede zwischen den Schulen recht groß sind. Im Unterschied zu anderen Schulformen und Jahrgangsstufen weisen die 11. und 12. Klassen sogar gegenteilige Befunde auf, was darauf zurückgeführt wird, dass die Hauptarbeit in den Klassen wegen des Kurssystems nicht gewährleistet war. Widersprüchliche Ergebnisse wurden auch mit einer gestiegenen Sensibilisierung für Mobbing erklärt.

Insgesamt liegt mit dem Anti-Bullying-Programm von Olweus ein schulumfassendes erziehungswirksames Interventions- wie Präventionsprogramm vor, das in engagierten Kollegien im Zusammenwirken mit der Elternschaft nachhaltige Erfolge sowohl im Hinblick auf Gewalt und Mobbing als auch hinsichtlich eines verbesserten Schulklimas erzielen kann.

Stärken	Schwächen/Probleme
• relativ einfaches Handlungsmodell • Mehr-Ebenen-Modell als »systemischer Ansatz« • Interventions- *und* Präventionsmodell • kein fortbildungsintensives Projekt • geringer Kostenaufwand • Reduzierung von Mobbing • verbessertes Klassen- und Schulklima • Erhöhung der Erziehungswirksamkeit der Schule • positive Nebeneffekte	• sehr allgemeines Handlungsmodell, das spezifisch anzupassen ist (kein festes Curriculum) • hohes Engagement des Kollegiums erforderlich • setzt entwickelte Kooperations- und Kommunikationsstrukturen voraus • relativ wenig Opferschutz • Nachhaltigkeit erfordert Veränderungen in Einstellungen, Verhaltensweisen und Routineabläufen

Weiterführende Literatur

Olweus, D.: Bullying at school: what we know and what we can do. Oxford 1993.
Olweus, D.: Gewalt in der Schule. Was Lehrer und Eltern wissen sollten – und tun können. Bern 1995.
Olweus, D.: Täter-Opfer-Probleme in der Schule: Erkenntnisse und Interventionsprogramm. In: Holtappels u. a. 1997/2009, S. 281–298.
Buhbe, A.: Das Anti-Bullying-Konzept nach Olweus und seine Umsetzung in Schleswig-Holstein. In: Schröder/Rademacher/Merkle 2008, S. 149–160.
http://www.clemson.edu/olweus/

Das Programm »fairplayer«

Ziele und Hintergrund

Mit dem relativ neuen Programm »fairplayer« liegt ein umfassendes Programm zur Prävention von Bullying und Schulgewalt sowie zur Förderung von sozialen Kompetenzen und Zivilcourage vor (vgl. Scheithauer/Bull 2008). Ausgangspunkt war die Gründung des Bremer Vereins fairplayer e. V. (2004), der Kinder und Jugendliche dazu ermutigen will, sich einzumischen, Schwächere zu stärken und Gewalt zu ächten. So wurde ein Programm konzipiert, das aus Maßnahmen besteht und Jugendliche in ihrer Sprache – über Musik, Mode und Medien – anspricht und sie bewegt, sich mit dem Thema Fairplay kreativ auseinanderzusetzen. Um den Gedanken des Fairplay öffentlichkeitswirksam zu machen, nutzte der Verein moderne Marketingmethoden wie »fairplayer.botschafter« oder »fairplayer des Monats«.

Das Programm »fairplayer« ist eine Präventionsmaßnahme mit dem Ziel, zivilcouragiertes Handeln und soziale Kompetenzen bei Jugendlichen zu fördern und Bullying sowie Schulgewalt zu verhindern. Diese Grobziele lassen sich in folgende Feinziele umsetzen:

• Wahrnehmung dissozialen Verhaltens fördern,
• Wissen um prosoziales Verhalten vermitteln,
• Verständnis für persönliche Verantwortung fördern,
• Bewusstsein für Notlagen/Gewaltsituationen schärfen,
• Empathie, kognitive Perspektivenübernahme fördern,

- Sozial-emotionale Kompetenzen fördern,
- Moralische(s) Sensibilität/Urteilen fördern,
- Handlungsalternativen/-strategien fördern.

Das Programm versteht sich als entwicklungsorientierte Prävention, die altersentsprechende Materialien und Methoden verwendet. Hauptzielgruppe sind junge Menschen im Alter von 11 bis 21 Jahre (Schwerpunkt: 11–15 Jahre) in Schulklassen oder in Jugendgruppen.

Inhalt und Methoden

Zur Umsetzung des Programms gibt es das Begleitbuch »fairplayer.manual«, das neben der Theorie einen praxisorientierten Leitfaden zur Umsetzung im Unterricht enthält. Als Methoden werden angewandt: strukturierte Rollenspiele, soziale Verstärkung und Verhaltensrückmeldung, Bearbeitung der sozialen Rollen und moralische Dilemma-Diskussion. Das fairplayer.manual ist in elf Schritten mit 15 bis 17 Sitzungen gegliedert. Eine Übersicht über die einzelnen Schritte gibt Tabelle 13 (S. 152) (vgl. Scheithauer/Bull 2008, S. 66 f.).

Die Umsetzung des fairplayer.manuals erfolgt im Unterricht durch die Lehrkräfte selbst. Diese sollen jedoch an mindestens zwei Terminen von zwei fairplayer.teamern begleitet werden. Die Qualifikation für das Manual erhalten die Lehrkräfte im Rahmen einer 2- bis 3-tägigen Fortbildung. Der fairplayer e. V. bietet (auf Anfrage) Fortbildungen an.

Tab. 13: Schritte des fairplayer.manuals

Schritte	Ziel	Zeit
Schritt 1: Einführung ins Thema	• Einführung in Arbeitsschritte • Erste Auseinandersetzung mit Thema • Sensibilisierung in der Wahrnehmung von Medien	45 Min.
Schritt 2: Einführung in Methoden	• Aufstellung verbindlicher Klassen- bzw. Gruppenregeln • Unterzeichnung eines Kontrakts	45 Min.
Schritt 3: Was ist Gewalt?	• Sensibilisierung der Wahrnehmung von Gewaltformen • Förderung der Interaktionen zwischen den Jugendlichen	90 Min.
Schritt 4: Zivilcourage ... was ist das?	• erste Auseinandersetzung mit dem Thema • Förderung von Diskussion und Interaktion	90 Min.
Schritt 5: Gefühle und Körpersprache	• Wahrnehmung von Körpersignalen und Gefühlen anderer Personen verbessern • Empathie entwickeln und eigene Gefühle reflektieren	90 Min.

Tab. 13: Schritte des fairplayer.manuals – Fortsetzung

Schritte	Ziel	Zeit
Schritt 6: Soziale Rollen beim Bullying	• Teilnehmerrollen erkennen und reflektieren • Sich in verschiedenen Gruppensituationen/ Rollen erleben • Sensibilisierung der Wahrnehmung von Gruppenprozessen • Handlungsmöglichkeiten kennen lernen	2 x 90 Min.
	Film drehen	90 Min.
Schritt 7: Unsere Klasse	• Verbesserung der Arbeitsfähigkeit und -motivation • Verbesserung der Kommunikationsfertigkeiten • Förderung von Kooperation und Identifikation	90. Min.
Schritt 8: Situation erkennen und eingreifen	• Perspektivenübernahme verbessern, Wahrnehmung von Körpersignalen und Gefühlen anderer Personen verbessern • Empathie entwickeln und eigene Gefühle reflektieren	2 x 45 Min.
Schritt 9: Moralische Dilemmata	• Perspektivenübernahme verbessern • Moralische Sensibilität und moralisches Urteilen fördern • Soziale Regeln und Normen kennen lernen und diskutieren	2 x 135 + 2 x 90 Min
	Film drehen	90 Min.
Schritt 10: Geschlechterunterschiede	• Verschiedene Perspektiven und Argumente kennen lernen, andere Meinungen respektieren lernen • Anderen Wertschätzung entgegenbringen können	90 Min.
Schritt 11: Abschlussrunde	• Rückmeldung der Jugendlichen, Feedback geben/nehmen • Integration von Bausteinen in den Klassen-/ Gruppenalltag	90 Min.

Evaluation und Gesamtbewertung

Das Programm »fairplayer« stellt ein wissenschaftlich fundiertes, entwicklungsorientiertes Präventionsmaßnahmeprogramm dar, das soziales und zivilcouragiertes Handeln in Schulklassen und Jugendgruppen fördert. Aufgrund der gut dokumentierten und aufbereiteten Bausteine zu recht unterschiedlichen Themenbereichen können auch einzelne Elemente in den Schulalltag integriert werden. Auch wenn das Programm noch relativ neu und wenig evaluiert ist, so scheint es doch ein recht vielversprechendes Programm zu sein.

Stärken	Schwächen/Probleme
• entwicklungspsychologisch gut begründetes Programm	• setzt Engagement und Ausbildung des (Klassen-)Lehrers voraus
• gut strukturierter, praxisorientierter Leitfaden	• fachliche Anleitung und Begleitung nötig
• Fokussierung auf Interaktionen innerhalb einer Klasse	• relativ zeitintensiv
• kann vom (Klassen-)Lehrer weitgehend selbstständig durchgeführt werden	• Integration in Schulalltag sichern
• Bausteine mit breiter Thematik	• kaum Einbeziehung der Eltern

Weiterführende Literatur

Scheithauer, H./Bull, H. D.: fairplayer.manual. Förderung von sozialen Kompetenzen und Zivilcourage – Prävention von Bullying und Schulgewalt. Göttingen 2008.

Das Programm »ProACT + E«

Ziele und Hintergrund

Ziel dieses verhaltenstheoretisch orientierten primärpräventiven Mehrebenenprogramms ist es, unter Einbeziehung der Mitschüler, Lehrkräfte und Eltern, aggressives Verhalten von Schülern zu reduzieren sowie positives Sozialverhalten zu fördern. Das Programm wurde von einer Arbeitsgruppe der Universitäten Tübingen und Stuttgart sowie der Christoph-Dornier-Stiftung für Klinische Psychologie Tübingen entwickelt (vgl. Spröber/Schlottke/Hautzinger 2006 und 2008). Der Name »ProACT + E« steht für »to take prompt action« (sofort handeln) und »E« für »in Zusammenarbeit mit den Eltern«. Im Unterschied zu anderen Programmen sollen die Eltern – aufgrund ihres großen Einflusses auf die Entwicklung ihrer Kinder – durch ein spezielles Elterntraining aktiv einbezogen werden.

Inhalt und Methoden

Das Programm sieht für die unterschiedlichen Adressatengruppen spezifische Inhalte vor. Die *Lehrerberatung* und das *Elterntraining* umfassen u. a. folgende Inhalte:

- Lernpsychologische Grundlagen kindlichen Verhaltens,
- Strategien zur positiven Beziehungsgestaltung,
- Strategien zur Förderung positiven Sozialverhaltens,
- Strategien zum Problemverhalten,
- Wissen über Bullying/Viktimisierung,
- Handlungsmöglichkeiten bei Bullying,
- Ideen zur Etablierung eines Informationsaustausches zwischen Eltern und Lehrkräften.

Das *Klassentraining mit den Schülern* setzt im Wesentlichen auf folgende Inhalte:

- Verbesserte Wahrnehmung sozialer Situationen,
- Ursachen für Konflikte/Veränderung der Gewaltbereitschaft,
- Vereinbaren von Regeln zum Umgang mit Konflikten und Entwickeln von Lösungsideen,
- Üben von Fertigkeiten (eigene Gefühle und Gefühle anderer besser wahrnehmen, sich behaupten, prosoziales Verhalten zeigen), die notwendig sind, um Konflikte konstruktiv zu lösen,
- Vermittlung eines komplexen Problemlösemodells.

Die Implementierung von »ProACT + E« an Schulen soll durch zwei Psychologen unterstützt werden, die als Berater und Trainer beteiligt sind. Folgender Ablauf ist vorgesehen:

- Vorbereitungsphase: Planung, Informationsveranstaltung, Fragebogenerhebung,
- Interventionsphase:
  - *Klassentraining* (3 Termine zu je 4 Schulstunden): Einführung von Regeln, Ursachen von Konflikten, Üben von selbstsicherem Verhalten, präventive Maßnahmen,
  - *Lehrerberatung* (3 Termine): Mitarbeit als Co-Trainer im Klassentraining, Förderung positiver Schülerentwicklung, Klassenmanagement, Beratung,
  - *Elterntraining* (3 Termine zu je 2,5 Stunden): Ursachen von Konflikten, Förderung positiver Entwicklung, Umgang mit Konflikten, Telefonkontakt,
- Weiterführungsphase: Klassenrat, präventive Maßnahmen, Verstärkersystem, Informationsaustausch, Fragebogenerhebung.

Für Lehrkräfte, Eltern und Schüler wurde jeweils ein Arbeitsbuch entwickelt, ergänzend zum Elterntraining auch ein Videofilm.

Evaluation und Gesamtbewertung
In zwei Pilotstudien wurden die Akzeptanz und die Durchführbarkeit des Klassen- und Elterntrainings untersucht, wobei zufriedenstellende Ergebnisse erreicht wurden. Eine Evaluationsstudie zur Wirksamkeit auf der Basis von Selbsteinschätzungen der Schüler zeigte eine signifikante Reduktion verbaler Aggression und der Gewaltbereitschaft. Die Verbesserung der sozialen Kompetenzen gelingt nur unter Einbeziehung der Eltern, während deren Nichtberücksichtigung diese positiven Effekte verhindert. ProACT + E ist ebenfalls ein relativ neues Programm, das seine Wirkung vor allem über die aktive Einbeziehung der Elternschaft erzielt – dadurch stellt es die Durchführenden aber auch vor eine große Herausforderung.

Stärken	Schwächen/Probleme
• frühzeitige und aktive Einbeziehung der Eltern • Mehr-Ebenen-Modell • leicht überschaubares, kompaktes Programm • relativ geringer Aufwand	• Einbeziehung von Psychologen als Co-Trainer erforderlich • setzt Mitarbeit und Engagement der Eltern • voraus • enge Kooperation von Trainern (Psychologen), (Klassen-)Lehrern und Eltern notwendig

Weiterführende Literatur

Spröber, N./Schlottke, P. F./Hautzinger, M.: Bullying in der Schule. Das Präventions- und Interventionsprogramm ProACT + E. Weinheim 2008.

Spröber, N./Schlottke, P. F./Hautzinger, M.: ProAct + E: Ein Programm zur Prävention von »bullying« an Schulen und zur Förderung der positiven Entwicklung von Schülern. In: Zeitschrift für Klinische Psychologie und Psychotherapie 35, H. 2/2006, S. 140–150.

Das Berner Mobbing-Präventionsprogramm »Be-Prox«

Ziele und Hintergrund

Das Berner Präventionsprogramm »Be-Prox« versteht sich als flexibles und ganzheitliches Anti-Mobbing-Programm, bei dem die *Lehrpersonen im Zentrum* stehen. Die Entwicklung des Programms wurde durch den Schweizerischen Nationalfond gefördert. Be-Prox will Lehrpersonen in Schule und Kindergarten unterstützen und deren Handlungsmöglichkeiten gegen Mobbing erweitern (vgl. Alsaker 2002, Valkanover/Alsaker 2008). Da Mobbingmuster durch eine Verstärkungskultur von Mitläufern und stillschweigender Duldung in der Klasse gefördert werden, kommt es darauf an, diese Verstärkungskultur zu unterbinden. Das ist in erster Linie Aufgabe der Lehrkräfte, die das Thema »Mobbing in der Klasse« enttabuisieren sollen. Die Lehrpersonen lernen dabei, dass Prävention von Mobbing ein längerer Prozess ist und Arbeit in kleinen Schritten erfordert. Das Ziel von Be-Prox ist somit nicht die Anwendung eines Patentrezepts zur Lösung des Mobbingproblems, sondern der flexible Einsatz von Handlungsschritten. Folgende Ziele werden im Einzelnen verfolgt:

• Sensibilisierung der Lehrkräfte für Mobbingphänomene,
• Entwicklung von Handlungsstrategien zur Umsetzung in der Klasse,
• Intensivierung der Elternbindung.

Als handlungsleitende Grundprinzipien dienen Respekt, Akzeptanz individueller Unterschiede und Zivilcourage. Da das Präventionsprogramm als geleiteter Fortbildungskurs entwickelt wurde, wird dem Austausch im Lehrerteam besondere Bedeutung beigemessen.

Inhalt und Methoden

Mobbing zu erkennen ist aufgrund des komplexen Musters oft schwierig. Um Sicherheit im Erkennen von Mobbing zu gewinnen, eignen sich gezielte Beobachtungen im Unterricht oder in der Pause. Durch Informationen über betroffene Kinder und ihre sozialen Rollen können die Lehrkräfte aktuelle und frühere Vorfälle einordnen und verstehen. Ein erstes Ziel und zentrales Mittel des Umgangs mit Mobbing ist es, dass Lehrkräfte das Thema in ihren Klassen ansprechen. Dazu bieten sich unterschiedliche Einstiegsmöglichkeiten an, z. B. Filmsequenzen, Fälle aus den Medien oder ein konkreter Mobbingfall. Anschließend können die Schüler über eigene Erfahrungen mit Mobbing sprechen. Wichtig ist, dass die Lehrkraft klar Stellung bezieht und Mobbing als inakzeptable Form des zwischenmenschlichen Umgangs darstellt. Da Mobbing »sozial ansteckend« ist, muss mit der ganzen Klasse gearbeitet werden. Dabei geht es um entsprechende Verhaltensregeln sowie Konsequenzen. Verantwortlich für die Einhaltung der Regeln und die beschlossenen Sanktionen sind wiederum die Lehrkräfte. Doch auch die Schüler sollen ihren Beitrag leisten, indem sie in der Klasse aktiv mithelfen, die Vereinbarungen einzuhalten und Hilfe zu leisten. Auch die Eltern sollen über Elternabende einbezogen werden.

Der Ablauf des Präventionsprogramms vollzieht sich in Form einer Kette von wiederkehrenden Strukturen mit immer neuen Präventionselementen: Information zu Mobbing – Diskussion der Implikationen – Umsetzungsaufgabe – Vorbereitung der Umsetzung – Umsetzung – Diskussion der Umsetzung – neue Information usw. Insgesamt werden acht Sitzungen mit den Lehrpersonen vorgeschlagen: In den ersten Sitzungen geht es um die Sensibilisierung für das Phänomen, um die Erfahrungen der Lehrpersonen und um die Grundideen des Programms. Diese bestehen darin, dass Mobbing früh thematisiert wird, dass die unbeteiligten Kinder bzw. Schüler sowie die Eltern eingezogen werden und dass die Lehrpersonen Mobbingphänomene genau beobachten und protokollieren. In den weiteren Sitzungen werden Mobbingfälle thematisiert und Regeln gegen das Mobben erarbeitet. Einen Schwerpunkt bildet dabei das Unbehagen beim Sanktionieren. Handlungsleitend ist die Überzeugung, dass konsequente Regeldurchsetzung seitens der Erwachsenen zur Pflicht einer Erziehungsperson sowie zum Recht jedes Kindes gehört. Weitere Sitzungen betreffen die Mitverantwortung der nicht aktiv beteiligten Schüler, die Körpererfahrung, die Verstärkung der Regeldurchsetzung sowie die Diskussion der Umsetzungserfahrungen.

Evaluation und Gesamtbewertung

Erste Evaluationen des Programms, bei denen sowohl die Kinder als auch die Erzieher in 16 Kindergärten in der Schweiz befragt wurden, bescheinigen dem Programm eine Reihe positiver Wirkungen. Die Opferzahlen von Mobbing sanken, dagegen erhöhten sich die Hilfsbereitschaft und das Sicherheitsgefühl der Kinder. Darüber hinaus hatte sich der Kontakt mit den Eltern verbessert. Für dieses Programm, das als Fortbildungsprogramm ganz auf die Lehrkräfte setzt, besteht – objektiv gesehen – sicher ein großer Bedarf. Ob sich viele Lehrkräfte dieser intensiven Fortbildung unterziehen (können), ist eine andere Frage.

Stärken	Schwächen/Probleme
• frühpräventives Anti-Mobbing-Programm • in Kindergarten und Schule einsetzbar • setzt beim Lehrer an • Erhöhung der Lehrerprofessionalität • flexible, situationsbezogene Anwendung des Programms möglich • Förderung der sozialen Kompetenz der Schüler • fördert Teamarbeit im Kollegium • begleitende Fortbildung	• Vertrauensbasis und Teamarbeit als Voraussetzung im Kollegium • aktive Mitarbeit möglichst vieler Kollegen notwendig • Qualität des Programms hängt stark von der Gruppe und der Professionalität der Lehrkraft in der Klasse ab • relativ zeitintensiv • Eltern wenig eingebunden

Weiterführende Literatur

Alsaker, F. D.: Quälgeister und ihre Opfer. Mobbing unter Kindern – und wie man damit umgeht. Bern u. a. 2003.

Valkanover, S./Alsaker, F. D.: Das Berner Präventionsprogramm gegen Gewalt. In: Drilling/Steiner/Davolio 2008, S. 195–200.

Valkanover, S. u. a.: Mobbing ist kein Kinderspiel. Medienpaket zur Prävention in Kindergarten und Schule. Bern 2004.

Der »No Blame Approach«

Ziele und Hintergrund

Der »No Blame Approach« (wörtlich »Ohne-Schuld-Ansatz«) ist ein *Interventionsprogramm gegen Mobbing*, das in den 1990er Jahren in England von Maines und Robinson entwickelt und vom Schweizer Szaday aufgegriffen und erprobt wurde. Es ist ein lösungsorientiertes Konzept in der Tradition systemischer und kurzzeittherapeutischer Ansätze (De Shazer). Die Besonderheit des Ansatzes ist es, Mobbing nicht zu bestrafen und keine Schuldzuweisung von Täter und Opfer vorzunehmen. Der genaue Hergang des Vorfalls und seine Vorgeschichte werden nicht rekonstruiert, Rechtfertigungen der Täter sind daher nicht erforderlich. Im Vordergrund steht die Lösung des Mobbing-Problems. Charakteristisch ist weiterhin die Unterstützungsgruppe, die vom Opfer – mit Hilfe der Lehrperson – zusammengestellt wird, d. h. das Opfer wählt Schüler aus, die aktiv zu einer Auflösung des Mobbings beitragen können. Grundlegendes Ziel sind die Verhinderung bzw. Auflösung von Mobbing sowie die Förderung der sozialen Kompetenzen der Schüler.

Inhalt und Methoden

Wenn ein Mobbingfall vorliegt, ist folgendes Vorgehen vorgesehen (vgl. Szaday 2008, Jannan 2015):

1. Gespräch mit dem Opfer

Ist ein Mobbingfall bekannt geworden, spricht der Lehrer zuerst mit den Eltern des Kindes, um ihr Einverständnis einzuholen. Danach findet ein Treffen mit dem Schüler statt. In diesem einfühlsamen Gespräch wird der Schüler für die Mitarbeit gewonnen und ihm das Vorgehen erläutert. So soll er einerseits die Namen der Mobber und Mitläufer nennen, andererseits aber auch vertrauensvolle Mitschüler, die ihm bei der Lösung des Problems helfen könnten.

2. Treffen mit der Unterstützungsgruppe (ohne Opfer)
Die vom Mobbing-Opfer benannten Mitschüler sowie die Täter und Mitläufer werden vom Lehrer ohne Angabe des Grundes zu einem Treffen eingeladen (ohne das Opfer). Zusammen bilden sie die Unterstützergruppe (6–8 Personen), die nun über das Problem aufgeklärt wird und von den Gefühlen des Opfers erfährt, wobei Schuldzuweisungen vermieden werden. Die Gruppe wird gebeten, Vorschläge zu entwickeln, um dem Opfer zu helfen. Die Verantwortung für die Lösung der Mobbing-Situation wird der Gruppe übergeben. Abschließend wird ein Folgegespräch vereinbart.

3. Einzelne Nachgespräche mit allen Beteiligten
Die Folgegespräche werden mit jedem Schüler der Unterstützergruppe sowie dem Opfer geführt. Diese Gespräche werden fortgesetzt bis eine Verbesserung der Situation eingetreten ist.

Die Gespräche werden von einer Lehrperson geführt, die Vertrauen, Autorität und Glaubwürdigkeit genießt. Den Tätern werden keine Warum-Fragen gestellt. Die Vorfälle und deren Ursachen werden nicht untersucht, vielmehr wird nach Lösungen gesucht und gefragt: Was können die Schüler, was kann die Gruppe tun, damit es dem gemobbten Schüler besser geht? Der Ansatz ist eine sanfte Methode, die auf der Zusammenarbeit mit Mitschülern beruht.

Evaluation und Gesamtbewertung
Außer Fallschilderungen liegen zur Wirksamkeit des Ansatzes bisher kaum Ergebnisse vor. Eine englische Studie an Primar- und Sekundarschulen verweist auf eine Erfolgsquote bei 80 % der Fälle. Die positive Wirkung wird vor allem durch den lösungsorientierten Ansatz, die konstruktive und optimistische Atmosphäre der Gespräche und die Übertragung der Verantwortung an die Beteiligten erklärt. Der Ansatz – in Deutschland noch relativ wenig verbreitet – ist durchaus originell und wartet auf weitere Erprobungen und Erforschungen.

Stärken	Schwächen/Probleme
• Anti-Mobbing-Interventionsprogramm	• Erfolg hängt von Arbeit der Unterstützergruppe und der Lehrkraft ab
• besonders für die Grundschule geeignet	• erfordert viel Gesprächskompetenz und Empathie
• keine Bestrafung, Schuldzuweisung	• Opfer könnte sich bloßgestellt fühlen
• partizipativer Ansatz, Einbindung aller Beteiligten	• viele Gruppen- und Einzelgespräche
• Kompetenzförderung bei Schülern	• Unterrichtsausfall
	• Nachhaltigkeit ungeklärt

Weiterführende Literatur

Blum, H./Beck, D.: No Blame Approach. Praxishandbuch. Köln 2010.

Szaday, Ch.: Mobbing-Interventionen mit dem »No Blame Support Group Approach«. In: Drilling, M./Steiner, O./Davolio, M. E. (Hrsg.): Gewalt an Schulen. Forschungsergebnisse und Handlungskonzepte. Zürich 2008, S. 184–195.

Jannan, M.: Das Anti-Mobbing-Buch. Gewalt an der Schule – vorbeugen, erkennen, handeln. Weinheim und Basel 2015.

www.no-blame-approach.de

Die »Farsta-Methode«

Ziele und Hintergrund

Im Gegensatz zum »No Blame Ansatz« als einem eher sanften Anti-Mobbing-Programm ist die Farsta-Methode ein eher hartes, *konfrontatives Interventionsprogramm*. Bei dieser Methode wird der Täter mit seiner Tat (Übergriff) unmittelbar konfrontiert. Dazu braucht es eine speziellen Arbeitsgruppe (Anti-Mobbing-Gruppe) aus zwei bis fünf Lehrern oder Sozialarbeitern, die in Techniken der Gesprächsführung ausgebildet sind. Letzteres ist erforderlich, da das Gespräch mit dem Täter hohe Anforderungen an die kommunikativen Kompetenzen der Arbeitsgruppe stellt. Ziel ist eine klare Grenzziehung, dass Mobbing an der Schule nicht geduldet wird. Die Bezeichnung der Methode stammt von einem Stadtteil Stockholms, in dem sie entwickelt und praktiziert worden ist (vgl. Jannan 2015).

Inhalt und Methoden

Zentraler Kern der Farsta-Methode ist die intensive Befragung des Täters. Dabei geht es um die Einhaltung von Grenzen und Regeln sowie die Durchsetzung entsprechender Konsequenzen, die zuvor – ähnlich wie beim Anti-Bullying-Konzept – durch Lehrer, Schüler und Eltern vereinbart wurden. Die Methode beinhaltet konkret folgendes Vorgehen: In einem ersten Schritt wird vom Lehrer der Kontakt zum Opfer aufgenommen und ein Gespräch geführt, in dem behutsam der genaue Hergang des Geschehens rekonstruiert wird. Dabei werden Täter und Mitläufer erfragt. Anschließend ist zu klären, ob und wie die Eltern einbezogen werden. Im zweiten Schritt bezieht der Lehrer das Anti-Mobbing-Team ein und vereinbart mit ihm ein Gespräch mit den Tätern. In einem dritten Schritt werden die Täter ohne Vorankündigung und einzeln von einem Lehrer aus dem Unterricht abgeholt. In dem folgenden Gespräch wird dem Täter unmissverständlich klargemacht, dass die Schule den Übergriff nicht toleriert und die Mobber die Verantwortung für ihre Tat übernehmen müssen. Rechtfertigungsversuche werden zurückgewiesen, vielmehr sollen die Täter darüber nachdenken, wie sie weiteres Mobbing verhindern können. Dafür wird eine Bewährungszeit angesetzt. Im letzten Schritt werden nach der Bewährungszeit Opfer und Täter zusammengeführt. Ggf. kann es zu einem Täter-Opfer-Ausgleich kommen, wobei dem Opfer zugestanden wird, Vorschläge zu machen.

Evaluation und Gesamtbewertung

Über die Wirksamkeit des Ansatzes liegen – abgesehen von Erfahrungsberichten – kaum Daten vor. Der Erfolg der Farsta-Methode soll vor allem davon abhängen, wie kompetent und teamorientiert die Anti-Mobbing-Gruppe arbeitet. Das Programm erscheint als eine stark verkürzte Variante des Anti-Bullying-Interventionsprogramms von Olweus. Insbesondere hinsichtlich des Opferschutzes und der längerfristigen Lerneffekte bleiben jedoch Fragen offen.

Stärken	Schwächen/Probleme
• klares Interventionsprogramm • Grenzziehung und Normverdeutlichung • relativ geringer Aufwand • relativ einfacher Ablauf • Arbeit im Team • Reflexion beim Täter gefördert	• Mobbingfälle richtig diagnostizieren • Tendenz eines Verhörs, gerade bei Jüngeren problematisch • hohe Gesprächsführungskompetenz • keine Einbeziehung der Lerngruppe • Fokussierung auf einzelnen Täter • Opfer bleibt passiv • Nachhaltigkeit nicht gesichert

Weiterführende Literatur

Jannan, M.: Das Anti-Mobbing-Buch. Gewalt an der Schule – vorbeugen, erkennen, handeln. Weinheim und Basel 2015.

Das »Trainer-Konzept«

Ziele und Hintergrund

Die Frage des Opferschutzes bei Mobbingfällen ist die wohl am schwierigsten zu lösende Frage. Deshalb hat Mustafa Jannan mit dem »Trainer-Konzept« eine Alternative entwickelt, die den Opferschutz ins Zentrum stellt. Mit »Trainer« sind die unterstützenden Schüler gemeint, die Tätern und Opfern helfen. Diese können auch andere Bezeichnungen tragen, z. B. »Coaches« oder »Schutzengel«. Die konkreten Ziele der Mobbing-Intervention sind folgende:

1. Durch das Vorleben von aktiver Zivilcourage eines Teils der Mitschüler orientieren sich zunehmend auch die anderen Schüler an prosozialen Verhaltensweisen.
2. Durch das zivilcouragierte Auftreten der Mitschüler lohnt sich auch für den Täter das Mobbing nicht mehr. Damit ist dem Mobbing eine wesentliche Grundlage entzogen.

Das »Trainer-Konzept« setzt auf soziale Lernprozesse in der Klasse und überträgt den Schülern Verantwortung für ihr Handeln und das Handeln der Gruppe. Damit orientiert es sich vor allem an der sozialkognitiven Lerntheorie (Beobachtungslernen) und der Peer Education.

Inhalt und Methoden

Im Zentrum des Konzepts steht die Installation von Schülern als »Trainer« sowohl für die Opfer als auch für die Täter. Bevor die »Trainer« installiert werden, ist eine ausführliche Befragung des Opfers in einem Erstgespräch notwendig. Das »Trainer-Konzept« arbeitet dabei ohne Schuldzuweisungen. Die Aufgaben der Trainer sind folgende:

- Die *Trainer des Opfers* müssen besonders darauf achten, Schutz und Hilfe in einer Mobbing-Situation zu leisten (Opferschutz), z. B. durch klare Rückmeldung an den Täter: »Du hältst Dich gerade nicht an die Regeln, lass den Hans in Ruhe!«
- Die *Trainer des Mobbers* müssen den Tätern sofort Rückmeldung geben, wenn diese Mobbingverhalten zeigen, z. B.: »Du hast gerade wieder ›Stinker‹ zum Hans gesagt!«. Damit helfen sie den Tätern, ihr Verhalten besser wahrzunehmen und zu kontrollieren.

Alle Mobbingfälle, die in der Beobachtungszeit auftreten, werden in standardisierten Protokollbögen notiert. Die im Protokoll festgehaltenen Beobachtungen sollten quantifizierbar und eindeutig sein. Dann ist zu entscheiden, welche Sanktionen hinsichtlich der Eintragungen im Beobachtungsbogen erfolgen sollen. Zwei Varianten werden vorgeschlagen: Entweder es sollen keine Konsequenzen für die Erfüllung bzw. Nichterfüllung der Vereinbarung gezogen werden (dann würde sich das weitere Vorgehen erst nach einem bestimmten Zeitraum entscheiden) oder der Beobachtungsbogen wird mit einem Belohnungssystem gekoppelt. Der Mobber kann z. B. pro Tag zehn Belohnungspunkte erhalten. Für jeden Vorfall werden ihm Punkte abgezogen. Ziel ist es, in einer Woche mindestens 40 Punkte zu erarbeiten. Dann erhält der Schüler eine Anerkennung. Nach Jannan soll letztere Variante erfolgreicher sein. Bei dieser eher unkonventionellen Variante gibt es praktisch keinen Strafaspekt und der Täter erhält die Möglichkeit, sein Verhalten zu ändern.

Evaluation und Gesamtbewertung

Das »Trainer-Konzept« wird nach Angaben des Autors bereits an vielen Schulen Nordrhein-Westfalens mit Erfolg eingesetzt. Konkrete Evaluationsuntersuchungen liegen offenbar jedoch noch nicht vor. Nach Jannan helfen die Beobachtungsbögen und deren klasseninterne Auswertung, die beobachteten Schüler besser zu kontrollieren und deren Bemühungen wahrzunehmen. Zugleich wird ein Teil der Klasse aktiv in die Anti-Mobbing-Arbeit einbezogen. In dieser Hinsicht ähnelt es dem Buddy-Projekt. Der partizipative Ansatz des Trainer-Konzepts ist durchaus positiv zu sehen, wenngleich der Aufwand zur Durchführung und Auswertung der Beobachtungen recht hoch erscheint.

Stärken	Schwächen/Probleme
• auf Intervention gerichtet • Fokus auf Opferschutz • starke Kontrolle der Täter • Peer-Ansatz, partizipativer Ansatz • nicht strafender, sondern belohnender Ansatz	• viel Aufwand mit Erfassungsbögen und Auswertungen • starke Verregelung, Bürokratisierung • erfordert gutes Lehrer-Schüler-Verhältnis sowie hohe Kompetenz und hohes Engagement des Lehrers • Anti-Mobbing-Vereinbarungen in Klasse und • Schule als Voraussetzung

Weiterführende Literatur
Jannan, M.: Das Anti-Mobbing-Buch. Gewalt an der Schule – vorbeugen, erkennen, handeln. Weinheim und Basel 2015.

4.4 Gewaltunspezifische Präventionsprogramme

Das Buddy-Projekt

Ziele und Hintergrund
Das Buddy-Projekt wurde 1999 nach einer Idee des Vereins Off-Road-Kids von der Vodafon Stiftung Deutschland ins Leben gerufen. Das Präventionsprogramm wollte ursprünglich gefährdeten Kindern und Jugendlichen helfen und damit die Straßenkinderhilfe ergänzen. Aufgrund der konkreten Bedürfnisse der Schulen entwickelte es sich zu einem umfassenden Konzept für die sozialen Probleme von Schulen. Ziel ist es, über die Stärkung der sozialen Kompetenzen Gewalt und Sucht vorzubeugen. Hinter dem Buddy-Projekt (Buddy, dt. Kumpel, Freund) steckt die Idee, dass Jugendliche zu Gleichaltrigen am meisten Vertrauen haben und gegenseitig aufeinander acht geben können, sich unterstützen und in gefährlichen Situationen einander helfen, ob bei Gewalt, Mobbing oder Schulproblemen. Das Projekt wendet sich an Lehrer, Schulsozialarbeiter, Kinder und Jugendliche aller Schulformen.

Durch offensive Werbekampagnen fand das Projekt in Deutschland rasche Verbreitung. Nach der bundesweiten quantitativen Ausweitung (2000–2002) und der Einbeziehung von über 200 Schulen erfolgte eine qualitative Verankerung (2003–2005), u.a. durch die Erarbeitung von didaktischen Materialien, Ausbildung von Buddy-Trainern, Multiplikatorenschulung, Aufbau von Buddy-Systemen und Arbeitskreisen in den Bundesländern und zentralen Städten. Dem schloss sich die weitere Ausdehnung des Programms in den Bundesländern an. Ziel des ambitionierten Buddy-Projekts ist es, in den nächsten Jahren ca. 1500 Buddy-Initiativen an Schulen und deren Umfeld zu entwickeln. Dabei sollen regionale Netzwerke mit anderen Projekten zum sozialen Lernen entstehen, in denen Schule, Jugendhilfe und andere Institutionen miteinander kooperieren.

Inhalt und Methoden

Das pädagogische Konzept basiert auf drei Säulen: der Peergroup-Education, dem »systemischen Ansatz« und der Lebensweltorientierung, die miteinander verknüpft werden sollen. Peergroup-Education wird genutzt, indem die Peers sich gegenseitig bei Problemen helfen und Verantwortung für sich und andere übernehmen. Aus dem »systemischen Ansatz«, der besagt, dass Veränderungen innerhalb eines Systems auch immer das System als Ganzes verändern, folgt die Konsequenz, dass ein Buddy-Projekt nicht als Einzelprojekt gesehen werden darf, sondern immer in den Kontext von Schule, Schulentwicklung, Gruppe und der beteiligten Personen zu stellen ist. Lebensweltorientierung meint, dass die Buddy-Projekte nach dem tatsächlichen Bedarf der Schüler aufgebaut werden. Das bedeutet, dass die Schüler aktiv beteiligt werden, an konkreten Alltagssituationen lernen und dabei Schlüsselkompetenzen für ihr eigenes Leben erwerben.

In Kooperation mit den jeweiligen Länderministerien wird von der Stiftung die Durchführung von Trainings in bestimmten Regionen und Kommunen angeboten. Idealerweise soll die *Implementierung des Projekts* drei Phasen durchlaufen:

- Phase 1: Ausbildung von Multiplikatoren auf Landesebene
- Phase 2: Trainings für Pädagogen zur Förderung sozialer Handlungskompetenz in Regionaltrainings, angeleitet durch ausgebildete Buddy-Trainer
- Phase 3: jährliche Vertiefungs- und Praxistage für die am Projekt beteiligten Schulen

Neben den regionalen Koordinatoren, z. B. Schulpsychologen, Sozialpädagogen oder Lehrer, werden die Buddy-Projekte an den Schulen in der Regel von jeweils zwei Lehrern, die eine mehrtägige Fortbildung erhalten haben, betreut. Jede Schule soll – entsprechend ihres Bedarfes – die konkreten Praxisprojekte selbst entwickeln. Die Bandbreite ist deshalb sehr groß und reicht von Buddys, die andere Kinder mit Schulangst zu Hause abholen, über Patenmodelle für jüngere Schüler, Friedensbuddys, Hausaufgaben-Buddys, Buddy-Klassenräte bis zu Rollstuhl-Buddys. Die Buddys sind durch ihr Outfit leicht erkennbar, z. B. Mützen, T-Shirts, Schlüsselanhänger usw. Folgende inhaltliche Anwendungsebenen für Buddys sind potenziell möglich:

- Schüler helfen Schülern (Peer-Helping)
- Schüler lernen miteinander (Peer-Learning)
- Schüler helfen lernen (Peer-Teaching)
- Schüler betreuen Schüler (Peer-Coaching)
- Schüler beraten Schüler (Peer-Councelling)
- Schüler vermitteln in Konflikten (Peer-Mediation)
- Buddy-Projekte im sozialen Umfeld (Service Learning)

Das Buddy-Projekt ist weniger ein einheitliches geschlossenes Konzept, sondern eher ein offenes System möglicher Maßnahmen. Jede Schule erstellt ihr eigenes

Profil und führt ausgewählte Maßnahmen durch. Das setzt eine konkrete Bedarfsanalyse und eine konkrete Schulentwicklungsarbeit voraus.

Evaluation und Gesamtbewertung

Zwar gibt es eine Reihe von Statements und Erfahrungsberichten über die große Resonanz des Buddy-Projekts bei den betreffenden Schülern und Lehrern, konkrete Ergebnisse zur Wirksamkeit der Projekte sind bisher jedoch kaum bekannt geworden. Die relativ große Verbreitung in wenigen Jahren spricht für eine gute Resonanz an Schulen. So wurde z. B. das Landesprogramm in Berlin an allen rund 400 Grundschulen (Klassen 5 und 6) durchgeführt, wobei es auch nach zwei Jahren noch keine Abmeldung von Schulen gab. Durch die große Offenheit des Buddy-Projekts können allerdings unter dem Dach des Projekts sehr unterschiedliche Ansätze praktiziert werden, was eine Vergleichbarkeit und Bewertung erschwert.

Der Ansatz der Peergroup-Education als Grundlage des Projekts ist – ähnlich wie bei der Peer-Mediation – positiv zu bewerten, auch der »systemische Ansatz« und die angestrebte Vernetzung mit anderen Projekten. Inwieweit diese Orientierungen allerdings konkret umgesetzt werden, ist eine offene Frage. Idee und Konzept des Buddy-Projekts sind durchaus überzeugend; insgesamt erscheint das Projekt jedoch eher als eine Ansammlung guter Ansätze aus schon bekannten Konzepten, zumal zu deren Umsetzung zu wenig Orientierung und Anleitung gegeben wird. Insofern ist das Buddy-Projekt kein eigenes Präventionsprogramm im engeren Sinne, sondern eher ein allgemeiner Handlungsansatz, unter dessen Dach sich verschiedene Präventionsprogramme und -ansätze versammeln.

Stärken	Schwächen/Probleme
• Hilfs- bzw. Helfersystem unter Gleichaltrigen (Peer-Ansatz) • »systemischer Ansatz« • Lebenswelt-, bedarfsorientiert • Vernetzung mit anderen Projekten wird angestrebt • zentrale Steuerung und Werbung durch Stiftung	• sehr allgemeines, offenes Konzept • keine vorgegebenen, konkreten Inhalte • Gefahr der Beliebigkeit • enthält viel Bekanntes unter neuem Etikett • lebt stark von Buddy-Trainern und beteiligten Pädagogen • auf Förderung/Finanzierung von Stiftung angewiesen • keine Einbindung der Eltern

Weiterführende Literatur

Buddy e. V.: http://www.buddy-ev.de/Buddy-Projekt/
Buddy-news des Buddy-e. V., Benzenbergstr. 2, 40219 Düsseldorf.

PIT – Prävention im Team

Ziele und Hintergrund

Das PIT-Programm wurde ursprünglich in Schleswig-Holstein vom Landesrat für Kriminalprävention gemeinsam mit Pädagogen, Schulpsychologen und Polizeibeamten entwickelt und Mitte der 1990er Jahre an Schulen erprobt. Mittlerweile wurde das Programm auch von anderen Bundesländern (z. B. Bayern, Hessen, Rheinland-Pfalz, Brandenburg), allerdings mit sehr unterschiedlichen Schwerpunktsetzungen und Modifikationen, übernommen. Prävention im Team ist ein Präventionsprogramm zu solchen Themen wie Gewalt, Sucht, Delinquenz, bei dem die *Trainer als Team* auftreten. Die Besonderheit ist, dass im *Team unterschiedliche Professionen* vertreten sind. Unter Teambildung wird verstanden, dass in Schulen, die sich für die Einführung von PIT entscheiden, Teams gebildet werden, die aus verschiedenen Professionen bestehen, in der Regel aus Polizeibeamten, Lehrkräften und Vertretern der Jugendhilfe. Das Team kooperiert über einen längeren Zeitraum eng und systematisch miteinander.

Ziel des Programms ist die Stärkung der Persönlichkeitsentwicklung der Schüler, insbesondere die Stärkung des Normenbewusstseins, des Selbstbewusstseins und der Eigenverantwortung, außerdem die Sensibilisierung für Gefahren und Konsequenzen von Jugendkriminalität, die Förderung der Fähigkeiten zur gewaltfreien Konfliktlösung und die Schärfung des Verantwortungsbewusstseins (vgl. Institut für Qualitätsentwicklung an Schulen in Schleswig-Holstein 2001, 2002, Melzer/Schubarth/Ehninger 2011).

Inhalte und Methoden

Das Programm gliedert sich in drei bzw. vier Phasen. In der ersten Phase informiert der Lehrer über ein spezielles Thema, z. B. Gewalt. Danach gestaltet in einer zweiten Phase ein Polizeibeamter seine Unterrichtseinheit zum gleichen Thema und bringt dabei seine konkreten Erfahrungen ein. Anhand konkreter Beispiele wird den Schülern verdeutlicht, was es bedeutet, Täter oder Opfer einer Gewalttat zu sein. In der anschließenden dritten Phase werden persönlichkeitsbildende Übungen durchgeführt. Dazu wurde ein spezielles Übungsmaterial im Programm-Manual zusammengestellt, das das Selbstbewusstsein, die Konfliktfähigkeit und andere personale Kompetenzen fördert. In der schleswig-holsteinischen Programmvariante gibt es noch eine vierte Phase, bei der Aspekte des sozialen Klimas im Mittelpunkt stehen, z. B. Kommunikations- und Interaktionsaspekte. Als Methoden werden neben dem Vortrag und der Diskussion auch solche didaktischen Ansätze angewandt wie Gruppengespräche, Paarübungen, Rollenspiele, Interaktionsübungen und Videoaufzeichnungen.

Die Implementierung kann recht offen gestaltet werden. Die empfohlenen zwölf Unterrichtsstunden können unterrichtsbegleitend, aber auch an Projekttagen durchgeführt werden. Da es wünschenswert ist, dass das Projekt möglichst von der ganzen Schule mitgetragen wird, ist vorab die Zustimmung der Schulkonferenz, zumindest aber der Lehrerkonferenz einzuholen. Die Eltern der beteiligten Klassen sollten informiert und die Themen möglichst auf Elternabenden begleitend behandelt werden. Als Arbeitsgrundlage des Programms dienen die Handbücher des »Instituts für Qualitätsentwicklung an Schulen in Schleswig-Holstein« (IQSH), die auch vom WEISSEN RING vertrieben werden. Um auch Grundschulkinder in das Projekt einbeziehen zu können, wurde ein spezielles PIT-Programm für Grundschulen mit der Bezeichnung PIT II entwickelt.

Mittlerweile haben einige Bundesländer länderspezifische Versionen des PIT-Programms erarbeitet. So legt z. B. Hessen den alleinigen Schwerpunkt auf Gewaltprävention und bezieht neben der Polizei und der Schule auch die Jugendhilfe als dritten gleichberechtigten Partner in den Prozess der Teambildung mit ein. Neben Teambildung und Schülertrainings geht es in Hessen auch um die Einflussnahme auf die Personal- und Organisationsentwicklung. Im Gegensatz dazu fungiert das PIT-Programm im Land Brandenburg eher als Dach für ganz unterschiedliche Themen und Programme. So vereint PIT-Brandenburg folgende sechs Präventionsfelder: Demokratie (Gewalt, Mobbing, Rechtsextremismus, Schulverweigerung u. a.), Gesundheit (Sucht, Alkohol, Drogen, Essstörungen, Suizid u. a.), Medien, Mobilität, Ökologie und Recht. Im Rahmen von PIT-Brandenburg werden auch verschiedene Anti-Gewaltprogramme angeboten, z. B. das Anti-Bullying-Konzept von Olweus.

Evaluation und Gesamtbewertung

Das PIT-Programm wurde in Schleswig-Holstein sowie in Rheinland-Pfalz evaluiert. Dabei ließ sich eine gesteigerte Sensibilisierung der Schüler für Gewalt nachweisen. Auch der Zusammenhalt der Klasse wurde positiver eingeschätzt. Nach Einschätzung der Lehrkräfte wurde die Klassengemeinschaft gestärkt, eine höhere Integration der Außenseiter sowie eine Verbesserung der Beziehungen zwischen Lehrern und Schülern erreicht. Rund die Hälfte der Schüler empfand den Unterricht als spannend. Die überwiegende Mehrheit der Lehrkräfte und Polizisten hat den Unterricht gerne durchgeführt und die Teamarbeit als positiv erlebt. Von den Lehrern wird das Programm als methodisch ansprechende Abwechslung zum sonstigen Unterricht empfunden.

Die Evaluationsergebnisse verweisen auf eine gute Resonanz bei Polizisten, Lehrern und Schülern. Weitere Studien sind notwendig, um die konkreten Effekte in Hinblick auf Aggression und Gewalt zu erfassen. Durch die Heterogenität der Programme in den Ländern ist ein Vergleich kaum möglich. Aufgrund der möglichen Themenbreite ist es in den meisten Ländern eher ein allgemeines Präventionsprogramm denn ein Anti-Gewaltprogramm. Zugleich erfordert der hohe Anspruch von Ganzheitlichkeit und Teambildung notwendige Organisations- und Schulentwicklungsschritte, womit viele Schulen überfordert sein dürften.

Stärken	Schwächen/Probleme
• ganzheitlicher Ansatz • institutionenübergreifendes Konzept • Verbindung von Prävention und Intervention • multiprofessionelle Teams • Förderung von Lebenskompetenzen • didaktische Materialien	• sehr allgemein gehaltenes Programm • großer Spielraum bei Umsetzung • setzt Kommunikations- und Kooperationsstrukturen voraus • erfordert notwendige Rahmendingungen, z. B. Bereitstellung von Lehrerstunden • Anspruch der Ganzheitlichkeit und Teambildung kaum einlösbar

Weiterführende Literatur

Institut für Qualitätsentwicklung an Schulen in Schleswig-Holstein u. a. (Hrsg.): PIT I: Prävention im Team. Überarb. Neuauflage Kiel 2002.

Institut für Qualitätsentwicklung an Schulen in Schleswig-Holstein u. a./PIT II: Prävention im Team (Grundschule). Neuauflage Kiel 2001.

Baer, R.-D./Kaletsch, Ch.: Prävention im Team – ein hessisches Projekt zur Gewaltprävention von Schule, Polizei und Jugendhilfe. In: Schröder/Rademacher/Merkle 2008, S. 173–183.

Landesinstitut für Schule und Medien Berlin-Brandenburg (LISUM): PIT Brandenburg. Schulische Prävention im Team. Ludwigsfelde 2007.

http://www.iqsh.de

Programm »Erwachsen werden« (Lions-Quest)

Ziele und Hintergrund

Dieses aus den USA kommende Programm war ursprünglich für die Suchtprävention konzipiert, kann aber auch für die Gewaltprävention eingesetzt werden, da es ein allgemeines »Life-Skills-Programm« darstellt. Es ist ein Präventionsprogramm, das Lebenskompetenzen zur Vorbeugung gegen Suchtgefahren und zur Reduzierung von Gewaltbereitschaft vermitteln will. Hauptziel des Programms ist es, die persönlichen und sozialen Kompetenzen junger Menschen zu entwickeln, insbesondere ihre Fähigkeiten zu fördern, eigenverantwortliche Entscheidungen zu treffen und Konflikt- und Risikosituationen erfolgreich zu begegnen. Das Programm richtet sich an Schüler der Sekundarstufe I, d. h. an die Altersgruppe der 10- bis 16-Jährigen (vgl. Wilms 2004, Altenburg-van Dieken 2008).

Konkret verfolgt das Programm folgende Ziele:

• Stärkung des Selbstwertgefühls, des Selbstbewusstseins und der Selbstdisziplin,
• Förderung kommunikativer Kompetenzen,
• Umgang mit den eigenen Gefühlen und den Gefühlen anderer,
• Ausbildung von Problembewusstsein und Urteilsvermögen,
• Finden eigener Werte und Ziele,
• Förderung von kritischem Denken und Kritikfähigkeit,
• Förderung der Engagementbereitschaft,
• Entwicklung von Familien- und Gemeinschaftssinn.

Lions-Quest (Quest, engl. Suche) ist Mitte der 1980er Jahre in den USA als eine vertragliche Kooperation zwischen Lions Clubs International, der größten weltweiten Service-Organisation, und Quest International, einer Non-Profit-Organisation, entstanden. Seitdem es in den 1990er Jahren auch nach Deutschland kam, hat es eine rege Verbreitung gefunden. Der 1997 gegründete Verein »Lions-Quest Deutschland e. V.« hat mittlerweile viele Tausende Lehrkräfte geschult. In einigen Bundesländern (z. B. Hessen, Niedersachsen, Saarland, Sachsen) gibt es Vereinbarungen zwischen den Lions Clubs und den Kultusverwaltungen über eine mehrjährige Zusammenarbeit zur Einführung des Programms. Zudem ist das Programm in vielen Bundesländern in die staatliche Lehrerfortbildung integriert. Der größte Teil des Engagements wird jedoch weiterhin von den Lions Clubs getragen. Zur Effektivierung des Programms wird empfohlen, als Vorstufe für die Grundschüler das Gesundheitsförderprogramm »Klasse 2000« durchzuführen, das ebenfalls von den Lions Clubs unterstützt wird.

Inhalt und Methoden

»Erwachsen werden« knüpft an bekannten Erfahrungen und Methoden an und verbindet sie mit Themen, die bei der angezielten Altersgruppe im Vordergrund stehen. Es ist ein umfassendes Programm, das sowohl Schüler und Lehrer als auch die Eltern einbezieht. Die Einführung des Programms wird in der Regel bei einem örtlichen Lions Club beantragt. Voraussetzung für die Durchführung ist die Teilnahme der Lehrkräfte an einem dreitägigen Einführungsseminar. Das Einführungsseminar, das als praxisorientiertes Lehrertraining konzipiert ist, hat für das Programm einen hohen Stellenwert. Lehrer sind im Bereich des sozialen Lernens meist wenig geschult, zugleich sind sie aber zunehmend gefragt als Erzieher, Berater, Begleiter von Gruppenprozessen, als Persönlichkeit und Mensch, der beim Erwachsenwerden wichtige Orientierungshilfe bieten soll. Im Seminar machen sich die Lehrkräfte mit z. T. ungewohnten Unterrichtsformen (Interaktionsspiele, Visualisierungen, Fantasiereisen, Körper- und Wahrnehmungsübungen, Rollenspiele usw.) vertraut und erleben deren Wirksamkeit für die Persönlichkeits- und Gruppenentwicklung. Darüber hinaus gibt es zur Unterstützung des Programms Gesprächskreise sowie ein- bis zweitägige Aufbauseminare.

Über das Einführungsseminar erfolgt auch die Verteilung des Materials, z. B. Lehrerhandbuch mit CD-ROM (Texte, Folien, Spiele, Übungen und ausgearbeiteten Unterrichtsstunden). Das fächerübergreifende Curriculum enthält sieben Teile mit 70 Lektionen. Jeder Teil steht unter einem besonderen Thema:

1. Ich und meine (neue) Gruppe: Wer sind die anderen, wie gehen wir miteinander um?
2. Stärkung des Selbstvertrauens: Was ist Selbstvertrauen, worauf gründet mein Selbstvertrauen?
3. Mit Gefühlen umgehen: Gefühle wahr- und ernstnehmen, akzeptieren und ausdrücken lernen
4. Die Beziehungen zu meinen Freunden: Wie kann man echte Freundschaften aufbauen? Welchen Einfluss hat die Clique?
5. Mein Zuhause: Reflektion der familiären Beziehungen

6. Es gibt Versuchungen: Entscheide dich. Entscheidungen treffen zu Lebensstil, beruflicher Zukunft, dem eigenen Körper und dem Umgang mit Suchtmitteln

7. Ich weiß, was ich will: Welche Ziele habe ich und wie kann ich diese erreichen?

Als Arbeitsmaterialien stehen insgesamt zur Verfügung:

- *Lehrerhandbuch:* Es enthält umfassende und differenzierte Hilfen zur Planung und Durchführung des Unterrichts. Zu jeder Stunde gibt es eine Übersicht über Ziele, Materialien, Ablauf sowie verschiedene Alternativvorschläge.
- *Schülerheft »Teenager sein – eine Herausforderung«:* Das Heft entsteht im Verlaufe des Unterrichts aus Kopiervorlagen, die im Lehrerhandbuch enthalten sind. Die Kopien werden durch Schülerbeiträge ergänzt.
- *Elternheft »Die Jahre der Überraschungen« (deutsch, türkisch, russisch):* Es enthält zahlreiche Informationen und praktische Hinweise zum Umgang mit Jugendlichen in dieser Altersgruppe. Es begleitet die Elternarbeit und sichert das Verständnis der Eltern für den Unterricht ihrer Kinder. Die Eltern werden jeweils vor Beginn des neuen Themas über die Inhalte informiert und zur aktiven Mitarbeit aufgefordert.

Die Durchführung des Trainingsprogramms, das insgesamt für einen zweijährigen Unterrichtseinsatz ab Klasse 6 konzipiert ist, erfolgt in bereitgestellten Unterrichtsstunden oder auch im Fachunterricht Gemeinschaftskunde/Sozialkunde, Ethik/ Religion, Deutsch u. a. Meistens wird »Erwachsen werden« von den Klassenlehrern durchgeführt. Das Programm kann sowohl in zusammenhängenden Unterrichtsreihen als auch als »Ideenkiste« für situative Gelegenheiten Anwendung finden. Das Material ist handlungsorientiert angelegt, so dass die Kleingruppenarbeit und die selbstständige Schülerarbeit gefördert werden.

Evaluation und Gesamtbewertung
In Untersuchungen in zahlreichen Ländern wurden die positiven Wirkungen des Programms nachgewiesen. Auch in Deutschland haben Evaluationsstudien die hohe Akzeptanz und Wirksamkeit des Programms belegt (Kähnert 2002, Bauer 2004). Das Programm wird in allen Schulformen angewandt, insbesondere an Gymnasien und Gesamtschulen. Die Ergebnisse lassen darauf schließen, dass die Jugendlichen verantwortungsvoller und solidarischer miteinander umgehen und sich die Eltern-Kind-Beziehungen verbessern. Außerdem würden Aggressionen abgebaut und auch das Klassenklima würde sich positiver gestalten. 70 % der Schüler und 90 % der Lehrer wünschten sich häufiger Lions-Quest-Stunden. Da der Unterricht störungsfreier verlief, leistet das Programm auch einen Beitrag zur Entlastung der Lehrer.

Als Hemmnisse für den Programmeinsatz gaben Lehrkräfte meist schulorganisatorische Aspekte, wie z. B. Integration in den regulären Unterricht, an. Eine zielgruppen- und schulformspezifische Anpassung, insbesondere für schwer erreichbare Schülergruppen, wird empfohlen, womit die soziale Ungleichheit kompensiert werden soll. Der in wenigen Jahren erreichte hohe Verbreitungs- und Akzeptanzgrad sowohl unter der Lehrer- als auch Schülerschaft – begünstigt durch die starke Förderung der Lions Clubs – hat »Erwachsen werden« zu einem der bekanntesten und profiliertesten schulumfassenden Trainingsprogramme für soziales Lernen in der Sekundarstufe werden lassen.

Stärken	Schwächen/Probleme
• Lebenskompetenzansatz • gut strukturiertes Curriculum zum sozialen Lernen • umfassendes Programm, das Schüler, Lehrer und Eltern einbezieht • verpflichtendes praxisorientiertes Training für Lehrkräfte • Förderung durch Lions Clubs • gut evaluiertes Programm	• Gewinnung von interessierten und engagierten Lehrkräften • Unterstützung des gesamten Kollegiums • intensive Schulung der Lehrkräfte nötig • Rahmenbedingungen in Schule klären: wer, in welchen Stunden, in welchen Klassen • Kontinuität und Langfristigkeit sichern • Begleitung und Qualität gewährleisten

Weiterführende Literatur

Wilms, H./Willms, E.: Erwachsen werden. Life-Skills-Programm für Schüler der Sekundarstufe I. Handbuch für Lehrerinnen und Lehrer. Wiesbaden 2000.

Wilms, E.: Das Lions-Quest-Programm »Erwachsen werden« als Beitrag zum sozialen Lernen. In: Melzer/Schwind 2004, S. 101–112.

Kähnert, H.: Evaluation des Lions-Quest-Programm »Erwachsen werden« – Abschlussbericht. Universität Bielefeld 2002.

Bauer, U.: Prävention und Schulstruktur – Evaluationsergebnisse zur Lions-Quest Erwachsen werden«. In: Melzer/Schwind 2004, S. 113–138.

www.Lions-quest.de

Programm »Eigenständig werden«

Ziele und Hintergrund

Wie »Erwachsen werden« ist das Programm »Eigenständig werden« ein auf dem Lebenskompetenzansatz basierendes *Programm zur Stärkung personaler und sozialer Kompetenzen* (vgl. Atherton 2002, Wiborg/Hanewinkel 2004, Altenburg-van Dieken 2008). Nach dem Lebenskompetenzansatz wird jugendliches Problemverhalten als ein sozial gelerntes und für den jungen Menschen funktionales Verhalten verstanden (vgl. Theorie des Problemverhaltens nach Jessor/Jessor 1977 und soziale Lerntheorie nach Bandura 1979, 1986). Zu den Lebenskompetenzen werden dabei solche Fähigkeiten und Fertigkeiten gezählt wie Selbstwahrnehmung, Empathie Kommunikation, Selbstbehauptung, Umgang mit Stress und negativen Emotionen, Problemlösen, kreatives und kritisches Denken. Lebenskompetenzkonzepte verbinden spezifische Elemente, z. B. Gruppendruck widerstehen, mit Elementen zur Förderung sozialer Kompetenzen und Konfliktlösungsstrategien.

»Eigenständig werden« ist ein Programm für die *Grundschulklassen*, das auf dem Lebenskompetenzansatz aufbaut und seinen Fokus auf Prävention von

Substanzmissbrauch und Gewalt legt. Es ist ein Gemeinschaftsprojekt der Mentorstiftung Deutschland und des IFT-Nord, das Ende der 1990er Jahre in Deutschland eingeführt wurde. Im Wesentlichen verfolgt es drei Ziele:

- Vermittlung von Lebenskompetenzen zur Orientierung in der heutigen Welt
- Förderung gesundheitsrelevanter Ressourcen, um Unfällen, Verhaltensstörungen, Suchtverhalten, Misshandlungen u. ä. vorzubeugen
- Aufbau einer Partnerschaft zwischen Schule, Familie und sozialem Umfeld.

Inhalt und Methoden
Die angestrebten Lebenskompetenzen werden vor allem in drei Bereichen vermittelt:

- Ich: sich selbst kennen lernen, Selbstvertrauen, Eigenverantwortung,
- Ich und die anderen: Verständigung, Gruppe, Beziehungen,
- Ich und meine Umwelt: Erkennen, Handeln, Vorausschauen.

Zur Gewaltprävention werden angemessene Umgangsmöglichkeiten mit der eigenen Wut behandelt, sinnvolles und konstruktives Streiten praktiziert und Streitregeln erarbeitet. Verbale und nonverbale Gewalt- und Mobbingsituationen werden erkannt und der Umgang damit geübt. Als Methoden kommen Moderationstechniken, Kleingruppenarbeit, Rollenspiele, Entspannungsübungen u. ä. zum Einsatz. Das Unterrichtsmaterial besteht aus einem Ordner mit Kopiervorlagen, Spielvorschlägen, einer Lieder-CD und Hinweisen für die Elternarbeit. Das Programm besteht aus 42 Unterrichtseinheiten für die Klassenstufen 1–4 und 21 Unterrichtseinheiten für die Klassenstufen 5 und 6 und wird durch eine Lehrkraft in der Klasse durchgeführt. Der Ordner wird bei der 2,5-tägigen Schulung der Lehrkräfte verteilt, an der mindestens zwei Lehrkräfte einer Schule teilnehmen sollten. Das Programm kann von geschulten Lehrkräften durchgeführt und in den Unterricht integriert werden. Jede Stunde folgt einem festen Ablauf: einführende Aktivität in das Thema, Hauptteil sowie Abschluss. Jede Unterrichtseinheit ist als Unterrichtskarte dargestellt, auf der es Informationen zum Hintergrund des Themas, zur Zielsetzung, zum Material und zu den nötigen Vorbereitungen gibt. Zu jeder Unterrichtseinheit gibt es außerdem die nötigen Kopiervorlagen für Lehrkräfte sowie die Arbeitsblätter für die Schüler. Die Fortbildungen werden vom IFT-Nord oder dessen Partnerorganisationen übernommen. Dabei erhalten die Teilnehmer einen Überblick über Ziele, Inhalte und Methoden und erleben das Programm exemplarisch in Übungen und Rollenspielen.

Evaluation und Gesamtbewertung
Das Programm, das 2004 mit dem Deutschen Präventionspreis ausgezeichnet wurde, findet in der Mehrzahl der Bundesländer bereits Verwendung. Entsprechend den Evaluationsergebnissen der Pilotphase (1998/99) unterscheiden sich Interventions- und Kontrollschüler am Ende des ersten Schuljahres im Hinblick auf ihre Konflikt- und Problemlösungsfähigkeiten. Auch die Kompetenz, sich

sozial sensibel und empathisch zu verhalten, wurde nach der Intervention signifikant häufiger in der Interventionsgruppe als in der Kontrollgruppe beobachtet. Ca. drei Viertel der befragten Lehrkräfte bewerten die Ziele des Programms als sehr gut; die Praktikabilität wurde ebenfalls als gut eingeschätzt. Ein Drittel führten die vorgegebene Unterrichtseinheit in einer, zwei Drittel in zwei oder mehreren Stunden durch. Eine Langzeitstudie in Sachsen bestätigt, dass das Programm geeignet ist, Verhaltensschwierigkeiten und Gewaltbereitschaft bei Grundschülern zu reduzieren und soziale Kompetenzen aufzubauen. Das Programm hat in wenigen Jahren eine relativ große Resonanz im Bereich der Grundschulen gefunden, was zugleich auf den großen Bedarf hinweist.

Stärken	Schwächen/Probleme
• basiert auf Lebenskompetenzansatz • allgemeine Primärprävention für Grundschüler • klar strukturiertes Curriculum zum sozialen Lernen (Materialvorlagen) • verpflichtende Schulung für Lehrkräfte	• Qualität stark von Kompetenz und Engagement der Lehrkraft abhängig • Unterstützung des gesamten Kollegiums wichtig • organisatorische Einbindung in Schule klären • Kontinuität und Langfristigkeit sichern • Einbeziehung Eltern gewährleisten

Weiterführende Literatur

Atherton, C. u. a.: Eigenständig werden. Unterrichtsprogramm für die Klassenstufen 1–6. Kiel 2002.

Wiborg, G./Hanewinkel, R.: »Eigenständig werden«: Sucht und Gewaltprävention in der Schule durch Persönlichkeitsförderung – Evaluationsergebnisse der ersten Klassenstufe. In: Melzer/Schwind 2004, S. 88–100.

Altenburg-van Dieken, M.: Programme zum Sozialen Lernen in der Schule. In: Schröder/Rademacher/Merkle 2008, S. 135–149.

www.eigenstaendig.net
www.mentorstiftung.de
www.ift-nord.de

Konstanzer Trainingsmodell (KTM)

Ziele und Hintergrund

Das Konstanzer Trainingsmodell (KTM) (vgl. Tennstädt u. a. 1994), das an der Universität Konstanz Ende der 1980er/Anfang der 1990er Jahre erarbeitet wurde, gehört zu den *lehrerbezogenen* Gewaltpräventionsprogrammen. Das KTM ist darauf gerichtet, die *Selbst- und Sozialkompetenz von Lehrpersonen* im Umgang mit Aggression und Störung zu erhöhen (vgl. Dann/Humpert 2008, Dann 2009). Das Programm begründet den Lehrerbezug damit, dass Prävention ohne die nötige Professionalisierung der Lehrpersonen zu scheitern droht. Personalentwicklung sollte deshalb Bestandteil jeder Schulentwicklung, auch in dem Bereich der Gewaltprävention sein. Das KTM ist erstens ein Selbsthilfeprogramm für Lehrer, die Probleme mit aggressiven und störenden Schülern haben, und zweitens eine umfangreiche Sammlung von Trainingselementen. Das Programm verfolgt im Einzelnen vor allem folgende Ziele: die Erhöhung der pädagogischen Kompetenz durch den Aufbau eines reflektierten Handlungsrepertoires, den Abbau von Störungen und Aggressionen in der Klasse zugunsten von kooperativen Umgangsformen und die Steigerung des schulischen Wohlbefindens von Schülern und Lehrern. Das KTM versucht durch die Einbeziehung der Schülersichtweise, ausschließlich auf den Lehrer abgestimmte Problemlösungen zu vermeiden.

Inhalt und Methoden

Im Mittelpunkt des Programms stehen die subjektiven Alltagstheorien der Lehrer über die Aggressions- und Störungsproblematik. So werden ausgehend von den Erklärungen der Lehrer für aggressives Verhalten die entsprechenden Interventions- und Präventionsmaßnahmen ausgewählt. Ein analoges Vorgehen gibt es z. B. auch für den Umgang mit den eigenen Gefühlen des Lehrers gegenüber störenden oder aggressiven Schülern. Das Training wird in der Regel im Dialog mit einem Trainingspartner durchgeführt: Zwei oder mehr Kollegen bilden ein »Trainingstandem«, auch die Schüler können mit einbezogen werden. Die Partner trainieren wechselweise, unterstützen sich dabei gegenseitig, besuchen den Unterricht des Trainingspartners und protokollieren Entstehung und die Lösungsversuche einer Konfliktsituation. Im Gespräch wird diese Situation rekonstruiert, die Reaktion des Lehrers wird analysiert. Alternativen werden durchgespielt. Der nächste Schritt ist dann die Umsetzung des Gesprächsergebnisses, die Überprüfung der Alternativen im Unterricht – wiederum unter der Beobachtung durch den Trainingspartner. Die Anwesenheit des Kollegen oder der Kollegin führt schließlich zur Schärfung der eigenen Beobachtungsgabe. Im Kern geht es also darum, das bereits vorhandene Wissen und die bestehenden Routinen und Erfahrungen im Umgang mit Unterrichtsstörungen gezielt zu aktivieren und mit konkreten Anregungen positiv weiter zu entwickeln.

Das Training lässt sich in acht aufeinander folgenden Schritten wie folgt zusammenfassen:

Schritte des KTM	Inhalt/Tätigkeit
1. Bildung eines Tandems	soziale Stützkomponente, Überwindung »Einzelkämpfertum«, Freiwilligkeit, Sympathie und Gleichberechtigung der Tandempartner
2. Unterrichtsbesuch mit systematischer Beobachtung	Protokollierung problematisch erscheinender Situationen
3. Gemeinsame Rekonstruktion einer Problemsituation	Beobachter führt mit Lehrkraft Interview zu Problemsituationen, d. h. zum äußeren und inneren Geschehen
4. Bearbeitung eines Trainingsbausteins	Konfrontation der subjektiven Theorie der Lehrperson mit Expertenwissen, Erarbeitung von neuen Handlungsalternativen

Schritte des KTM	Inhalt/Tätigkeit
5. Erprobung neuer Verhaltens-weisen	Austesten neuer Handlungsmöglichkeiten
6. Überprüfung der Wirksamkeit der neuen Verhaltensweise	Auswertungsgespräch mit Tandempartner
7. Platzwechsel auf dem Tandem	Schritte 1–6 werden mit vertauschten Rollen wiederholt, Symmetrie und Gleichberechtigung der Tandempartner
8. Training in der Gruppe	möglichst Unterstützung durch begleitende Trainingsgruppe sowie professionelle Betreuung

Der *Inhalt des KTM* soll im Folgenden an einem Beispiel erläutert werden: Lehrer A betritt das Klassenzimmer und sieht, wie sich zwei Schüler prügeln. Er geht auf die beiden zu, trennt sie und bleibt zwischen ihnen stehen. Die anderen Schüler sehen zu.

Phase I: Situationsauffassung
Auf Grund seiner kurzen Beobachtung (Prügeln, gegenseitige Beschimpfungen) erkennt Herr A die Störung als Gewalttätigkeit der beiden Schüler. Er kennt die beiden, weiß, dass sie schon öfter miteinander gestritten haben, enthält sich jedoch einer Erklärung oder gar Ursachen- oder Schuldzuschreibung. Er hat folgende Ziele: allmähliche Entspannung und Beruhigung der aggressiven Situation, Klärung des Vorfalls aus Sicht der beiden Jungen. Dem Lehrer ist wichtig, einen Zusammenhang zwischen seinen Zielen herzustellen, um deren Angemessenheit zu gewährleisten.

Phase II: Handlungsauffassung
Herr A fragt sich nun, über welches Handlungsrepertoire er für die Lösung des Falles verfügt. Er erinnert sich an bisher erfolgreiche Interventionen. Er steht nicht unter dem Druck, sofort zu handeln (mit Ausnahme des Trennens der beiden »Kämpfenden«), befreit sich also vom Reaktionsdruck, durch den die »Fehlerquote« steigen würde. Aus dieser Gelassenheit heraus ist Lehrer A nun in der Lage, Vor- und Nachteile seiner Handlungsmöglichkeiten abzuwägen und angemessene Entscheidungen zu treffen. Er hat gelernt, dass es keinen Sinn hat, unter Druck und in Hektik Entscheidungen zu treffen. Aus seiner Trainingszeit mit dem KTM steht Lehrer A folgendes Repertoire zur Verfügung:

- Gesprächsverhalten (wie führe ich am besten ein klärendes Gespräch, ohne eine Seite zu benachteiligen und ohne weitere Aggressionen heraufzubeschwören),
- Handlungsstrategien: unerwünschtes Verhalten hemmen (Entzug von Bekräftigungen, Vermeiden von Erfolgserlebnissen für den/die auffälligen Schüler); negative Anregungen vermindern (Auslöser oder Hinweisreize vermeiden); positive Anregungen anbieten; persönliche Bewertungen verändern; er-

wünschtes Verhalten fördern (Bekräftigung disziplinierten und kooperativen Verhaltens, insbesondere durch systematische Einübung).

Phase III: Handlungsausführung
Herr A hat bereits eine Handlungsstrategie »unerwünschtes Verhalten hemmen« hinter sich, indem er zwischen die Kämpfenden getreten ist, und handelt nun auf Grund seiner Ziele folgendermaßen: Er steht ruhig und gelassen zwischen den beiden Jungen. Dadurch ermöglicht er bei den Beteiligten Entkrampfung und Entspannung. Aus der angespannten wird insofern eine (relativ) entspannte Situation, so dass die beiden Jungen nun ihre eigenen Sichtweisen mitteilen können. Der Lehrer versteht sich als Vermittler und sorgt dafür, dass Anklagen und Schuldzuweisungen unterbleiben. Andere aus der Klasse können ggf. ihre »Sicht der Dinge« mitteilen, sodass ein gemeinsames Meinungsbild des Vorfalls und der Hintergründe entsteht.

Phase IV: Handlungsergebnisauffassung
Bereits während seiner Intervention reflektiert Lehrer A immer wieder seine Handlungen nach Erfolg und Misserfolg, nach Angemessenheit und Wirkung und ebenso nach der Unterrichtsstunde bzw. im Verlauf der mittel- und langfristigen Aktion. Dabei spricht er auch mit den Schülern und mit Kollegen, die in dieser Klasse unterrichten. Wichtig ist auch die gemeinsame Reflexion mit dem Tandempartner.

Nach Jahren des Trainings mit vielen tausend Lehrpersonen wurde eine gekürzte und an die neuen Anforderungen der Praxis angepasste Kurzversion »KTM kompakt« entwickelt, die sich als Basistraining zur Störungsreduktion und Gewaltprävention versteht. Die bewährte Methodik (Tandem-Prinzip, Anknüpfen an berufliche Alltagstheorien, wechselseitige Beobachtung) wurde dabei in vereinfachter Form beibehalten.

Evaluation und Gesamtbewertung
Das Konstanzer Trainingsmodell hat sich seit den 1980er Jahren in vielen Schulen (aber auch in anderen Bereichen) bewährt. Folgende Wirkungen und Effekte des KTM wurden festgestellt (vgl. Dann 2008): Die Lehrer fühlen sich kompetenter im Umgang mit Aggression und Gewalt; sie haben mehr Selbstvertrauen. Sie schauen deshalb bei Konfliktsituationen auch weniger weg, greifen mehr ein. Zugleich werden weniger rigide und strafende Maßnahmen getroffen. Die Schüler verringern ihr störendes und aggressives Verhalten, sie sind mehr an Schule interessiert, ihre Leistungsbereitschaft wird erhöht. Das Klassenklima verbessert sich, ebenso das Klima innerhalb des Kollegiums. So berichten in Umfragen bei größeren Teilnehmergruppen in Baden-Württemberg, wo das KTM über viele Jahre hinweg flächendeckend eingesetzt wurde, durchschnittlich ca. 85 % der Lehrkräfte, dass das Training für sie hilfreich gewesen sei. Neuere Evaluationsstudien untersuchten die Veränderungen, die sich im Verlauf eines Trainingsjahres im Vergleich zu nicht trainierenden Lehrern ergaben. Auch hier nahmen KTM-Lehrer mehr Mitarbeit und eigenverantwortliches

Handeln ihrer Schüler wahr. Sie selbst erlebten eine größere Souveränität und hatten mehr Vertrauen in die eigenen Fähigkeiten wie auch in die der Schüler. Weitere Untersuchungen über längerfristige Effekte und differenzierte Bedingungsfaktoren wären wünschenswert.

Das KTM ist ein offenbar sehr wirksames Lehrertrainingsprogramm, weil es an den subjektiven Alltagstheorien der Lehrkräfte und ihrem Routinehandeln ansetzt. Durch eine intensive interaktive, auf wissenschaftlichen Theorien basierende Auseinandersetzung mit der eigenen pädagogischen Professionalität schafft es günstige Voraussetzungen für ein professionelles Lehrerhandeln, insbesondere in Konfliktsituationen. Als eine Art Selbsthilfeprogramm kann es allen Lehrkräften und Kollegien empfohlen werden.

Stärken	Schwächen/Probleme
• spezielles Lehrertrainingsprogramm • Arbeit im Tandem • systemische Sicht auf Aggression • setzt an subjektiven Theorien und Routinen der Lehrer an • Erarbeitung neuer, alternativer Handlungsmöglichkeiten • klar strukturiertes, didaktisch aufbereitetes Curriculum • Training ist Personalentwicklung und fördert Schulentwicklung	• setzt große Offenheit, Engagement und Veränderungsbereitschaft voraus • Tandembildung benötigt Vertrauensbasis • Langfristigkeit der Arbeit an der eigenen Professionalität • Unterstützung im Kollegium wichtig

Weiterführende Literatur

Tennstädt, K.-Ch. u. a.: Das Konstanzer Trainingsmodell (KTM). Neue Wege im Schulalltag: Ein Selbsthilfeprogramm für zeitgemäßes Unterrichten und Erziehen. Bern 1994.
Humpert, W./Dann, H.-D.: KTM kompakt. Basistraining zur Störungsreduktion und Gewaltprävention für pädagogische und helfende Berufe auf der Grundlage des »Konstanzer Trainingsmodells«. Bern 2001.
Dann, H.-D./Humpert, W.: Das Konstanzer Trainingsmodell – ein Verfahren zur Qualifizierung pädagogischen Personals. In: Schröder/Rademacher/Merkle 2008, S. 315–328.
Dann, H.-D.: Aggressionsprävention im sozialen Kontext der Schule. In: Holtappels u. a. 1997/2009, S. 351–366.

Training mit Jugendlichen

Ziele und Hintergrund

Das Trainingsprogramm, das bereits Ende der 1980er Jahre am Zentrum für Klinische Psychologie und Rehabilitation der Universität Bremen von Franz und Ulrike Petermann entwickelt wurde, zielt auf die Förderung des *Arbeits- und Sozialverhaltens* von 13- bis 20-jährigen Jugendlichen (vgl. Petermann/Petermann 2008, Bundeszentrale für gesundheitliche Aufklärung 2005). Das Training ist flexibel einsetzbar, z. B. in Hauptschulen, in der Berufsausbildung, in der Heimerziehung, in Förderschulen, in der Berufsvorbereitung, im Jugendstrafvollzug. Die Ziele des Trainings, das sich neben der sozialkognitiven Lerntheorie (Bandura 1979) und der sozialen Informationsverarbeitung auch auf die Selbstwirksamkeitstheorie (Bandura 1986) bezieht, sind im Einzelnen:

- Verbesserung der Selbst- und Fremdwahrnehmung, z. B. Informationen erkennen, Benennen eigener Gefühle, Körpersprache richtig deuten usw.,
- Selbstkontrolle und Ausdauer, z. B. Selbstbeobachtung, Geduld,
- Umgang mit dem eigenen Körper und Gefühlen, z. B. Körperausdruck, Körperhaltung,
- Selbstsicherheit und stabiles Selbstbild,
- Einfühlungsvermögen, z. B. Nachempfinden von Gefühlen, Rollentausch,
- Umgang mit Lob, Kritik, Misserfolg, z. B. erlernte Hilflosigkeit, Kritikfähigkeit.

Inhalt und Methoden

Das Programm besteht aus einem Einzeltraining (ein Trainer), wofür der Erstkontakt und fünf Sitzungen vorgesehen sind, und einem Gruppentraining (zwei Trainer und vier bis fünf Jugendliche), wofür mindestens zehn Sitzungen veranschlagt werden. Im Einzeltraining werden insbesondere die Selbst- und Fremdwahrnehmung sowie die Selbstkontrolle und Ausdauer geschult. Themen sind u. a.: Freizeit und Familie, Beruf und Zukunft, Eigenverantwortung, Konflikte, Lernen zu widerstehen. Im Gruppentraining werden u. a. Bewerbungsgespräche geübt. Außerdem geht es z. B. um die Entwicklung von Konfliktfähigkeit, die Äußerung von Lob und Kritik oder den Umgang mit Gruppendruck. Zur Anwendung kommen Rollen- und Bewegungsspiele, Tagebuch zur Selbstbeobachtung und -kontrolle, Rückmeldetafel, Cartoons, Fotos, Videos, Trainingsvertrag. Je nach Einsatzbereich, z. B. Klinik/ Ambulanz oder Schule, können die verschiedenen Bausteine adressatenspezifisch zusammengestellt werden.

Das Trainingsmanual gibt zunächst eine Einführung zum Problemverhalten Jugendlicher, zum Hintergrund sowie zu Zielen und Grundlagen des Programms. Es folgt die Indikationsstellung, anhand derer die Zielstellung und das weitere Vorgehen bestimmt werden. Dabei spielen Diagnoseverfahren eine große Rolle, z. B. Verfahren zur Selbsteinschätzung (Fragebogen, Interview), die Erfassung kognitiver Fähigkeiten (Intelligenztest, Belastungs- und Stresstest), die Checklisten zur Fremdeinschätzung und Verhaltensbeobachtung sowie die Aktenanalyse. Daran schließt sich die praktische Umsetzung des Einzeltrainings und der Einsatz der Materialien an. Danach erfolgt die Darstellung der Rahmenbedingungen, der Ziele und das praktische Vorgehen des Gruppentrainings.

Evaluation und Gesamtbewertung

Das Trainingsprogramm wurde in Einzelfallstudien in unterschiedlichen Settings, insbesondere im Heimbereich, mit Erfolg evaluiert. Aggressives Verhalten konnte abgebaut und prosoziales Verhalten aufgebaut werden. Darüber hinaus ergab eine Kontrollgruppenstudie in Hauptschulklassen, dass sich die Schüler bei der Kooperations- und Kompromissfähigkeit sowie der Problemlösungsfähigkeit deutlich verbesserten. Das wird sowohl durch die Selbst- als auch durch die Fremdeinschätzungen seitens der Lehrer belegt. Darüber hinaus haben sich auch die Integrationsfähigkeit der Schüler in einen außerschulischen Praktikumsbetrieb sowie das Arbeitsverhalten verbessert. Auch aus anderen Anwendungsfeldern werden von den Trainern positive Erfahrungen berichtet. Das Training scheint sich nach wie vor einer großen Nachfrage zu erfreuen, was zum einen auf den großen Bedarf, zum anderen aber auch auf die weitreichende Akzeptanz des Programms hinweist.

Stärken	Schwächen/Probleme
• flexible Einsatzmöglichkeiten in mehreren Arbeitsfeldern	• kein spezielles Anti-Gewaltprogramm
• Therapie und Prävention	• eher therapeutisches Programm
• klar strukturiertes, didaktisch aufbereitetes Material	• Diagnose- und Therapiekompetenz nötig
• relativ große Akzeptanz/Resonanz	• von Lehrern kaum leistbar
	• Programm stark schülerzentriert
	• Integration in Schule schwierig

Weiterführende Literatur

Petermann, F./Petermann, U.: Training mit Jugendlichen. Göttingen 8. Aufl. 2008.
Petermann, F. u. a.: Sozialtraining in der Schule. Weinheim 1999.
Bundeszentrale für gesundheitliche Aufklärung: Gesundheitsförderung durch Lebenskompetenzprogramme in Deutschland. Grundlagen und kommentierte Übersicht. Köln 2005.

Programm »FIT FOR LIFE«

Ziele und Hintergrund

Mit dem Trainingsprogramm »FIT FOR LIFE« (vgl. Jugert u. a. 2001) wird das Ziel verfolgt, die soziale Kompetenz, die Motivation und das Arbeitsverhalten sozial benachteiligter Jugendlicher zu fördern und dadurch der sozialen Desintegration vorzubeugen. Im Unterschied zum »Sozialtraining in der Schule« und zum »Training mit Jugendlichen« ist dieses Programm ein *sekundärpräventives Programm*, d. h. es konzentriert sich vor allem auf sozial auffälliges Verhalten und will sowohl korrektiv als auch präventiv wirken. Hauptadressaten sind ursprünglich *sozial benachteiligte Jugendliche* mit Lernbehinderungen, emotionalen Störungen oder Verhaltensstörungen, mittlerweile aber auch allgemein Haupt- und Realschüler. Im Mittelpunkt des Programms steht das allgemeine Sozialverhalten, d. h. nicht primär das Gewalthandeln. Die theoretische Grundlage bilden die Theorie der sozialkognitiven Informationsverarbeitung (Dodge 1991), die sozialkognitive Lerntheorie (Bandura 1979) und das Konzept der Entwicklungsaufgaben (Havighurst 1981). Das Manual und Begleitbuch entstanden am Zentrum für Klinische Psychologie und Rehabilitation der Universität Bremen, das vom Sozialfond der Europäischen Union und der Bundesanstalt für Arbeit unterstützt wurde.

Folgende Ziele werden mit dem Programm angestrebt:

• Konzentration und Ausdauer erhöhen,
• Lern- und Leistungsmotivation verbessern,

- Selbst- und Fremdwahrnehmung schärfen,
- Selbstbild und Selbstkontrolle verbessern,
- Umgang mit eigenem Körper und Gefühlen schulen,
- Einfühlungsvermögen und Kooperationsfähigkeit verbessern,
- gewaltfreie Konfliktlösung einüben,
- den Umgang mit Lob, Kritik und Misserfolg lernen.

Inhalt und Methoden

Die Inhalte des Trainings sind in 13 Modulen zu bearbeiten. Jedes Modul ist jeweils auf einen Fähigkeits- und Kompetenzbereich bezogen. Für jedes Modul sind die Feinziele formuliert. Daneben werden Vorschläge für die Einführung in das Thema sowie Trainingsvorschläge für die Aneignung der jeweiligen Kompetenz oder Fähigkeit unterbreitet. So werden die Jugendlichen angeregt, über ihre Berufsziele sowie über ihre Stärken und Schwächen zu reflektieren. Darüber hinaus werden Fertigkeiten für einen angemessenen Umgang in Konfliktsituationen erlernt. Erwartungen an das eigene Leben, entsprechende Bedürfnisse und Zielsetzungen werden herausgearbeitet. Durch Abwägen von Vor- und Nachteilen lernen sie, eigenverantwortlich rationale Entscheidungen für ihre Zukunft zu treffen. Neben Arbeits- und Sozialverhalten geht es auch um ein angemessenes Gesundheitsverhalten, z. B. eine gesundheitsbewusste Ernährung, Sport und den angemessenen Umgang mit Alkohol, Tabak und Drogen. Es wird mit verschiedenen Trainingsmethoden gearbeitet, z. B. Brainstorming, Metaplan, Verhaltensübung, strukturiertes und gelenktes Rollenspiel, Demonstration von Modellverhalten, kognitives Umstrukturieren, Transfer. Darüber hinaus finden Verhaltensregeln, Video- und anderes Feedback sowie Selbstbeobachtungs- und Selbstkontrolltechniken Verwendung.

Evaluation und Gesamtbewertung

Das Programm wurde in mehreren Pilotstudien erprobt, wobei die das Projekt durchführenden Mitarbeiter eine 40-stündige Fortbildung durchlaufen haben. Das soziale Kompetenztraining lief über einen sechsmonatigen Zeitraum (wöchentlich 90 Minuten) und fand in kleinen Gruppen von fünf bis sieben Jugendlichen statt. Das Training wurde durch regelmäßige Supervision von einem Projektteam begleitet. Die Evaluationsergebnisse zeigen, dass in allen Verhaltensbereichen bei den Jugendlichen eine Verbesserung zu beobachten war. In den Bereichen »Sozial kompetentes Verhalten« und »Soziale Problemlösekompetenz« waren diese Veränderungen statistisch hoch signifikant. In manchen zu trainierenden sozialen Fertigkeiten waren weibliche Jugendliche den männlichen deutlich überlegen, so dass ein vorübergehend geschlechterhomogenes Kompetenztraining empfohlen wird. Besonders gute Effekte sind dann zu erwarten, wenn ein Lehrerkollegium dieses Programm (ähnlich wie bei anderen sozialen Trainingsprogrammen) mehrheitlich unterstützt, wenn einige Kollegen die Trainerqualifikation per Fortbildung erwerben, wenn bei der Realisierung Supervision in Anspruch genommen und das Training evaluiert wird. Da der Fokus des Programms auf Lebenskompetenzen bei sozial benachteiligten Jugendlichen zielt und hier offensichtlich ein großer, wachsender Bedarf besteht, kann das Programm in vielen Bereichen Verwendung finden (z. B. Haupt-, Realschule, Jugendhilfe, Jugendberufshilfe, Jugendgerichtshilfe, Jugendstrafvollzug, Betriebliche Ausbildung, Berufsvorbereitung, Erwachsenenbildung).

Stärken	Schwächen/Probleme
• sozial benachteiligte Jugendliche als Adressaten • breite Anwendungsfelder • Veränderung des allgemeinen Soziaverhaltens und Entwicklung von Lebenskompetenzen als Ziel	• intensive Ausbildung der Trainer nötig • Begleitung, Supervision erforderlich • Integration in Institution, z. B. Schule, schwierig • Transferproblematik im Alltag

Weiterführende Literatur

Jugert, G. u. a.: FIT FOR LIFE. Module und Arbeitsblätter zum Training sozialer Kompetenz für Jugendliche. Weinheim 2001.
Jugert, G. u. a.: Soziale Kompetenz bei Jugendlichen. Weinheim und München. 2002 (2. Aufl.).

Fit und stark fürs Leben

Ziele und Hintergrund

Dieses Programm lässt sich – ähnlich wie »Erwachsen werden« und »Eigenständig werden« – den Lebenskompetenzprogrammen zuordnen, die nicht spezifisch auf Gewaltprävention, sondern auf die *Förderung der allgemeinen Lebenskompetenzen* ausgerichtet sind. Insbesondere in der Suchtprävention ist der Lebenskompetenzansatz stark verbreitet, aber auch zur Vorbeugung weiteren Risikoverhaltens wie Aggression, Essstörungen, Depression, Ängstlichkeit, Suizid, riskantes Sexualverhalten u. a. Auch das Programm »Fit und stark fürs Leben« dient der Prävention verschiedenen Risikoverhaltens und zwar der Prävention von Aggression, von Rauchen und Sucht sowie von Stress. Das auf der sozialen Lerntheorie sowie der Theorie des Problemverhaltens fußende Programm entstand Ende der 1990er Jahre mit Unterstützung des Bildungsministeriums des Landes Schleswig-Holstein und durch Förderung seitens der Europäischen Kommission im Rahmen des 3. Aktionsplans »Europa gegen den Krebs«. Die drei Teilprogramme sehen jeweils unterschiedliche Schwerpunkte vor: für die Klassen 1 und 2 die Prävention von Aggression, Rauchen und Sucht, für die Klassen 3 und 4 die Prävention von Aggression, Stress und Sucht sowie für die Klassen 5 und 6 die Prävention des Rauchens.

Grundlegendes Ziel des Curriculums ist es, die psychosozialen Kompetenzen von Grundschülern zu fördern. In den drei Programmteilen geht es um folgende Ziele (vgl. Hanewinkel/Aßhauer 2003, Bundeszentrale für gesundheitliche Aufklärung 2005):

• Steigerung der Selbstwahrnehmung und des Einfühlungsvermögens, z. B. um Gruppendruck widerstehen zu können,

- Umgang mit Stress und negativen Emotionen,
- Entwicklung von Kommunikationsfähigkeiten,
- Förderung von kritischem Denken und Standfestigkeit,
- Entwicklung von Problemlösefähigkeiten,
- Erwerb von gesundheitsrelevantem Wissen.

Inhalt und Methoden

Jedes Manual enthält 20 Unterrichtseinheiten, die jeweils in einer oder zwei Schulstunden durchgeführt werden können. Jede Unterrichtseinheit sieht einen einheitlichen Ablauf vor:

1. Eröffnung: Lieder, Aufwärmspiele, kleine Gesprächskreise
2. Hausaufgabenbesprechung: kindgerecht gestaltete Selbstbeobachtungsaufgaben u. a.
3. Entspannungsteil: Fantasiereisen, Atemübungen u. ä.
4. Hauptteil: Arbeit an den Lebenskompetenzen, handlungsorientiertes Einüben der verschiedenen Inhalte
5. Gemeinsamer Abschluss.

Als Methoden kommen vor allem Interaktionsspiele, Demonstrationsexperimente, Brainstorming, Rollenspiele, Kleingruppenarbeit, Gruppendiskussionen, Malen, Singen und Basteln zum Einsatz. Die drei Manuale enthalten Anleitungen für die Lehrer sowie Kopiervorlagen für die Schüler. Die Manuale können aufeinander aufbauend, aber auch unabhängig voneinander eingesetzt werden. Für die Durchführenden wird die Teilnahme an Fortbildungsveranstaltungen empfohlen, sie ist aber nicht verpflichtend.

Evaluation und Gesamtbewertung

Wie vorliegende Evaluationsstudien zeigen, beurteilen Lehrkräfte die Inhalte und Materialien des Programms mit »gut« und »sehr gut«, nur die Zeitvorgaben werden mit »befriedigend« eingeschätzt. Schüler der 1. bis 2. Klasse, die am Curriculum teilnahmen, wiesen im Vergleich zur Kontrollgruppe weniger aggressives Verhalten auf. In den 3. und 4. Klassen wurde eine signifikante Reduktion delinquenter und ängstlich-depressiver Verhaltensweisen registriert. Darüber hinaus ergaben sich suchtpräventive Effekte sowie eine positive Beeinflussung des Klassenklimas. Aufgrund seines systematischen und langfristigen Lebenskompetenzansatzes sind bei qualitätsgerechter Umsetzung mehrere positive Wirkungen zu erwarten.

Stärken	Schwächen/Probleme
- frühpräventives Programm - längerfristiger Lebenskompetenzansatz - systematisches aufeinander aufbauendes Curriculum	- gute Vorbereitung der Lehrer als Voraussetzung - da keine verpflichtende Fortbildung, bleibt Qualitätssicherung unklar - Unterstützung der Schule wichtig

Stärken	Schwächen/Probleme
• beugt mehreren Risikoverhaltensweisen vor • Integration in Unterricht möglich	• Kontinuität und Langfristigkeit sichern • geringe Einbeziehung der Eltern

Weiterführende Literatur

Burow, F./Aßhauer, M./Hanewinkel, R.: Fit und stark fürs Leben. 1. und 2. Schuljahr. Persönlichkeitsförderung zur Prävention von Aggression, Rauchen und Sucht. Stuttgart 1998.

Aßhauer, M./Burow, F./Hanewinkel, R.: Fit und stark fürs Leben. 3. und 4. Schuljahr. Persönlichkeitsförderung zur Prävention von Aggression, Stress und Sucht. Stuttgart 1999

Ahrens-Eipper, S. u. a.: Fit und stark fürs Leben. 5. und 6. Schuljahr. Prävention des Rauchens durch Persönlichkeitsförderung. Stuttgart 2002.

Hanewinkel, R./Aßhauer, M.: »Fit und stark fürs Leben« – Universelle Prävention des Rauchens durch Vermittlung psychosozialer Kompetenzen. In: Suchttherapie, H. 4/2003, S. 197–199.

4.5 Sonstige Konzepte im Kontext der Gewaltprävention

Neben speziellen Programmen zum Umgang mit Gewalt und Mobbing gibt es noch eine Vielzahl von übergreifenden Konzepten und Ansätzen, die für die *Gewaltprävention im weiteren Sinne* von Bedeutung sind. Sie verdeutlichen die große Komplexität einer ursachenbezogenen, »systemischen« Gewaltprävention. Im Folgenden soll auf einige ausgewählte Konzepte hingewiesen werden. Die Auswahl erfolgt vor dem Hintergrund der Relevanz der Konzepte in der Fachöffentlichkeit sowie der Nähe zur Gewaltthematik.

Konzepte zur Förderung der Moralentwicklung und der »Civic Education«

Die Entwicklung der moralischen Urteils- und Handlungsfähigkeit von Kindern und Jugendlichen ist heute mehr denn je eine bedeutsame Aufgabe von Schule. Dies schließt den Erwerb von Fähigkeiten zur Austragung sozialer und kultureller Konflikte sowie den Aufbau von zivilgesellschaftlichen, demokratischen Kompetenzen ein. Handlungsleitende Zielvorstellungen sind dabei die Gewährung gegenseitiger Anerkennung, die Sicherung sozialer Gerechtigkeit und die Ermöglichung sozialer Verantwortung. Schüler zur Übernahme sozialer Verantwortung im Rahmen einer Zivilgesellschaft zu erziehen, bedeutet, Demokratie im Schulalltag erfahrbar und Schule zu einem Ort der Zivilgesellschaft zu machen, z. B. Klassenrat, echte Schülervertretungen, Schülerclubs, Streitschlichtermodelle und Modelle der Öffnung von Schule in Sinne einer »Community Education« (Schule als zivilgesellschaftlicher Akteur in der Vernetzung mit außerschulischen Akteuren). Erfahrene Demokratie im Alltag fördert auch die Zivilcourage, den »sozialen Mut« von jungen Menschen.[19] Zur Verinnerlichung von Prinzipien der sozialen Gerechtigkeit im Prozess der moralischen Entwick-

lung gibt es verschiedene Modelle, z. B. die Dilemmata-Diskussionen nach
Lawrence Kohlberg oder sein Organisationsmodell von Schule als »Gerechter
Gemeinschaft« (»just community schools«). »Civic Education« wird z. B. gefördert durch »Kooperatives Lernen« (Aufbau von Kommunikations- und Kooperationsfähigkeit), »Demokratisches Sprechen« (Debatte und Deliberation,
d. h. abwägendes Sprechen), Verantwortung lernen (Service Learning, d. h.
Lernen durch Handeln) sowie Jugendführungstrainings (Youth Leadership
Trainings) (vgl. Sliwka/Frank 2004, Beutel/Fauser 2007, Haan/Edelstein/Eikel
2007, Edelstein/Frank/Sliwka 2009).

Interkulturelles Lernen und Demokratie- und Menschenrechtserziehung

Interkulturelle Pädagogik, die in der multikulturellen Situation der Gesellschaft
begründet ist, hat das Ziel, junge Menschen aus verschiedenen Kulturen zusam-
menzuführen und sie zu einem friedfertigen, gleichberechtigten Zusammenleben
zu befähigen. Sie versteht sich als ein »Miteinander – Voneinander – Über-sich-
selbst – Lernen« und will Vorurteile und Fremdenfeindlichkeit vor allem durch
Kontakte und gegenseitiges Kennenlernen reduzieren. Damit sollen Verständnis
und Toleranz für andere Länder und Kulturen geweckt und (selbst-)reflexive
Lernprozesse gefördert werden. In den letzten Jahren wurde dabei eine Vielzahl
von Projektideen bzw. Unterrichtsprojekten, z. B. für Toleranz und gegen Vorurteile und Fremdenfeindlichkeit, für die Schulpraxis entwickelt. Innerhalb der
interkulturellen Pädagogik gibt es unterschiedliche Richtungen und Konzepte,
gleichwohl braucht sie eine klare Ausrichtung, um als Querschnittsaufgabe in
der Schule wahrgenommen zu werden. Zwei Grundrichtungen können unterschieden werden: zum einen die subjekt- und differenzbezogenen *Konzepte des
interkulturellen Lernens* und zum anderen die kontext- und strukturbezogenen
Konzepte der Demokratie- und Menschenrechtserziehung, wobei beide Richtungen als »zwei Seiten einer Medaille« angesehen werden können. Der diversi-
ty-pädagogische Ansatz geht von dem Respekt gegenüber der Einzigartigkeit
und Vielfältigkeit der Lebensentwürfe aus, der menschenrechtliche Zugang thematisiert die gleichberechtigte Teilhabe an Gesellschaft. Auf pädagogischer
Ebene geht es deshalb zum einen um die Anerkennung der Differenz und eine
an den Ressourcen und Potenzialen der Kinder und Jugendlichen orientierte
Identitätsarbeit. Zum anderen geht es um prinzipielle Gleichheitsrechte und
Teilhabe, die Kinder und Jugendliche in einer pluralen Demokratie erfahren.
Das Ziel, die gelebte Vielfalt im Klassenraum, beim Einzelnen und im System
Schule als Teil einer pluralen Demokratie zum durchgängigen Gestaltungsprin-
zip zu machen, ist anspruchsvoll und konflikthaft zugleich. Die Bildungspolitik

---

19 Vgl. die Ansätze zur Förderung von Zivilcourage und zum Umgang mit Rassismus,
Fremdenfeindlichkeit und Rechtsextremismus, z. B. Lünse u. a. 1998, Frohloff 2001,
Schubarth 2001, Aktion Kinder- und Jugendschutz. Landesarbeitsstelle Schleswig-
Holstein e. V. 2002, Zitzmann 2004, Bertelsmannstiftung 2005, Möller/Schubarth
2005, Schoeps u. a. 2007 oder das Projekt »Schule ohne Rassismus – Schule mit Cou-
rage«.

hat im Kontext von Migration und Integration die Dringlichkeit interkultureller Ansätze mittlerweile offenbar erkannt (vgl. Rech 2008, Hamburger 2009).

Geschlechtsspezifische Ansätze

An Gewalthandlungen an Schulen sind Jungen und Mädchen beteiligt – gleichwohl ist Gewalt überwiegend ein Jungenphänomen, weshalb präventive Arbeit bei Jungen ansetzen muss. Ziel ist es, die vorherrschenden Männerrollen und männlichen Identitätsbezüge in Frage zu stellen und längerfristig zu verändern. Geschlechtsreflektierende Jungenarbeit bedeutet, Jungen alternative Vorstellungen von Männlichkeit zu vermitteln, sie Erfahrungen mit anderen Körperkonzepten sammeln zu lassen und die Entwicklung von Beziehungsfähigkeit zu fördern. Eine Aufgabe ist es dabei, die (schulischen) Interaktionen zwischen Jungen und Mädchen zu reflektieren und geschlechtsspezifische Ausdrucksformen von Aggression und Gewalt zu erkennen und ggf. gezielte Jungen- bzw. Mädchenarbeit zu betreiben. Das bedeutet, danach zu fragen, ob die ablaufenden Interaktionen die bestehenden Geschlechterverhältnisse eher stabilisieren oder ob sie eine kritische Auseinandersetzung und damit ihre Veränderung fördern (vgl. die Gender Mainstreaming-Debatte). Dies erfordert von den Lehrkräften eine Auseinandersetzung mit eigenen Rollenvorstellungen und Verhaltensweisen. Schulische Arbeit, die sowohl Mädchen wie Jungen optimal fördern will, muss dabei die unterschiedlichen Erfahrungen, Verhaltensweisen und Vorlieben von Mädchen und Jungen erkennen und respektieren, ohne sie auf konkrete Jungen- oder Mädchenrollen festzulegen. Da Aufklärung allein nicht ausreicht, sollten Gegenerfahrungen ermöglicht werden, um geschlechtsstereotype Festlegungen abzubauen. Im Rahmen der kritisch-koedukativen Erziehung wurden in den letzten Jahren eine Reihe von Konzepten erarbeitet, die auf eine Stärkung von Mädchen *und* Jungen gleichermaßen abzielen. Diese Konzepte gehen davon aus, dass so geförderte junge Menschen weder an traditionellen Geschlechterrollen festhalten müssen, noch Gewalt gegen andere (meist Schwächere) ausüben wollen. Diese Konzepte können für die gewaltpräventive Arbeit genutzt werden (vgl. Böhnisch/Winter 1993, Möller 1997, Popp 2002, Matzner/Tischner 2008, Schröder 2008).

Täter-Opfer-Ausgleich im Kontext Schule

Unter Täter-Opfer-Ausgleich (TOA) wird ein Verfahren verstanden, das darauf abzielt, die infolge eines Vergehens entstandenen Konflikte zwischen den Beteiligten kommunikativ zu bewältigen. Im Mittelpunkt steht das Ausgleichsgespräch, in dem sich Täter und Opfer persönlich begegnen und mit Unterstützung eines professionellen Vermittlers die Möglichkeit haben, die Tat und deren Folgen aufzuarbeiten, aber auch Ersatzansprüche zu regeln. Für den Beschuldigten eröffnet sich die Möglichkeit, durch die Konfrontation und Auseinandersetzung mit dem Opfer und die Bemühungen, die Tatfolgen zu beseitigen, strafende Sanktionsformen zu vermeiden. Für Schulen kann der

TOA eine Ergänzung zur Mediation sein, z. B. bei psychischen und körperlichen Übergriffen, Schutzgelderpressung, bestimmten Eigentumsdelikten oder Sachbeschädigungen. Für solche Grenzüberschreitungen ist der TOA besser als die Mediation geeignet. Der TOA wird von geschulten Lehrpersonen oder Schulsozialarbeitern geleitet und kann für den Schüler verpflichtend gemacht werden. Im Ausgleichsgespräch muss sich der Täter mit der Perspektive und dem Erleben des Opfers auseinandersetzen und Wiedergutmachung leisten. Im Vordergrund stehen die Opfergerechtigkeit und die Frage, wie der Schaden, den das Opfer und die Schule erlitten haben, durch eine angemessene Leistung des Täters wieder gut gemacht werden kann. Der TOA ist für die Beteiligten auch eine Lernchance: Die Opfer können lernen, die Angst vor den Tätern zu überwinden und sich selbstbewusst zu wehren. Die Täter können lernen, die Opferperspektive und die Folgen ihres Handelns zu erkennen. Der TOA ist mittlerweile an Schulen erprobt. Er ist ein Verfahren des Umgangs mit gewaltauffälligen Schülern (vgl. Winter 2004, Büchner 2006, Grüner 2008).

Schulsozialarbeit

Schulsozialarbeit, d. h. die Tätigkeit von Sozialarbeitern/Sozialpädagogen am Ort Schule, hat den sozialpolitischen Auftrag, an der Schnittstelle zwischen Jugendhilfe und Schule die Folgen der Selektionsfunktion von Schule sowie die Probleme der schulischen Qualifikations- und Integrationsfunktion abzumildern. Die Gewaltprävention steht dabei zwar nicht im Mittelpunkt der sozialpädagogischen Arbeit, wird aber bei den verschiedenen Angeboten der Schulsozialarbeit tangiert, z. B. Sensibilisierung der Lehrer für die Schülerwahrnehmungen, Einzelfallarbeit mit auffälligen Schülern, Projekte zum sozialen Lernen, Streitschlichterprojekte oder Kooperation mit außerschulischen Einrichtungen (Jugendamt, freie Träger, der Jugendhilfe, Erziehungsberatung, Polizei, Jugendgerichtshilfe u. a.). Wissenschaftliche Untersuchungen haben die Wirksamkeit der Schulsozialarbeit nachgewiesen, aber auch auf Probleme (z. B. mangelnde Rahmenbedingungen, fehlende Kooperationsabsprachen) aufmerksam gemacht (vgl. z. B. Rademacker 1996, Speck 2007).

Schulinterne Lehrerfortbildung zur Gewaltprävention (SchiLF)

Von Schulinterner Lehrerfortbildung (SchiLF) wird dann gesprochen, wenn sich ein Kollegium einer Schule mit einem Thema (z. B. Gewalt) auseinandersetzt, um den Auftrag von Schule besser erfüllen zu können. Wenn Lehrer ein Programm zur Gewaltprävention und -intervention für ihre Schule entwickeln und umsetzen wollen, sollten zunächst Fragen nach der Wahrnehmung von Gewalt an der Schule, nach Deutungs- und Erklärungsversuchen und nach Wegen für gemeinsames Handeln geklärt werden. Die Bestandsaufnahme sollte dann von Lehrern, Schülern und Eltern diskutiert werden, so dass am Ende dieses Schrittes mehrere Lösungsansätze erstellt sind. Im Weiteren finden sich zu den einzelnen Aspekten gemischte Kleingruppen (Lehrer, Schüler, Eltern) zusammen, die Ziele abstecken und konkrete Handlungsvorschläge erarbeiten. Im Abstand von zwei bis drei Monaten sollte Zwischenbilanz gezogen werden. Die Anwendung des SchiLF-Konzepts hat den Vorteil, dass Entwicklungsstrategien aus den Bereichen von Wirtschaft, Management oder Therapie in ein Konzept mit pädagogischem Eigensinn eingeflossen sind, das dem spezifischen Bildungs- und Erziehungsauftrag der Schule entspricht. Zudem zeigt es den Weg zu einer demokratischen und partizipativen Schulentwicklung. Das SchiLF-Konzept kann aufgrund seiner engen Verflechtung von Gewaltprävention und Schulentwicklung als ein tragfähiges Konzept angesehen werden (vgl. Blasczyk/ Priebe 1995, Eikenbusch 1998, Kempfert/Rolff 1999).

Konzept »Erziehende Schule«

Das Konzept »Erziehende Schule« ist ein schulumfassendes Handlungskonzept, das sich auch gut als Grundlage für ein Schulprogramm eignet. Dieses Konzept betont die *Erziehungsfunktion von Schule* und versucht, der Wertevermittlung große Aufmerksamkeit zu schenken. So diskutieren Schüler im Unterricht über Werte und über Konfliktsituationen. Weiterhin lernen sie, qualifiziert zu argumentieren und erweitern dadurch ihre Konfliktlösungskompetenz. Zugleich achtet die Schule auf gemeinsam vereinbarte Ziele und Umgangsnormen. So unterschreiben z. B. die Eltern von neuen Schülern bei der Anmeldung, dass sie das Schulprogramm mit den vereinbarten Regeln und Maßnahmen akzeptieren. Das Kollegium entwickelt ein Belohnungs- und Ehrungssystem für die Schüler und ein Curriculum für die Elternarbeit.

Das Konzept »Erziehende Schule« verfolgt einen komplexen Ansatz, der verschiedene Ebenen einbezieht. Zugleich stützt es sich auf Elemente aus anderen Programmen, z. B. aus dem Sozialtraining oder aus dem konfrontativen Ansatz. Auch wenn das Konzept z. T. recht allgemein gehalten ist, zeigt es Möglichkeiten auf, wie Lehrer ihren Erziehungsauftrag besser wahrnehmen können (vgl. Kreter 2001).

Konzept »Lebenswelt Schule«

Das Konzept »Lebenswelt Schule« wurde in den 1990er Jahren an zwei Berliner Grund- und Hauptschulen in benachteiligten Regionen als Modellprojekt erprobt. Ausgangspunkt ist der Begriff der Lebenswelt und ein erweitertes Verständnis des Erziehungsauftrages. Mit der Betonung der Schule als Lebenswelt soll verdeutlicht werden, dass die Schule nicht mehr nur Wissen vermitteln will, sondern dass die erzieherischen Absichten des Konzepts von einer ganzheitlichen Wahrnehmung des Schülers geleitet werden. Schule wird als ein Ort betrachtet, in dem Erfahrungen und Prägungen aus anderen Lebenswelten mit eingebracht werden und in dem auf allen Ebenen der Persönlichkeit Lernerfahrungen gemacht werden können. So rücken familienergänzende Aufgaben und die Gestaltung des Übergangs unterrichtlicher und außerunterrichtlicher Prozesse stärker in den Blickpunkt, z. B. die soziale und räumliche Gestaltung der Schulen, die Lebendigkeit der Schulen durch Projekte, Aktivitäten, die Freizeitgestaltung, die nachbarschaftliche Umgebung usw. Die Ergebnisse des Konzepts waren ermutigend, die Gewaltbereitschaft sank unter ein kritisches Niveau. Für die Realisierung des Konzepts sind größere Umstrukturierungen, erhebliche personelle und materielle Ressourcen sowie engagierte Lehrkräfte erforderlich – für »soziale Brennpunkte« jedoch ein lohnenswerter Aufwand (vgl. Hensel 1995, Senatsverwaltung für Schule, Berufsbildung und Sport 1995).

Medienpädagogische Konzepte

Wenn Gewalthandlungen von Kindern und Jugendlichen durch die Medien mehr oder weniger stark beeinflusst werden, müssen bei der Gewaltprävention auch medienpädagogische Konzepte berücksichtigt werden. Dabei kann man zwischen einer präventiven und einer handlungsorientierten Medienpädagogik unterscheiden: Während bei der präventiven Medienpädagogik die negativen Wirkungen im Vordergrund stehen, ist die handlungsorientierte Medienpädagogik eher auf eine positive Perspektive ausgerichtet. Da Gewalt Bestandteil der Gesellschaft ist, können Kinder und Jugendliche nicht vor jeglicher Gewaltdarstellung geschützt werden. Vielmehr soll zu einem kreativen und kritischen Umgang mit den Medien motiviert und Medienkompetenz vermittelt werden. Im Rahmen von medienpädagogischen Projekten soll insbesondere Gelegenheit gegeben werden, sich mit persönlichen Überzeugungen, Wahrnehmungen und Gefühlen auseinander zu setzen, wobei der Adressatenbezug von Bedeutung ist. Wie Erfahrungen zeigen, haben vor allem männliche Jugendliche einen großen Bedarf, sich bei Videofilmen oder Multimediaproduktionen mit dem Thema Gewalt zu beschäftigen. In kontrollierten Situationen können Jugendliche lernen, mit ihren Ängsten umzugehen. Der kompetente Umgang mit Medien kann dazu beitragen, dass Jugendliche lernen, die Wirkungsweise von medialen Bildern zu entschleiern sowie Fiktion und Realität zu unterscheiden (vgl. Röll 2008, ▶ auch das Interventionsprogramm von Kleber in Kap. 4.2).

Konzepte der Elternarbeit und Elternbildung

Die Verbesserung der Zusammenarbeit zwischen Elternhaus und Schule sowie die Erhöhung der Erziehungskompetenzen der Eltern ist eine immer wiederkehrende Forderung. Gerade mit Blick auf die Gewaltprävention und -intervention haben diese Forderungen ihre besondere Aktualität, klaffen doch hierbei Wunsch und Wirklichkeit häufig auseinander und belasten Desinteresse, Berührungsängste oder gegenseitige Schuldzuweisungen die Beziehungen zwischen Elterhaus und Schule. Dennoch sollte versucht werden, im Interesse der Kinder und Jugendlichen eine partnerschaftliche Zusammenarbeit aufzubauen. Dabei hat sich bewährt, dass darauf verzichtet wird, Erziehungsarbeit an die jeweils andere Seite zu delegieren und sich gegenseitig ändern zu wollen. Die Schule sollte die Eltern rechtzeitig über Programme und Regeln informieren und zur Mitarbeit einladen. Außerdem sollten die Eltern kontinuierlich über das Verhalten ihres Kindes informiert werden, wobei der Fokus auf der Rückmeldung positiver Verhaltensweisen liegen sollte.

Müssen Verhaltensprobleme angesprochen werden, sollte der Schwerpunkt auf gemeinsamen Lösungen liegen. Wenn Eltern ihre Erziehungsverantwortung nicht wahrnehmen, brauchen diese Hilfsangebote, z. B. durch aufsuchende Elternarbeit oder Betreuungsangebote im Rahmen von Ganztagsschulen. Wenn sich Eltern engagieren wollen, sollten vielfältige Partizipationsangebote gemacht werden, z. B. Arbeitsgemeinschaften, Schülerclub, Hausaufgabenbetreuung, Projekttage, Schulfeste, Sportevents, Schulwanderungen, Landheimfahrten, Theater- oder Musikprojekte usw. Zur Entwicklung der Elternbildung gibt es mittlerweile eine Reihe von bewährten Elterntrainingsprogrammen, die die Erziehungskompetenzen der Eltern verbessern können (vgl. Grüner 2006, Tschöpe-Scheffler 2006).

5 Was wirkt? Zur Wirksamkeit von Präventions- und Interventionsprogrammen

Mit der zunehmenden Verbreitung von Programmen der Gewaltprävention und Gewaltintervention, insbesondere seit den 1990er Jahren, stellte sich in der (fach-) öffentlichen Debatte auch die Frage, was solche Programme bewirken. Für diese nicht nur finanzpolitisch motivierte Frage gibt es gute fachliche Gründe, da »gut gemeinte« Programme nicht automatisch die angezielten Wirkungen erreichen. (Selbst-)kritische Reflexionen über das eigene pädagogische Handeln sind zwar fester Bestandteil der pädagogischen Professionalität, die Erfassung der Wirksamkeit eines Programms kann jedoch nur auf Basis wissenschaftlicher Methoden und Kriterien vorgenommen werden. Der Stand der Evaluation von Maßnahmeprogrammen in Deutschland – ob im Bereich Gewalt, Kriminalität oder Rechtsextremismus – gilt als unzureichend (vgl. z. B. Möller 2002, Wagner/Christ/von Dick 2002, Bannenberg/Rössner 2003, Holthusen/ Lüders 2003, Lynen von Berg/Roth 2003, Beelmann 2006, Arbeitsstelle Kinder- und Jugendkriminalitätsprävention 2007, Lynen von Berg u. a. 2007). Angesichts der unbefriedigenden Situation wird häufig auf Evaluationsbefunde aus den USA zurückgegriffen, zumal viele der in Deutschland eingesetzten Programme aus den USA kommen. Doch auch die amerikanische Evaluationsforschung wird eher kritisch beurteilt (vgl. z. B. Schick/Ott 2002, Weingart 2002). Zu berücksichtigen ist darüber hinaus, dass fundierte Wirksamkeitsstudien mit erheblichen Problemen konfrontiert sind, z. B. methodologische, methodische, Zeitdauer, Finanzen u. a.

Ein Überblick über die Wirksamkeit von Präventions- und Interventionsprogrammen führt zu folgendem Fazit (vgl. Gollwitzer 2007, Preiser/Sann 2008, Scheithauer u. a. 2003):

1. Von den zahlreichen Maßnahmen und Programmen gegen Gewalt und Mobbing in Deutschland sind bisher nur ein Teil wissenschaftlich evaluiert worden. Die meisten evaluierten Programme stammen aus den USA, wobei die Übertragbarkeit der Befunde auf Deutschland nicht ohne weiteres möglich ist.

2. Die vorliegenden internationalen Evaluationsbefunde zeigen, dass die Effekte der Programme im Durchschnitt positiv sind. Die Faktoren, die die Wirksamkeit der Programme beeinflussen, sind vor allem das Alter der Kinder, ihre Risikobelastung, die Implementationsqualität der Maßnahme sowie die Integration der Maßname in den Schulkontext.

3. Auch bei den bisher in Deutschland evaluierten Programmen wurden überwiegend positive Ergebnisse erzielt. Zu berücksichtigen ist dabei, dass die Evaluation z. T. von den Autoren selbst durchgeführt wurde und vor allem die Einführungs- bzw. Modellphase betraf. Über Langzeiteffekte ist wenig bekannt.

Insgesamt sprechen die Untersuchungsergebnisse – über alle Arten von Programmen und die erfassten Wirksamkeitskriterien hinweg – für den Erfolg von (sozialen) Trainingsprogrammen. Kinder und Jugendliche, die an einem Programm teilgenommen haben, zeigen weniger Aggression und Gewalt als Kinder und Jugendliche in der Kontrollgruppe. Der durchschnittliche Erfolg, gemessen in Form von Effektgrößen, liegt im mittleren Bereich (.38 bis .50). Folgende Differenzierungen sind dabei allerdings zu beachten (vgl. Gollwitzer 2007, S. 145 f., Beelmann 2006, S. 151 ff.):

• Die Wirksamkeit hängt von dem erhobenen Wirksamkeitskriterium ab. So sind z. B. Veränderungen bei den kognitiven Fähigkeiten deutlicher und nachhaltiger als beispielsweise beim beobachteten Verhalten.
• Bei jüngeren Kindern sind die Wirkungen größer als bei älteren. Am größten sind die Effekte in der Altersgruppe zwischen zwei und sechs.
• Großen Einfluss hat die Implementationsqualität, z. B. die Einbindung des Programms in den Schulalltag und die Einbeziehung von Lehrern, Schulleitung, Eltern und Schülern.
• Gezielte Präventionsmaßnahmen weisen höhere Effekte auf als universelle Strategien.
• Pilotprojekte und Eigen-Evaluationen erzielten eine höhere Wirksamkeit.
• Wichtig ist die Beachtung der Lebenswelt der Teilnehmer und die Flexibilität der Programme, d. h. ein ausgewogenes Verhältnis von strukturierten und standardisierten sowie verhaltensnahen, flexiblen und transferorientierten Trainingselementen.

Eine zentrale Frage bei der Wirksamkeit der Programme ist die Frage nach der Implementations- bzw. Durchführungsqualität, die wiederum stark von den Rahmenbedingungen bzw. der Kontextqualität abhängt. Selbst ein noch so gutes Programm zeigt keine Effekte, wenn es schlecht umgesetzt wird. Ein höheres Maß an Standardisierung des Trainings, z. B. in Form eines kleinschrittigen

Manuals, führt aber nicht unbedingt zu größeren Wirkungen. Bedeutsamer ist die Adaption an die konkreten Rahmenbedingungen sowie die Professionalität der Trainer. Das schließt ein, die Trainer bzw. Lehrer bei der Durchführung der Maßnahmen längerfristig zu begleiten und zu beraten (z. B. Supervision). Integrierte und multimodale Programme sind erfolgreicher als »Schmalspur-programme«, ebenso Programme, die Erwachsene einbeziehen, im Vergleich zu Programmen, die nur auf Peer-Aktivitäten setzen (vgl. Karstedt 2001, S. 183). Dies spricht wiederum für einen »systemischen Ansatz« der Gewalt-prävention.

Die Ergebnisse des Düsseldorfer Gutachtens, in dem 61 evaluierte kriminal-präventive Projekte aus aller Welt ausgewertet wurden, gehen in die gleiche Richtung. Demnach ist schulorientierte Kriminalprävention dann erfolgreich, wenn Maßnahmen kombiniert werden und die Programme auf die Befähigung der Schule zum eigenständigen Handeln im Umgang mit Kriminalität und Gewalt ausgerichtet sind. Solche unterschiedlichen Maßnahmen sollten z. B. sein: die Einhaltung von Regeln und Normen und die klare Reaktion bei Fehlverhalten, spezielle Maßnahmen bei gefährdeten und aggressiven Schülern und die Opferunterstützung (vgl. Landeshauptstadt Düsseldorf 2002, S. 51).

Wie ein mehrperspektivischer Ansatz aussehen kann, soll im Folgenden beispielhaft demonstriert werden (vgl. Scheithauer u. a. 2003, S. 188 f.). Der *Erfolg schulumfassender Ansätze gegen Gewalt und Bullying* wird umso wahrscheinlicher, je mehr es gelingt,

- realistische Zielsetzungen zu formulieren,
- sich an wissenschaftlichen Erkenntnissen zu orientieren,
- Maßnahmen als Teil eines Organisationsprozesses zu verstehen und die gesamte Schule als Gemeinschaft einzubeziehen,
- die Maßnahmen an die speziellen Rahmenbedingungen anzupassen, z. B. Wohnumfeld, Schülerklientel, Migrantenanteil,
- alters- und geschlechtssensible Maßnahmen durchzuführen,
- Langfristigkeit, Systematik, Intensität und Konsequenz zu praktizieren,
- klare Zuständigkeiten und Verantwortlichkeiten zu regeln,
- das Thema, z. B. Mobbing, auf das Lehrerkollegium auszuweiten,
- Synergieeffekte zu initiieren und
- eine (Selbst-)Evaluation der Maßnahmen zu sichern.

Dies sind zweifellos hohe Anforderungen an ein Programm, die die Zielperspektive umreißen. Insgesamt geht es bei den Schulen auch um eine zweifache Sensibilisierung: zum einen um eine Sensibilisierung für die Thematik Gewalt bzw. Mobbing und zum anderen um eine Sensibilisierung dafür, dass die Maßnahmen nicht als ein »Makel«, sondern als »Prädikat« für die Schule, als Teil ihrer Weiterentwicklung zu verstehen sind.

Die Wirksamkeit der Programme basiert auf den jeweils spezifischen Zielstellungen, Programminhalten, didaktisch-methodischen Ansätzen, Settings und theoretischen Bezügen. Als inhaltliche Schwerpunkte lassen sich z. B. Kommunikations- und Interaktionsprozesse innerhalb der Schule, Kommunikations- und Interaktionsprozesse zwischen der Schule und dem Umfeld (Eltern, Jugendhilfe, Gemeinwesen), Identitätsbildungsprozesse, Unterrichtsprozesse und Schulentwicklungsprozesse identifizieren. Die Programme sind in unterschiedlichem Maße theoretisch elaboriert, wobei psychologische Theoriemodelle (z. B. Lerntheorie) dominieren. Bezug genommen wird u. a. auch auf Modelle der Informationsverarbeitungstheorie, Handlungstheorie, Interaktionstheorie, Kommunikationstheorie, Theorie des Problemverhaltens, Konzept der Entwicklungsaufgaben, Peer Education, Lebensweltansätze usw. Die verschiedenen Programme weisen allerdings einen sehr unterschiedlichen Abstraktions- bzw. Verarbeitungsgrad auf. Die Palette reicht von abstrakten Leitlinien und Empfehlungen über methodische Verfahren und Anleitungen bis hin zu Modul-Sets mit Arbeits- und Unterrichtsmaterialien, Kopiervorlagen und konkreten Medienpaketen.

Zusammengefasst lassen sich verallgemeinert folgende *Anforderungen an Erfolg versprechende Programme* herausstellen (vgl. Preiser/Sann 2008, Bundeszentrale für gesundheitlich Aufklärung 2005, Scheithauer u. a. 2003, Beelmann 2006).

1. Zielklärung: Präventions- und Interventionsziele, abgeleitet aus Ausgangszustand,
2. Zielgruppe: Begründung des spezifischen Bedarfs für eine Zielgruppe,
3. Theoretische Grundlagen: Annahme über Ursachen und mögliche Veränderungen,
4. Maßnahmebeschreibung: Maßnahmen, Methoden und angenommene Wirkungen,
5. Fachliche und didaktische Kompetenzen: Qualifikationen der Trainer,
6. Evaluation: Maßnahmen der Qualitätssicherung,
7. Preis-Leistungsverhältnis (Effizienz): Kalkulation der Kosten und der Effekte.

Für die Präventionsforschung lässt sich daraus vor allem ein Bedarf an Untersuchungen zu längerfristigen Effekten, zu Kosten-Nutzen-Aspekten, zu vergleichenden Analysen von Präventionsalternativen, zu Fragen der Programm-Implementation sowie zur Integration bewährter Programme in die Schulpraxis ableiten.

Zwischen Wunsch und Wirklichkeit – Das Beispiel »Streitschlichterprogramme«

Als Beispiel für die Möglichkeiten, aber auch für die Grenzen von Präventionsprogrammen sollen Evaluationsergebnisse zu »Streitschlichterprogrammen« vorgestellt werden. Modelle der Streitschlichtung (Peer-Mediation) sind bundesweit verbreitet, bisher aber kaum evaluiert. Dies mag damit zusammenhängen, dass ein als pädagogisch wertvoll anerkanntes Programm nicht scheitern darf (vgl. Schröter 2007). Als Kriterien für den Erfolg von Schulmediation können gelten: Kompetenzentwicklung beim Umgang mit Konflikten (gewaltfreie Konfliktregelung), Grad der Gewaltbelastung (Gewaltreduktion), das Schulklima und die Arbeitszufriedenheit (vgl. Dittmann 2001). Die vorliegenden Evaluationsbefunde lassen folgende Tendenzen erkennen (vgl. z.B. Simsa/Schubarth 2001, Schubarth 2004b, Behn u. a. 2006)[20]:

- *Probleme bei der Implementierung des Programms:* Während die Ausbildung von Streitschlichtern an vielen Schulen relativ gut zu funktionieren scheint, treten bei der Etablierung der Modelle in der Schulpraxis erhebliche Probleme auf. Befragungen zufolge haben nur 7 % der Projekte eine Laufzeit von mehr als sieben Jahren (Behn u. a. 2006, S. 22) und können somit als etablierte Modelle gelten. Ca. ein Drittel der Mediationsprojekte befindet sich dagegen noch in der Aufbauphase und läuft erst ein oder zwei Jahre. Es ist anzunehmen, dass viele Schulen über diese Phase kaum hinauskommen. Offenbar führen z. T. überhöhte Erwartungen und/bzw. fehlende Rahmenbedingungen zu Enttäuschungen und schließlich zum Scheitern des Programms.
- *Förderung der Sozialkompetenz bei den Schlichtern:* Die Schülerschlichter sind die eigentlichen Nutznießer der Programme, weil sie selbst einen deutlichen Kompetenzzuwachs erfahren. Sie erlernen nicht nur einen anderen Umgang mit Konflikten, sie fühlen sich auch selbstbewusster und in der Persönlichkeitsentwicklung gereift. Insofern ist die Schulmediation in erster Linie ein Sozialkompetenztraining für die Schülerschlichter selbst.
- *Meist geringe Akzeptanz bei Schülern und Lehrern:* Der positiven Selbsteinschätzung des Nutzens seitens der Schlichter steht die relativ geringe Akzeptanz von Schulmediation an der Mehrzahl der Schulen gegenüber. Viele der ausgebildeten Schlichter fühlen sich allein gelassen, erfahren zu wenig Akzeptanz und Unterstützung; ein Scheitern des Programms ist damit meist vorprogrammiert. Dieses eher ernüchternde Bild zeigt sich auch bei der Zahl der Mediationsfälle (pro Schuljahr): Ca. zwei Fünftel der Schulen berichten von zehn oder weniger Fällen. Hier scheint das Modell im Schulalltag kaum bzw. nicht richtig zu funktionieren. Dagegen berichten 7 % der Schulen von über 50 Mediationen, was eher für ein Funktionieren spricht (Behn u. a. 2006). Nur wenige Schulen praktizieren Schulmediation in Kooperation mit der Jugendhilfe. Die insgesamt relativ geringe Akzeptanz von Schulmediation in Deutschland steht auch im Gegensatz zu Befunden im englischsprachigen Raum (vgl. Behn u. a. 2006, S. 55).
- *Erfolg sichert Akzeptanz:* Quantitative Analysen (vgl. Schubarth 2004b) in ausgewählten Klassen ergaben, dass die überwiegende Mehrheit der Schüler (63 %) das Angebot der Schülerschlichter noch nicht genutzt hat und dies auch nicht tun will. Dagegen haben 9 % der befragten Schüler die Schülerschlichter schon aufgesucht und würden dies auch wieder tun. Hinzu kommen 23 %, die zwar die Schülerschlichter noch nicht aufgesucht haben, dies aber (vielleicht) tun würden. Somit stehen etwa ein Drittel der befragten

---

20 Zu berücksichtigen ist, dass die referierten Studien auf Selbstauskünften beruhen. Darüber hinausgehende Daten, insbesondere zu Veränderungen des Gewaltniveaus oder zu langfristigen Wirkungen, liegen nicht vor.

Schüler der Schülerschlichtung eher positiv und zwei Drittel eher skeptisch gegenüber. Die Akzeptanz der Konfliktschlichtung ist auch vom Geschlecht und dem bisherigen Erfolg der Schlichtung abhängig: Mädchen stehen den Konfliktschlichtungen aufgeschlossener gegenüber. Wenn Schulen erfolgreich Konfliktschlichtung praktizieren, ist auch die Akzeptanz insgesamt größer. Finden Mediationen statt, führen sie in der Regel auch zu einer für beide Konfliktparteien befriedigenden Regelung.

• *Zu wenig Wirkung aufgrund fehlender Integration der Programme in die Schulentwicklung:* Die unzureichende Integration der Streitschlichterprogramme in die alltägliche Bildungs- und Erziehungsarbeit ist der Hauptgrund, warum viele Schulen bisher nur wenig positive Wirkungen für sich wahrgenommen haben. Die Programme stoßen mit ihrem demokratischen, partizipatorischen Ansatz mitunter schnell an die starren institutionellen und zeitlich-räumlichen Grenzen von Schule. Eine stärkere Verankerung der Programme im Schulalltag setzt deshalb eine Weiterentwicklung von Schule, vor allem ihre fortschreitende Öffnung und einen Wandel der Lehrerrolle voraus.

Insgesamt ergibt sich ein ambivalentes Bild: Einerseits werden eine Reihe positiver Wirkungen der Streitschlichterprogramme wahrgenommen, andererseits betreffen die Wirkungen nur einen Teil der Schüler und erreichen meist nicht die Schulebene bzw. die Schulkultur. Bei diesem »halbierten Mediationsmodell« bleibt ein Großteil des Potenzials von Mediation ungenutzt. Die angeführten, z. T. unbefriedigenden Ergebnisse lassen sich vor dem Hintergrund eines Strukturkonflikts zwischen Schulmediation und der Institution Schule erklären (▶ Tab. 14, vgl. Behn u. a. 2006, S. 250).

Tab. 14: Mediation an Schulen als Strukturkonflikt

Merkmale von Schulmediation	Merkmale von Schule als Institution
• Freiwilligkeit	• Schulpflicht und situative Handlungsanordnung
• Partnerschaftlicher Umgang zwischen Ausbildern und Mediatoren, gleichberechtigter Umgang zwischen Mediator und Mediierten	• Hierarchisches Verhältnis zwischen Lehrern und Schülern, Belehrung und Bewertung
• Eigenverantwortung der Konfliktparteien	• mangelnde Eigeninitiative von Schülern, da hierarchisch geprägte Struktur
• Durchführung und Dauer von Mediationsgesprächen richten sich nach Situation	• stark strukturierte Zeitplanung und vorgegebene Verfügbarkeit von Lehrern und Schülern

Der Struktur- oder auch Systemkonflikt erschwert die Implementation von Mediation im System Schule, wobei sich vier unterschiedliche Typenbildungen – z. T. auch in Kombination miteinander – unterscheiden lassen: 1. Schulmediation als Insel, 2. Schulmediation als Anpassung an das System der Schule, 3. Schulmedation als Teil einer sich wandelnden Schule und 4. Schulmediation als Teil von schülerzentrierten Strukturen (Partizipationsansatz) (vgl. Behn u. a. 2006, S. 250 ff.). Zugleich gibt es mittlerweile Ansätze, die »klassische Schulmediation« weiterzuentwickeln und mittels einer partizipativen, demokratischen Schulentwicklung stärker in das System Schule zu integrieren (vgl. z. B. Rademacher 2001, Kaeding 2005, Wildfeuer 2006, Beutel/Fauser 2007, Edelstein/Frank/Sliwka 2009).

Streitschlichterprogramme an Schulen – so lautet das Fazit – sind vor allem dann erfolgreich,

- wenn die Schulleitung das Modell aktiv unterstützt,
- wenn das Kollegium das Modell unterstützt und auch Lehrer in Mediation geschult werden,
- wenn alle Schüler Grundkenntnisse in Mediation vermittelt bekommen,
- wenn eine Vernetzung mit anderen Programmen, z. B. sozialem Lernen, erfolgt,
- wenn eine professionelle Schlichterausbildung gegeben ist,
- wenn die Schlichter in ihrer Arbeit begleitet und beraten werden,
- wenn die schulorganisatorischen Abläufe geklärt sind, z. B. welche Konflikte, wann wie von wem mediiert werden,
- wenn entsprechende Rahmenbedingungen (z. B. Raum, Werbung, Kontinuität, Anerkennung, Entlastung) gewährleistet sind,
- wenn Eltern und andere Partner in die Arbeit einbezogen werden,
- wenn Mediation zum Bestandteil der gesamten Schulentwicklung geworden ist und
- wenn die Schule ein hohes Maß an demokratisch-partizipativer Schulkultur aufweist.

Diese Gelingensbedingungen verweisen in Richtung eines »systemischen Ansatzes« von Streitschlichterprogrammen, der alle relevanten Akteure innerhalb und außerhalb von Schule einbezieht. Dabei geht es erstens um Fragen der Qualitätsentwicklung und Qualitätssicherung (Professionalisierung der Aus- und Fortbildung, Orientierung an Mindeststandards[21] usw.), zweitens um die Einbindung der Programme in einen demokratischen Schulentwicklungsprozess (z. B. Übernahme von Mediationselementen in den Unterricht, Einbeziehung von Eltern) und drittens um notwendige personelle und materielle Rahmenbedingungen (z. B. Entlastungsstunden für Lehrer). Schritt für Schritt könnte so eine neue Streitkultur »von unten« wachsen, die von der Institution Schule – so die Annahme – in die Gesellschaft ausstrahlt.

Das Beispiel »Streitschlichterprogramme« sollte verdeutlichen, dass Evaluationen wichtige Funktionen zu erfüllen haben und auch als formative (pro-

---

21 Vgl. z. B. die weiterführenden Leitlinien, Schulstandards und Hinweise des Bundesverbandes Mediation e. V.: http://www.bmev.de/uploads/media/bm_schulstandards.pdf und http://www. bmev.de/uploads/media/mediation-schule.pdf.

zessbegleitende) Evaluation zur Verbesserung der Implementationsqualität beitragen können. Evaluation ist allerdings auch kein Allheilmittel. Sie verliert zudem an Glaubwürdigkeit, wenn sie nur aus Legitimations- oder (Ein-)Spar-
zwängen betrieben und ihre Ergebnisse nicht umgesetzt werden. Darüber
hinaus ist nicht alles, was nicht »gemessen« werden kann, pädagogisch wir-
kungslos. Zudem müssen auch nichtintendierte Effekte in Rechnung gestellt
werden. Für die Evaluationsdebatte bedeutet das, möglichst viele Perspektiven
zuzulassen und Einseitigkeiten zu vermeiden.

6 Gewaltprävention durch Schulentwicklung: eine Anleitung zum Handeln

Angesichts der Situation an Schulen bleibt die Prävention von Gewalt und
Mobbing gemeinsam mit der stärkeren Förderung sozialer Kompetenzen eine
Daueraufgabe schulischer Bildung und Erziehung, die nicht von medial erzeug-
ten Konjunkturen im Gefolge spektakulärer Gewaltvorfälle abhängen sollte.
Wie eng Gewaltprävention und Schulentwicklung zusammenhängen, soll im
Folgenden beispielhaft demonstriert werden. Prävention von Gewalt und Mobbing ist vor allem dann Erfolg versprechend, wenn das gesamte Lehrerkollegium »an einem Strang zieht«. Um dies zu bewirken, bedarf es eines mehrstufigen schulinternen Entwicklungsprozesses (▶ Tab. 15).

Tab. 15: Zusammenhang von Gewaltprävention und Schulentwicklung (vgl. Melzer/
Schubarth/Ehninger 2011, S. 328 und Bertram/Helsper/Idel 2000)

Phasen	Praktische Umsetzung (Beispiele)
1. Einstiegsphase	Information und Diskussion im Kollegium, mit Schülern, El-tern, Schulaufsicht, Pädagogischer Tag, SchiLF
2. Analyse- und Dia-gnosephase	Ist-Analyse durch AG, Befragung unter Schülern, Lehrern, El-tern, Auswertung, Feedback, Pädagogische Konferenz
3. Zielklärung	Leitziel (Pädagogisches Ethos), Mittlerziel (Vermitt-lungsposition), Handlungsziel (konkret, messbar, realistisch, terminiert)
4. Maßnahmeplanung	Projektterminplan (Aufgaben, Verantwortlichkeiten, Beteilig-te), Termine (Infrastruktur, Steuergruppe u. ä.)
5. Durchführung	Implementation konkreter Maßnahmen, z. B. Streitschlichter-programm, Anti-Mobbing-Programm u. a.
6. Evaluation	Rückmeldungen, Zwischenbilanzen, weitere Planung

Im Folgenden soll das konkrete Vorgehen bei diesem mehrstufigen schulinternen Entwicklungsprozess näher erläutert werden (vgl. Bertram/Helsper/Idel 2000):

Phase 1: Einstieg und Vorklärung
In Phase 1 geht es um die Frage, ob Gewalt an der betreffenden Schule ein Problem ist und die Umsetzung von Präventionsmaßnahmen als sinnvoll eingeschätzt wird. Das Kollegium wird zunächst darüber informiert, dass an einem bestimmten Tag eine Pädagogische Konferenz zum Thema »Gewalt und Gewaltprävention« stattfindet. Im Vorfeld könnten Literatur und Arbeitsaufgaben verteilt werden. Es ist zu klären, wer die Moderation übernimmt, z. B. Schulleitung, einzelne Lehrer oder Steuergruppe. Eine systematische und für alle transparente Vorgehensweise ist dabei wichtig. Zu erläutern ist das Ziel der Pädagogischen Konferenz, der inhaltliche Ablauf und die organisatorischen Fragen (z. B. mittels eines Flipcharts). Die Zielfrage »Ist Gewalt an unserer Schule ein Problem?« sollte für alle sichtbar formuliert sein. Die Beantwortung dieser Frage gibt einen ersten Eindruck sowohl über die Problemlage als auch über die Motivation der Beteiligten, an einer Veränderung aktiv mitzuwirken. Die Zielfrage lässt sich durch unterschiedliche Varianten bearbeiten, z. B. Wandzeitung mit Bewertungsskalen oder anonyme Kurzfragebögen. Auf der Grundlage des Meinungsbildes wird entschieden, ob eine Weiterarbeit an dem Thema sinnvoll ist.

Phase 2: Datensammlung und Diagnose
Angenommen, die Schule hat sich entschieden, eine Selbstevaluation oder eine Problemdiagnose zum Thema durchzuführen, so bieten sich die für die Datensammlung und Diagnose unterschiedliche Zugänge an, z. B.:

a) Fragebogen zur schulischen Gewaltbelastung und zum Gewaltverständnis
Das Kollegium kann zu jedem Untersuchungsschwerpunkt entsprechende offene oder geschlossene (mit Antwortvorgaben) Fragen formulieren, z. B.: In welchen Situationen handelt es sich Ihrer Meinung nach um Gewalt? In welchem Ausmaß kommen folgende Verhaltensweisen vor? Wie sind die Umgangsformen untereinander? Wie stark wird das Schulklima durch Gewalt und Mobbing belastet? Wann und wo geschehen die meisten Gewalthandlungen? Wie verhalten Sie sich bei gewalthaltigen Konflikten und Unterrichtsstörungen? Wie weit werden Sie als Lehrer auch aggressiv und gewalttätig? Wie gehen Sie mit Ihren Aggressionen um? Wo sehen Sie Ursachen für Gewalt und Mobbing an unserer Schule? Was sollte unsere Schule gegen Gewalt und Mobbing unternehmen?

b) Problemdiagnose mittels der Moderationsmethode
Nach der Problemformulierung (z. B. Ist Gewalt an unserer Schule ein Problem?) empfiehlt sich folgendes Vorgehen: 1. Kartenabfrage (Teilnehmer schreiben Idee oder Meinung auf Karten), 2. Antwortlandschaft (Karten werden an Pinnwand oder Wandzeitung gehängt), 3. Clustern (thematisch zusammenhängende Karten werden zu Gruppen geordnet und mit Begriffen versehen), 4. Pro-

225

blemspeicher (Themen und Probleme werden in einer Übersicht eingetragen), 5. Bewertung und Ranking (die Themen werden durch »Punkten« bewertet und in eine Reihenfolge gebracht) und 6. Problembearbeitung (Lösungsvorschläge werden bearbeitet, die weitere Handlungsplanung wird vorgeschlagen).

Beispiel: Welche Probleme seht Ihr in Bezug auf Gewalt in unserer Schule? Dann erfolgt die Problembearbeitung in Kleingruppen, z. B.: Was ist das Ziel, welche Lösungsmöglichkeiten werden vorgeschlagen, wie können wir das Ziel erreichen? Anschließend werden die Ergebnisse an den Stellwänden oder der Pinnwand vorgestellt und diskutiert.

Phase 3: Ziel- und Prioritätensetzung

Ziele setzen heißt, die vorhandenen Interessen und Wünsche in klare Absichten zu fassen. Ein Ziel sollte möglichst konkret formuliert und messbar sein und es sollte zugleich realistisch und planbar sein. Die Prioritätensetzung kann durch eine Gewichtung z. B. durch »Punkten« vorgenommen werden. Um den erforderlichen Aufwand und die Realisierbarkeit zu prüfen, kann ein Ressourcencheck durchgeführt werden, bei dem die geplanten Maßnahmen nach Wichtigkeit, Zeit-, Personal- und Finanzbedarf eingeschätzt werden.

Phase 4: Maßnahme- und Projektplanung

In dieser Phase gilt es zu klären, was die jeweilige Schule realisieren will, wer die Akteure sind, wie die Zusammenarbeit aussehen soll und welche Aufgaben realisiert werden sollen. Hier empfiehlt sich z. B. ein visualisierter Projekttterminplan. So können z. B. konkrete Maßnahmen gegen Gewalt und Mobbing geplant werden, z. B. Klassenregeln einführen, spezielle Trainingseinheiten in Klassen durchführen, Fortbildungen für Lehrer organisieren oder Experten an die Schule holen. Wichtig ist natürlich auch die Frage, welche Ressourcen benötigt werden, z. B. bei der Fortbildungsplanung oder bei der Durchführung der Trainingseinheiten.

Phase 5: Durchführung und Projektsteuerung

Meist kommt es im Projektverlauf zu Abweichungen zwischen dem realen Projektablauf »IST« und der Planung »SOLL«. Bei der Projektsteuerung wird »Geplantes« mit »Tatsächlichem« verglichen. Dies bedeutet zugleich eine Evaluation der eingeleiteten Maßnahmen.

Phase 6: Evaluation

Jedes Entwicklungsvorhaben bedarf der Evaluation, um die Fortschritte fundiert einschätzen zu können bzw. ggf. nachzusteuern. Evaluation ist deshalb ein immanenter Bestandteil des Schulentwicklungsprozesses.

Wie an unserem Beispiel ersichtlich: Jedes Schulentwicklungsvorhaben ist ein langwieriger und meist recht konfliktreicher Prozess. Da ein solcher Prozess immer auch die Interessen der Kollegen berührt, ist auch mit Konflikten und Widerständen zu rechnen. Deshalb ist es hilfreich, sich mit dem Umgang mit Widerständen und Konflikten näher zu beschäftigen. Veränderung führt immer zu

Widerstand. Widerstand ist aber auch eine »unheimliche« Energie, die im Sinne des Vorhabens genutzt werden kann. Beim Umgang mit Konflikten und Widerstand wird vor allem empfohlen, eine offensive Information und offene Kommunikation zu pflegen, den Widerstand ernst zu nehmen und eine Vertrauenskultur anzubahnen. Wichtig ist es dabei, auf einen angemessenen Kommunikationsstil zu achten, z. B. in Ich-Botschaften zu kommunizieren, aktives Zuhören zu praktizieren und ein konstruktives Feedback zu geben.

7 Wiederholungsfragen zu Teil II

- Angenommen: Sie betreten einen Klassenraum und sehen, dass sich zwei Schüler prügeln. Wie gehen Sie vor?
- Welche Bedeutung kommt bei der Gewaltprävention der Einführung und Durchsetzung von Regeln zu?
- Worauf ist bei der Einführung von Regeln zu achten?
- Entwerfen Sie ein »Regelwerk« bzw. einen »Schulvertrag« für eine Schule.
- Welche Vorgehensweise empfiehlt sich bei Fällen massiver Gewaltanwendung?
- Was kann man bei Fällen von Mobbing tun?
- Angenommen: Sie beobachten, wie ein Mitschüler in der Klasse laufend gehänselt wird. Wie würden Sie sich als Lehrer verhalten?
- Welche Gemeinsamkeiten und Unterschiede lassen sich hinsichtlich der Intervention bei Gewalt und Mobbing benennen?
- Warum sollten sich Lehrer mit Präventions- und Interventionsprogrammen gegen Gewalt und Mobbing beschäftigen?
- Welche Programme für gewaltgefährdete Schüler würden Sie warum empfehlen?
- Welche Programme zum Sozialen Lernen würden Sie ggf. anwenden?
- Welche Bedeutung kommt in der Prävention dem Opferschutz zu?
- Welcher Zusammenhang besteht zwischen Gewaltprävention und Schulentwicklung?
- Welche Rolle spielen bei der Gewaltprävention Fragen der Lehrerprofessionalität bzw. der Lehrerbildung?
- Wie lassen sich Programme gegen Gewalt klassifizieren?
- Geben Sie eine Übersicht über Präventions- und Interventionsprogramme und diskutieren Sie Stärken und Schwächen der Programme.
- Nennen Sie Ziele, Inhalte und Methoden ausgewählter Programme.
- Was sind Streitschlichter-Modelle?
- Schildern Sie den Ablauf einer Mediation.
- Wie können Streitschlichtermodelle an Schulen eingeführt werden?

- Welche Gelingensbedingungen brauchen Streitschlichterprogramme?
- Was ist unter »Konfrontativer Pädagogik« zu verstehen?
- Erläutern Sie das Coolness-Training.
- Was ist die Trainingsraum-Methode?
- Beschreiben Sie unterschiedliche Anti-Mobbing-Programme.
- Was sind Lebenskompetenz-Programme?
- Welche Rolle spielen solche übergreifenden Konzepte, wie geschlechtsspezifische, medienpädagogische Ansätze und Ansätze der Elternarbeit?
- Welchen Beitrag leisten Konzepte der Moralerziehung und des Interkulturellen Lernens?
- Wie beurteilen Sie den Einsatz des »Täter-Opfer-Ausgleiches«?
- Welche Bedeutung kommt bei der Gewaltprävention der Schulsozialarbeit zu?
- Welche Programme gegen Gewalt bzw. Mobbing würden Sie besonders empfehlen?
- Wie gut sind die Programme evaluiert?
- Begründen Sie die Notwendigkeit der Evaluation der Programme.
- Welche Evaluationsergebnisse liegen zu den verschiedenen Programmen vor?
- Welche Faktoren beeinflussen die Wirksamkeit von Präventions- und Interventionsprogrammen?
- Beschreiben Sie Probleme bei der Umsetzung der Programme an Schulen (z. B. Streitschlichterprogramme).
- Beurteilen Sie die Wirksamkeit der Anti-Gewalt bzw. Anti-Mobbing-Programme.
- Warum sind die bisherigen Evaluationsergebnisse zu den Streitschlichtermodellen eher unbefriedigend?
- Was ist unter einem »halbierten Mediationsmodell« zu verstehen?
- Welche Gelingensbedingungen lassen sich für die Implementation von Präventionsprogrammen anführen?
- Angenommen: Sie wollen ein spezielles Präventionsprogramm einführen. Wie würden Sie vorgehen?
- Diskutieren Sie Herausforderungen für eine moderne Gewaltprävention.

Teil III Perspektiven der Gewaltprävention

Im Folgenden werden zehn Punkte formuliert, die aus unserer Sicht zentrale Anforderungen an die gegenwärtige und künftige schulische Gewaltprävention umreißen.

1. Gewaltprävention muss der veränderten Lebenswirklichkeit von Kindern und Jugendlichen Rechnung tragen

Wer über Gewalt von Schuljugendlichen und über Möglichkeiten der Gewaltprävention redet, muss auch die Verhältnisse, in denen Kinder und Jugendliche leben, in den Blick nehmen. Die Bedingungen des Aufwachsens haben sich in den letzten Jahren spürbar verändert, was Auswirkungen auf die Lebensentwürfe der Heranwachsenden hat. Auf drei Entwicklungen sei beispielhaft verwiesen: Zum einen auf Prozesse der zunehmenden Pluralisierung und Ausdifferenzierung der Lebenslagen sowie der Individualisierung und Destandardisierung der Biografieverläufe, die das Leben Jugendlicher selbst zu einem offenen Projekt machen; zum anderen auf veränderte, z. T. instabile Familienverhältnisse mit sehr unterschiedlichen Milieus und Erziehungskompetenzen; und schließlich drittens auf veränderte Lebensumwelten durch rasante technologische Entwicklungen und durch ökologische, soziale und wirtschaftliche Krisensymptome, die das Leben künftiger Generationen zunehmend belasten.

Allein die technologische Entwicklung in den neuen Medien verändert die Erziehungsrealität nachhaltig. Kinder werden quasi in die Welt der neuen Medien hineingeboren, erlernen schon frühzeitig den Umgang mit Handy und Internet, entwickeln neuartige Kommunikations- und Informationsformen, was einerseits Chancen, andererseits aber auch Risiken mit sich bringt. Die wachsenden Informations-, Kommunikations- und Konsummöglichkeiten, einschließlich des (nahezu) uneingeschränkten medialen Zugangs zu Action, Gewalt, (Rechts)Extremismus und Pornografie, stellen sowohl für die Schulen als auch für das Elternhaus eine echte Herausforderung dar. Gewaltprävention muss deshalb die sich verändernden Lebensverhältnisse von Kindern und Jugendlichen zum Ausgangspunkt ihrer Arbeit machen.

2. Gewaltprävention muss auch die veränderte Schulwirklichkeit zum Thema machen

Nicht nur das außerschulische Leben von Kindern und Jugendlichen verändert sich, auch die schulische Umwelt befindet sich in einem ständigen Wandlungsprozess. Bildung und Bildungsabschlüsse werden für die eigene Biografie immer wichtiger, garantieren jedoch keine sichere berufliche Zukunft mehr. Schulische

Anforderungen und Leistungsstress haben längst die Grund- und Vorschule erreicht. Kindsein heute heißt vor allem, Schüler zu sein und schon frühzeitig mit schulischen Gegebenheiten der (Leistungs-)Bewertung, Konkurrenz und Auslese konfrontiert zu werden. Schule produziert jedoch immer auch Verlierer und stellt so für die Heranwachsenden stets eine latente Bedrohung dar, was u. a. seinen Ausdruck findet in Schuldistanz, Schulabsentismus, gesundheitlichen Belastungen oder eben Aggression und Gewalt. Zugleich ist schulischer Erfolg stark an personale und soziale Ressourcen gekoppelt, die höchst ungleich verteilt sind. Sozial benachteiligte Kinder und Jugendliche weisen nicht nur die deutlich schlechteren Schulleistungen und die größere Schuldistanz auf, sie haben auch ein schlechteres gesundheitliches Wohlbefinden sowie höhere Kriminalitäts- und Gewaltraten. Auf solche sozial ungleiche und – darüber hinaus – auch soziokulturell sehr unterschiedliche Schülergruppen sowie deren Eltern muss sich Gewaltprävention stärker einstellen

3. Entgegen dem allgemeinen Trend, sich von Erziehung zurück zu ziehen, muss Gewaltprävention auf eine verstärkte Erziehungsoffensive setzen

Die veränderte Lebens- und Schulwirklichkeit hat zu einer weit verbreiteten Verunsicherung in Erziehungsfragen und z. T. auch zu einem Nachlassen von Erziehungsbemühungen überhaupt geführt. Dies ist zum einen Folge des tendenziellen Rückzugs der öffentlichen Verantwortung von Erziehung, einschließlich deren Privatisierung bzw. deren medialer Vermarktung, und zum anderen Ausdruck des niedrigen gesellschaftlichen Status von Erziehungsarbeit und der mangelnden gesellschaftlichen Wertschätzung gegenüber sozialen Berufen insgesamt. Bedenkt man die Tatsache, dass einerseits die enormen Persönlichkeitsanforderungen in einer modernen Zivilgesellschaft und andererseits die Existenz beachtlicher Teile von Jugendlichen – die so genannten »Risikoschüler« –, die an der Gesellschaft aufgrund mangelnder Kompetenzen kaum teilhaben können, immer mehr auseinander fallen, wird offenkundig, dass wir es nicht nur mit einem Bildungs-, sondern vor allem mit einem Erziehungsdilemma zu tun haben. Bildung und Erziehung gehören wie zwei Seiten einer Medaille zusammen. Erziehung schafft erst die Voraussetzung für Bildung und ist zugleich deren Mittel und Weg. Deshalb bedarf es nicht weniger, sondern mehr Erziehungsanstrengungen. Schule sollte sich, gestützt auf ein erziehungsförderndes gesellschaftliches Klima, wieder stärker auf ihren Erziehungsauftrag besinnen und so zu einer Renaissance der Erziehung beitragen. Dafür braucht es kreative Konzepte und gut ausgebildete Fachkräfte, angefangen vom Kindergarten bis zur Hochschule. Das gilt insbesondere für den Umgang mit der kleinen, aber einflussreichen Gruppe gewaltauffälliger Schüler, dem so genannten »harten Kern«, für die eine »Präventionslücke« besteht und für die frühzeitig gezielte Förder- und Trainingsmaßnahmen im Verbund mit anderen Partnern, insbesondere der Jugendhilfe, erforderlich sind.

4. Im Fokus der öffentlichen Debatte um »Schule und Gewalt« stehen Extremereignisse wie Amokläufe und weniger die schultypischen Phänomene von Gewalt und Mobbing

Wenn Schulen von Aggression und Gewalt betroffen sind, dann sind es – im Unterschied zu den Mediendarstellungen – überwiegend nicht die extremen Gewaltformen wie Körperverletzungen, Erpressungen oder gar Amokläufe, sondern eher solche schultypischen Gewaltphänomene wie verbale und nonverbale Aggressionen, Beschimpfungen, Hänseleien. Aber auch Formen von Mobbing sind stärker verbreitet. Im internationalen Vergleich belegt Deutschland hierbei sogar einen unrühmlichen Spitzenplatz. Deutsche Schulen, so könnte geschlussfolgert werden, haben offenbar weniger ein Gewalt- als vielmehr ein Mobbingproblem. Da Mobbingphänomene häufig im Verborgenen bleiben, ist die Präventions- und Interventionsarbeit erschwert, zugleich aber umso notwendiger. Entsprechende Konzepte und Programme liegen mittlerweile vor. Diese setzen insbesondere auf das konsequente und gemeinsame Lehrerhandeln sowie die Aktivierung der zuschauenden bzw. unbeteiligten Schüler.

Wie Untersuchungen zeigen, werden Gewalt und Mobbing jedoch nicht nur unter Schülern ausgeübt, sondern auch zwischen Schülern und Lehrern, d. h. Schüler *und* Lehrer sind sowohl Täter als auch Opfer von Gewalt und Mobbing. Gewaltprävention darf sich folglich nicht nur auf die Schüler beziehen, sondern muss auch stärker die Lehrkräfte, vor allem deren professionelles Handeln, in den Blick nehmen. Prävention von Gewalt und Mobbing beginnt bei der einzelnen Lehrkraft und dem Lehrerkollegium. Lehrer, Lehrerkollegien bzw. die Institution Schule sind an der Entstehung bzw. Eskalation von Gewalt nicht unbeteiligt. Gewaltprävention sollte deshalb obligatorischer Bestandteil sowohl der Lehrerfortbildung als auch der Lehrerausbildung werden.

5. Neue Gewaltphänomene wie Amokläufe, Cyberbullying oder Happy Slapping erfordern auch neue Formen der Gewaltprävention

Auch wenn die Forschungen – entgegen den öffentlichen Annahmen – keine dramatische Gewaltzunahme an Schulen belegen, bleibt Gewaltprävention für Schulen nach wie vor ein aktuelles Thema. Mehr noch: Das Auftreten neuer Gewaltformen wie Amokläufe, Cyberbullying (Mobbing im Internet) und Happy Slapping (Filmen und Verschicken von Gewaltszenen per Handy) deutet darauf hin, dass die Gewalt an Schulen qualitativ neue Züge angenommen hat und dass es demzufolge auch neuer Formen der Prävention und Intervention bedarf. Dazu gehören für den Bereich der extremen Gewalt entsprechende Notfallpläne und geschultes Personal sowie für den Bereich der neuen Medien die gezielte Einbeziehung der medien- pädagogischen Arbeit in die Präventionsarbeit. Amokläufe lassen sich sicher nicht gänzlich ausschließen, dennoch kann deren Wahrscheinlichkeit verringert werden, z. B. durch den Aufbau eines »Frühwarnsystems« zur Erfassung von Tathinweisen und von persönlichen Krisenlagen ebenso wie generell durch die Entwicklung einer »Kultur des Hinschauens und Hinhörens« sowie eines »Schulklimas der Achtsamkeit und Sensibilität«.

Im Unterschied zum Amoklauf, der eine äußerst seltene Gewaltform an Schule darstellt, gehört Cyberbullying – ähnlich wie Schulmobbing – zum Schulalltag. Über das Internet, dem neuen Leitmedium für Jugendliche, erreicht das Mobbing eine qualitative und quantitative Erweiterung, indem z. B. die Opfer bis in deren Privatsphäre verfolgt werden. Die Lehrpersonen sollten deshalb die neuen Mobbingformen kennen und zusammen mit Schülern und Eltern klare Regeln über den Umgang mit Mobbing sowie mit den neuen Medien wie Handys und Internet vereinbaren.

6. In der Präventions- und Interventionsdebatte vollzieht sich ein Paradigmenwechsel hin zu Ansätzen mit stärker konfrontativen Elementen und klarer Grenzsetzung

Während bisherige gewaltpräventive Maßnahmen vor allem die langfristige Entwicklung sozialer und kommunikativer Kompetenzen sowie die Förderung von Fähigkeiten zur gewaltfreien Konfliktregelung im Auge haben, sind vor dem Hintergrund einer schwieriger gewordenen Erziehung und nachlassender Erziehungskraft im Elternhaus auch verstärkt Ansätze und Programme gefragt, die auf eine klare Grenzsetzung und Regeleinhaltung zielen. Solche Ziele verfolgt u. a. die so genannte Konfrontative Pädagogik, worunter ein pädagogischer Ansatz zu verstehen ist, der mittels geführter Gruppeninteraktion und unter Einbeziehung konfrontativer Elemente (z. B. klare Grenzsetzung und strikte Regeleinhaltung) zu einer gezielten Verhaltensänderung, insbesondere bei gewaltauffälligen Schülern, führen soll. Erziehungsintensive, konfrontative Ansätze reagieren auf den wachsenden Bedarf in der pädagogischen Arbeit mit einem Teil der (männlichen) Schülerschaft und erweitern das Spektrum von Präventions- und Interventionskonzepten. Zudem entsprechen sie dem Prinzip der Adressaten- und Zielgruppenorientierung in der Präventions- und Interventionsarbeit. Darüber hinaus wird angesichts der wachsenden Heterogenität der Schüler- und Elternschaft die Erarbeitung und Einhaltung von Regeln als wertbasierte, soziale Vereinbarungen immer bedeutsamer. Sie stellt die Grundlage jeglicher schulischer Gewaltprävention dar.

7. Wenn Gewaltprävention nachhaltig sein soll, muss sie »systemisch«, d. h. ursachenbezogen sein, und mehrere Ebenen einbeziehen

Da Gewalt meist mehrere Ursachen hat, muss eine nachhaltige Prävention »systemisch« ausgerichtet sein und an verschiedenen Ebenen ansetzen: der Makroebene mit den gesellschaftlichen Rahmenbedingungen und den übergreifenden Ursachen für Gewalt, der Ebene des schulischen Umfeldes, z. B. Rolle der Schule in einer kommunalen Bildungslandschaft, und schließlich der Schulebene. Auf der Schulebene bedeutet »systemische Gewaltprävention«, dass sich Schüler, Lehrer, Eltern und andere schulische wie außerschulische Akteure für das Leitziel einer »gewaltfreien Schulkultur« engagieren. In diesem Sinne ist Gewaltprävention als Wertebildung bzw. Werteerziehung zu verstehen, arbeiten doch die Akteure an einem Wertekonsens, der Gewalt und Mobbing an der Schule nicht duldet. Dies gilt sowohl für das Lehrerkollegium als auch für die Schulklasse, die besonders viele erzieherische Möglichkeiten für die Gewaltprävention bietet. Gewaltpräventionsarbeit ist – wie mitunter aus Imagegründen angenommen – auch kein Makel, sondern ein besonderer Ausweis von Stärke und Erziehungswirksamkeit. Als empirisch gesicherte generelle Leitlinien für die schulische Präventionsarbeit können dabei gelten: ein frühzeitiges Einsetzen der Prävention in Elternhaus, Kindergarten und Grundschule, die Erarbeitung und Einhaltung verbindlicher Verhaltensmuster, die Entwicklung von Wahrnehmungs-, Kommunikations- und Konfliktlösungskompetenzen bei Schülern und Lehrern, der reflexive Erwerb der Geschlechterrollen, ein partnerschaftliches Lehrer-Schüler-Verhältnis, eine demokratische und motivierende Lern- und Schulkultur sowie ein reges Schulleben mit vielfältigen Kooperationsbeziehungen ins schulische Umfeld. Insbesondere Ganztagsschulen bilden dafür günstige Voraussetzungen (vgl. z. B. Coelen/Otto 2008).

8. Gewaltprävention kann nicht verordnet werden, sondern ist von jeder einzelnen Schule selbst zu gestalten

Ausgangspunkt jeglicher Gewaltprävention ist die jeweils spezifische Situation an der einzelnen Schule. Über eine kritische Bestandsaufnahme ist zu prüfen, ob – und wenn ja – welche Präventions- oder Interventionsstrategie angemessen ist. Über einen schulumfassenden Diskussions- und Steuerungsprozess sind geeignete Maßnahmen zu planen, durchzuführen und deren Zielerreichung zu evaluieren. Zu bestimmen ist auch, für welche Schülergruppen geeignete Maßnahmen notwendig sind: Geht es z. B. um Gewalt bzw. Mobbing von einzelnen Schülern oder Gruppen von Schülern, um soziales Lernen für alle Schüler, um gezielte Förderung speziell für (potenzielle) Opfer, um Maßnahmen für gewaltauffällige Schüler oder um Hilfe für unauffällige Schüler mit psychischen Problemen. Dabei können Schulen mittlerweile aus einer großen und reichhaltigen Palette von Präventions- und Interventionskonzepten auswählen, z. B. Präventions- bzw. Interventionsprogramme gegen Gewalt, Programme gegen Mobbing oder gewaltunspezifische Programme, z. B. Lebenskompetenzprogramme. Die Programme sind in unterschiedlichem Maße verbreitet und evaluiert. Insgesamt sprechen die Evaluationsergebnisse jedoch für eine generelle Wirksamkeit solcher Programme, wenngleich der Wirksamkeitsgrad stark von der Implementationsqualität und dem Grad der Einbettung der Programme in die alltägliche Erziehungsarbeit abhängt. Bei der Etablierung von Präventionsprogrammen treten, wie das Beispiel der Schulmediation zeigt, oft Strukturkonflikte auf.

9. Die beste Gewaltprävention ist noch immer ein aktiver Schulentwicklungsprozess oder umgekehrt: Eine »gute, demokratische Schule« ist die beste Gewaltprävention

Eine der Haupterkenntnisse der Gewaltforschung ist, dass eine »gute Schule« gewaltpräventiv wirkt. Wenn eine Schule etwas gegen Gewalt und Mobbing unternehmen will, muss sie Schulentwicklung betreiben, d. h. ihre Unterrichts- und Organisationskultur, die Lehrerprofessionalität oder die Kooperation im Kollegium, mit Eltern, außerschulischen Partnern u. ä. weiterentwickeln. Schul- und Lernkultur verfügen insbesondere in Form der Qualität der Lehrer-Schüler- und Schüler-Schüler-Interaktionen über nachweisbare gewaltpräventive Potenziale. Präventions- und Interventionsprogramme können dabei als Einstieg bzw.

als Katalysatoren für längerfristige Schulentwicklungsprozesse wirken. Gewaltprävention ist somit untrennbar mit Schulentwicklung verbunden.

Darüber hinaus verweisen die Untersuchungen auf den engen Zusammenhang
von Gewaltprävention und Demokratie an der Schule. Gewalt ist mit einer demokratischen Schulkultur, die die Würde des Einzelnen garantiert, unvereinbar.
Mehr Demokratie an Schulen heißt z. B. Gewährung »echter« Partizipation, reale Mitbestimmung in Schule und Unterricht, transparente Leistungsbewertung,
partnerschaftlicher Umgang miteinander, keinen auszugrenzen, potenzielle Opfer zu integrieren und zu schützen. Die »Demokratiepädagogik« bietet dafür
vielfältige Ansätze (vgl. Edelstein/Frank/Sliwka 2009).

10. Die erfreuliche Botschaft der Gewaltforschung ist, dass Prävention und Intervention Gewalt und Mobbing vermindern können. Dies sollte als Aufforderung zum Handeln verstanden werden

Wenn Lehrkräfte bei Gewalt und Mobbing nicht wegschauen und bei gewaltförmigen Konflikten eingreifen, wenn also an Schulen eine »Kultur der Achtung
und des Hinschauens« praktiziert wird, dann herrscht an diesen Schulen nach-
gewiesenermaßen weniger Gewalt. Wenn Lehrer selbst über eine ethische
Grundhaltung, über Zivilcourage und über entsprechende Fähigkeiten der Konfliktregelung verfügen, wirken sie als modellhaftes Vorbild für ihre Schüler. Die
Schulen brauchen in diesem Sinne künftig nicht nur kompetente Fachleute, sondern auch mehr kompetente und ethisch motivierte Pädagogen. Die Lehrerbildung muss dazu – z. B. durch Lehrereignungsverfahren, persönliche Beratung,
praxisorientierte Ausbildung, Balance von fachlichen, sozialen und personalen
Kompetenzen sowie regelmäßige, schulbezogene Fortbildungen – ihren gebüh-
renden Beitrag leisten. Zugleich geht es aber auch um die Schaffung der erforderlichen gesellschaftlichen Rahmenbedingungen, damit sich Schulen und Lehrkräfte weiterentwickeln und professionalisieren können. In dieser Hinsicht ist
die Situation beim Handlungsfeld »Gewalt und Mobbing« ganz ähnlich wie bei
anderen Handlungsfeldern, z. B. bei der Bekämpfung des Rechtsextremismus,
der Drogenprävention oder der Gesundheitsförderung. In all den genannten
Handlungsfeldern geht es um Bemühungen, mündige, soziale sensible und le-
benskompetente Kinder und Jugendliche als beste gesellschaftliche Zukunftsin-
vestition zu erziehen. Jeder kann auf seine Weise dazu beitragen.

Literatur

Ahrens-Eipper u. a.: Fit und stark fürs Leben. 5. und 6. Schuljahr. Prävention des Rauchens durch Persönlichkeitsförderung. Stuttgart 2002.

Aktion Kinder- und Jugendschutz. Landesarbeitsstelle Schleswig-Holstein e. V.: Demokratie lernen – Zivilcourage zeigen! Praxishilfen zur Prävention von Rechtsextremismus. Kiel 2002.

Alsaker, F. D.: Quälgeister und ihre Opfer. Mobbing unter Kindern – und wie man damit umgeht. Bern 2004.

Arbeitsstelle Kinder- und Jugendkriminalitätsprävention: Strategien der Gewaltprävention im Kindes- und Jugendalter. München 2007.

Aßhauer, M./Burow, F./Hanewinkel, R.: Fit und stark fürs Leben. 3. und 4. Schuljahr. Persönlichkeitsförderung zur Prävention von Aggression, Stress und Sucht. Stuttgart 1999.

Atherton, C. u. a.: Eigenständig werden. Unterrichtsprogramm für die Klassenstufen 1–6. Kiel 2002.

Atria, M./Strohmeier, D./Spiel, Ch.: Bullying und Viktimisierung: Jede Klasse ist anders. In: Ittel/Salisch 2005, S. 189–203.

Bach, H. u. a.: Verhaltensauffälligkeiten in der Schule. Mainz 1984.

Baier, D. u. a.: Kinder und Jugendliche in Deutschland. Gewalterfahrungen, Integration, Medienkonsum. Forschungsbericht 109. Hannover 2010.

Baier, D./Pfeiffer, Ch.: Jugendliche als Opfer und Täter von Gewalt in Berlin. Hannover 2011.

Baier, D./Pfeiffer, Ch./Windzio, M.: Jugendliche mit Migrationshintergrund als Opfer und Täter. In: Heitmeyer/Schröttle 2006, S. 240–268.

Baier, D./Pfeiffer, Ch./Simonson, J./Rabold, S.: Jugendliche in Deutschland als Opfer und Täter von Gewalt. Hannover 2009.

Bandura, A.: Sozialkognitive Lerntheorie. Stuttgart 1979.

Bandura, A., Aggression, Sozial-lerntheoretische Analyse. Stuttgart, 1979.

Bandura, A.: Social foundations of thought and action. Englewood Cliffs 1986.

Bannenberg, B./Rössner, D.: Preventing Crime: What works, what doesn't, what's promising? In: Zeitschrift für Jugendkriminalrecht und Jugendhilfe H. 2/2003, S. 111–119.

Bannenberg, B./Rössner, D.: Erfolgreich gegen Gewalt in Kindergärten und Schulen. München 2006.

Bannenberg, B.: Amok: Ursachen erkennen – Warnsignale verstehen – Katastrophen verhindern. Gütersloh 2010.

Bartz, A.: Wenn Macht in der Schule missbraucht wird. Aufgaben von Schulleitung bei Prävention und Bearbeitung von Missbrauchsfällen. In: Pädagogik, H. 6/2010, S. 36–39.

Beaulieu, Danie: Impact-Techniken für die Psychotherapie. Heidelberg 2008

Beaulieu, Danie: Klimazone Klassenzimmerentwicklung. Heidelberg 2008

Beaulieu, Danie: 75 Bilder zur Entwicklung sozialer Intelligenz von Kindern. Heidelberg 2000

Beck, U.: Risikogesellschaft. Auf dem Weg in eine andere Moderne. Frankfurt a. M. 1986.

Beelmann, A.: Wirksamkeit von Präventionsmaßnahmen bei Kindern und Jugendlichen. In: Zeitschrift für Klinische Psychologie und Psychotherapie 35, H. 2/2006, S. 151–162.

Behn, S. u. a.: Mediation an Schulen. Eine bundesdeutsche Evaluation. Wiesbaden 2006.

Behörde für Schule und Berufsbildung, Beratungsstelle Gewaltprävention, Hamburg 2014.

Bertelsmannstiftung (Hrsg.): Strategien gegen Rechtsextremismus. Bd. 1 und 2. Gütersloh 2005.

Bertram, M./Helsper, W./Idel, S.: Entwicklung schulischer Anerkennungsverhältnisse. Eine Reflexionshilfe zum Thema Schule und Gewalt. Ministerium für Bildung, Wissenschaft und Weiterbildung Rheinland-Pfalz. Mainz 2000.

Beutel, W./Fauser, P. (Hrsg.): Demokratiepädagogik. Schwalbach 2007.

Bilsky, W.: Angewandte Altruismusforschung. Bern 1989.

Bilz, L./Schubarth, W./Dudziak, I. u. a.: Gewalt und Mobbing an Schulen. Wie sich Gewalt und Mobbing entwickelt haben, wie Lehrer intervenieren und welche Kompetenzen sie brauchen. Bad Heilbrunn 2017.

Blaszcyk, U./Priebe, B.: Gewalt: Herausforderung für die ganze Schule. Gewaltprävention als Schulentwicklung. In: Melzer u. a.: GewaltLösungen. Seelze 1995, S. 114–118.

Blum, H./Beck, D.: No Blame Approach. Praxishandbuch. Köln 2010.

Böhnisch, L.: Schule als anomische Struktur. In: Schubarth/Melzer 1993, S. 147–158.

Böhnisch, L.: Ist Gewalt männlich? In: Thiersch, H. u. a. (Hrsg.): »... überall in den Köpfen und Fäusten«. Auf der Suche nach Ursachen und Konsequenzen von Gewalt. Darmstadt 1994, S. 103–113.

Böhnisch, L.: Abweichendes Verhalten. Eine pädagogisch-soziologische Einführung. Weinheim, München 1998.

Böhnisch, L./Winter, R.: Männliche Sozialisation. Bewältigungsprobleme männlicher Geschlechtsidentität im Lebenslauf. Weinheim und München 1993.

Bronfenbrenner, U.: Ökologische Sozialisationsforschung. Stuttgart 1976.

Bruhns, K./Wittmann, S.: Umstände und Hintergründe der Einstellungen von Mädchen zur Gewalt. In: Heitmeyer/Schröttle 2006, S. 294–317.

Brumme, R.: School Shootings: Soziologische Analysen. Wiesbaden 2011.

Bründel, H.: Sexuelle Gewalt in schulischen Institutionen. Frankfurt 2011.

Bründel, H./Hurrelmann, K.: Gewalt macht Schule. München 1994.

Bründel, H./Simon, E.: Die Trainingsraum-Methode. Klare Regeln, klare Konsequenzen. Weinheim, Basel 2003.

Brusten, M./Hurrelmann, K.: Abweichendes Verhalten in der Schule. München 1973.

Büchner, R./Cornel, H./Fischer, S.: Gewaltprävention und soziale Kompetenzen in der Schule. Stuttgart 2017.

Büchner, R.: Soziale Kompetenz und Gewaltprävention – das Interventionsprogramm »Konfrontative Pädagogik in der Schule«. In: Kilb/Weidner/Gall 2006, S. 161–217.

Bundesministerium des Innern: Zweiter Periodischer Sicherheitsbericht. Berlin 2006.

Bundeszentrale für gesundheitliche Auf klärung: Gesundheitsförderung durch Lebenskompetenzprogramme in Deutschland. Köln 2005.

Burow, F./Aßhauer, M./Hanewinkel, R.: Fit und stark fürs Leben. 1. und 2. Schuljahr. Persönlichkeitsförderung zur Prävention von Aggression, Rauchen und Sucht. Stuttgart 1998.

Campart, M./Lindström, P.: Gewalt und Mobbing an Schulen. 1997 (Vortragsmanuskript).

Cierpka, M.: FAUSTLOS – Wie Kinder Konflikte gewaltfrei lösen lernen. Freiburg 2005 (a).

Cierpka, M. (Hrsg.): Möglichkeiten der Gewaltprävention. Göttingen 2005(b).

Claßen, A./Nießen, K.: Das Trainingsraum-Programm. Unterrichtsstörungen pädagogisch auflösen. Mühlheim a. d. R. 2006.

Coelen, T./Otto, H.-U. (Hrsg.): Grundbegriffe Ganztagsbildung. Das Handbuch. Wiesbaden 2008.

Creighton A. /Kivel, P. Die Gewalt stoppen. Mülheim 1993.

Crick, N.R./Dodge, K. A.: A review and reformulation of social information processing mechanisms in children's social adjustments. In: Psychological Bulletin, 115 (1994), S. 74–101.

Currie, C. et al. (eds.): Young People's Health in Context: international report from the HBSC 2001/02 survey, WHO Policy Series: Health policy for children and adolescents Issue 4, WHO-Regional Office for Europe, Copenhagen 2004.

Dambach, K. E.: Mobbing in der Schulklasse. München, Basel 2002.

Dann, H.-D.: Aggressionsprävention im sozialen Kontext. In: Holtappels u. a. 1997/2009, S. 351–366.

Dittmann, J.: Zur Evaluation von Mediationsprojekten. In: Simsa/Schubarth 2001, S. 63–75.

Dodge, K.A.: Emotion and social information processing. In: Dodge, K./Garber, J. (eds.): The development of emotion regulation. New York 1991.

Drilling, M/Steiner, O./Davolio, M. E. (Hrsg.): Gewalt an Schulen. Zürich 2008.

Edelstein, W./Frank, S./Sliwka, A. (Hrsg.): Praxisbuch Demokratiepädagogik. Weinheim und Basel 2009.

Eikenbusch, G.: Praxishandbuch Schulentwicklung. Berlin 1998.

Einsle, F. & Hummel, K., Kognitive Umstrukturierung, Weinheim 2015.

Eisner, M./Ribeaud, D.: Erklärung von Jugendgewalt – eine Übersicht über zentrale Forschungsbefunde. In: Raithel/Mansel 2006, S. 182–206.

Engert, I.: Mediation im Kontext Schule. Von der Euphorie zur Qualitätssicherung und Nachhaltigkeit. In: Simsa/Schubarth 2001, S. 221–235.

Erikson, E. H.: Identität und Lebenszyklus. Frankfurt a. M. 1966.

Erziehungsdirektion des Kantons Zürich: Gewalt und Schule. Analysen und Empfehlungen der kantonalen Expertenkommission. Zürich 1995.

Essau, C./Conradt, J.: Aggression bei Kindern und Jugendlichen. München, Basel 2004.

Euler, H. A.: Geschlechtsspezifische Unterschiede und die nicht erzählte Geschichte in der Gewaltforschung. In: Holtappels u. a. 1997/2009, S. 191–206.

Fachkreis Gewaltprävention und Behörde für Bildung und Sport (Hrsg.): Konf likte und Gewalt 2 – präventive Konzepte, praktische Hilfen, Adressen. Hamburg 2004. URL: http://www.jiz.de/pdf/konf likte2.pdf (Stand: 17. 01. 2012).

Faller, K., Kerntke, W. & Wackmann, M. Konflikte selber lösen. Mediation für Schule und Jugendarbeit, Mühlheim 1996.

Feltes, T.: Gewalt in der Schule. In: Schwind/Baumann u. a. (Hrsg.): Ursachen, Prävention und Kontrolle von Gewalt. Analysen und Vorschläge der Unabhängigen Regierungskommission zur Verhinderung und Bekämpfung von Gewalt (Gewaltkommission). Band III. Berlin 1990, S. 317–341.

Fend, H.: Neue Theorie der Schule. Wiesbaden 2006.

Fereidooni, K.: Anti-Bullying für weiterführende Schulen. Weinheim 2013.

Forschungsgruppe Schulevaluation: Gewalt als soziales Problem an Schulen. Opladen 1998.

Freie und Hansestadt Hamburg: CHECKLISTEN – Beratungsstelle Gewaltprävention. Hamburg 2017.

Frohloff, S. (Red.): Gesicht zeigen! Handbuch für Zivilcourage. Frankfurt 2001.

Fuchs, M./Lamnek, S./Luedtke, J./Baur, N.: Gewalt an Schulen: 1994–1999–2004. Wiesbaden 2005.

Funk, W./Passenberger, J.: Determinanten der Gewalt an Schulen. Mehrebenenanalytische Ergebnisse aus der Nürnberger Schüler-Studie 1994. In: Holtappels u. a. 1997/2009, S. 243–260.

Gall, R.: »Verstehen, aber nicht einverstanden sein«. Coolness-Training für Schulen. In: Weidner/Kilb/Kreft 1997, S. 150–171.

Gall, R.: Ziele und Methoden des Coolness-Trainings (CT) für Schulen. In: Kilb/Weidner/Gall 2006, S. 93–121.

Galtung, J.: Strukturelle Gewalt. Reinbek 1975.

Gamper, M./Willems H.: Rechtsextreme Gewalt – Hintergründe, Täter und Opfer. In: Heitmeyer/Schröttle 2006, S. 439–461.

Gerlach, N./Sengpiel, J.: Mobbing-Interventions-Teams in der Schule. Köln 2017.

Gerrig, R. J./Zimbardo, Ph. G.: Psychologie. München 2008 (18. Aufl.).

Gille, M. u. a.: Jugendliche und junge Erwachsene in Deutschland. Jugendsurvey. Bd 3. Wiesbaden 2006.

Gollwitzer, M. u. a. (Hrsg.): Gewaltprävention bei Kindern und Jugendlichen. Göttingen u. a. 2007.

Gollwitzer, M.: Ansätze zur Primär- und Sekundärprävention aggressiven Verhaltens bei Kindern und Jugendlichen. In: Gollwitzer u. a. 2007, S. 141–157.

Gottfredson, M. R./Hirschi, T.: A General Theory of Crime. Stanford 1990.

Greve, E./Preußer, K.: Gewaltprävention durch Einführung von Schulregeln. In: LI Hamburg: Beratung im System Schule, 1/2006, S. 33–36.

Grüner, T.: Der Täter-Opfer-Ausgleich. In: Schröder/Rademacher/Merkle 2008, S. 121–134.

Grüner, T.: Erfolgsbedingungen von Mehr-Ebenen-Programmen zur Gewaltprävention. In: Bannenberg/Rössner 2006, S. 81–134.

Grüner, T./Hilt, F./Tilp, C.: Bei Stopp ist Schluss! Werte und Regeln vermitteln. Lichtenau 2015.

Gugel, G.: Handbuch Gewaltprävention in der Grundschule. Grundlagen – Lernfelder – Handlungsmöglichkeiten. Tübingen 2007.

Haan, G. de/Edelstein, W./Eikel, A. (Hrsg.): Qualitätsrahmen Demokratiepädagogik. Weinheim und Basel 2007.

Hagedorn, O.: Konfliktlotsen. Stuttgart 1994.

Hamburger, F.: Abschied von der Interkulturellen Pädagogik. Weinheim und München 2009.

Hanewinkel, R./Knaack, R.: Prävention von Aggression und Gewalt an Schulen. Ergebnisse einer Interventionsstudie. In: Holtappels u. a. 1997/2009, S. 299–314.

Havighurst, R. J.: Developmental tasks and education. New York 1981.

Hayer, T./Scheithauer, H./Petermann, F.: Bullying: Schüler als Täter – Lehrer als Opfer? In: Ittel/Salisch 2005, S. 237–255.

Heckhausen, H.: Motivation und Handeln. Berlin 1989.

Heinemann, E.: Aggression. Verstehen und Bewältigen. Berlin, Heidelberg, New York 1996.

Heitmeyer, W. u. a.: Gewalt. Schattenseiten der Individualisierung bei Jugendlichen aus unterschiedlichen Milieus. Weinheim und München 1995.

Heitmeyer, W./Ulbrich-Herrmann, M.: Verschärfung sozialer Ungleichheit, soziale Milieus und Gewalt. In: Holtappels u. a. 1997/2009, S. 45–62.

Heitmeyer, W./Schröttle, M. (Hrsg.): Gewalt. Beschreibungen, Analysen, Prävention. Bonn 2006.

Helsper, W.: Zur »Normalität« jugendlicher Gewalt: Sozialisationstheoretische Reflexionen zum Verhältnis von Anerkennung und Gewalt. In: Helsper, W./Wenzel, H. (Hrsg.): Pädagogik und Gewalt. Opladen 1995, S. 113–154.

Hensel, R.: Lebenswelt Schule. In: Praxis Schule 5–10, H. 5/1995.

Hetzer, H. u. a. (Hrsg.): Angewandte Entwicklungspsychologie des Kindes- und Jugendalters. Heidelberg, Wiesbaden 1995.

Hilgers, J.: Inszenierte und dokumentierte Gewalt Jugendlicher. Eine qualitative Untersuchung von ›Happy slapping‹-Phänomenen. Wiesbaden 2011.

Hilgers, J./Erbeldinger, P.: Gewalt auf dem Handy-Display. In: Medien und Erziehung, H. 1/2008, S. 57–63.

Hiller, R./Weber, H.: Das mobbingfreie Klassenzimmer. Noderstedt 2007.

Hirschi, T.: Causes of Delinquency. Berkley 1969.

Hoffmann, J.: Tödliche Verzweiflung – der Weg zu zielgerichteten Gewalttaten an Schulen. In: Hoffmann/Wondrak 2007, S. 25–34.

Hoffmann, J./Wondrak, I. (Hrsg.): Amok und zielgerichtete Gewalt an Schulen. Frankfurt 2007.

Holtappels, H. G.: Schülerprobleme und abweichendes Verhalten aus Schülerperspektive. Bochum 1987.

Holtappels, H. G.: Sozialwissenschaftliche Theorien und Konzepte schulischer Gewaltforschung. In: Holtappels u. a. 1997/2009, S. 27–43.

Holtappels, H. G. u. a. (Hrsg.): Forschung über Gewalt an Schulen. Weinheim und München 1997/2009 (5. Aufl.).

Holtappels, H. G./Meier, U.: Gewalt an Schulen. Erscheinungsformen von Schülergewalt und Einflüsse des Schulklimas. In: Die Deutsche Schule, H. 1/1997, S. 50–63.

Holthusen, B./Lüders, Ch.: Evaluation von Kriminalitätsprävention – Eine thematische Einleitung. In: Deutsches Jugendinstitut: Evaluierte Kriminalprävention in der Kinder- und Jugendhilfe. München 2003, S. 9–30.

Hornberg, S./Lindau-Bank, D./Zimmermann, P.: Gewalt in der Schule – empirische Befunde und Deutungen. In: Rolff, H.-G. u. a. (Hrsg.): Jahrbuch der Schulentwicklung Band 8. Weinheim, München 1994, S. 355–393.

Huber, A. A. (Hrsg.): Anti-Mobbing-Strategien für die Schule. Köln 2011.

Huck, W.: Amok, School Shooting und zielgerichtete Gewalt: aus kinder- und jugendpsychiatrischer Sicht. Berlin 2011.

Humpert, W./Dann, H.-D.: KTM kompakt. Basistraining zur Störungsreduktion und Gewaltprävention für pädagogische und helfende Berufe auf der Grundlage des »Konstanzer Trainingsmodells«. Bern 2001.

Hurrelmann, K./Bründel, H.: Einführung in die Kindheitsforschung. Weinheim, Basel, Berlin 2003.

Hurrelmann, K./Bründel, H.: Gewalt an Schulen. Weinheim und Basel 2007.

Hurrelmann, K./Grundmann, M./Walper, S. (Hrsg.): Handbuch Sozialisationsforschung. Weinheim und Basel 2008.

Institut für Qualitätsentwicklung an Schule in Schleswig-Holstein u. a. (Hrsg.): PIT I: Prävention im Team. Überarb. Neuauflage Kiel 2002.

Institut für Qualitätsentwicklung an Schule in Schleswig-Holstein u. a. (Hrsg.): PIT II: Prävention im Team (Grundschule). Neuauflage, Kiel 2001.

Ittel, A./Salisch, M. v. (Hrsg.): Lügen, Lästern, Leiden lassen. Aggressives Verhalten von Kindern und Jugendlichen. Stuttgart 2005.

Jäger, T./Bradley, C./Rassmussen, M. (eds.): Violence Prevention in School. Using the Internet: A European Perspektive. Landau 2003.

Jannan, M.: Das Anti-Mobbing-Buch. Gewalt an der Schule – vorbeugen, erkennen, handeln. Weinheim und Basel 2015.

Jefferys-Duden, K.: Das neue Streitschlichter-Programm. Weinheim und Basel 2017.

Jessor, R./Jessor, S. L.: Problem behavior and psychosocial development: A longitudinal study of youth. San Diega CA 1977.

Johnstone, Keith, Theaterspiele, Berlin, 1996.

Johnstone, Keith, Improvisationstheater, Berlin 1998.

Jugert, G. u. a.: FIT FOR LIFE. Module und Arbeitsblätter zum Training sozialer Kompetenz für Jugendliche. Weinheim 2001.

Jugert, G. u. a.: Soziale Kompetenz bei Jugendlichen. Weinheim und München. 2. Aufl. 2002.

Kähnert, H.: Evaluation des Lions-Quest-Programm »Erwachsen werden« – Abschlussbericht. Universität Bielefeld 2002.

Kaeding, P. u. a.: Mediation an Schulen verankern. Weinheim und Basel 2005.

Karstedt, S.: Zur Evaluation von Präventionsmaßnahmen im Bereich der Jugendkriminalität. In: Freund T./Lindner, W. (Hrsg.): Prävention. Zur kritischen Bewertung von Präventionsansätzen in der Jugendarbeit. Opladen 2001, S. 163–186.

Kempfer, J.: Die Erprobung der Anti-Bullying-Strategie in der Praxis. In: Bannenberg/Rössner 2006, S. 55–80.

Kempfert, G./Rolff, H.-G.: Pädagogische Qualitätsentwicklung. Weinheim und Basel 1999.

Kerscher, I.: Sozialwissenschaftliche Kriminalitätstheorien. Weinheim, Basel 1985 (4. Aufl.).

Kerscher, I.: Gewalt an Schulen, Jugendkriminalität und Sozialstruktur. Norderstedt 2008.

Kersten, J.: Sozialwissenschaftliche und politische Anmerkungen zum Thema »Jungen und Gewalt«. In: Behn, S. u. a. (Hrsg.): Jungen, Mädchen und Gewalt – ein Thema für die geschlechtsspezifische Jugendarbeit?! Berlin o. J., S. 21–38.

Kilb, R.: Konfrontative Verfahren in der Pädagogik. In: Schröder/Rademacher/Merkle 2008, S. 199–211.

Kilb, R./Weidner, J./Gall, R.: Konfrontative Pädagogik in der Schule. Weinheim und München 2006.

Kindler, W.: Schnelles Eingreifen bei Mobbing. Strategien für die Praxis. Mühlheim a. d. R. 2009.

Kleiter, E. F.: Film und Aggression – Aggressionspsychologie. Weinheim 1997.

Kleber, H.: Reale Gewalt – Mediale Gewalt. Förderung der Konfliktlösungsfähigkeit von Schülern im Rahmen der moralischen Erziehung. Universität Erlangen-Nürnberg 2002.

Kleber, H.: Konflikte gewaltfrei lösen. Medien- und Alltagsgewalt: Ein Trainingsprogramm für die Sekundarstufe I. Berlin 2003.

Klewin, G.: Alltagstheorien über Schülergewalt. Perspektive von LehrerInnen und Schüler-Innen. Wiesbaden 2006.

Klewin, G./Tillmann, K. J./Weingart, G.: Gewalt in der Schule. In: Heitmeyer, W./Hagan, J. (Hrsg.): Internationales Handbuch der Gewaltforschung. Wiesbaden 2002, S. 1078–1105.

Kohlberg, L.: Moral Stages and Moralization. In: Lickona, T. (ed.): Moral Development and Behavior. New York 1976.

Kornadt, H.-J.: Aggressionsmotiv und Aggressionshemmung. Bern 1982.

Kratzer, C./Fetchenhauer, D.: Cyberbullying und sexuelle Viktimisierung in Chatrooms. In: Gollwitzer u. a. 2007, S. 123–138.

Kreter, G.: Erziehende Schule. Ein Handlungskonzept zur Gewaltprävention in der Schule. In: Lernende Schule, 4. Jg., 13/2001, S. 15–17.

Krieger, R.: Entwicklung von Werthaltungen. In: Hetzer u. a. 1995, S. 265–306.

Krumm, V.: Methodenkritische Analyse schulischer Gewaltforschung. In: Holtappels u. a. (Hrsg.) 1997/2009, S. 63–79.

Krumm, V./Lammberger-Baumann, B./Haider, G.: Gewalt in der Schule – auch von Lehrern. In: Empirische Pädagogik, H. 2/1997, S. 257–274.

Lamnek, S.: Theorien abweichenden Verhaltens. München 1983.

Lamnek, S.: Neue Theorien abweichenden Verhaltens. München 1994.

Landeshauptstadt Düsseldorf: Düsseldorfer Gutachten: Leitlinien wirkungsorientierter Kriminalprävention. Düsseldorf 2002.

Lehner, H./Vervoort, D.: Das Interventionsbuch: Mobbing an Schulen stoppen. Weinheim 2017.

Leithäuser, T./Meng, F.: Ergebnisse einer Bremer Schülerbefragung zum Thema Gewalterfahrungen und extremistische Deutungsmuster. Bremen 2003.

Lerchenmüller, H.: Soziales Lernen in der Schule. Zur Prävention sozialauffälligen Verhaltens. Ein Unterrichtsprogramm für die Sekundarstufe I. Bochum 1987.

LISUM Berlin und Brandenburg: Cybermobbing ist nicht cool! Ludwigsfelde 2017.

Lösel, F.: Entwicklung und Ursachen der Gewalt in unserer Gesellschaft. In: Gruppendynamik. H. 1/1995, S. 5–22.

Lösel, F.: Multimodale Gewaltprävention bei Kindern und Jugendlichen: Familie, Kindergarten, Schule. In: Melzer/Schwind 2004, S. 326–348.

Lösel, F./Bliesener, T.: Aggression und Delinquenz unter Jugendlichen. München 2003.

Lukesch, H.: Sozialisation durch Massenmedien. In: Hurrelmann, K./Grundmann, M./Walper, S. (Hrsg.): Handbuch Sozialisationsforschung. Weinheim und Basel 2008, S. 384–395.

Lünse, D. u. a.: Zivilcourage. Anleitung zum kreativen Umgang mit Konflikten und Gewalt. Münster 1998.

Lynen von Berg, H./Roth, R. (Hrsg.): Maßnahmen und Programme gegen Rechtsextremismus wissenschaftlich begleitet. Opladen 2003.

Lynen von Berg, H./Palloks, K./Steil, A.: Interventionsfeld Gemeinwesen: Evaluation zivilgesellschaftlicher Strategien gegen Rechtsextremismus. Weinheim und München 2007.

Mansel, J./Hurrelmann, K.: Aggressives und delinquentes Verhalten Jugendlicher im Zeitvergleich. In: Kölner Zeitschrift für Soziologie und Sozialpsychologie, H. 1, 1998, S. 78–109.

Markert, T.: Ausgrenzung in Schulklassen. Bad Heilbrunn 2007.

Marquardt-Mau, B.: Schulische Prävention gegen sexuelle Kindesmisshandlung – Möglichkeiten und Grenzen. In: Ulonska, H./Koch, H. H. (Hrsg.): Sexuelle Gewalt gegen Mädchen und Jungen. Ein Thema der Grundschule. Münster 1997, S. 89–112.

Matzner, M./Tischner, W. (Hrsg.): Handbuch Jungen-Pädagogik. Weinheim und Basel 2008.

Medienpädagogischer Forschungsverbund Südwest: JIM-Studie 2008. Jugend, Information, (Multi-)Media. URL: http://www.mpfs.de/fileadmin/JIM-pdf08/JIM-Studie_2008.pdf.

Medienpädagogischer Forschungsverbund Südwest (Hrsg.): JIM 2011. Jugend, Information, (Multi-)Media. Stuttgart 2011.

Melzer, W./Bilz, L./Dümmler, K.: Mobbing und Gewalt in der Schule im Kontext sozialer Ungleichheit. In: Richter, M. u. a. (Hrsg.): Gesundheit, Ungleichheit und jugendliche Lebenswelten. Weinheim und München 2008, S. 116–140.

Melzer, W./Schubarth, W./Ehninger, F.: Gewaltprävention und Schulentwicklung. Analysen und Handlungskonzepte. Bad Heilbrunn 2004.

Melzer, W./Schubarth, W./Ehinger, F.: Gewaltprävention und Schulentwicklung. 2. überarb. Auflage 2011.

Melzer, W./Schwind, H.-D.: Gewaltprävention in der Schule. Grundlagen – Praxismodelle – Perspektiven. Baden-Baden 2004.

Melzer, W./Stenke, D.: Schulentwicklung und Schulforschung in den ostdeutschen Bundesländern. In: Rolff, H.-G. u. a. (Hrsg.): Jahrbuch der Schulentwicklung Bd. 9. Weinheim, München 1996, S. 307–338.

Melzer W. u. a. (Hrsg.): Handbuch Aggression, Gewalt und Kriminalität. Bad Heilbrunn 2015.

Meng, F.: Ergebnisse einer Schulleiterbefragung zum Thema Gewaltbelastung, Präventionsstrategien und Unterstützungsbedarfe. Bremen 2004.

Merton, R. K.: Sozialstruktur und Anomie. In: Sack/König (Hrsg.): Kriminalsoziologie. Frankfurt a. M. 1968, S. 282–313.

Mooij, T.: (Mehr) Sicherheit an Schulen. Die aktuelle Situation in den Niederlanden. 1997 (Vortragsmanuskript).

Möller, K.: Gewalt, Männlichkeit und Pädagogik. In: Pädagogik, H. 10/1995, S. 50–52.

Möller, K. (Hrsg.): Nur Macher und Machos? Geschlechtsreflektierende Jungen und Männerarbeit. Weinheim und München 1997.

Möller, K.: Pädagogische und sozialarbeiterische Ansätze zur Bearbeitung von Rechtsextremismus, Fremdenfeindlichkeit und Gewalt vor dem Hintergrund von Anerkennungszerfall und Desintegrationsprozessen. Esslingen und Bielefeld 2002.

Möller, K./Schubarth, W.: Perspektiven für das Erlernen demokratischer Toleranz in Schule, Jugendarbeit und Erwachsenenbildung. In: Bertelsmannstiftung 2005, S. 62–74.

Möller, I./Krahe, B.: Mediengewalt als pädagogische Herausforderung. Göttingen 2013.

Nissen, G. (Hrsg.): Aggressivität und Gewalt. Prävention und Therapie. Bern u. a. 1995.

Nolting, H.-P.: Kein »Erklärungseintopf«. Ein Überblick aus psychologischer Sicht. In: Landeszentrale für politische Bildung Baden-Württemberg (Hrsg.): Aggression und Gewalt. Stuttgart, Berlin, Köln 1993, S. 9–23.

Nolting, H.-P.: Lernfall Aggression. Wie sie entsteht – wie sie zu vermindern ist. Reinbek 1997.

Olweus, D.: Täter-Opfer-Probleme in der Schule: Erkenntnisstand und Interventionsprogramm. In: Holtappels u. a. 1997/2009, S. 281–298.

Olweus, D.: Gewalt in der Schule. Was Lehrer und Eltern wissen sollten – und tun können. Bern 1995.

Oswald, H.: Helfen, Streiten, Spielen, Toben. Opladen, Farmington Hills 2008.

Paritätischer Wohlfahrtsverband. Landesverband Berlin e. V. (Hrsg.): Mädchen und Jungen vor sexueller Gewalt in Institutionen schützen. Berlin 2010.

Petermann, F./Natzke, H.: Aggressives Verhalten in der Schule: Ausdrucksformen, Verlaufsmuster und Möglichkeiten entwicklungsorientierter Prävention. In: Zeitschrift für Pädagogik, H. 4/2008, S. 532–554.

Petermann, F./Petermann, U.: Training mir aggressiven Kindern. Einzeltraining, Kindergruppe, Elterntraining. Göttingen u. a. 2000 (9. Aufl.).

Petermann, F./Petermann, U.: Training mit Jugendlichen. Göttingen (8. Aufl.) 2008.

Petermann, F. u. a.: Verhaltenstraining mit Kindern. In: Holtappels u. a. 1997/2009, S. 315–329.

Petermann, F. u. a.: Sozialtraining in der Schule. Weinheim 1999.

Petermann, F. u. a.: Verhaltenstraining für Schulanfänger. Paderborn 2002.

Pfaff, N./Fritzsche, S.: Gewalt – Erfahrungen, Einstellungen und Verhaltensweisen Jugendlicher in Schule und Gleichaltrigengruppe. In: Helsper, W. u. a.: Unpolitische Jugend? Eine Studie zum Verhältnis von Schule Anerkennung und Politik. Wiesbaden 2006, S. 123–144.

Pfeiffer, Ch./Wetzels, P.: Zur Struktur und Entwicklung der Jugendgewalt in Deutschland. In: Aus Politik und Zeitgeschehen, B 26/1999, S. 3–22.

Piaget, J.: Das moralische Urteil beim Kinde. Zürich 1954.

Pieschl, S./Porsch, T.: Schluss mit Cybermobbing! Das Trainings- und Präventionsprogramm »Surf-Fair«. Weinheim, Basel 2012.

Plath, M.: Spielend unterrichten und Kommunikation gestalten. Weinheim 2015.

Pöhlker, R./Michaelis, B./Terwey, M.: »KIP«: Das Konfrontative Interventionsprogramm an einer Schule für Erziehungshilfe wird erwachsen. In: Kilb u. a. 2006, S. 123–142.

Popp, U.: Gewalt an Schulen – ein »Jungenphänomen«. In: Die Deutsche Schule H. 1/ 1997, S. 77–87.

Popp, U.: Geschlechtersozialisation und schulische Gewalt. Weinheim und München 2002.

Preißer, S./Sann, U.: Gewalt- und Konf liktprävention: Evaluationsstudien und Anforderungen an Qualitätssicherung. In: Schröter/Rademacher/Merkle 2008, S. 329–340.

Programm Polizeiliche Kriminalprävention der Länder und des Bundes: Im Netz der neuen Medien: Internet, Handy und Computerspiele. Stuttgart 2008.

Rabold, S./Baier, D.: Gewalt und andere Formen abweichenden Verhaltens in Förderschulen für Lernbehinderte. In: Zeitschrift für Pädagogik, 54. Jg., H. 1, 2008, 118–141.

Rademacher, H.: Der systemische Ansatz in der Mediation – das hessische Modell »Mediation und Schulprogramm«. In: Walker 2001, S. 25–29.

Rademacher, H. (Hrsg.): Leitfaden: Konstruktive Konf liktbearbeitung und Mediation. Schwalbach 2007.

Rademacker, H.: Schulsozialarbeit vor neuen Herausforderungen. In: Schulbarth/Kolbe/ Willems 1996, S. 216–238.

Raithel, J./Mansel, J. (Hrsg.): Kriminalität und Gewalt im Jugendalter. Weinheim 2003.

Rech, S.: Interkulturelle Pädagogik – ambivalente Bindestrichdisziplin im Lichte von Konflikt- und Gewaltpädagogik. In: Schröder/Rademacher/Merkle 2008, S. 381–394.

Riebel, J.: Spotten, Schimpfen, Schlagen … Gewalt unter Schülern – Bullying und Cyberbullying. Landau 2008.

Rieker, P.: Rechtsextremismus – ein Jugendproblem? Altersspezifische Befunde und forschungsstrategische Herausforderungen. In: Diskurs Kindheits- und Jugendforschung, H. 2, 2006, S. 245–269.

Robertz, F. J.: Nachahmung von Amoklagen. Über Mitläufer, Machtphantasien und Medienverantwortung. In: Hoffmann/Wondrak 2007, S. 71–86.

Robertz, F. J./Wickenhäuser, R.: Der Riss in der Tafel. Amoklauf und schwere Gewalt in der Schule. Heidelberg 2007.

Röll, F.-J.: Medienpädagogische Konzepte im Umgang mit »Gewalt in den Medien«. In: Schröder/Rademacher/Merkle 2008, S. 303–314.

Schäfer, M./Herpell, G.: Du Opfer! Wenn Kinder Kinder fertigmachen. Reinbek 2011.

Schäfer, M./Kulis, M.: Immer gleich oder manchmal anders. Zur Stabilität der Opfer-, Täter- und Mitschülerrollen beim Bullying in Abhängigkeit von Kontextmerkmalen. In: Ittel/Salisch 2005, S. 220–236.

Schanzenbächer, S./Billing, A.: Gewaltfreie Klasse – gewaltfreie Schule. Mühlheim 2016.

Schanzenbächer, S.: Anti-Aggressivitäts-Training auf dem Prüfstand. Herbolzheim 2003.

Scheithauer, H./Bondü, R.: Amoklauf. Wissen was stimmt. Freiburg 2008.

Scheithauer, H./Bondü, R.: Amoklauf und School Shooting: Definition, Verbreitung, Hintergründe und Prävention. Göttingen 2011.

Scheithauer, H./Bull, H. D.: fairplayer.manual. Förderung von sozialen Kompetenzen und Zivilcourage – Prävention von Bullying und Schulgewalt. Göttingen 2008.

Scheithauer, H./Hayer, T.: Psychologische Aggressionstheorien und ihre Bedeutung für die Prävention aggressiven Verhaltens im Kindes- und Jugendalter. In: Gollwitzer u. a. 2007, S. 15–37.

Scheithauer, H./Hayer, T./Bull, H.: Gewalt an Schulen am Beispiel von Bullying. In: Zeitschrift für Sozialpsychologie, H. 38 (3), 2007, S. 141–152.

Scheithauer, H./Hayer, T./Petermann, F.: Bullying unter Schülern. Göttingen u. a. 2003.

Scheithauer, H./ Leuschner, V.: Krisenprävention in der Schule: Das NETWASS-Programm zur frühen Prävention schwerer Schulgewalt. Stuttgart 2014.

Schele, U.: Sexueller Missbrauch. Fortbildung für Präventionsarbeit? Was sollten Lehrer (innen)wissen, was sollten sie können? In: Pädagogik, H. 6/2010, S. 20–23.

Scherer, D.: Gewalt in der Schule. Eine Studie in der Interregion Saarland – Lothringen – Luxemburg. Beiträge der Arbeitskammer des Saarlandes 1996.

Schetsche, M.: Die Karriere sozialer Probleme. Soziologische Einführung. München, Wien 1996.

Schick, A./Ott, I.: Gewaltprävention an Schulen – Ansätze und Ergebnisse. In: Praxis Kinderpsychologie und Kinderpsychiatrie, 51/2002, S. 711–791.

Schmitt, A.: Konfliktmediation in der Schule. Ergebnisse einer Evaluationsstudie. Hamburg 2005.

Schmitt, T./ Essen, M.: STATUSSPIELE, Frankfurt 2009.

Schneider, S.: Gewalt. Nicht an unserer Schule! Neue Strategien zur Konfliktvermeidung und Konfliktlösung. Würzburg 2001.

Schoeps, J. H. u. a. (Hrsg.): Rechtsextremismus in Brandenburg. Handbuch für Analyse und Intervention. Berlin 2007.

Scholven, C.: »Verstehen, aber nicht einverstanden sein« – Diplomarbeit im Studiengang Erziehungswissenschaft Universität Duisburg-Essen 2004.

Schröder, A.: Geschlechtsspezifische Aspekte von Gewalt und pädagogischer Gewaltprävention. In: Schröder/Rademacher/Merkle 2008, S. 365–380.

Schröder, A./Rademacher, H./Merkle, A. (Hrsg.): Handbuch Konflikt- und Gewaltpädagogik. Schwalbach 2008.

Schröder, A./Merkle, A.: Konfliktbewältigung und Gewaltprävention. Schwalbach 2007.

Schröter, K.: Erfolg und Scheitern der Mediation oder Darf das Glas nicht leer sein? In: Lange, R. u. a. (Hrsg.): Frischer Wind für die Mediation. Berlin 2007.

Schubarth, W.: Gewaltphänomene aus Sicht von Schülern und Lehrern. Eine empirische Studie an sächsischen Schulen. In: Die Deutsche Schule, H. 1/1997, S. 63–76.

Schubarth, W.: Gewaltprävention in Schule und Jugendhilfe. Theoretische Grundlagen – Empirische Ergebnisse – Praxismodelle. Neuwied, Kriftel 2000.

Schubarth, W.: Pädagogische Strategien gegen Rechtsextremismus und fremdenfeindliche Gewalt – Möglichkeiten und Grenzen schulischer und außerschulischer Prävention. In: Schubarth/Stöss 2001, S. 249–270.

Schubarth, W.: Formen, Möglichkeiten und Grenzen der Gewaltprävention. Schulische und außerschulische Präventionskonzepte und deren Beitrag zur Entwicklung von Konfliktfähigkeit bei Jugendlichen. In: Raithel/Mansel 2003, S. 300–317.

Schubarth, W.: Schulsozialarbeit und Unterstützungsnetzwerke für Schule – Perspektiven einer »systemischen Gewaltprävention/-intervention«. In: Melzer/Schwind 2004, S. 243–253. (2004a)

Schubarth, W.: Schulmediation zwischen Akzeptanz und Ignoranz – Ergebnisse einer Evaluationsstudie. In: Winter 2004, S. 128–151. (2004b)

Schubarth, W.: David gegen Goliath? Aktuelle Herausforderungen der Jugendarbeit beim Umgang mit Rechtsextremismus. In: deutsche jugend, H. 7–8/2007, S. 311–316.

Schubarth, W. (Hrsg.): Nachhaltige Prävention von Kriminalität, Gewalt und Rechtsextremismus. Potsdam 2014.

Schubarth, W./Kolbe, F. U./Willems, H. (Hrsg.): Gewalt an Schulen. Ausmaß, Bedingungen und Prävention. Opladen 1996.

Schubarth, W./Melzer, W. (Hrsg.): Schule, Gewalt und Rechtsextremismus. Opladen 1993 (2. erw. Auflage 1995).

Schubarth, W./Melzer, W.: Gewalt an Schulen: Schwerpunkt Förderschulen. Ergebnisse einer Schulleiterbefragung zum abweichenden Verhalten an Schulen in Sachsen. Technische Universität Dresden 1994.

Schubarth, W./Stöss, R. (Hrsg.): Rechtsextremismus in der Bundesrepublik Deutschland. Opla – den 2001.

Schubarth, W./Speck, K./Seidel, A.: Endlich Praxis! Die zweite Phase der Lehrerbildung. Potsdamer Studien zum Referendariat. Frankfurt a. M. 2007.

Schultze-Krumbholz. A./Zagorscak, P./Scheithauer, H.: Medienhelden: Unterrichtsmanual zur Förderung von Medienkompetenz und Prävention von Cybermobbing. München 2012.

Schwind, H.-D./Roitsch, K./Ahlborn, W./Gielen, B. (Hrsg.): Gewalt in der Schule. Mainz 1995.

Seifried, K./Drewes, S./Hasselhorn, M. (Hrsg.): Handbuch Schulpsychologie. Psychologie für die Schule. Stuttgart 2016.

Senatsverwaltung für Schule, Berufsbildung und Sport: »Jugend mit Zukunft« Sonderprogramm gegen Gewalt. Berlin 1995.

Sielert, U.: Zur Bedeutung des aktuellen Diskurses über sexuelle Gewalt in pädagogischen Institutionen für die Erziehungswissenschaft. In: Ludwig, L. u. a. (Hrsg.): Bildung in der Demokratie II. Opladen 2011, S. 21–37.

Simsa, Ch./Schubarth, W. (Hrsg.): Konliktmanagement an Schulen – Möglichkeiten und Grenzen der Schulmediation. Frankfurt a. M. 2001.

Sliwka, A./Frank, S.: Service Learning. Verantwortung lernen in Schule und Gemeinde. Weinheim 2004.

Smaus, G.: Versuch um eine materialistisch-interaktionistische Kriminologie. In: Kritische Kriminologie heute. 1. Beiheft des Kriminologischen Journals 1986, S. 179–199.

Speck, K.: Schulsozialarbeit. Eine Einführung. Weinheim, Basel 2007.

Sprague, J. R./Walker, H. M.: Safe and Healthy Schools. New York 2005.

Spröber, N./Schlottke, P. F./Hautzinger, M.: Bullying in der Schule. Das Präventions- und Interventionsprogramm ProACT + E. Weinheim 2008.

Stahl, C./Lemke, J.: Du Täter, du Opfer: Stark gegen Mobbing und Gewalt. München 2018.

Stöss, R.: Rechtsextremismus im Wandel. Friedrich-Ebert-Stiftung. Berlin 2005.

Sturzbecher, D./Großmann, H./Reinmuth, S. I.: Jugendgewalt und Reaktionen des sozialen Umfelds. In: Sturzbecher, D./Holtmann, D. (Hrsg.): Werte, Familie, Politik, Gewalt – Was bewegtdie Jugend? Aktuelle Ergebnisse einer Befragung. Berlin 2007, S. 230–277.

Szaday, Ch.: Mobbing-Interventionen mit dem »No Blame Support Group Approach«. In: Drilling/Steiner/Davolio 2008, S. 184–195.

Tennstädt, K.-Ch. u. a.: Das Konstanzer Trainingsmodell (KTM). Neue Wege im Schulalltag: Ein Selbsthilfeprogramm für zeitgemäßes Unterrichten und Erziehen. Bern 1994.

Tillmann, K.-J.: Sozialisationstheorien. Reinbek 2003.

Tillmann, K.-J. u. a.: Schülergewalt als Schulproblem. Verursachende Bedingungen, Erscheinungsformen und pädagogische Handlungsperspektiven. Weinheim und München 1999.

Tschöpe-Scheff ler, S.: Konzepte der Elternbildung – eine kritische Übersicht. Opladen 2006.

Unabhängige Beauftragte zur Aufarbeitung des sexuellen Kindesmissbrauchs: Abschlussbericht der Unabhängigen Beauftragten zur Aufarbeitung des sexuellen Kindesmissbrauchs, Dr.Christine Bergmann. Berlin 2011.

Valkanover, S./Alsaker, F. D.: Das Berner Präventionsprogramm gegen Gewalt. In: Drilling/Steiner/Davolio 2008, S. 195–200.

Valkanover, S. u. a.: Mobbing ist kein Kinderspiel. Medienpaket zur Prävention in Kindergarten und Schule. Bern 2004.

Wachs, S.: Gewalt im Netz: Studien über Risikofaktoren von Cyberbullying, Cybergrooming und Poly-Cyberviktimisierung unter Jugendlichen aus vier Ländern. Hamburg 2017.

Wachs, S./Hess, M./Scheithauer, H. u. a.: Mobbing an Schulen. Erkennen, Handeln, Vorbeugen. Stuttgart 2016.

Wagner, U./Christ, O./von Dick, R.: Die empirische Evaluation von Präventionsprogrammen gegen Fremdenfeindlichkeit. In: Journal für Konflikt- und Gewaltforschung 4, H. 1/2002, 101–117.

Wahl, K./Hees, K.: Täter oder Opfer? Jugendgewalt – Ursachen und Prävention. München, Basel 2009.

Waldrich, H. P.: In blinder Wut. Warum junge Menschen Amok laufen. Köln 2007.

Walker, J.: Gewaltfreier Umgang mit Konflikten in der Sekundarstufe I. Berlin 1995.

Walker, J.: Gewaltfreier Umgang mit Konflikten in der Grundschule. Berlin 1995.

Walker, J. (Hrsg.): Mediation in der Schule. Berlin 2001.

Weber, M.: Soziologische Grundbegriffe. Tübingen 1984.

Weidner, J.: Anti-Aggressivitäts-Training für Gewalttäter. Bonn 1993.

Weidner, J.: Alte und neue Herausforderungen der Jugendhilfe, Redemanuskript 1999.

Weidner, J./Kilb, R. (Hrsg.): Handbuch Konfrontative Pädagogik. Weinheim und München 2011.

Weidner, J./Kilb, R./Jehn, O. (Hrsg.): Gewalt im Griff. Band 3. Weiterentwicklung des Anti-Aggressivitäts- und Coolness-Trainings. Weinheim und Basel 2003.

Weidner, J./Kilb, R./Kreft, D. (Hrsg.): Gewalt in Griff. Neue Formen des Anti-Aggressivitäts-Trainings. Weinheim und Basel 1997.

Weingart, G.: Gewalt in den Schulen der USA. Verbreitung und Gegenmaßnahmen. In: Die deutsche Schule, H. 1/2002, S. 94–107.

Weißmann, I.: Formen und Ausmaß von Gewalt in den Schulen. Modelle der Gewaltprävention. Marburg 2007.

Werner, St. (Hrsg.): Mobbing – Opferorientierte Hilfen für Kinder und Jugendliche. Weinheim 2013.

Wetzels, P. u. a.: Jugend und Gewalt. Eine repräsentative Dunkelfeldanalyse in München und acht anderen deutschen Städten. Baden-Baden 2001.

Wildfeuer, W.: Kommunikation – Moderation – Mediation. Weinheim und München 2006.

Wilms, H./Willms, E.: Erwachsen werden. Life-Skills-Programm für Schülerinnen und Schüler der Sekundarstufe I. Handbuch für Lehrerinnen und Lehrer. Wiesbaden 2000.

Winter, F.: Anti-Stress-Teams: Besonderheiten der Ausbildung von Schüler-Streitschlichtern in Bremen. In: Simsa/Schubarth 2001, S. 164–182.

Winter, F. (Hrsg.): Der Täter-Opfer-Ausgleich und die Vision von einer »heilenden« Gerechtigkeit. Worpswede 2004.

Zitzmann, Ch.: Alltagshelden. Aktiv gegen Gewalt und Mobbing – für mehr Zivilcourage. Praxishandbuch für Schule und Jugendarbeit. Schwalbach 2004.

Zwenger-Balink, B.: Komm, wir finden eine Lösung! Training zur Gewaltprävention mit Grundschulkindern. München und Basel 2004.

Christoph Paulus (Hrsg.)

Gewalt, Amok und Medien

Erkennen – Vorbeugen – Handeln

*2019. 224 Seiten, 21 Abb., 7 Tab.
Kart. € 30,–
ISBN 978-3-17-034258-3
Brennpunkt Schule*

„Gewalt an Schulen" ist im Sensationsraunen der Medien ein Dauerthema. Mit Statistiken zu Fällen zielgerichteter Gewalttaten an Schulen wird ein düsterer Hintergrund des schulischen Alltags in Deutschland gezeichnet. Die entscheidenden Fragen bleiben aber offen: Wie viel Gewalt, wie viel Mobbing gibt es an Schulen und wie hoch sind die Gefahr und die Risiken von „schoolshootings"? Hat die Gewalt zugenommen? Was sind die Ursachen von Gewalt und Mobbing und welche Rolle kommt den Medien dabei zu? Und vor allem: Was kann gegen Gewalt und Mobbing getan werden? Welche Präventionsprogramme gibt es und welche haben sich besonders bewährt? Genau diese Fragen beantwortet das Buch. Neben der sachgerechten Interpretation von Zahlen und Fakten vermittelt das Buch Basiswissen für mehr Handlungssicherheit im Erkennen, Vorbeugen und Handeln bei krisenhaften Situationen und bedrohlichen Verhaltensweisen in der Schule.

Leseproben und weitere
Informationen:
www.kohlhammer.de

Kohlhammer
Bücher für Wissenschaft und Praxis

Sebastian Wachs/Markus Hess/
Herbert Scheithauer/Wilfried
Schubarth

Mobbing
an Schulen

Erkennen – Handeln – Vorbeugen

*2016. 217 Seiten, 8 Abb., 20 Tab.
Kart. € 29,–
ISBN 978-3-17-023071-2
Brennpunkt Schule*

Mobbing an Schulen ist ein sehr altes Phänomen, das existiert, seitdem es die Institution Schule gibt. Heute wird Mobbing nicht mehr als „Randerscheinung des Erwachsenwerdens" bagatellisiert, sondern als nicht tolerierbares soziales Fehlverhalten betrachtet.

Das Buch beginnt mit einem ausführlichen Einblick in die Mobbing-Forschung, u. a. zu Merkmalen und Erscheinungsformen von Mobbing. Darüber hinaus werden Ursachen und Folgen von Mobbing, aber auch neue Formen wie das Cyber-Mobbing thematisiert.
Im weiteren Verlauf stehen dann das Eingreifen bei und Vorbeugen von Mobbing im Mittelpunkt. Dabei werden etablierte Interventions- und Präventionsprogramme verständlich präsentiert, konkrete Empfehlungen gegeben, wie man in Mobbing-Situationen handeln kann, und Gelingensbedingungen beschrieben, wie es gar nicht erst zu Mobbing kommt. Gespickt mit vielen Fallbeispielen und einer ausführlichen Materialsammlung zum Download wird die Darstellung anschaulich und der praktische Transfer des präsentierten Wissens erleichtert.

Leseproben und weitere
Informationen:
www.kohlhammer.de

Kohlhammer
Bücher für Wissenschaft und Praxis